纪连海评点史记

（修订版）（上）

纪连海 著

中国出版集团 现代出版社

图书在版编目（CIP）数据

纪连海评点《史记》: 全2册 / 纪连海著. —北京：现代出版社，2018.4
ISBN 978-7-5143-6614-3

Ⅰ. ①纪…　Ⅱ. 纪…　Ⅲ. ①中国历史－古代史－纪传体 ②《汉书》－研究　Ⅳ. ①K204.2

中国版本图书馆CIP数据核字（2017）第317483号

纪连海评点《史记》: 全2册

作　　者	纪连海
策划编辑	庞俭克
责任编辑	申　晶
出版发行	现代出版社
地　　址	北京市安定门外安华里504号
邮政编码	100011
电　　话	010-64267325　010-64245264（兼传真）
网　　址	www.1980xd.com
电子邮箱	xiandai@cnpitc.com.cn
印　　刷	三河市宏盛印务有限公司
开　　本	787mm×1092 mm　1/16
印　　张	39.25
字　　数	719千字
版　　次	2018年4月第1版　2018年8月第2次印刷
书　　号	ISBN 978-7-5143-6614-3
定　　价	88.00元

目录

（上）

（下）

卷一 《史记·五帝本纪》

第一节　大哉，黄帝！

【原文】

黄帝者，少典之子，姓公孙，名曰轩辕。生而神灵，弱而能言，幼而徇齐，长而敦敏，成而聪明。

轩辕之时，神农氏世衰。诸侯相侵伐，暴虐百姓，而神农氏弗能征。于是轩辕乃习用干戈，以征不享，诸侯咸来宾从。而蚩尤最为暴，莫能伐。炎帝欲侵陵诸侯，诸侯咸归轩辕。轩辕乃修德振兵，治五气，蓺五种，抚万民，度四方，教熊罴貔（pí）貅（xiū）貙（chū）虎，以与炎帝战于阪泉之野，三战。然后得其志。蚩尤作乱，不用帝命。于是黄帝乃征师诸侯。与蚩尤战于涿鹿之野，遂禽杀蚩尤。而诸侯咸尊轩辕为天子，代神农氏，是为黄帝。天下有不顺者，黄帝从而征之，平者去之，披山通道，未尝宁居。

东至于海，登丸山，及岱宗。西至于空桐，登鸡头。南至于江，登熊、湘。北逐荤粥，合符釜山，而邑于涿鹿之阿。迁徙往来无常处，以师兵为营卫。官名云命，为云师。置左右大监，监于万国。万国和，而鬼神山川封禅与为多焉。获宝鼎，迎日推荚。举风后、力牧、常先、大鸿以治民。顺天地之纪，幽明之占、死生之说，存亡之难。时播百谷草本，淳化鸟兽虫蛾，旁罗日月星辰水波土石金玉，劳勤心力耳目，节用水火材物。有土德之瑞，故号黄帝。

黄帝二十五子，其得姓者十四人。

黄帝居于轩辕之丘，而娶于西陵之女，是为嫘祖。嫘祖为黄帝正妃，生二子，其后皆有天下：其一曰玄嚣，是为青阳，青阳降居江水；其二曰昌意，降居若水。昌意娶蜀山氏女，曰昌仆，生高阳，高阳有圣德焉。黄帝崩，葬桥山。其孙昌意之子高阳立，是为帝颛顼也。

【译文】

黄帝，是少典部族的子孙，姓公孙名叫轩辕。他一生下来，就很有灵性，出生不久就会说话，幼年时聪明机敏，长大后诚实勤奋，成年以后见闻广博，对事物看得清楚。

轩辕时代，神农氏的后代已经衰败，各诸侯互相攻战，残害百姓，而神农氏没有力量征讨他们。于是轩辕就习兵练武，去征讨那些不来朝贡的诸侯，各诸侯这才都来归从。而蚩尤在各诸侯中最为凶暴，没有人能去征讨他。炎帝想进攻欺压诸侯，诸侯都来归从轩辕。于是轩辕修行德业，整顿军旅，研究四时节气变化，种植五谷，安抚民众，丈量四方的土地，训练熊、罴、貔、貅、貙、虎等猛兽，跟炎帝在阪泉的郊野交战，先后打了几仗，才征服炎帝，如愿得胜。蚩尤发动叛乱，不听从黄帝之命。于是黄帝征调诸侯的军队，在涿鹿郊野与蚩尤作战，终于擒获并杀死了他。这样，诸侯都尊奉轩辕做天子，取代了神农氏，这就是黄帝。天下有不归顺的，黄帝就前去征讨，平定一个地方之后就离去，一路上劈山开道，从来没有在哪儿安宁地居住过。

黄帝往东到过东海，登上了丸山和泰山。往西到过空桐，登上了鸡头山。往南到过长江，登上了熊山、湘山。往北驱逐了荤粥（xūn yù）部族，来到釜山与诸侯合验了符契，就在涿鹿山的山脚下建起了都邑。黄帝四处迁徙，没有固定的住处，带兵走到哪里，就在哪里设置军营以自卫。黄帝所封官职都用云来命名，军队号称云师。他设置了左右大监，由他们督察各诸侯国。这时，万国安定，因此，自古以来，祭祀鬼神山川的要数黄帝时最多。黄帝获得上天赐给的宝鼎，于是观测太阳的运行，用占卜用的蓍（shī）草推算历法，预知节气日辰。他任用风后、力牧、常先、大鸿等治理民众。黄帝顺应天地四时的规律，推测阴阳的变化，讲解生死的道理，论述存与亡的原因，按照季节播种百谷草木，驯养鸟兽蚕虫，测定日月星辰以定历法，收取土石金玉以供民用，身心耳目，饱受辛劳，有节度地使用水、火、木材及各种财物。他做天子有土这种属性的祥瑞征兆，土色黄，所以号称黄帝。

黄帝有二十五个儿子，其中建立自己姓氏的有十四人。黄帝居住在轩辕山，娶西陵国的女儿为妻，这就是嫘祖。嫘祖是黄帝的正妃，生有两个儿子，他们的后代都领有天下：一个叫玄嚣，也就是青阳，青阳被封为诸侯，降居在江水；另一个叫昌意，也被封为诸侯，降居在若水。昌意娶了蜀山氏的女儿，名叫昌仆，生下高阳，高阳有圣人的品德。黄帝死后，埋葬在桥山，他的孙子，也就是昌意的儿子高阳即帝位，这就是颛顼帝。

【评点】

“黄帝公孙轩辕氏，实吾中华民族之元祖。吾中华民族有此生息昌大之疆土，有此博大悠久之文化，有此四千余年震烁世界之历史，繄维黄帝，为国族之神。”于右任先生这样写道。

的确，能称得上中华民族之元祖、国族之神的，唯有轩辕黄帝。黄帝是中华民族古代领袖中最杰出的一位。强国而思始祖，饮水而思源泉。轩辕黄帝及其代表的轩辕古文化将永远是站立在时代风口浪尖的中华儿女取之不尽、用之不竭的精神财富。

水流千里，活在源头，中国文化的“根”只有到中华文明的源头去找，让我们追寻先祖遗风，弘扬我华夏精神吧。

一、黄帝起源

司马迁写《史记》从五帝写起。所谓“五帝”，有许多不同的说法，而司马迁根据《世本》和《大戴礼记》，以黄帝、颛顼、帝喾、尧、舜为五帝。我们常常说中国有五千年文明史，就是从黄帝时代开始算起的。

黄帝被尊奉为中华民族的人文初祖，不仅汉族人民以黄帝为始祖，就是在神州大地上活动的少数民族，也多尊黄帝或炎帝为始祖，我们颇为自豪地称自己为“黄帝子孙”或“炎帝子孙”。

根据古代传说，黄帝和炎帝同源，二人都是少典的儿子。少典娶了有蟜氏部落的女人，生了黄帝和炎帝。黄帝在姬水旁成长，炎帝在姜水旁成长，所以黄帝姓姬，炎帝姓姜（《国语·晋语四》）。姬水即沮水，在今陕西黄陵县；姜水即岐水，在今陕西岐山县。姬水和姜水一带是周族的发祥地。

在战国以前的典籍中，并见不到黄帝的影子，只是到了战国以后，有关黄帝的记载才多了起来。但那些记载大多充满了神秘、离奇的色彩。

我们先从“帝”字说起。

战国晚期以后，“帝”才逐渐成为人君的称号。特别是秦始皇统一中国以后，开始称“皇帝”，从此中国才有了皇帝的称号。而这个“皇帝”，原来只是上帝的意思，也称为昊天上帝、皇天上帝，指的是统治宇宙的至上的人格神，相当于犹太人的耶和华、阿拉伯人的安拉。到了战国以后，随着阴阳五行观念的出现，与五行、五色、五方的观念相配合，出现了五色之帝：

青帝：太昊，东方，木。

赤帝：炎帝，南方，火。

白帝：少昊，西方，金。

黑帝：颛顼，北方，水。

黄帝：轩辕，中央，土。

可见黄帝是五行、五色、五方之帝当中的一个。因为他是中央之神，统辖着四方，所以在五帝中，地位是最高的。

二、黄帝，从神话世界里走来

在各种古籍中，关于黄帝的神话很多，下面我们就举出一些：

黄帝长着四张脸，天下四方都在他的监视之下。(《太平御览》卷七九引《尸子》)

黄帝原来本着养性爱民的精神，不愿意发动战争。而四帝都以四方、四色纷纷独立，并且合兵进攻黄帝。黄帝因为“君危于上，民不安于下”，不得不出兵消灭了四帝。(《太平御览》卷七九引《蒋子万机论》)

黄帝住在昆仑山上。这个昆仑山，不是现在绵亘于新疆、西藏、青海的昆仑山，而是一座神话中的山。这山方圆八百里，高万仞（八尺为一仞），每一面有九眼井、九道门，门由开明兽把守。开明兽像虎一般大，长着九个脑袋，面孔和人一样。西边还有凤凰和鸾鸟（一种五色的神鸟），它们头上顶着蛇，脚下踩着蛇，胸前还挂着红蛇。北边有不死之树，花果可以制成不死之药。(《山海经·海内西经》)

“黄帝生禺号，禺号生禺京。禺京也称禺强，人面鸟身，耳朵上戴着两条青蛇，脚下踩着两条红蛇。出行时骑着两条龙。”(《山海经·大荒东经》《海外北经》)

“黄帝坐着由大象驾的车，由六条蛟龙拉着。一种人面、一只脚、叫作毕方的神鸟，坐在车旁。龙在前面开路，风伯（风神）打扫道路，雨师（雨神）往道路上洒水。虎狼在前，鬼神在后，腾蛇（传说中会飞的神蛇）在地上爬行，凤凰在空中盘旋。奏着《清角》的乐曲，到泰山之上会合鬼神。”(《韩非子·十过》)

诸如此类，还有很多，不再一一列举。

关于黄帝的出生，民间有这样一个传说：神农氏时代，居住在今河南省新郑县境内的有熊国国君少典，与有蟜氏女子附宝通婚。一天，附宝在郊外散步，忽然天色暗淡下来，满天布满星斗，有道闪电像蛇一样绕着北斗星中的枢星转了几圈，之后迅速消失。此时，附宝浑身有一种说不出的轻松愉悦，少顷，意识到自己受闪电感应而怀孕了。二十四个月后，附宝在新郑西北的轩辕之丘（一说在山东曲阜）生下一个男孩，并以出生地为其取名为轩辕；轩辕在姬水（又称漆水，在今陕西省境内）之滨长大，便以“姬”为姓。

传说中的黄帝那是“生日角龙颜，有景云之瑞，以土德王，故曰黄帝”。

别人十月怀胎，他却用了二十四个月才出生，出生之时还伴有祥云异象，而且相貌凛凛，大异常人，如此威风八面之人，生就了领导者的范儿！

乍看关于黄帝身世的介绍，很令人怀疑这究竟是在读史书还是读神话：按照现如今的历法计算，黄帝在出生不足三个月时就会说话了！即便没有后面的描述，单这一条，也足以令人瞠目结舌。另一方面，这段文字中就黄帝的姓、名、号都给出了详尽的介绍：他本姓公孙，后来因为长期居住在姬水边，又改姓了姬，而名字“轩辕”，源于他的居住地。至于号，名堂就更多了：因为他是有熊国国君，所以号有熊；因为住在轩辕小山头上，所以号轩辕，不知怎么又号帝轩；大概因为出生之日有景云之瑞，所以又号缙云；再根据《左传》，他还有个号叫作帝鸿。总之，那个年代的人姓无定姓，号无定号，既可以跟着老祖宗姓，也可以住在哪里就跟着居住地去姓，不像我们现在，没有身份证之前跟着老爸或者老妈姓，有了身份证以后跟着身份证姓，就是不能走到哪里姓到哪里。

凡是古圣先贤，都是从小就跟别人不一样的。这样的例子以后我们会常常看到。司马迁先生如何能知道距他两千多年之前的姬轩辕，一生下来没几天就能说话？我们无从猜测。不过至少他没有让姬轩辕先生在他娘胎里待上几年，或者是让她母亲梦见北斗星入怀而怀孕，已经是相当克制了。

一个才思敏捷、能言善辩，同时又性情敦厚、学识广博的通才，注定是个搅动天下风云的能人，执整个华夏之牛耳都是大材小用了呢！

“长而敦敏”应该是“成而聪明”的前提和基础。一个不勤奋学习的人，不可能有很强的分辨能力，做到善听善视。若黄帝真的比常人高一等，除了他不平凡的出身，怕就是因为他的勤勉了。失败者失败的理由或许有别，成功者成功的原因却是相似的。

所以，长大后，他能带领手下，一路金戈铁马大杀四方，一夺天下大权！

三、威德并举，一统天下

轩辕代替神农氏建立新的部落联盟的过程归纳起来，大致可分为下列四个阶段：

第一个阶段，维护部落联盟。

先说咱们的老祖宗黄帝他老人家生活的时代，那时正好神农氏他老人家有点控制不住局势了，诸侯们互相争斗，玩命压榨老百姓，尤其是蚩尤，明显不服从上级管理呀，而神农氏他老人家却无能为力。这个时候，黄帝轩辕氏闪亮登场，只有力量强大的炎帝和蚩尤两个诸侯没有宾服。于是轩辕“习用干戈”，打着维护原来部落联盟的旗号讨伐他们，使他们都“宾从”了自己，这是一次争夺部落联盟领导权的斗争。在酋长姬轩辕的领导下，以部落联盟的名义征讨不听约束的部落，在各部落中立下威望。“挟天子而令诸侯”大概源于此吧。

第二个阶段，战炎帝于阪野。

这个时候，神农部落的酋长，被尊为炎帝的先生偏偏头脑发昏，以为各部落归顺是他的功劳，四下侵凌邻近部落，于是乎，这些部落想不归顺姬轩辕先生领导的有熊部落都不行了。姬轩辕当然喜出望外，迅速发展生产，训练战斗部队，加强实力，扩大势力，向这个没落的部落盟主炎帝宣战，在“阪泉之野”大战三次，以胜利告终。轩辕向部落联盟的领导权迈出了确定性的一步。

《国语・晋语四》说：“昔少典娶于有蟜氏，生黄帝、炎帝。黄帝以姬水成，炎帝以姜水成。成而异德，故黄帝为姬，炎帝为姜。二帝因师以相济也，异德之故也。”这是关于炎、黄二帝最早也是最清晰的文献记载。黄帝、炎帝本是同父母所生的亲兄弟，为什么会同室操戈？《新书·制不定》说：“炎帝者，黄帝同父母弟也，各有天下之半。黄帝行道而炎帝不听，故战于涿鹿之野。”事实上，其核心性本质问题，还是部落双头领导夺权之争。

关于黄帝和炎帝的这场战争，古书上有很多的记载。

阪泉之战是在矾山镇西南、涿鹿山北的阪泉河谷中进行的，面积不过八平方千米，开战后，黄帝率领“熊、罴、貔、貅、貙、虎”六部军队在阪泉之野与炎帝摆开战场，六部军队各持自己的崇拜物为标志的大旗，黄帝作为六部统帅也持一面类似“大纛”之旗，列开了阵势。

首先，炎帝在黄帝没有防范的情况下，先发制人，率兵以火围攻，使得轩辕城外经常浓烟滚滚，遮天蔽日，应龙带人用水熄灭火焰，黄帝率兵将炎帝赶回阪泉之谷，嘱手下士兵只和炎帝斗智斗勇，不伤其性命。在阪泉河谷中，竖起七面大旗，摆开了星斗七旗战法。炎帝火战失利后，面对星斗七旗战法，无计可施，一败涂地，躲回营内不敢挑衅。黄帝仰慕炎帝的医药和农耕技术，决心与他携手创建文明国家。他在炎帝营外摆阵练兵，千变万化的阵法层出不穷，星斗七旗阵，让炎帝的士兵看得眼花缭乱，在长达三年多的操练中，使各部的战斗力逐渐增强，而炎帝利用崖头做屏障，只能观望阵势。然而，黄帝在这三年多的时间内，一边以星斗七旗战法练兵做掩护，一边派人日夜掘进，早将洞穴挖到炎帝营的后方。忽一日，黄帝兵将突然蹿出，偷袭了炎帝营，活捉了炎帝，俘虏了兵丁，这一战让炎帝输得诚服，甘拜下风，甘愿帮助黄帝烧荒垦田，治理家园。

弟弟炎帝认输后，哥哥黄帝见好就收，于是兄弟联手让四方臣服。慑于兄弟俩的势力，四周的部落纷纷折服，就此黄帝夺权成功，掌握了天下，炎黄部落联盟形成。

第三个阶段，涿鹿擒蚩尤。

炎黄部落联盟形成之后，慑于兄弟俩的势力，四周的部落纷纷折服，可偏偏有不识相的，有个叫蚩尤的部落还是天马行空、我行我素地不听这哥俩的话，这就叫两个想维护世界秩序的兄弟有些恼火了，于是一场新的战争开始了，这就是赫赫有名的"涿鹿之战"。

据说，蚩尤生性残暴好战，他有八十一个兄弟，都是能说人话的野兽，一个个铜头铁额，用石头铁块当饭吃。蚩尤原来臣属于黄帝，可是炎帝战败后，蚩尤在庐山脚下发现了铜矿，他们把这些铜制成了剑、矛、戟、盾等兵器，军威大振，又联合了风伯、雨师和夸父部族的人，气势汹汹地来向黄帝挑战。

黄帝生性爱民，不想战伐，一直想劝蚩尤休战。可是蚩尤不听劝告，屡犯边界。黄帝不得已，叹息道："我若失去了天下，蚩尤掌管了天下，我的臣民就要受苦了。我若姑息蚩尤，那就是养虎为患了。现在他不行仁义，一味侵犯，我只有惩罚不义！"于是黄帝亲自带兵出征，与蚩尤对阵。

黄帝先派大将应龙出战。应龙能飞，能从口中喷水，它一上阵，就飞上天空，居高临下地向蚩尤阵中喷水。刹那间，大水汹涌，波涛直向蚩尤冲去。蚩尤忙命风伯、雨师上阵。风伯和雨师，一个刮起满天狂风，一个把应龙喷的水收集起来，反过来两人又施出神威，刮风下雨，把狂风暴雨向黄帝阵中打去。应龙只会喷水，不会收水，结果，黄帝大败而归。

不久，黄帝重整军队，重振军威，再次与蚩尤对阵。黄帝一马当先，领兵冲入蚩尤阵中。蚩尤这次施展法术，喷烟吐雾，把黄帝和他的军队团团罩住。黄帝的军队辨不清方向，看不清敌人，被围困在烟雾中，杀不出重围。就在这危急关头，黄帝灵机一动，猛然抬头看到了天上的北斗星，斗柄转动而斗头始终不动，他便根据这个原理发明了指南车，认定了一个方向，黄帝这才带领军队冲出了重围。

这样，黄帝和蚩尤一来二去打了七十一仗，结果是黄帝胜少败多，黄帝心中非常焦虑不安。这一天，黄帝苦苦思索打败蚩尤的方法，不知不觉昏然睡去，梦见九天玄女交给他一部兵书，说："带回去把兵符熟记在心，战必克敌！"说罢，飘然而去。黄帝醒后，发现手中果真有一本《阳符经》。打开一看，只见上面画着几个象形文字："天一在前，太乙在后。"黄帝顿然悟解，于是按照玄女兵法设九阵，置八门，阵内布置三奇六仪，制阴阳二遁，演习变化，成为一千八百阵，名叫"天一遁甲"阵。黄帝演练熟悉，重新率兵与蚩尤决战。

为了振奋军威，黄帝决定用军鼓来鼓舞士气。他打听到东海中有一座流波山，山上住着一头怪兽，叫“夔”，它吼叫的声音就像打雷一样。黄帝派人把夔捉来，把它的皮剥下来做鼓面，声音震天响。黄帝又派人将雷泽中的雷兽捉来，从它身上抽出一根最大的骨头当鼓槌。传说这夔牛鼓一敲，能震响五百里，连敲几下，能连震三千八百里。黄帝又用牛皮做了八十面鼓，使得军威大振。

为了彻底打败蚩尤，黄帝特意召来女儿女魃助战。女魃是个旱神，专会收云息雨，平时住在遥远的昆仑山上。

黄帝布好阵容，再次跟蚩尤决战。两军对阵，黄帝下令擂起战鼓，那八十面牛皮鼓和夔牛皮鼓一响，声音震天动地。黄帝的兵听到鼓声勇气倍增；蚩尤的兵听见鼓声丧魂失魄。蚩尤看见自己要败，便和他的八十一个兄弟施起神威，凶悍勇猛地杀上前来。两军杀在一起，直杀得山摇地动、日抖星坠、难解难分。

黄帝见蚩尤确实不好对付，就令应龙喷水。应龙张开巨口，江河般的水流从上至下喷射而出，蚩尤没有防备，被冲了个人仰马翻。他也急令风伯、雨师掀起狂风暴雨向黄帝阵中打去，只见地面上洪水暴涨，波浪滔天，情况很紧急。这时，女魃上阵了，她施起神威，刹那间从她身上放射出滚滚的热浪，她走到哪里，哪里就风停雨消，烈日当头。风伯和雨师无计可施，慌忙败走了。黄帝率军追上前去，大杀一阵，蚩尤大败而逃。

蚩尤的头跟铜铸的一样硬，以铁石为饭，还能在空中飞行，在悬崖峭壁上如走平地，黄帝怎么也捉不住他。追到冀州中部时，黄帝灵感突现，命人把夔牛皮鼓使劲连擂九下，这一下，蚩尤顿时魂丧魄散，不能行走，被黄帝捉住了。黄帝命人给蚩尤戴上枷梏，把他杀了。害怕他死后还作怪，便把他的身和首埋在了两个地方。蚩尤死之后，他身上的枷梏才被取下来抛掷在荒山上，变成了一片枫树林，那每一片枫叶，都是蚩尤枷梏上的斑斑血迹。

简单总结一下这场战斗：

双方装备：联军木石兵器装备加上禽兽部队 PK 蚩尤军的铜兵器装备（联军装备主要是石刀、石斧、棍棒之类加上驯化的虎、豹、熊、罴什么的；蚩尤部落则因掌握了炼铜技术装备了不少犀利的铜兵器）。

战争的结果：联军击败了蚩尤军一统天下。

愚以为，这是一场落后的军事装备战胜先进的军事装备的战争。落后的一方凭借人海战术以及有利的天气条件战胜了数量少且在不利的气象条件下作战的先进一方。在那场战争之后炼铜技术前进的步伐由于后进部落的消化吸收掌握，放慢了一段时间。

经过此战，炎黄部落与其他部落不断融合形成了中华民族的主干，书写了一部中华文明史。这场战争的胜利难能可贵，因为它很可能是一场刚刚摆脱混沌的人类与更加先进的文明所制造的智能机器人之间的战争。人类虽然赢得了胜利，但也许那是一场愚昧战胜高科技的胜利。

黄帝打败蚩尤后，诸侯都尊奉他为天子，这就是轩辕（黄帝的名字）黄帝。

第四个阶段，黄帝取得这两场大仗的胜利，奠定了其中原霸主的地位。从此，公孙姬轩辕今日封禅，明日会盟，“天下有不顺者，从而征之，平者去之，披山通道，未尝宁居”，在戎马倥偬中度过了他丰富多彩的下半生。轩辕黄帝带领百姓，开垦农田，定居中原，奠定了中华民族的根基。

皇帝轮流做，明年到我家。天下是应由有德有才者掌管的，“神农氏衰”，轩辕有这个本事和德行，他就该取而代之。

四、励精图治，功德盖世

坐了天下之后，黄帝没有贪图享乐，而是继续他的征程，励精图治。人说打江山容易坐江山难，雄才大略的黄帝，他的帝王之才在后来的治国中，更是展现无余。

远古时候的中华民族的祖先们，在轩辕黄帝领导的部落联盟的管理下，开疆拓土，天文、历法、宗教、种植业和畜牧业都得到了明显的发展。蚕开始出现，人们开始懂得按季节采伐渔猎，说明当时的人们，不再满足于一朝一夕的温饱，开始着眼于长期发展。生产和生活，日趋安定。透过司马迁先生描述黄帝他老人家功德的刀笔，我们看到一幅远古时代的氏族社会生态图。

东征西战中，黄帝有多大的家业呢？

黄帝所占有的领土，东到大海（山东），西到空桐山（甘肃酒泉），南到长江和湘山（在今湖南益阳），北到釜山（在今河北涿鹿）以北蒙古草原的边缘，大致为黄土高原一部分、华北平原大部、山东半岛以及长江中下游平原一部分，抵得上现在小半个中国了。

黄帝的军队人数不详，但一定不会少，因为他经常用军队的兵营环绕左右作为防卫的屏障，可见数量不少！他们行进速度应该也很快，《史记》上说他们迁徙往来无常，军队都称为云师，云飘来飘去的，看似缓慢却是瞬间千里之外，可见黄帝军队行动的快捷迅猛。

百官也用云来命名，还设置左右大监官，来监督各方诸侯，如此把所有诸侯部落管理得服服帖帖，祭祀鬼神、祭奠山川河岳以及封禅大典的时候，大家就都应邀前来参加。

黄帝得到了能够推算日晨历数的宝鼎，对于天象气候的把握就更加便捷了。

于是他找来风后、力牧、常先、大鸿等四位执行力超强的助手来帮他治理百姓。让他们遵循宇宙万物变化的自然规律，占卜阴阳五行之数，从而制定养生送死的制度；还帮助黎民百姓造屋宇、制衣服、营殡葬，使得万民免于存亡之难。

教导民众按时播种百谷草木，驯化鸟兽昆虫，以供日常需求。广泛研究日月星辰的运行规律，勘测水流、土石、金玉的分布状况，从而因地制宜，使资源得到最大限度的利用。如此一来，天地之间，日月扬光，海水不波，山不藏珍；天无异灾，土无别害，水少波浪，山出珍宝。

古籍《帝王世纪》说："黄帝受命，风后受图，割地布九州，置十二国。"风后是黄帝的重臣，协助黄帝治理天下。他根据中华大地上山川土地的自然结构和走势，将国土划分为九州，又根据各诸侯国宾从黄帝的前后次序，设立十二国。

哪九州？它们是：冀、兖、青、徐、扬、荆、豫、梁、雍，共为九州。

十二国的设置，是将原有各部族的图腾或几个图腾综合为一个图腾，共选留十二种动物，每种动物分别代表一个国家（部族）。其顺序是：鼠、牛、虎、兔、龙、蛇、马、羊、猴、鸡、狗、猪。

那时节，简直是一个清明盛世！

《史记》中赞扬黄帝：尽心尽力，勤于思考，努力实践，多听多看多观察，使得洪水泛滥得以控制；山野禁放，江湖沼泽、山林草原要求采收捕猎适度，节约资源，保持水土，爱护环境，造福后世。因此享有土德之瑞，加号黄帝。

古人还嫌黄帝不够伟大。不论是天文、历法、文字、算术，还是纺织、造船、弓箭、丝绸，中国人把远祖们大部分的创造都归功于黄帝和他的大臣甚至妃嫔们。我们且不论这些有多少属实，至少这说明国家的各项职能也大约从黄帝时期开始。

黄帝作为中华民族的人文先祖，从他登上历史舞台起，就以拯救天下苍生为己任，用武力平定了诸侯间的混战，将一个各部族星罗棋布、四分五裂的部落社会，推向了大一统的国家社会。他不仅促进了氏族间的融合，奠定了中华民族的雏形，也使得当时的生产力和科技发明有了划时代的跨越，引领着中华民族的先祖们，从蒙昧走向文明。我国古史时期的干支历法、农工矿商、衣食住行、婚丧嫁娶等均始于黄帝时代，这些都是中华文明的重要标志，我国后来能巍然屹立于世界四大文明古国之列，与黄帝的赫赫殊勋是分不开的，其卓著的功绩，深受历代人民所敬仰，正因如此，后世尊称轩辕黄帝为人文初祖、文明始祖。

五、人也？神也？

远古时代，中华大地上出现了一个半人半神的传奇人物——公孙轩辕。这位发源于黄土高坡的部落首领以土为号，称为黄帝。在黄帝之前，有传说的三皇：伏羲、神农、女娲。但我这里按照司马迁的算法，以黄帝作为中国人物史的开端。这个被司马迁形容为“生而神灵，弱而能言，幼而循齐，长而敦敏，成而聪明”的伟大帝王三战克炎帝，涿鹿杀蚩尤，以武力打败其他残暴的部落首领，将德行加之自己治下，建立起了东至东海、西至甘肃、南至湖南、北至河北的部落联盟。据史学家考证面积约有 225 万平方千米，这是一个惊人的疆域。埃及全境才只有 100 万平方千米左右，这其中还有 96%的沙漠。虽然黄帝建立起的是一个相对松散的联盟，却在 4000 多年前一举奠定了今天中国疆域的核心，其中最重要的是精神上的影响力。

黄帝的统治时间有多长呢？春秋时期孔子最调皮的学生宰予，曾经向老师问过这个问题。

孔子虽然不喜欢自己这个学生，痛骂他是朽木不可雕也，可是学生一提问题，他好为人师的脾性一发作，一下子滔滔不绝地讲了一大车的话。

宰予是这样提出疑问的——“以前我曾经听过荣伊的说法，他说黄帝寿命有三百年。我想问问，黄帝是人吗？到底是不是人？不然怎么会有三百年那么长的寿命？”

孔子当时肯定是哭笑不得，于是说道：“予，先代的圣王，夏禹、商汤、周文王和周武王还有周公，他们的功业是非常之伟观，而黄帝还超过他们，你知道这是为什么吗？后世的先生们也很难详细地说清楚啊！”

宰予却抱着不弄清楚这个问题，白天就不睡觉的觉悟，继续追问道——“上古时代流传下来的文献记载，关于黄帝的事迹是那么神秘和隐晦，研究来研究去的，实在让人摸不着头脑，君子以一事不知为耻，学生今天一定要执意问个明白。”

孔子只好大谈特谈了一通黄帝的功绩，这些话，后来都被司马迁照抄进了《史记》的《五帝本纪》之中，最后才回到宰予的问题上——黄帝生前所实行的德政仁政，让人民受惠了一百年；当黄帝死了之后呢？人民敬服他的英明神武，一百年不动摇；两百年过去之后，黄帝王朝的人民依旧遵循他当初拟定的国策，延续他所开辟的路线，又是一个一百年。加起来，所以才说黄帝活了三百年。

孔子生平不喜怪力乱神，对于黄帝的传说，肯定知道，但也是不相信人世间有那么长寿命的人。而在宰予的执着下，以遗爱长留人心的强词夺理来自圆其说，未免有点诡辩的意味。

孔子的另一个弟子子贡，也曾经和宰予一样提出类似的古怪问题——“上古时代，黄帝据说长着四张脸，这可信吗？”

孔子的答复一如既往地强词夺理，一如既往地自圆其说——“黄帝任命和自己治国理念一致的大臣四人处理国政，君臣之间非常默契，往往意见吻合，不需要约定就能办成大事，这就是所谓的四张脸。”

宰予和子贡提出的问题，至少说明了一点，到了孔子所处的春秋时期，黄帝已经被完全神化了。人怕出名猪怕壮，特别是领袖，一旦被后人神化了，想当个正常人也不可得啊。

《史记》载：“黄帝崩，葬桥山。”

张守节《正义》引《括地志》：“黄帝陵在宁州罗川县东八十里子午山。”

司马贞《索隐》引《地理志》：“桥山在上郡阳周县，山有黄帝冢也。”阳周在隋朝时改为罗川，桥山也称子午山。因此以上两说所指的地方是一致的，桥山的位置就在今陕西黄陵西北，相传山上有黄帝墓。此处有沮水穿山而过，山呈桥形，因以为名。

《尔雅》则是这样解释桥山得名的：“云山锐而高日桥也。”

今天，陕西黄陵的黄帝陵已经成为著名的人文景点，也是海内外炎黄子孙寻根问祖的必到之所。

还有一种说法，说由于黄帝恩泽四海，最后升天成仙。

《史记·封禅书》上说他临死的时候，有一天龙从天而降，要将他接引到天上去。黄帝就骑在龙身上，他的臣子和后宫跟随的有七十余人。这当然是神话了。

张守节《正义》引《列仙传》说，黄帝轩辕氏自己选择了大去之日，与群臣告别，葬在桥山。后来山崩棺露，里面只有随葬的宝剑和鞋子，而黄帝却不知所终。

《汉书·武帝纪》都曾记载了这样的故事：武帝勒兵十余万，巡狩朔方，在祭祀黄帝冢的时候，武帝满怀疑虑地问臣下：“我听说黄帝没有死，为何现在又留有他的墓呢？”有臣子回答说：“黄帝已经成仙，飞升上天了。这个墓里只有他的衣冠。”这表明，黄帝成仙的说法在汉武帝时代已经十分流行了。

对于这种说法，我们认为它与后来逐渐盛行的游仙思想不无关系，同时它也反映出后世人们对黄帝的无限景仰之情，并由此产生了对黄帝归宿的良好愿望。

事实上，先秦的典籍提到黄帝之死时的情形，和司马迁的说法是完全不同的。《竹书纪年》上说：“黄帝的统治持续了一百年，发生了大地震，黄帝去世。”《尚书》则说黄帝将要去世的时候，发生了大地震。这两种说法，都指出涿鹿发生了地震，晚年的黄帝就此去世。

只是到了后世，随着春秋战国时期各种意识的增强，和天人相应之说的流行，诸子百家都不愿意接受，也不能接受施行德政的圣王，我们的人文初祖居然被老天爷直接惩罚而死，于是，就有了黄帝乘龙上天，群臣后妃相从的传说。

黄帝出生充满神话色彩，去世后依然，莫非黄帝仅仅是个传说？

不能这么简单地看问题。我们知道：世界上一切民族的较为原始的神话，看起来好像是脱离现实、不着边际的，但那都是通过人的观念创造出来的，是客观事物对人的意识形态的一种反映。它虽然不能直接完全地反映历史的现实，却可以间接地、曲折地在一定程度上反映某些历史情况。有时好像历史的倒影，也像在水波激荡下的若明若暗、若隐若现的影像。学者们通常称之为史影——历史的影子。

由此我们知道，黄帝的形象是从人逐步演化成神的，而且这种演化是在人们的无限崇拜中完成的。今天，黄帝是人还是神，答案本身并不重要，重要的是他已成为中华民族同根同源的明证和团结奋进的民族精神的象征。他是一个符号也好，是一种观念也好，总是民族之根的象征。

历史学上有一个十分重要的命题：是什么维系着中华民族始终作为一个文化整体延续了五千年，中间虽也有外敌入侵，但民族精神从未泯灭？黄帝的影响力，给出了最早的答案。黄帝作为最早的纽带，将中华民族联系在一起。中华民族延续至今，黄帝功不可没。在此，向为我们开创历史、开拓家园的先人致敬！

大哉，黄帝！

第二节　颛项帝喾，光照日月

【原文】

帝颛项高阳者，黄帝之孙而昌意之子也。静渊以有谋，疏通而知事；养材以任地，载时以象天，依鬼神以制义，治气以教化，絜诚以祭祀。北至于幽陵，南至于交阯，西至于流沙，东至于蟠木。动静之物，大小之神，日月所照，莫不砥属。

帝颛项生子曰穷蝉。颛项崩，而玄嚣之孙高辛立，是为帝喾。

帝喾高辛者，黄帝之曾孙也。高辛父曰蟜极，蟜极父曰玄嚣，玄嚣父曰黄帝。自玄嚣与蟜极皆不得在位，至高辛即帝位。高辛于颛项为族子。

高辛生而神灵，自言其名。普施利物，不于其身。聪以知远，明以察微。顺天之义，知民之急。仁而威，惠而信，修身而天下服。取地之财而节用之，抚教万民而利诲之，历日月而迎送之，明鬼神而敬事之。其色郁郁，其德嶷嶷。其动也时，其服也士。帝喾溉执中而遍天下，日月所照，风雨所至，莫不从服。

帝喾娶陈锋氏女，生放勋。娶娵訾氏女，生挚。帝喾崩，而挚代立。帝挚立，不善（崩），而弟放勋立，是为帝尧。

【译文】

颛顼帝高阳，是黄帝的孙子、昌意的儿子。他沉静稳练而有机谋，通达而知事理。他养殖各种庄稼牲畜以充分利用地力，推算四时节令以顺应自然，依顺鬼神以制定礼义，理顺四时五行之气以教化万民，洁净身心以祭祀鬼神。他往北到过幽陵，往南到过交阯，往西到过流沙，往东到过蟠木。各种动物植物、大神小神，凡是日月照临的地方，全都平定了，没有不归服的。

颛顼帝生的儿子叫穷蝉。颛顼死后，玄嚣的孙子高辛即位，这就是帝喾。

帝喾高辛，是黄帝的曾孙。高辛的父亲叫蟜极，蟜极的父亲叫玄嚣，玄嚣的父亲就是黄帝。玄嚣和蟜极都没有登上帝位，到高辛时才登上帝位。高辛是颛顼的侄子。

高辛生来就很有灵气，一出生就叫出了自己的名字。他普遍施与恩泽于众人而不及其自身。他耳聪目明，可以了解远处的情况，可以洞察细微的事理。他顺应上天的意旨，了解下民之所急。仁德而且威严，温和而且守信，修养自身，天下归服。他收取土地上的物产，俭节地使用；他抚爱教化万民，把各种有益的事教给他们；他推算日月的运行以定岁时节气，恭敬地迎送日月的出入；他明识鬼神，慎重地加以侍奉。他仪表堂堂，道德高尚。他行动合乎时宜，服用如同士人。帝喾治民，像雨水浇灌农田一样不偏不倚，遍及天下，凡是日月照耀的地方，风雨所到的地方，没有人不顺从归服。

帝喾娶陈锋氏的女儿，生下放勋；娶娵訾（jū zī）氏的女儿，生下挚。帝喾死后，挚接替帝位。帝挚登位后，没有干出什么政绩，于是弟弟放勋登位。这就是帝尧。

【评点】

颛顼和帝喾是上古时期“五帝”中的第二帝和第三帝，前承炎黄，后启尧舜。和黄帝一样，颛顼和帝喾都是中国传说时代的英雄。黄帝、颛顼和帝喾为华夏民族的联合与统一，为社会的发展做出了伟大功绩，历来受到炎黄子孙的尊重和敬仰。

夏、商、周各大部族和长江一带的楚人，都把他们看成自己的远祖。著名历史学家范文澜认为：“汉以前人相信黄帝、颛顼、帝喾三人，为华族祖先，当是事实。”

一、颛顼的传说

出于大一统时代的需要，春秋到两汉是中国制造历史、寻找祖先的最高峰时代。

关于颛顼的身世，许多史籍都把他与黄帝连在一起。《帝系姓》载："黄帝轩辕之丘，娶于西陵氏。西陵之子谓之嫘祖氏，产青阳及昌意。青阳降居泜水。昌意降居若水。昌意娶蜀山氏。蜀山氏之子谓之昌仆氏，产颛顼。"由此说明，颛顼乃黄帝之孙、昌意之子，属正统的帝王血缘。

相传，黄帝活了121岁，在位一百年。黄帝有子二十五个，其中十四个被分封得到了姓氏。黄帝去世的时候，可能儿子玄嚣和昌意先走了一步（老爹在位太久），帝位就传到了受人拥戴的颛顼手里，这个，类似于明太祖朱元璋越过朱标传给了朱允炆，因为朱标比重八（朱元璋）兄先走了一步。

《史记》说，颛顼沉静老练，有智谋，通达，知事理，对比黄帝的性格单纯，颛顼应该是个深沉而多谋之人，感觉上有点像孙权。这样的人不一定会领兵打仗，却是坐江山的圣主。他自幼才智超人，15岁佐帝政，20岁即帝位，在位78年，享年98岁。

据传，颛顼住在帝丘（今河南省濮阳附近）这个地方，此人十分聪明，在民众中德高望重。

即位后，他带领人民养牲畜，种庄稼，充分利用地力。他推算四时节令，顺应自然。他依顺鬼神，制定礼义。他理顺四时五行之气，教化万民。他要人民洁净身心，真诚地去祭天、祭地、祭祖先。

他统兵向北到了幽州，向南到了交州，向西到了流沙，向东到了蟠木，所到之处，无论动物、植物，无论大神、小神，凡是太阳、月亮能够照耀到的，没有不平定、没有不臣服于他的。颛顼时代，疆域大了很多。

他还定下了四季的划分和二十四节气，对原来的历法进行了改革，这个重要性无须多言，颛顼因此被后人推戴为历宗，战国秦献公时所订历法取名为"颛顼历"。

颛顼还好音律。《吕氏春秋·古乐篇》记载："帝颛顼好其音，乃令飞龙作效八风之音，命之曰承云，以祀上天"，史书称"八风之音"为《承云》。这首人类社会最早的歌曲，是颛顼向人类社会奏响的东方神曲，或者该叫作华夏民族的第一首"国歌"？

司马迁写《史记》，从黄帝写起，直到汉武帝，他是远略近详。这短短的两段文字，已给我们描绘了一个德高日月、功盖山河的颛顼大帝形象。

《史记》中关于颛顼的记载就一段话，其他的史料也不是很多，但是神话中却不少。

颛顼是传说中的人物，他有非凡的经历和超人的力量，有至高无上的权力。他的辖区非常大。据《淮南子·时则训》载："北方之极，颛顼、元冥(元冥又叫玄冥，是管北方的水正官)之所司者万二千里。"

传说内黄西南一带有个黄水怪，经常口吐黄水淹没农田、冲毁房屋。颛顼听说后就决心降服它，可黄水怪神通广大，与之激战九九八十一天不分胜败。颛顼便上天求女娲帮忙，女娲借来天王宝剑交给颛顼并教他使用方法。颛顼用天王宝剑打败了黄水怪。为了给人间造福，他用天王剑把大沙岗变成了一座山，取名付禺山，又用剑在山旁划一道河，取名硝河。从此这里有山有水，林茂粮丰，人们过上了好日子。在当地人民心中，颛顼被尊称为"高王爷"。

颛顼帝时期，人们的道德已经发生了变化，颛顼帝直属的北方三十六州道德高尚，而其他地方道德已经不行了。"君臣富贵皆由德而生"，因此，原本不停运转的太阳、月亮和星星开始被牢牢拴在天穹的北边，固定在北方三十六州上空。

上古时期，华夏之民敬神拜天，因此就有很多现在人想象不到的福分，那时天、地虽也分开，但距离较近，而且还有天梯相通，这天梯即是各地的高山与大树。天梯原为神、仙、巫而设，但人间的智者、勇士，却能凭着智谋和勇敢攀登天梯，直达天庭。那时候，凡人有了冤苦之事，可以直接到天上去向天帝申诉，神亦可以随便至凡界游山玩水，人与神的界限不是很明确的。后来由于地上蚩尤叛乱，对神不敬，扰乱天庭，为此颛顼帝命令孙儿重和黎去把天地的通路截断，以维持宇宙秩序。

大力神重和黎接旨，运足了力气，一个两手托天，一个双掌按地，吆喝一声，一齐发力，托天的尽力往上举，按地的拼命向下压，天渐渐更往上升，地渐渐更向下沉，本来相隔不远的天地就变成现在这样，遥不可及了，高山、大树，再也起不到天梯的作用了。从此，托天的重为南正，专管天地鬼神之事；按地的黎为火正，专管人间之事。

颛顼帝还制定出各种礼仪制度来维护社会道德，规定妇女在路上遇见男人必须先回避，不然要拉到十字大街示众，还规定兄妹不准通婚，并让百姓按时祭祀祖先和天地鬼神。

颛顼帝的为人道德、智慧，使四方慕德而服，鸟兽尽皆感化。但是，林子大了，什么鸟都有。颛顼帝的大德智慧，使善者从之，却使邪恶及无法无天的共工恨之，共工妒忌得简直发了狂，便纠集一些同样鼓吹无法无天而对颛顼帝不满的坏神组建成一支军队，轻骑短刃，突袭天国京都。

据传，共工和颛顼两个部族曾经发生过一场激烈的战争，就是这场战争引发出“共工怒触不周山”的壮美神话。

颛顼帝听说共工来袭，泰然自若，一面点燃七十二座烽火台，召四方诸侯急速支援；一面点齐护卫京畿的兵马，亲自挂帅，前去迎战。

大战开始后，颛顼帝率军将共工部众从天上追逐到凡界，再从凡界厮杀到天上，几个回合过去后，颛顼帝的部众越杀越多，人形虎尾的泰逢驾万道祥光由和山赶至，龙头人身的计蒙挟急风骤雨由光山赶至，长着两个蜂窝脑袋的骄虫领毒蜂由平逢山赶至，共工的部众被杀得人仰马翻，几乎全军覆没，共工辗转杀到西北方的不周山下，身边仅剩一十三骑，不周山的奇崛突兀、顶天立地，挡住了这伙贼寇的去路。这不周山是一根撑天的巨柱，是颛顼帝维持宇宙秩序的主要凭借之一。这时，颛顼帝率军从四面八方冲来，喊杀声、劝降声惊天动地，天罗地网已经布成。共工至死还想坏一把，不顾一切后果发泄怨恨，向不周山撞去，在轰隆隆、泼剌剌的巨响声中，那撑天拄地的不周山竟被他拦腰撞断，横塌下来。

天柱折断后，整个宇宙便随之发生了大变动，西北的天穹失去撑持而向下倾斜，使拴系在北方天顶的太阳、月亮和星星在原来位置上再也站不住脚，身不由己地挣脱束缚，朝低斜的西天滑去，成就了我们今天所看见的日月星辰的运行路线。另一方面，悬吊大地东南角的巨绳因剧烈的震动崩断了，东南大地塌陷下去，成就了我们今天所看见的西北高、东南低的地势，和江河东流，淡水与海水混合的情景。

总之，颛顼前承炎黄，后启尧舜，奠定中华根基，是一位过渡型帝王，其在位的主要贡献是扩大版图，建立统治机构，禁绝巫教，促进民族融合，改革历法，定四季和二十四节气，研究了男女有别和长幼有序。

二、帝喾之德

颛顼驾崩后，帝喾即位，号高辛氏，名俊，其父为蟜极，蟜极父为玄嚣，玄嚣为嫘祖所生，黄帝长子，是颛顼的族侄。

“高辛生而神灵，自言其名”，对比黄帝“生而神灵，弱而能言”，倒是有几分相像。

“取地之财而节用之，抚教万民而利诲之，历日月而迎送之，明鬼神而敬事之”，说到了帝喾的对内统治，从黄帝到帝喾，第三代了，提到“节用”，帝喾是第一人。

“其色郁郁，其德嶷嶷。其动也时，其服也士”，是说帝喾的外貌和气质。

“溉执中而遍天下”，意即实行一种中正和平、不偏不倚的政策，以治理天下。

司马迁先生并未强调帝喾的勤勉和智谋，可见在他看来，帝喾的伟大主要来自“生而神灵”。帝喾的作为，却也正是一个丝毫未被尘世污染的赤子所为，与颛顼帝多智谋，为与不为都服务于自己的统治相比，帝喾的为与不为更多的则源自自己的一颗仁爱之心。最让我感动的，是“仁而威，惠而信，修身而天下服”。

著名文学家曹植曾作《帝喾赞》以颂之：“祖自轩辕，玄嚣之裔，生言其名。木德治世。抚宁天地，神圣灵宾，教讫四海，明并日明。”

阅读有关史料传说，不难发现，帝喾也是聪明早慧、少年英才啊。

他刚出生就会说自己的名字，小时候聪明好学，十二三岁就声名远播，十五岁开始辅佐颛顼。

有一天，有九个国家联合来攻打颛顼，颛顼问帝喾是怎么想的，帝喾指出九国虽是联军，但彼此都怀有私心，并不团结，应该让他们发生矛盾自相残杀，然后趁势击败他们。颛顼听了大喜，于是派人去挑拨离间，结果这九国果然发生内战，颛顼没费什么力气就击败了他们，平定了九国之乱。颛顼于是对帝喾另眼相看，将其封到了辛（今河南商丘）。后来洪水来了，帝喾带领百姓迁到了帝丘这个颛顼曾经居住过的地方，不料帝丘也闹起了水灾，于是他们又迁了回去。反反复复，帝喾觉得迁徙总不是解决问题的办法，于是开始日夜思索，最终决定加高地势，经过艰苦努力，地势终于增高到了洪水不能侵袭的高度（神话说是玉皇大帝帮了忙），百姓从此安居乐业，辛地改名高辛地，帝喾最后号高辛氏。

因为仁政爱民且才高睿智，颛顼死后帝喾得立。

帝喾在位期间，其疆域已发展至东北辽宁、西北宁夏、西南四川、东南长江下游一带。

帝喾继位时，社会稳定，经济繁荣。为进一步促进农业发展和人们生活质量的提高，帝喾“爻策占验推算历法，穷极变化，颁告天下”。《大戴礼记》说他“夜观北斗，尽观日，作历弦，望、晦、朔、迎日推策”，或“观北斗四时指向，以定是令；观天干以定周天历变”，指导人们按照节令从事农事活动，极大地促进了社会生产力的发展。帝喾治历明时，“教民稼穑”，使农耕文明迈入了新的时代。

帝喾继承颛顼治国策略，并有新的突破。“德莫高于博爱于人，政莫高于博利于人。政莫大于信，治莫大于仁”，就是帝喾以德治国的基本方略。《史记》称帝喾“普施利物，聪以知远，明以察微，顺天之义，知民知急，仁而威，惠而信，修身而天下服……日月所照，风雨所至，莫不服从”，可见，帝喾在人民心中的位置。

帝喾作为一代帝王，不仅养性自律，大公无私，而且倡导诚信，明察善恶，为天下人景仰，为历代帝王推崇。时至今天，帝喾的治国思想，仍有积极意义。

帝喾喜好音乐，叫乐师咸黑制作了九招、六列和六英等歌曲，又命乐垂制作了乐鼓、钟、磬等乐器，还编制了舞蹈让六十四名舞女进行了表演。相传音乐十分动听，连凤凰都飞至殿堂，翩翩起舞。古时人们认为只有德行高尚的人才能招来凤凰，可见帝喾的威望。

帝喾最出名的地方是他的四个妃子生的四儿一女。

正妃姜嫄，邰国国君女儿，在娘家时踏上巨人足印生子，因无夫生子感到羞耻（其实大可不必，因为帝喾就是这么来的），将孩子三次投于深巷、荒林和寒冰上，但此子奇迹般地不死，故此儿名弃。弃长大后喜欢农艺，教人种五谷，被尊为后稷，是周民族的祖先。

次妃简狄，有娀国国君女儿，在娘家与其妹建疵，春分时在玄池温泉洗澡，吃了飞过的燕子留下的一卵，怀孕生子，取名为契，商族的祖先。

三妃庆都，相传为大帝之女，生于斗维之野（今河北蓟县附近），被陈锋氏妇人收养，陈锋氏死后又被尹长孺收养。庆都长大后随养父到濮阳，因头上始终覆盖有黄云，被视为奇女，帝喾母劝帝喾将其纳为妃，后生尧。

四妃常仪，娵訾氏女，聪明美丽，长发垂足，先有一女名帝女，后生一子名挚（他是长子）。挚被派往曲阜与夷族杂居，成了东夷少昊，继承了帝喾的帝位，九年后禅让给了尧。

据说帝喾还十分喜欢异族的女人。他的祖先黄帝当年打败蚩尤后，把蚩尤部落中表现好的人都移民到了一个叫邹屠的地方。帝喾听说邹屠氏的女子都有特异功能，能够行不踩地、游不沾水，个个都是“风行者”“水上漂”。帝喾有些好奇，就又娶了邹屠氏的一个女子为妃。不承想，这位妃子的生育本领比帝喾原来那四位还要奇妙。她怀孕也是要靠做梦吞日，但难能可贵的是，她可以老做同样一个梦。据传说，她一连做了八个梦，吃进去了八个太阳，产下了八个儿子，这很像是后羿射日的生育版。

帝喾除了有这么多著名而神奇的妻子外，还有一个神乎其神的女儿。《后汉书·南蛮传》记录了历经千年不泯的“嫁女盘瓠犬”的故事。传说犬戎房王作乱，帝喾几经讨伐不胜，便告文天下，凡取房王项上人头者，可得千金，可封万户，并赐帝女为妻。后来，帝喾带常仪和帝女去南巡，在云梦泽遇到房王作乱，帝女的一只名叫盘瓠（hù）的狗混入敌营咬死了房王。于是帝喾把帝女许配给了盘瓠，后来生下十二男女，分送至浙江和湖南，大概这盘瓠和哮天犬差不多，乃神犬也，会化成人形。

帝喾之所以重要，最主要因为后来的商朝、周朝都到他这里来寻根。帝喾简直就是帝王的宝库，后世王朝的开国者一旦搞不清楚自己家族的来路，就要到他这里来看看。当然，他们要寻的不是帝喾，因为那样的话他们就是同根了，他们找的是帝喾的妻子。

帝喾之时，天下基本已经稳定。在颛顼帝的努力下，帝国的疆土还进行了扩张，境外暂时不会有什么危险了，所以此时，给统治者提出的要求，就是让百姓安居乐业。帝喾所做的，就是给全国百姓做出节俭、仁爱的榜样。

颛顼与帝喾对比来看，一个沉稳多谋，一个单纯博爱；一个是“谋略帝王”，一个是“平民帝王”。他们都是应时而生的帝王。

三、颛顼帝喾，光耀华夏

畅游古代历史长河可知：三皇五帝起源，夏商周秦延续，汉唐宋明发展。华夏文明从混沌中醒来，一步步迈向成熟和繁荣。

如果说炎黄是历史长河的源头，那么颛顼、帝喾就是两条奔腾不息的大河，孕育、滋润着后世逐步扩大其支脉流域，最终构成了中华民族丰富、渊源相连的文化。

炎黄子孙同植一根，中华民族相承一脉。中华民族的形成纷繁而浩瀚，多彩而丰满，源远流长，生生不息，是一部不断发展与进步的史诗。而颛顼、帝喾就恰似这部壮阔恢宏诗篇中闪耀着无限光芒的韵律，对中华民族的形成起到了十分重要的作用。

后人对他俩一样顶礼膜拜。

明洪武三年，卑微出身的太祖朱元璋为巩固统治，派人到处寻访历代帝王的陵寝，准备立庙供奉，以显示自己帝位的合法、正宗。经过寻访，在全国范围内共查帝王陵七十九处。经过筛选后，确定有代表性的三十七处帝王陵被列为国家级（皇家）祭祀，并在应天（今南京）立帝王庙供皇家祭祀，其中就有高阳氏颛顼、高辛氏帝喾。《明史・礼志》载：“洪武四年，谕中书省，考历代帝陵寝，礼部于滑县祭颛顼、帝喾二帝陵。”朱元璋还亲自撰写祭文，每年逢吉日遣官前往祭祀。

在今天北京历代帝王庙中，颛顼、帝喾的神位列“五帝”序列，供后人祭拜，体现了帝王入祀道循“中华统绪，不绝如线”（乾隆语），即一脉相承的特点和文化特征。

如今的颛顼帝喾陵已成为中华儿女寻根问祖之圣地，传统祭祀活动至今尤盛，影响深远。农历三月十八日是颛顼诞辰，每年此时，为期数天的古庙会盛况空前，会期大戏连台，人声鼎沸，香火缭绕，热闹非凡。人们怀着对先祖的崇敬之情，从四面八方会集帝陵，虔诚祭祀，以求中华永昌。自 2002 年起，内黄县人民政府开始举办祭祖节，缅怀圣祖功德，弘扬华夏文明，凝聚民族精神。

第三节　巍巍尧帝，任贤图治

【原文】

帝尧者，放勋。其仁如天，其知如神。就之如日，望之如云。富而不骄，贵而不舒。黄收纯衣，彤车乘白马。能明驯德，以亲九族。九族既睦，便章百姓。百姓昭明，合和万国。

乃命羲、和，敬顺昊天，数法日月星，敬授民时。分命羲仲，居郁夷，曰旸谷。敬道日出，便程东作。日中，星鸟，以殷中春。其民析，鸟兽字微。申命羲叔，居南交。便程南为，敬致。日永，星火，以正中夏。其民因，鸟兽希革。申命和仲，居西土，曰昧谷。敬道日入，便程西成。夜中，星虚，以正中秋。其民夷易，鸟兽毛毨。申命和叔，居北方，曰幽都。便在伏物。日短，星昴，以正中冬。其民燠，鸟兽氄毛。岁三百六十日，以闰月正四时。信饬百官，众功皆兴。

【译文】

帝尧，就是放勋。他仁德如天，智慧如神。接近他，就像太阳一样温暖人心；仰望他，就像云彩一般覆润大地。他富有却不骄傲，尊贵却不放纵。他戴的是黄色的帽子，穿的是黑色衣裳，朱红色的车子驾着白马。他能尊敬有善德的人，使同族九代相亲相爱。同族的人既已和睦，又去考察百官。百官政绩昭著，各方诸侯邦国都能和睦相处。

帝尧命令羲氏、和氏，遵循上天的意旨，根据日月的出没、星辰的位次，制定历法，谨慎地教给民众从事生产的节令。另外命令羲仲，住在郁夷，那个地方叫旸（yáng）谷，恭敬地迎接日出，分步骤安排春季的耕作。春分日，白昼与黑夜一样长，朱雀七宿（xiù）中的星宿初昏时出现在正南方，据此来确定仲春之时。这时候，民众分散劳作，鸟兽生育交尾。又命令羲叔，住在南交，分步骤安排夏季的农活儿，谨慎地干好。夏至日，白昼最长，苍龙七宿中的心宿（又称大火）初昏时出现在正南方，据此来确定仲夏之时。这时候，民众就居高处，鸟兽毛羽稀疏。又命令和仲，居住在西土，那地方叫作昧谷，恭敬地送太阳落下，有步骤地安排秋天的收获。秋分日，黑夜与白昼一样长，玄武七宿中的虚宿初昏时出现在正南方，据此来确定仲秋之时。这时候，民众移居平地，鸟兽再生新毛。又命令和叔，住在北方，那地方叫作幽都，认真安排好冬季的收藏。冬至日，白昼最短，白虎七宿中的昴（mǎo）宿初昏时出现在正南方，据此来确定仲冬之时。这时候，民众进屋取暖，鸟兽长满细毛。一年有三百六十六天，用置闰月的办法来校正春、夏、秋、冬四季。帝尧真诚地告诫百官各守其职，各种事情都办起来了。

【评点】

帝尧是一位德才兼备的君主，把国家治理得井井有条，在天文、历法、农事、法制诸方面多有建树，并且起用了许多人才。

尧是迄今为止历史上第一个记载比较详细的帝王，从史公的《史记》和《古今通史》记载来看，都有着对尧帝比较详细的介绍，史书的记载中主要表达了他用仁德、豁达、笃诚、功绩、精神等明举来推动了历史潮流的进步和发展，是我国历史上不可多得的良君明主。

由于帝尧功德高尚，后人常用“尧天”比喻理想社会，“尧年”赞颂老人益寿延年的功德;旧时封建社会，将“尧天”“尧年”作为专称颂皇帝功高长寿之词，“尧天乐”也是赞颂之词。

一、身世灵异，仁德如天

尧是中国古代传说的圣王，据古代文献记载，尧是黄帝后裔，有的说是黄帝的第五代孙。姓伊祁，名放勋。因始封于唐，也称唐尧。因晚年游居于陶，又号陶唐氏。

关于尧的身世，民间传说很多，多是把帝尧神化了。据说，帝尧是他的母亲庆都和一条赤龙交合生下来的。《太平御览》根据《春秋合诚图》的记载，是这样来记述尧的诞生过程的：

尧的母亲是天帝的女儿，她出生的时候，天上雷电交加，却没有下雨，只有巨石的缝隙流着鲜红的血液，庆都就在这石头缝隙出生了。庆都长得像天帝，身上常有黄云覆盖着，不吃食物，做梦就吃饱了。到了二十岁的时候，常有神灵跟随着她。有一天，她在三河之首游走，看见一条赤龙过来了，还带着一张图，图上画着一个人，衣服泛着红光，脸上眉有八彩。图上还有字，写的是：赤天受孕。庆都正看着，突然，天色转暗，阴雨霏霏，赤龙便与她交合了。之后庆都有了身孕，十四个月后生下了尧。尧长得和赤龙携带的那张图上的人一模一样。

这个故事很神奇，却写进了《说郛·河图稽命征》，仔细一想也有道理。因为，先祖经历过母系社会，那时的人只知其母，不知其父，后人就把帝尧神化了；而且，由于大家将尧视为帝王，帝王就是真龙天子，于是就有了尧母与赤龙交合生尧的说法。

《史记》更把这位帝尧描写得了不得，说他仁德如天，智慧似神。接近他就像太阳一样温暖，仰望他就像云彩一般绚丽；他富有却不骄纵，尊贵却不惰慢。他戴黄帽子，穿黑衣裳，乘红车子，驾白马。他弘扬顺从的美德，与同族和睦相处；又明确百官的职责，百官政绩昭著；也亲和团结天下的诸侯，创造了一个和谐的世界。

所以他即位以后，局面大变：举荐本族德才兼备的贤者，首先使族人能紧密团结，做到“九族既睦”；又考察百官的政绩，区分高下，奖善罚恶，使政务井然有序；同时注意协调各个邦族间的关系，教育老百姓和睦相处，因而“协和万邦，黎民于变时雍”，天下安宁，政治清明，世风祥和。

被众人尊为至圣先师的孔子在《论语·泰伯》里说：“大哉，尧之为君也！巍巍乎！惟天为大，惟尧则之。荡荡乎民无能名焉！”这是说，像帝尧这样的君主真是太伟大了，太崇高了！只有天最高大，而只有帝尧能够以天为准则。他的德行浩大无际，平民百姓真不知道用什么语言赞颂他才好！

儒家经典之一的《尚书》还专门编撰了一篇《尧典》来颂扬他的政绩和德行，以及传位与舜“光被四表”的盛业。

二、任用贤才，授民以时

尧作为“五帝”之一，做了不少开创性的工作，留下了极为辉煌的业绩。其中可圈可点者有很多。

他把自己信得过的得力助手羲仲、羲叔、和仲、和叔等人派到各地指导农业生产，制定了历法。

尧命令羲氏与和氏，敬慎地遵循天数，推算日月星辰运行的规律，制定历法并告知于民。他分别命令羲仲、羲叔、和仲、和叔到东、西、南、北四个不同的地方进行观察。

羲仲住到了东方的旸谷，恭敬地迎接日出，辨别测定太阳东升的时刻。昼夜长短相等，南方朱雀七宿黄昏时出现在天的正南方，依据这些确定仲春时节，也就是春分。这时，人们分散在田野，鸟兽开始生育繁殖。

羲叔住在南方的交阯，辨别测定太阳往南运行的情况，恭敬地迎接太阳向南回来。白昼时间最长，东方苍龙七宿中的火星黄昏出现在南方，根据这些确定仲夏时节，也就是夏至。这时，人们住在高处，鸟兽的羽毛稀疏。

和仲住在西方的昧谷，恭敬地送别落日，辨别测定太阳西落的时刻。昼夜长短相等，北方玄武七宿中的虚星黄昏时出现在天的正南方，依据这些确定仲秋时节，也就是秋分。这时，人们又回到平地上居住，鸟兽换生新毛。

和叔住在北方的幽都，辨别观察太阳往北运行的情况。白昼时间最短，西方白虎七宿中的昴星黄昏时出现在正南方，依据这些确定仲冬时节，也就是冬至。这时，人们住在室内，鸟兽长出了柔软的细毛。

根据观测和研究的结果，尧断定一周年是三百六十六天，多余的时间用加闰月的办法解决，确定春、夏、秋、冬四季，也就是一岁。《尚书·尧典》的原话是：“期三百有六旬有六日，以闰月定四时，成岁。”

从史书上的记载至少可以读懂两点：一是帝尧主持研究了历法，因为他分派羲氏与和氏观测日出日入进行研究；二是帝尧亲身参与研究。若是不参与其中，不了解研究情状，很难做出用闰月解决余数的定论。由此完全可以断定，说尧钦定历法是符合实际情况的。

历法研究的成果，直接推进了当时的生产生活。我国民间喜欢将节气说成节令。节气是时节气候，节令则成了时节命令。显然，这节气认定后，帝尧选派的官员发布的命令，根据这命令人们可以安排农耕和生活事宜，就将节气变成了节令。至今，民间流传着很多关于节令的谚语：

如“四月芒种齐芒种，五月芒种过芒种”是说收麦的时间。如果农历四月芒种，那芒种时就能割麦；如果农历五月芒种，那过了芒种才能收麦。

“头伏萝卜，末伏菜”是说播种蔬菜的时间。头伏时可以种萝卜，末伏时才能种白菜。

这无数信手拈来的农谚，那时就是时节对农事的命令，这节令从帝尧那时起一直流传了数千年，一直是人们遵循的规律，这是何等了不起的创举！

对于历法的设定和使用，我国是世界上最早的。正如气象学家竺可桢先生在《天道与人文》所说：“四季之递嬗，中国知之极早，二至、二分，已见于《尚书·尧典》，即今日之春分、秋分、夏至、冬至。”

持这种观点的不仅是竺可桢先生，许多外国学者也这样认为，意大利学者安东尼奥·阿马萨黑认真研读了《尚书》，说“得知四季的主宰就是生命的创造者”，无疑，他将钦定历法视为最辉煌的科学发现了。

三、选贤任能，天下大治

在尧的众多政绩中，求贤若渴、任贤图治表现得尤为突出。

尧认为一个人的知识有限，见闻有限，他想让天下广众、身边朝臣，知无不言、言无不尽地来议论国事。但不管是平民，还是朝臣们，敢开口放言的却寥寥无几。为了改变这种状况，尧便在他议事的大厅前"置敢谏之鼓，使天下得尽其言；立诽谤之木，使天下得攻其过"。并广而告之，要大家都来对天下大事评头论足，即便是说错了，也赦免无罪。

诽谤木就是在他办事的宫门前，竖立一根木柱，谁有意见都可以站在下面发表，哪怕是说错也赦免无罪。敢谏之鼓也一样，就是安放一面大鼓，要提意见的人便击鼓告知。据说后世衙门前的升堂鼓就是这么演变来的。

这样一来，大家渐渐知道了帝尧的贤明，敢于大胆说话，谏议国事。尧广泛听取采纳众人意见，不断改进治世方法。

"敢谏之鼓""诽谤之木"，大概就是今天的意见箱、信访处、投诉热线的始祖吧？在古人眼里，帝尧作为一个统治者，已经尽善尽美、无可挑剔了，而他自己却依然不满足，还要想方设法征求民众的意见，欢迎大家公开指出他的过失，这是多么难得的品质！大概只有帝尧这样的圣主才能做得到吧。由此可见，倾听下情，接受民众的建议和批评，是开明的领导者独具的宝贵品质，也称得上是历史悠久的中国传统美德之一。不过，就像张居正说的那样，真想征求意见、听取批评，也不必非要放一面大鼓，立一根木头；反之，如果只是为了摆摆样子，走走形式，挂再多的意见箱，也不见得有人买账。

为了治理好国家，尧帝在位时选用了一批贤臣能士。史载尧之功臣九人，或说十一人，可谓人才济济。

大家都熟悉后羿射日的故事吧，后羿就是尧手下一位能干的大臣。

神话说，尧的时候，天上有十个太阳同时出现在天空，把土地烤焦了，庄稼都枯干了，人们热得喘不过气来，倒在地上昏迷不醒。由于天气酷热的缘故，一些怪禽猛兽，也都从干涸的江湖和火焰似的森林里跑出来，在各地残害人民。尧于是命后羿将那些野兽杀死，并射落九日。据说人们对尧为民除害的举措十分感激，所以拥戴他为天子。

尧的时代，又是一个"汤汤洪水方割，荡荡怀山襄陵，浩浩滔天"的洪水泛滥的时代，其水势浩大，奔腾呼啸，淹没山丘，冲向高冈，危害天下，民不安居。尧对此非常关切，决心治理洪水。

治理洪水，其实也就是大禹治水。大禹治水是一件家喻户晓的历史大事。可是知道大禹治水的人很多，知道这次治水的指挥中心在尧都平阳的人就很少了，尤其是知道帝尧是这次抗洪总指挥的人就更少了。用时下的话说，这次治水大禹是实施者，是前线统帅。他能走上前线统帅的领导岗位，本身就在于帝尧的英明决策。

那么，到底怎样治水的呢？我们从头说起。

到底派谁治水为好？起初，被提上议事名单的有两位，即共工和鲧。

先说共工，他是一提到就让帝尧否决了的。

在会议上，帝尧提出让谁担当治水重任，众臣都推荐鲧。就这么鲧当上了治水的头领，然而，连续治了九年，也就是堵了九年，洪水非但没有减小，还更为严重，结果被“殛于羽山”，也就是被杀了。

那么，下一步让谁治水为好呢？按照《史记》的说法，是代为摄政的虞舜举荐了大禹。其实，这时候还不能称大禹，大禹是他的庙号，他的名字是文命。文命是鲧的儿子。鲧治水惨败，儿子接过了他的重担，成为治理洪水的主帅，而且成功了，成为名垂千秋的大禹。

我们在此就以大禹相称吧！大禹为什么能将波浪滔天、肆虐苍生的洪水治理好呢？翻阅各种文献史料，查得原因有三，即思想对路，方法对头，作风对位。

先说思想对路。如前所述，大禹的父亲鲧治水采取的堆土筑坝的办法，越堵水越大，弄得洪水横流。大禹上任后，则反其道而行之。他继承了父亲未竟的事业，却没有固守父亲的思路，而是另辟蹊径。对此，《孟子·滕文公中》有过很高的评价：“使禹治之，禹掘地而注之海，驱龙蛇而放之菹；水由地中行，江淮河汉是也。险阻既远，鸟兽之害人者消，然后人得平土而居之。”孟子明确告诉人们，大禹治水是全新的思路，是在挖渠放水，地上有长江、淮河、黄河以及汉江，是将猛兽赶到沼泽里去了，不再为害伤人，人们可以又去平川安居乐业了。将孟子这种评价概括起来，就是两个字：疏导。治水患是疏导，疏川导滞的全新思路给了他全新的成就。

再说方法对头。这里的方法是指方法步骤，或者说大禹治水从哪里入手？从有关史料看，大禹治水是从壶口起步的。尧都平阳之所以为洪水淹没，原因是黄河古道壅塞，积水成泽，大水越过吕梁山谷，流入汾河谷地。紧邻汾河的平阳城，正好处在谷地当中，自然无法幸免。大禹治水首先盯住了黄河，盯住了壅塞河道的咽喉。壅塞在河道的全是石头，如何能打开一个缺口？上古时候，技术落后，又没有像样的工具，要凿石开河确实是个难题。破解难题的办法，是大禹采用了先进技术。当然，这先进技术也是就当时而言。据壶口周边的人们传说，大禹让众人砍来木柴，点火焚烧，烧热之后，又用冷水猛浇。这样岩石就会炸裂，顺着缝隙撬动石头就容易多了。这实际是使用了热胀冷缩的原理。这也算是方法对头吧！如此，打开壶口，据说壶口下面的十里龙槽就是大禹凿开的。他又打开孟门、石门、龙门，黄河顺流而下，解除了都城之困。接着，他一条条河道治下去，让长江、淮河和汉江等河流各有水路，通通畅畅流入了大海。

然后说作风对位。开山搬石，挖土成河，本身是件苦事情。那时候又少有像样的工具，要干好也就更辛苦。在这样的关头，如果领导不深入一线，不带头去干，群众就会退缩不前。因此，大禹自始至终都冲锋在治水的前沿阵地。最为典型的事迹是说他三过家门而不入。接到治水的命令，大禹刚刚新婚第四天，他什么也没有说，就出发了。这一去就是十三年。离家快一年的时候，他路过家门口。那是个早晨，从屋里传来了婴儿的啼哭声。他知道自己的儿子出生了，高兴极了，真想进屋看看这个心爱的小宝宝。可是，洪水咆哮，四处泛滥，治水正在紧要关头，他不敢怠慢，连忙朝前赶去。五年后，大禹第二次路过家门，远远看见妻子站在门口，他想跑过去说几句话。可是，前方工程遇到了难题，好多人等着他前去解决，他不敢迟缓，大步走过家门。第三次路过家门，那是十年后了。他看见门口站着个孩子，路人说是他的儿子，他亲热地抱在怀里，真想多抱抱这朝思暮想的小宝贝，可是，治水已到最后关头，他不敢有半点懈怠，只好放下儿子，毅然离去。这个故事从古代一直流传到今天，无人不敬仰大禹一心奉献的敬业精神。

大禹在众人心目中的英雄形象是非常高大的，不过，也不要忘了尧是这次治理洪水的总指挥。平息了洪水，人们又能过安然日子了。

帝尧是一位德才兼备的君主，在历法、农事诸方面多有建树，并且起用了许多贤能的人才。在他的统治下，九族敦睦、百姓安居、万国和谐、天下太平，堪称盛世。

第四节　尧禅位于舜，成千古美谈

【原文】

尧曰："谁可顺此事？"放齐曰："嗣子丹朱开明。"尧曰："吁！顽凶，不用。"尧又曰："谁可者？"驩兜曰："共工旁聚布功，可用。"尧曰："共工善言，其用僻，似恭漫天，不可。"尧又曰："嗟，四岳，汤汤洪水滔天，浩浩怀山襄陵，下民其忧，有能使治者？"皆曰鲧可。尧曰："鲧负命毁族，不可。"岳曰："异哉，试不可用而已。"尧于是听岳用鲧。九岁，功用不成。

尧曰："嗟！四岳：朕在位七十载，汝能庸命，践朕位？"岳应曰："鄙德忝帝位。"尧曰："悉举贵戚及疏远隐匿者。"众皆言于尧曰："有矜在民间，曰虞舜。"尧曰："然，朕闻之。其何如？"岳曰："盲者子。父顽，母嚚，弟傲，能和以孝，烝烝治，不至奸。"尧曰："吾其试哉。"于是尧妻之二女，观其德于二女。舜饬下二女于妫汭，如妇礼。尧善之，乃使舜慎和五典，五典能从。乃遍入百官，百官时序。宾于四门，四门穆穆，诸侯远方宾客皆敬。尧使舜入山林川泽，暴风雷雨，舜行不迷。尧以为圣，召舜曰："女谋事至而言可绩，三年矣。女登帝位。"舜让于德不怿。正月上日，舜受终于文祖。文祖者，尧大祖也。

【译文】

尧说："谁可以继承我的这个事业？"放齐说："你的儿子丹朱通达事理。"尧说："哼！丹朱嘛，他这个人愚顽、凶恶，不能用。"尧又问道："那么还有谁可以？"驩兜说："共工广泛地聚集民众，做出了业绩，可以用。"尧说："共工好讲漂亮话，用心不正，貌似恭敬，欺骗上天，不能用。"尧又问："唉，四岳啊，如今洪水滔天，浩浩荡荡，包围了高山，漫上了丘陵，民众万分愁苦，谁可以派去治理呢？"大家都说鲧可以。尧说："鲧违背天命，毁败同族，不能用。"四岳都说："就任用他吧，试试不行，再把他撤掉。"尧因此听从了四岳的建议，任用了鲧。鲧治水九年，也没有取得成效。

尧说："唉！四岳，我在位已经七十年了，你们谁能顺应天命，接替我的帝位？"四岳回答说："我们的德行鄙陋得很，不敢玷污帝位。"尧说："那就从所有同姓异姓远近大臣及隐居者当中推举吧。"大家都对尧说："有一个单身汉流寓在民间，叫虞舜。"尧说："对，我听说过，他这个人怎么样？"四岳回答说；"他是个盲人的儿子。他的父亲愚昧，母亲顽固，弟弟傲慢，而舜却能与他们和睦相处，尽孝悌之道，把家治理好，使他们不至于走向邪恶。"尧说："那我就试试他吧。"于是尧把两个女儿嫁给他，从两个女儿身上观察他的德行。舜让她们降下尊贵之心住到妫（guī）河边的家中去，遵守为妇之道。尧认为这样做很好，就让舜试任司徒之职，谨慎地理顺父义、母慈、兄友、弟恭、子孝这五种伦理道德，人民都遵从不违。尧又让他参与百官的事，百官的事因此变得有条不紊。让他在明堂四门接待宾客，四门处处和睦，从远方来的诸侯宾客都恭恭敬敬。尧又派舜进入山野丛林、大川、草泽，遇上暴风雷雨，舜也没有迷路误事。尧更认为他十分聪明，很有道德，便把他叫来说道："三年来，你做事周密，说了的话就能做到。现在你就登临天子位吧。"舜推让说自己的德行还不够，不愿接受帝位。正月初一，舜在文祖庙接受了尧的禅让。文祖也就是尧的太祖。

【评点】

尧的传说最为人们称道的，是他不传子而传贤，禅位于舜，不以天子之位为私有，他首先推行了禅让制，成为千古美谈。

古人说“人人皆可为尧舜”，今人说“六亿神州尽舜尧”，所标显的都是以“禅让”为核心的仁政德治。

一、踏遍山野，求贤若渴

拜师访贤是尧的美德，他所以能治理好天下，就是从别人那里学到了很多的智慧。一个人的智慧和才能是有限的，成就大事的人总是把别人的智慧学习过来，借鉴过来，不断充实自己，提高自己。不过，尧拜师访贤还有另一个意思，那就是选拔接班人。

说到接班人，人们会问尧不是有儿子吗，让他继位不就行了吗？在尧看来他的儿子丹朱没有能力治理天下。

司马迁在《史记》中这么记载：尧说：“谁可顺应天理，继承帝位？”放齐说：“你的儿子丹朱通达事理。”尧说：“哎呀，丹朱生性顽劣，争强好斗，不可任用。”

至于丹朱怎么顽凶，这里过于简练，倒是《尚书·益稷》写了几笔：

“无若丹朱傲，唯漫游是好，傲虐是作，罔昼夜额额，罔水引舟，朋淫于家，用珍厥世。”

原来，丹朱不但傲慢，还喜欢游乐，经常不分昼夜，聚朋作乐，这样游手好闲，帝尧当然为之忧虑。他想尽办法要教育好这个儿子，据说围棋就是他为了教育丹朱而发明的。最早记载尧造围棋的典籍是战国时期史官撰写的《世本》，内中写道：尧造围棋，丹朱善之。尧造围棋，以教子丹朱。

尧看见丹朱游手好闲，性情又十分暴烈，不无担忧：这样下去岂不成了害群劣马？他决心想个良法改变儿子的性情。一连数天，他把自己关在屋里，闭门不出，思谋天道，回味地理。天道地理在他胸中山重水复，曲径通幽，化为棋局。就这么，围棋诞生了。

然后，尧就点燃松明教丹朱下围棋。丹朱也真聪明，父亲说的规则他一听就懂，试走几招，还真出手不凡。连续下过几个夜晚，帝尧要胜他也很难了。从此，丹朱喜欢上围棋，经常找人对弈。他棋艺长进，成了国中强手。从此围棋流传开去，直到今天，仍然盛行。在民间的神仙中，丹朱还是个围棋神呢！

尧用围棋教育丹朱，使他的性情得到很大改变，不再干坏事扰害众人，可是，要由他担当治理天下的重任，尧还是不放心，所以，决心要另选贤任能。

屈指一数，帝尧拜访学习过的贤人还真不少，可考姓名的有：壤父、王倪、支父、齿缺、蒲伊、尹寿、许由。这些人，有的典籍留有名字，有的只见于神话传说，最有代表性的当是许由。

《高士传》中记载，许由为当时的名士，帝尧要让位给他，许由不接受。尧为什么要让位？许由为什么不接受？

《庄子》中写了他们的一段对话，可以回答这个问题。

帝尧让天下给许由，对他说："太阳和月亮都已升起，可火炬还燃烧不息；它要跟日月的光亮相比不是很难吗？及时雨降落了，可是还在用河水浇地，如此不是徒劳吗？先生若能当国君，天下定会大治，为什么我还要空居其位？我自知能力不够，请你出来治理天下吧！"

帝尧这话说得够诚恳了，可是，却没能打动许由。他回答说："你治理天下，天下已经得到大治了，而我如果代替你，我是为了名吗？名实是虚无的东西，我何必去追求？鹪鹩在森林中筑巢，不过占用一根树枝；鼹鼠到大河边饮水，不过喝满肚子。你还是打消念头回去吧，天下对我来说没有什么用处。厨师即使不下厨房，主持祭祀的人也不会越俎代庖。"这便有了成语：越俎代庖。

《高士传》中又写道，帝尧又派人召许由担任九州长，清高的许由以为这污染了自己的耳朵，便跑到颍水来洗耳朵。在河边正碰见朋友巢父牵着牛犊饮水，便向他诉说苦衷，巢父听了，不屑一顾地说："假如你一直住在深山高崖，谁能看见你？你到处游荡，换取名声，现在却来洗耳朵。别故作清高了，我真怕你洗过耳朵的水脏了我那牛犊的嘴。"说着，巢父牵着牛犊去上游饮水了。

看来，尧做的不是"帝"，是寂寞啊。这个帝位貌似个烫手的山芋，人见人拒，人见人躲。

大家都知道，后世的统治者为了得到权力，无所不用其极，秦二世为当皇帝欺父杀兄、李世民做掉兄弟、武则天毒死儿女等，不一而足，那个时代为什么人人躲着帝位走呢？

且以我的小人之心度一回君子之腹：

在尧的时代，估计帝位并不意味着权力。也就是说一切帝位继承人终其一生都是志愿者！那个时代是原始社会，也许大家不必经常饿肚子，但毕竟生产力还是有限，人们劳动的成果（产品），比如王二逮个兔子，张三摸了条鱼，大部分还是被部落的人吃了，除了给活人吃，还得给死人吃（祭祖），除了给死人吃，还得献给天地、山川、日月、神祇（祭祀）。能凑合着过就不错了，更别提剩下的了。总之，吃的用的得省着点，那年月日子不好过。大家的日子不好过，尧的日子就更不好过，他得成天琢磨着怎么生产，怎么分东西，怎么处理好原本就不高的物质文化需求同落后的社会生产之间的矛盾，最大限度地保证部落的人口，让更多的人活下去。自己呢，没有一分钱的工资，弄不好还要受饿。

没什么利益可图，所以，也就无人觊觎帝位了。

许由不接受尧的禅让，尧只好继续访贤，我们该将目光投向历山了。帝尧访贤来到了这里。一说历山，大家马上就会想到舜耕于历山了。

二、历山访贤，舜露头角

一天，尧帝把大臣们叫到一块儿开会，又一次共同商量寻访大德大贤之人来接班的事。

帝尧在位七十年，已经老了，而他的儿子丹朱品德和才能都不行，不是当天子的材料。尧想把帝位禅让给四岳（主管四方诸侯的官员），四岳不受，向帝尧推荐了舜。

“开会”，应当是历史最为悠久的社会活动形式之一。司马迁在《史记·五帝本纪》中写道，帝尧的时代，洪水滔天。尧召集四岳开会，让他们推举治水的人。尧和四岳，也就是四个部族领袖的高层会议，可以说是名副其实的“峰会”了。四岳推荐了鲧。帝尧认为鲧不能胜任。四岳依然坚持自己的意见，“强请试之”。

这次选接班人，依然是“峰会”，四岳推荐了舜。

介绍了舜的情况，原来，舜是个苦命的娃儿，出生没几年，他妈病死了，他爸又给他娶了个后娘。舜对后娘和亲娘一样听话，一样孝顺。可后娘心眼窄，把他当成肉中刺，整天指派重活给他干，一不如意就会打他。尤其是舜有了弟弟象后，后娘对他更差了，受气挨骂成了家常便饭。他爸受了后娘的影响，好歹不分，也常打骂他。舜忍气吞声，像从前一样孝顺父母，善待弟弟。在临汾不少地方，说继母不好是姚婆，这和舜有关系，因为，舜的家在姚墟，姚墟出了个歪婆，就说她姚婆。这里，还需要说清的是此时的舜还不是舜，他叫姚重华，舜同尧一样是庙号。不过，大家叫习惯了，我们姑且就这么叫吧。

尽管舜对父母那么好，但还是被赶出了家门。舜流着泪，离开了家门，来到了历山，搭了一个草棚，在这里安家，垦荒耕种。《尚书·大禹谟》中提到：当初舜在历山耕作，来往田间，每天对着天空大声号啕哭泣，对于父亲和继母，宁可自己背不孝的罪名。每逢去见父亲，他都恭敬而畏惧。他的瞎爸爸受了感动，和顺多了。

舜耕历山就这么开始了，也就不止一次走进了古籍。自《墨子》《孟子》到战国时期的《荀子》《韩非子》，再到西汉前期的《史记》《淮南子》，都有过关于舜耕历山的记载。

舜不仅在历山耕种，还帮助平民解决土地纠纷，和谐了关系。

《史记·五帝本纪》记载“一年成聚，二年成邑，三年成都”，对于以上说法，王仲孚先生在《中国上古史专题研究》一书中载文《尧舜传说试释》解释道：所谓“成聚”“成邑”“成都”，无非是因农业进步，粮食充足，人口增加而聚落逐渐成长扩大的表示。由此得知，舜耕历山后，历山的生产得到大发展，居住的人也增多了，成了远近闻名的聚落。这种情形便和《尧典》中的状况连接了。前面写过帝尧让推荐贤士，大臣一致推举的是虞舜。为什么会众口一词推荐他呢？自然是因为他小有名气了。他的名气不仅大臣知道，帝尧也有耳闻。

由于大家的意见比较一致，尧帝也感到舜是一个旷世奇才，完全可以起用。但尧帝是一位非常谨慎的人。从介绍的情况看，他感到舜来接自己的班比较理想。为了慎重起见，他决定亲自到有虞氏部落去一趟，看看虞舜这个人到底怎么样。过了几天，尧帝带着一行人，包括自己的两个女儿娥皇和女英，采取微服私访的形式，从平阳出发，前往东夷的有虞氏部落进行明察暗访。到了有虞氏部落所在地诸冯以后，尧帝与放齐、娥皇、女英一行四人，打扮成村夫山姑，徒步前往历山。

民间传说中，尧帝登上历山放眼望去，满眼都是坡地，大片坡地却被一条条垄线分割成条条块块。帝尧有些诧异，这垄线有什么作用？他走近田边问一位老农。老农告诉他，千万别小看这垄线，过去农家常因为田少地多，发生口角。自从有了垄线，人们各耕其田，再也没有起争端。

帝尧听得异常欣喜，禁不住问，这是谁的主意呢？老者用手指指正在耕田的一位后生。

尧举目看到一位三十岁上下的年轻人，赤着上身，正在赶着两头牛耕地。

帝尧便朝那位后生走去。到了田边一看，他耕的地比别人的平整多了。远远望去，年轻人手里没有拿鞭子，犁后挂着簸箕，当牛走得慢时，年轻人就敲敲簸箕。仅此而已，两头牛奋力向前。

尧帝感到奇怪，就问这位年轻人：“为何不用牛鞭赶牛，而只是用敲簸箕的办法来赶牛？”

舜微微一笑，对他说：“牛为我们耕作，辛辛苦苦，我怎么能忍心用鞭子去抽打它呢？”

帝尧欣喜地看着后生，说：“你真是个善良的人啊！”

后生又说：“再者，我一鞭下去打不到两头牛的身上。打黑牛，黑牛走得快了，黄牛仍然慢，一快一慢，犁头颠动，地就耕不平了。如果打黄牛也是一样呀！”

“哈哈，好呀！小伙子又仁爱，又有心眼。”帝尧高兴地笑着问，“请问你的名字？”

后生答：“重华。”

这不正是大家推举的贤人嘛！耳听为虚，眼见为实，帝尧非常高兴，待到日落天黑，相随回到他的茅棚，又谈了好些事理，越谈越觉得这后生是个好苗子。就想将王位揖让给他，但是，这么接触还是不深，还需要进一步了解，于是决定对舜进行全方位的考察。

三、全面考察，禅位于舜

尧在历山访到舜，感到这后生既仁爱，又有智慧，便要进一步考察他。《尚书·尧典》记载帝尧的说法是："我其试哉。"

怎么试舜？《史记·五帝本纪》记载"尧乃以二女妻舜以观其内，使九男与处以观其外"。不仅将两个女儿嫁给舜，观察他在家中的行为，而且将九个儿子也送到他那里，观察他在外面的处事。这样察试够认真了吧？但孟子还觉不够，再加些财物给舜。《孟子·万章上》写道："帝使其子九男二女，百官牛羊仓廪备。"

这一招厉害，不是要看他贫贱之时的态度，而是察看他富贵以后的品行。尤其是还给他百官，供他驱使，看看他到底是否人富了，脸阔了，行为就变横了。不过，历史学家对送之百官持有疑义，舜居僻地，百官没有用武之地啊！不仅对百官，对送九男也少见下文，而多见的是二女出嫁的情形。其实，从二女出嫁开始，一系列富有戏剧化的情节就展开了。

我们先说帝尧嫁女吧！

帝尧的大女儿叫娥皇，忠厚善良；二女儿叫女英，聪明伶俐。女英年小，姐姐事事都谦让着她。谦让惯了，女英事事都想掐尖拔头。听说父亲要将她们姐妹俩嫁给舜，女英又打开了小算盘，那谁当正房、谁是偏房呀？就找到父亲要当正房。父亲听了沉下脸说："我考考你们，谁赢了谁当正房。"

帝尧出的考题是煮豆子，每人给十粒豆，五斤柴，先煮熟者获胜。

女英腿勤手快，马上抢来柴，往锅里加满水，放进豆子，点火一引，柴火着了。她不停地添柴吹火，火苗呼呼着了，过一会儿水也响了。女英快手快脚地干着，很快水滚起来，开了，心想自己准胜。刚想到这里，就见父亲端着碗进来了，原来姐姐已煮熟了豆子。这娥皇常干家务活儿，很有经验，一见豆子不多，加的水很少，因而，妹妹的锅刚开，她的豆子就煮熟了。女英见了，一嘟嘴说："不算，另来。"

帝尧说："那我再出一道题，那就纳鞋底。"他给了每人一只鞋底，一条绳，一根针，先纳完者为胜。女英眼明手快，盘膝打坐，穿针引线，马上干开了。穿过针，拉着绳，拉紧了，又穿针，又拉绳，不一会儿干得胳膊酸痛。酸也不敢停，这一回再也不能落后了。背疼了，女英咬着牙，还是一下比一下紧地猛拉绳子。可是，这时姐姐的鞋底纳完了。这是怎么回事呀？原来姐姐嫌绳子长费劲，将之剪为数节，用完一节，再用一节，这便大大节省了拉绳的时间。娥皇又胜了，女英气呼呼地说：“不算，不算，再来！”

帝尧说，那就再来吧！他备了一辆马车、一头骡子，告诉她们一个坐车，一个骑骡子，谁先到历山，谁当正房。

女英马上来了主意，说：“马车稳当排场，姐姐理应坐呀！”说完，骑了骡子，扬鞭一打，飞快地跑出了门。赶到姐姐上车出院，女英早跑出好远了。她回头一望，嘻嘻一笑，又加一鞭，就把姐姐甩得看不见影了。这一回，嘿嘿，看来她这正房当定了。谁料刚这么一想，骡子停步不走了。她扬鞭要打，却发现这骡子开始生骡驹了，气得女英连声骂：“该死的骡子，误了我的大事，以后别再下驹了。”骡子很听话，从此骡子就再也不生驹了。可是，这生到一半的骡驹总得生出来吧，骡子不紧不慢地下驹，女英急得满头大汗。这时，姐姐的马车赶上来了，一看妹妹那气急败坏的样子，她连忙跳下车，将骡子安顿给路人，拉着妹妹上车，一同前往历山。女英大为感动，从此再也不和姐姐要小聪明了，二人和睦相处，同心辅佐丈夫。

成亲后，舜带着两个媳妇回家拜见父母。后母真想把他们赶出去，可是弟弟象见了二位金枝玉叶般的嫂嫂，生了祸心，就和母亲合计要害死舜。舜当然不知道，还感觉到后母和弟弟对他好多了。那么，他们怎么害舜呢？这就产生了两个成语：落井下石、上屋抽梯。

我们先说落井下石。这天傍晚，父亲瞽叟将舜叫过去说，井浅了，有了淤泥，要他下去淘井。舜没有推辞，准备第二天就干。回到屋里，和娥皇、女英一说，都觉得应该长个心眼。待父母、弟弟都睡了，他们忙碌了大半夜。这半夜没有白忙，第二天舜刚下井，就觉井口一黑，像有什么东西掉下来，他赶忙闪身，躲进了昨夜挖好的洞里，悄悄钻回屋里。井口上的象可得意了，又是填土，又是倒石，把井埋了个严实，心想舜必死无疑了。他扔了工具，撒腿就往嫂嫂屋里跑。快近窗前，听见琴声悦耳，以为是嫂嫂弹琴呢！他喜不自禁，大步跨进屋去。一进门，他吓得差点儿趴下，哎呀！见鬼了，弹琴的竟然是舜。象讨个没趣，说几句闲话，溜了出来。

一计不成，又生一计，这便有了上屋抽梯。这天父亲又叫舜，说谷仓漏雨，要他上屋修理。舜又答应了，回屋说过，娥皇、女英都说还得提防。第二天，舜上房顶时背了两个斗笠。他正在翻盖茅草，就见谷仓着火了，浓烟滚滚向他卷来。他去找梯子，哪里还有呢？早被象抽掉了。舜从背上拿下斗笠，一手一个，高高举起，跳了下来。不偏不倚落在自己的屋前，他抖抖灰尘，回到屋里。大火一会儿就烧光了谷仓，象没找到舜，以为他早成了灰烬。他高兴地跑来和两位嫂嫂成亲，一进门却又碰见了舜。他腿一软，跌在地上。舜拉起他说："小弟以后不要多礼，更不要跪拜。"给了个台阶，让象退了出来。

这两件谋害舜的事，史书称之为"掩井""焚廪"，孟子笔下曾有记载。

舜连续被害，却不计前嫌，一如先前那样孝敬父母，善待弟弟。后母和弟弟见害不死他，以为是天神相助，也不敢再动邪念了。一家人和睦相处，光景过得红红火火。

帝尧闻知，就将舜迎进宫中代为摄政，进一步考验他处理天下大事的能力。

综合《尚书·舜典》和《史记·五帝本纪》的记载，舜进宫后经受了四种考验：

一是慎和五典，五典能从。帝尧让舜做的第一件事是推行五典。五典就是我们讲过的五种伦理关系。这五种关系的具体标准是父义、母慈、兄友、弟恭、子孝。这件事舜做得怎么样？结果是五典能从，民众都能自觉遵守，显然教化成果是很突出的了。

二是遍入百官，百官时序。这是从务虚进入务实了。前面推行五教是意识形态领域的事，是看不见的工作，现在是要干点实际工作了。帝尧让舜和百官一起管理各种事务，越是具体事务越复杂，越棘手，也越能判断一个人的处事能力。舜又经受了考验，把各种复杂棘手的事情都干得井井有条。

三是宾于四门，四门穆穆。四门，实际是指四方各地。宾于四门，就是让舜迎接四方诸侯，或者说迎接招待各部落、部落联盟的酋长。这样的角色，不是分管外交的副总理，也是外交部长了。足见，帝尧对舜前面干的工作都很满意，不然不会将这么重要的工作交给他。因为，外交事务是关乎着国家，或说部落形象的大事，当然也是关乎着帝尧形象的大事。舜担当此重任表明帝尧对他更为信任了。好在，舜没有辜负帝尧的信任，他将外交工作干得庄重、肃敬。一个"四门穆穆"就完全肯定了他的成绩。"穆穆"在《尔雅·释训》中是敬重的意思，这等于说，舜将外事接待工作搞得井然有序，完全合乎礼仪。

四是纳于大麓，烈风雷雨弗迷。宫廷政务，样样得心应手，事事办得让帝尧称心如意，考验该结束了吧？还有更艰巨的考验在等待他，这就是"纳于大麓"。麓是管理山林的官吏，"纳于大麓"是选拔他出任这管理山林的官吏，让他去远离宫廷、远离都市、远离人群的偏远地方。那里气候异常，随时有狂风暴雨，别说管理山林，弄不好就会迷失方向，连自己能否回来也成了问题。但是，这也没有难住舜，他"烈风雷雨弗迷"，再恶劣的气候也不迷误。我以为，这里不仅指在暴风骤雨中能辨识方向，还指在各种复杂多变的矛盾中都能始终如一，保持冷静头脑，妥善处理一切问题。可以说，舜经受了最为严峻的考验。

经过长达三年的考察与考验，尧帝对舜感到非常满意。于是，他对舜说：三年来，你办事办得非常好，你讲过的话也都办到了，你就登帝位吧！对于尧帝的这番话，舜并没有喜形于色。他感到自己的德行还不够，不堪胜任帝位，婉言谢绝了尧帝的好意。帝尧还是要他总领政务，于是便让他代行天子之事，也就是代为摄政。摄政之后，舜挑起重担，将帝尧开创的基业推向了一个新阶段。

所以，二十年后，尧将帝位禅让给了舜。

第五节　德行天下，四海升平

【原文】

舜入于大麓，烈风雷雨不迷，尧乃知舜之足授天下。尧老，使舜摄行天子政，巡狩。舜得举用事二十年，而尧使摄政。摄政八年而尧崩。三年丧毕，让丹朱，天下归舜。而禹、皋陶、契、后稷、伯夷、夔、龙、倕、益、彭祖，自尧时而皆举用，未有分职。于是舜乃至于文祖，谋于四岳，辟四门，明通四方耳目。命十二牧论帝德，行厚德，远佞人，则蛮夷率服。舜谓四岳曰："有能奋庸美尧之事者，使居官相事？"皆曰："伯夷为司空，可美帝功。"舜曰："嗟，然！禹，汝平水土，维是勉哉。"禹拜稽首，让于稷、契与皋陶。舜曰："然，往矣。"舜曰："弃，黎民始饥，汝后稷博时百谷。"舜曰："契，百姓不亲，五品不驯，汝为司徒，而敬敷五教，在宽。"舜曰："皋陶，蛮夷猾夏，寇贼奸轨，汝作士，五刑有服，五服三就；五流有度，五度三居：维明能信。"舜曰："谁能驯予工？"皆曰垂可。于是以垂为共工。舜曰："谁能驯予上下草木鸟兽？"皆曰益可。于是以益为朕虞。益拜稽首，让于诸臣朱虎、熊罴。舜曰："往矣，汝谐。"遂以朱虎、熊罴为佐。舜曰："嗟！四岳，有能典朕三礼？"皆曰伯夷可。舜曰："嗟！伯夷，以汝为秩宗，夙夜维敬，直哉维静絜。"伯夷让夔、龙。舜曰："然。以夔为典乐，教稚子，直而温，宽而栗，刚而毋虐，简而毋傲；诗言意，歌长言，声依永，律和声，八音能谐，毋相夺伦，神人以和。"夔曰："於！予击石拊石，百兽率舞。"舜曰："龙，朕畏忌谗说殄伪，振惊朕众，命汝为纳言，夙夜出入朕命，惟信。"舜曰："嗟！女二十有二人，敬哉，惟时相天事。"三岁一考功，三考绌陟，远近众功咸兴。分北三苗。

【译文】

舜进入山林的时候，遇到暴风雷雨也不迷路误事，尧于是才知道了凭着舜的才能是可以把天下传授给他的。尧年纪大了，让舜代行天子之政，到四方去巡视。舜被举用掌管政事二十年，尧让他代行天子的政务。代行政务八年，尧逝世了。服丧三年完毕，舜让位给丹朱，可是天下人都来归服舜。禹、皋陶（yáo）、后稷、伯夷、夔（kuí）、龙、倕、益、彭祖，从尧的时候就都得到举用，却一直没有职务。于是舜就到文祖庙，与四岳商计，开放四门，了解沟通四方的情况，他让十二州牧讨论称帝应具备的功德，他们都说要办有大德的事，疏远巧言谄媚的小人，这样，远方的外族就都会归服。舜对四岳说："有谁能奋发努力，建立功业，光大帝尧的事业，授给他官职辅佐我办事呢？"四岳都说："伯禹为司空，可以光大帝尧的事业。"舜说："嗯，好！禹，你去负责平治水土，一定要努力办好啊！"禹跪地叩头拜谢，谦让给稷、契和皋陶。舜说："好了，去吧！"舜说："弃，黎民正在挨饿受饥，你负责农业，去教他们播种百谷吧。"舜说："契，百官不相亲爱，五伦不顺，你担任司徒，去谨慎地施行五伦教育，做好五伦教育，在于要宽厚。"舜又说："皋陶，蛮夷侵扰中原，抢劫杀人，在我们的境内外作乱，你担任司法官，五刑要使用得当，根据罪行轻重，大罪在原野上执行，次罪在市、朝内执行，同族人犯罪送交甸师氏处理；五刑宽减为流放的，流放的远近要有个规定，按罪行轻重分别流放到四境之外、九州之外和国都之外。只有公正严明，才能使人信服。"舜问："那么谁能管理我的各种工匠？"大家都说倕可以，于是任命倕为共工，统领各种工匠。舜又问："谁能管理我山上泽中的草木鸟兽？"大家都说益行，于是任命益为朕虞，主管山泽。益下拜叩头，推让给朱虎、熊罴。舜说："去吧，你行。"就让朱虎、熊罴做他的助手。舜说："喂，四岳，有谁能替我主持天事、地事、人事三种祭祀？"大家都说伯夷可以。舜说："喂，伯夷，我任命你担秩宗，主管祭祀，要早晚虔敬，要正直，要肃穆清洁。"伯夷推让给夔、龙，舜说："那好，就任命夔为典乐，掌管音乐，教育贵族子弟，要正直而温和，宽厚而严厉，刚正却不暴虐，简捷却不傲慢；诗是表达内心情感的，歌是用延长音节来咏唱诗的，乐声的高低要与歌的内容相配合，还要用标准的音律来使乐声和谐。八种乐器的声音谐调一致，不要互相错乱侵扰，这样，就能通过音乐达到人与神相和的境界啦。"夔说："嗬，我轻重有节地敲起石磬，各种禽兽都会跟着跳起舞来的。"舜说："龙，我非常憎恶那种诬陷他人的坏话和灭绝道义的行为，惊扰我的臣民，我任命你为纲言官，早晚传达我的旨命，报告下情，一定要诚实。"舜说："喂，你们二十二个人，要谨守职责，时时辅佐我做好上天交付的治国大事。”此后，每三年考核一次功绩，经过三次考核，按照成绩升迁或贬黜，所以，不论远处近处，各种事情都振兴起来了。他又根据是否归顺，分解了三苗部族。

【评点】

按照司马迁的记载，舜帝名叫重华，属有虞氏，是黄帝后裔。

舜在如何治理国家的问题上，也做了诸多开创性的工作，成为后世帝王治国的楷模。

一、宅心仁厚，天下归服

上面已经讲了尧对舜进行了种种考验，而“尧使舜入山林川泽，暴风雷雨”是最严峻的考验，是考验舜的意志、胆识、智慧。舜的“烈风雷雨弗迷”，证明了自己的能力，也让尧对他完全放心，认为虞舜足以授予天下大任，尧帝终于下决心将帝位移交给舜。

由于舜的推让与尧的坚持，舜与尧之间采取了一种折中方案。这种折中方案，就是尧帝仍然是名义上的天子，舜则代替尧帝处理国家事务，成为大权在握的事实上的帝王。这种折中方案，达到了尧帝将权力移交舜的目的，使舜真正走上了唐的政治中心，可以利用舜的聪明才智振兴唐国。

在这种权力机制下，犹如天有二日，这时候国有二君。尧是名义上的天子，舜是实际上的帝王。春秋战国时代的儒家，将尧舜时期的这种特殊执政形式，取了一个非常好听的词语，即我们经常听到的所谓“尧天舜日”。司马迁将这种执政形式，称为“摄行天子之政”，也可以叫“摄政”。

《史记·五帝本纪》记载：“舜年二十以孝闻，年三十尧举之，年五十摄行天子事，年五十八尧崩，年六十一代尧践帝位。”按照这一记载，尧发现选拔舜的时候，舜的年龄为三十岁。经过三年考察，舜的年龄为三十三岁。当时，尧并没有随即让舜“摄行天子之政”。又过了十七年，直到舜五十岁的时候，尧帝才退下来，让舜“摄行天子之政”。在舜“摄行天子之政”以后的第八年，尧帝去世。舜为尧守孝三年后，即舜六十一岁时，最终登上天子之位。这样，舜在唐国的摄政时间为十一年。如果减去为尧守孝的三年，舜的摄政时间只有八年。

无论舜帝是在什么时候当上摄政帝，实际的情况是，他在 33 岁就已经事实上掌握了唐国的行政大权，而且利用他所掌握的行政大权，干出了一番惊天动地的事业，把唐国治理得井井有条，唐国重现昔日的辉煌，国力大增，对此，尧帝感到非常满意。

尧帝在走过了114岁的人生之路以后，离开了人世。《史记·五帝本纪》载："尧避位二十八年而崩。百姓悲哀，如丧父母。三年，四方莫举乐，以思尧。"对于尧的去世，舜当然感到极度悲痛。自己从一个氏族部落酋长，被尧帝慧眼识人才，选拔到唐国。不仅迎娶了国君心爱的两个女儿，还当上了摄政帝。这一切，没有尧是绝对不可能的。最后，尧帝没有把天子之位传给丹朱，而是传给了自己，这种大恩大德，比之父母要胜过千百倍。

所以，在将尧安葬后，舜为尧守孝三年。守孝期间，舜仍然坚持处理国事。唐国的各项政务活动正常进行，没有受到什么影响。舜为了避让丹朱，迁到"南河之南"住了下来。南河指今潼关以下黄河自西向东流的一段河流。舜这样做，目的在于使唐国的人民在继承帝位的人选上可以有选择的余地。如果唐国人民选择了丹朱，舜将愿意服从人民的选择。

但是，舜的这一举动立即引起朝廷大臣们的不安。传帝位于舜，这是人所共知的事。如果中途出现问题，肯定会危及唐国的稳定。于是，朝廷大臣四出寻找舜的下落。

丹朱虽然仍在帝都，但诸侯来帝都朝觐的，不去朝觐丹朱而去朝觐舜，打官司的人不去找丹朱而去找舜，唱歌的人不歌颂丹朱而歌颂舜。

舜守了三年丧后把位子让给官二代丹朱，很谦让，可是人家口碑好啊，官员百姓有什么事都找他。在这种情况下，丹朱感到自己已经陷于孤立，不可能得到朝廷百官和各路诸侯的拥戴而继承帝位。因此，丹朱主动离开帝都平阳，避舜房陵，在今湖北房县一带住了下来。

丹朱的出走，为舜继帝位铺平了最后的道路。诸多大臣纷纷赶到南河之南，劝说舜遵从天意，回到帝都继承帝位。一些在丹朱出走前动摇不定的大臣，现在也纷纷下定决心，支持舜继帝位。在朝廷百官和各路诸侯的恳请下，舜只好说："天也夫！"既然是天意，当然是不能违反的。于是，舜在朝廷百官和各路诸侯的拥戴下回到了帝都平阳，准备继天子之位。

在登帝位之前，舜还有一件必须处理好的大事，就是要安置好丹朱。如何安置呢？必须对已经去世的尧帝、对娥皇女英、对朝廷百官和各路诸侯，有一个比较合理的、可以接受的安置方式。考虑到丹朱是主动避让舜帝，出走到房陵，表明他是深明大义、顾全大局的。因此，舜顺水推舟，将丹朱封于房陵，并允许丹朱在帝都留居三年。《竹书纪年》对当时的情况做了比较详细的描述："帝子丹朱避舜于房陵，舜让不克，朱遂封于房，为虞宾三年，舜即天子之位。"

关于丹朱的结局，古人有四种说法。

一说被杀。《韩非子·说疑》即持尧大义灭亲之说。

二说被放。证据有:《韩诗外传》载“父贤不过尧，而丹朱放”，这是西汉文帝时博士韩婴的看法。

三说被降。《邓析子·无厚》中这么写:“尧舜为天子，而丹朱、商均为布衣。”天子的儿子成为布衣，显然是被降为庶民了。

四说被封。《史记·五帝本纪》记载:“尧子丹朱，舜子商均，皆有疆土，以奉先祀。”

对以上四种说法，我还是倾向于司马迁的这种论断。之所以倾向，不是个人情趣偏爱，而是有事实为证。今山西长治市有个长子县，原名丹渊。据说，早先丹朱叫子朱，就是被封到丹渊后才以地望为姓，成为丹朱的。而丹渊则由于成为帝尧长子的封地改称长子。至今此名仍然在用，而且长子县还有不少与丹朱相关的地名。再者，若到长子县一看，就能发现这里土地肥沃，田地广阔，是适宜农耕的好地方。因而，丹朱被封的可能性最大。

这样妥善安排了丹朱，舜就继承尧的王位，而且，将推进和发展大业，因而，后人才有“尧天舜日”的说法。

《史记·五帝本纪》载:“尧知子丹朱之不肖，不足授天下，于是乃权授舜。授舜，则天下得其利而丹朱病；授丹朱，则天下病而丹朱得其利。尧曰:‘终不以天下之病而利一人。’而卒授舜以天下。”这段话的意思是说，尧知道他儿子是个扶不起的阿斗，为了黎民百姓的幸福，忍痛把位子让给了虞舜。为什么说是忍痛呢？尧曰:“终不以天下之病而利一人。”说明他经过了激烈的思想斗争，博爱战胜了自私，于是，最后把管理天下的大权交给了虞舜。

这段话历来被作为仁君的红宝书语录，只不过，一个“利”字，似乎说明了当时的氏族首领已经不仅仅是个领导者这么简单了，这个位子开始代表着至高无上的利益，不知世事的原始人进化到贪欲蠢蠢欲动了！这么一句话总让我觉得有点山雨欲来风满楼的味道，钩心斗角、腥风血雨似乎不远了，家天下也即将来临。如果这句话出自司马迁的手笔，那他的确是个史笔天才。

至此，尧舜禅让才完美谢幕，一个时代已结束，另一个时代就要开始。

二、虞舜立国，强化王权

《竹书纪年·帝舜有虞氏》载:“元年己未，帝即位。”按照这一记载，舜在为尧帝守孝三年后，于己未年正月初一吉时，正式登上天子之位。

舜帝登基仪式在文祖庙举行。相传舜的登基仪式非常隆重，奏《大韶》之乐，百官欢声雷动，还出现了很多吉瑞的景象。

《竹书纪年》记载的舜登天子之位，确实是瑞象迭现：阶梯上长出了瑞草蓂荚，凤凰到厅堂里筑巢，大臣们拍打着石头，齐声歌唱韶乐九章，山中各种野兽也和着韶乐的节拍跳起舞来，天上有瑞星出现在东方苍龙房宿一带，神马也从地下跑了出来。这确实是一幅喜庆图、吉祥图、群舞图。

舜继帝位后，建立起虞国，定都于蒲坂。此后，他认真总结在唐国摄政的经验教训，采取措施，强化王权，加强对中央政权与地方的控制。为此，他采取了两个方面的具有决定性意义的措施：一方面，建立起一套相对完善的国家机构，明确机构职能，任命机构官员，提出工作要求，通过控制这些机构与官员，来实现对中央政权的控制。

舜治理天下，真正做到了任人唯贤，把大臣官职进行了细分，有以下官职：

1. 四岳。不是东岳西岳那个四岳，是四个官职，很有可能是天下四方的分管领导，位高权重，相当于天子的参谋，尧在立嗣问题就曾经咨询过四岳。

2. 四门。书上说，舜“辟四门，明通四方耳目”。我觉得这个四门不是指普通的门，可能是官职，是用来探索四方情报的。我一开始怀疑是特务机构，但是恐怕没有那么先进，大概只是收集并把四方大事报告给天子。

3. 十二牧。这十二个牧整天干的事，就是控制舆论，为天子歌功颂德，相当于宣传工具、政府喉舌，在他们的感化下，边陲地区的野蛮人纷纷宾服。牧这一官职，应该是指一方的行政长官，如荆州牧。所以这十二牧的正业还是行政长官，搞宣传是他们的副业。

4. 司空。其实这个官职不可能出现这么早。司空的职责是掌水土事，舜时代的司空是治水成功之后的禹。

5. 后稷。这是粮食部长，舜时粮食部长是弃。之所以叫这个名字，是因为这人出生时比较异常，所以一出生就被母亲遗弃了。但遗弃之后的事情更加异常，在冰天雪地中，鸟兽纷纷前来保护，于是母亲知道这不是一般人，才带回去继续养育。这人擅长种植，在一定范围内解决了温饱这个大问题，所以舜任命他为农官，掌管天下农事。

6. 司徒。这是教育部长。舜认为“百姓不亲，五品不驯”的问题在和谐大舜社会中还将长期存在着，于是任命契为司徒，负责教育人民。

7. 士。又称大理，是司法部长。后来有“士师”一职，不过那只是掌管刑狱的小官，春秋时期著名的柳下惠曾经担任过士师。而大舜时代的司法官是皋陶。皋陶这人不能小看，有人把他与尧、舜、禹并列为“上古四圣”，而事实上，禹也打算把帝位传给皋陶，但由于皋陶死得早，没传成。皋陶最大的成就就是细分了刑罚。《三国演义》里描述南方蛮夷之地时，有这么一句话，“其处无刑罚，但犯罪则斩”，不管犯什么罪，都是一刀下去，人头落地，极其简单粗暴。皋陶对原始社会的刑罚进行了革新，墨、劓、刵、宫、大辟，很是玩出了不少花样。

8. 共工。大家都听过共工怒触不周山的故事，但共工在大舜时代不是一个人，而是官职。受那位撞山的水神共工的影响，我一开始认为这也是管水利的，但是，既然舜已经设置了一个司空来掌管水土事，那就不可能重置一个官职来掌管水利了。这个共工大概是当时的工业部长，虽然当时工业并不怎么发达，但肯定是有些工程要做的，比如修个路挖个沟的。

9. 朕虞。这是掌管山泽的官职，相当于林业部长。当时的林业部长，干的最多的应该是捕杀野生动物。当时可没有保护野生动物这一说，对于野生动物，尤其是大型野生动物，只有一个政策：杀！如果真遇到珍稀动物，比如凤凰、麒麟之类的，那还是要保护或者尝试圈养起来。

10. 秩宗。这个官职我没想到现代相对应的，大概是办公室主任之类的，算是六部之一的礼部，负责各种活动的礼仪，比如祭祀。

11. 典乐。这是玩音乐的，可见音乐对人类的重要性。饭都吃不饱的年代，就已经设置了乐官了。

12. 纳言。这是天子的近侍，负责天子与群臣进行沟通，把天子的话传给群臣，把群臣的话传给天子。

选文言分职，以事之缓急为序。故先禹平水土，次之弃主耕耨，次之契主礼义，次之皋陶主刑法，再次倕主工、益主虞，再次伯夷主祭祀，再次夔主乐，末之龙主纳言。

一个庞大而井然有序的行政系统形成了。

另一方面，舜还规定，每三年考核一次官员的政绩，有成绩者加以提拔，不称职者予以撤换。舜设官分职，使官员职守分明，办事效率提高，百业由此兴旺。

得到官职的二十二人，为报答领导的知遇之恩，踏实苦干，开拓创新，在自己的岗位上干出了不平凡的成绩。三年之后，进行考核，“咸成厥功”，而禹的政绩最为显著。所以舜把天下传给他，一点也不奇怪啊。

第六节　孝子明君，生前身后

【原文】

舜年二十以孝闻，年三十尧举之，年五十摄行天子事，年八十五尧崩，年六十一代尧践帝位。践帝位三十九年，南巡狩，崩于苍梧之野，葬于江南九疑，是为零陵。舜之践帝位，载天子旗，往朝父瞽叟，夔夔唯谨，如子道。封弟象为诸侯。舜子商均亦不肖，舜乃豫荐禹于天。十七年而崩。三年丧毕，禹亦乃让舜子，如舜让尧子。诸侯归之，然后禹践天子位。尧子丹朱，舜子商均，皆有疆土，以奉先祀。服其服，礼乐如之。以客见天子，天子弗臣，示不敢专也。

【译文】

舜二十岁时因为孝顺而闻名，三十岁时被尧举用，五十岁时代理天子政务，五十八岁时尧逝世，六十一岁时接替尧登临天子之位。登位三十九年，到南方巡视，在南方苍梧的郊野逝，埋葬在长江南岸的九嶷山，这就是零陵。舜登临帝位之后，乘着有天子旗帜的车子去给父亲瞽叟请安，和悦恭敬，遵循为子之孝道，又把弟弟象封在有鼻为诸侯。舜的儿子商均不成才，舜就事先把禹推荐给上帝。十七年后舜逝世。服丧三年完毕，禹也把帝位让给舜的儿子，就跟舜让给尧的儿子时的情形一样。诸侯归服禹，这样，禹就登临了天子之位。尧的儿子丹朱、舜的儿子商均分别在唐和虞得到封地，来奉祀祖先。禹还让他们穿自己家族的服饰，用自己家族的礼乐仪式。他们以客人的身份拜见天子，天子也不把他们当臣下对待，以表示不敢专擅帝位。

【评点】

舜帝的一生是传奇的一生，从他的出生、家庭、行迹，到他被尧帝选拔任用，最后成为中国上古五帝之一，无不具有传奇色彩。

纵观舜帝一生，可谓中国上古时代至孝至德的人。《尚书·舜典》赞誉舜帝："德自舜明。"司马迁对舜帝一生评价也很高。他在《史记·五帝本纪》中写道："天下明德皆自虞舜始。”

舜帝的德行可以用以下四句话来概括：诚以修身，孝以齐家，仁以治国，和以平天下。

一、至孝至德，一生恭谨

相传，舜出生后目中有两个瞳仁，故又名重华。母亲早亡，父亲瞽叟又娶了个妻子，并且给他生了个弟弟，名叫象。父亲瞽叟心地险恶，继母愚悍奸诈，弟弟骄纵不法。为了让象继承家产，三人竟串通起来，要谋杀舜。可是舜仍然很恭顺，不失为子之道，待弟弟亲爱友善。

相传舜在20岁的时候，名气就很大了，他是以孝行而闻名的。因为能对虐待、迫害他的父母弟弟坚守孝悌，故在青年时代即为人称扬。过了十年，尧向四岳（四方诸侯之长）征询继任人选，四岳就推荐了舜。尧将两个女儿嫁给舜，以考察他的品行和能力；让九个儿子与舜相处，观察他怎样待人接物。舜不但使二女与全家和睦相处，使尧的九个儿子更加纯朴厚道，而且在各方面都表现出卓越的才干和高尚的人格力量。

舜靠自己的美德，在历山，使争夺土地的农民懂得了谦让；在雷泽，使争夺房屋的渔民化仇为友，和睦得如同一家人——“舜耕历山，历山之人皆让畔；渔雷泽，雷泽上人皆让居”，只要是他劳作的地方，便兴起礼让的风尚；“陶河滨，河滨器皆不苦窳”，制作陶器，也能带动周围的人认真从事，精益求精，杜绝粗制滥造的现象。这种种的政绩，使他英名远扬，每到一处，总有许多人紧随其后，逐渐形成了村落、乡镇、城市。

舜在位共三十九年，在他统治期间，政通人和，凤凰来翔，是空前的盛世。而他的儿子商均却是个无德无才的窝囊废。所以舜年老时，也仿照尧的做法，起用了治水有功的禹，作为自己的接班人。一百岁那年，他到南方去巡视，死在了苍梧之野。苍梧，山名，就是九嶷山，在今湖南宁远县东南。山的九个山峰都相似，难以辨别，所以称为九疑。舜死后就葬在九嶷山下的旷野上。故舜与尧一样，都是禅位让贤的圣王。

舜一生的功德，大概可以概括为十点：

1. 孝感动天。如《尚书》所说：“瞽子，父顽、母嚚、象傲；克谐，以孝烝烝，乂不格奸。”《二十四孝图》里他为第一人。

2. 厚德载物。耕历山，历山人皆让畔；渔雷泽，雷泽人皆让居；陶河滨，河滨器不苦窳。“一年所居成聚，二年成邑，三年成都”。其仁爱之德，有口皆碑，因而人人择舜而居，众望所归。

3. 举贤任能。二十二位贤人，各司其职；荐大禹，治水成功；任命二十二贤才，得以天下大治。

4. 纳言从谏。如《古今注》所言：“询于四岳，辟四门，明四目，达四聪，咨十有二枚。”做五明扇，设诽谤之木以表王者纳谏。

5. 惩治奸佞。流共工，放灌兜，殛伯鲧，迁三苗。如《史记》所载：“……于是四门辟，言毋凶人也。”

6. 以德化人。感化三苗：“当舜之时，有苗不服，于是舜修政偃兵，执干戚而舞之。”“三苗不服，禹请攻之，舜曰：‘以德可也。’行德三年，而三苗服。”

7. 扩大疆域。黄帝时疆域南到长沙，颛顼时疆域南到长江南沿，尧帝时洪水泛滥，三苗趁机作乱，直至舜帝，才征服三苗，使南边疆域直到五岭以南。“方五千里，至于荒服……四海之内，咸戴帝舜之功”。

8. 敬敷五教。毕生推崇“父义、母慈、兄友、弟恭、子孝”，成为中华民族传统伦理道德观念的鼻祖。

9. 考核官吏。开创了中国官吏考核制度，如“夔！命汝典乐，教胄子，直而温，宽而栗，刚而无虐，简而无傲。诗言志，歌永言。声依永，律和声。八音克谐，无相夺伦，神人以和”。

10. 禅让帝位。禅让始于尧帝，止于舜帝。舜因子商均不肖而“不足授天下”，“乃豫荐禹于天，为嗣”。从大禹以后，历代帝王都是世袭制。

二、一代明君，身首何处？

关于舜的死因，一直是千古之谜，九嶷山上一直疑云重重。

历史记载：舜南巡，死于苍梧之野，葬于九嶷山。

听到死讯以后，娥皇、女英跟到湖南，抱竹大哭，双双投水自尽；象想起哥仁爱的胸怀，要与这位异母兄长死在一起，就去九嶷山，哭死在舜的墓旁；舜的后母想舜的孝悌良心，在虹西面小山上，临江面悲痛哭泣，泪尽而亡。人们就叫这条江为舜江，这座小山为舜母山。

不过，这种说法却经不起推敲：

第一，几千年前的苍梧之地，是人烟稀少的蛮荒之地，既没有知名的经济、文化中心需要视察，也没有强邻劲敌需要防卫，早已交出了权力的舜，南巡就没有任何意义。

第二，舜建都蒲坂，就是现在的山西永济县，与苍梧相距数千里，根据当时的交通条件，即使是每天以七十里的速度径直行走，也需几年时间才有一个来回。然而，舜当时已经将近百岁的高龄，即使他有心视察，但身体条件不一定允许。

第三，假设舜还是以高龄远行，为什么不带妻室儿女？既然决定不带家眷，娥皇、女英又为什么哭哭啼啼，赶到湘江，最后投水自尽？

据此，台湾的柏杨先生得出的结论是：舜之所以高龄远行，有不得已的苦衷，要么是武装押送，不得不往；要么是追兵在后，盲目逃生。两者必居其一。

我们可以猜测，舜在他最后的那次南巡的路途中，也许是中了埋伏，随行人员全部死亡，然后大禹可以说是舜帝一行遇到当地土著部落的袭击，然后把舜帝葬在九嶷山。

舜宽敞的议政厅里，从此安静下来，一缕缕金色的阳光洒在朱红的地板上，显得格外安详。花开花落，燕去燕来，这座议政厅却再也没等到往日的喧嚣，再也没盼回它原来的主人。

三、斑竹点点泪，滴滴是痴情

相传尧舜时代，湖南九嶷山上有九条恶龙，住在九座岩洞里，经常到湘江来戏水玩乐，以致洪水暴涨，庄稼被冲毁，房屋被冲塌，老百姓叫苦不迭，怨声载道。舜帝关心百姓的疾苦，他得知恶龙祸害百姓的消息，饭吃不好，觉睡不安，一心想要到南方去帮助百姓除害解难，惩治恶龙。

舜帝有两个妃子——娥皇和女英，是尧帝的两个女儿。她们虽然出身皇家，又身为帝妃，但她们深受尧舜的影响和教诲，并不贪图享乐，而总是在关心着百姓的疾苦。她们对舜的这次远离家门，也是依依不舍。但是，想到为了给湘江的百姓解除灾难和痛苦，她们还是强忍着内心的离愁别绪欢欢喜喜地送舜上路了。

舜帝走了，娥皇和女英在家等待着他征服恶龙、凯旋的喜讯，日夜为他祈祷早日胜利归来。可是，一年又一年过去了，燕子来去了几回，花开花落了几度，舜帝依然杳无音信，她们担心了。娥皇说：“莫非他被恶龙所伤，还是病倒他乡？”女英说：“莫非他途中遇险，还是山路遥远迷失方向？”她们二人思前想后，与其待在家里久久盼不到音讯，见不到归人，还不如前去寻找。于是，娥皇和女英迎着风霜，跋山涉水，到南方湘江去寻找丈夫。

翻了一山又一山，涉了一水又一水，她们终于来到了九嶷山。她们沿着大紫荆河到了山顶，又沿着小紫荆河下来，找遍了九嶷山的每个山村，踏遍了九嶷山的每条小径。这一天，她们来到了一个名叫三峰石的地方，这儿，耸立着三块大石头，翠竹围绕，有一座珍珠贝垒成的高大的坟墓。她们感到惊异，便问附近的乡亲："是谁的坟墓如此壮观美丽？三块大石为何险峻地耸立？"乡亲们含着眼泪告诉她们："这便是舜帝的坟墓，他老人家从遥远的北方来到这里，帮助我们斩除了九条恶龙，人民过上了安乐的生活，可是他却鞠躬尽瘁，流尽了汗水，淌干了心血，受苦受累病死在这里了。"

原来，舜帝病逝之后，湘江的父老乡亲们为了感激舜帝的厚恩，特地为他修了这座坟墓。九嶷山上的一群仙鹤也为之感动了，它们朝朝夕夕地到南海衔来一颗颗灿烂夺目的珍珠，撒在舜帝的坟墓上，便成了这座珍珠坟墓。三块巨石，是舜帝除灭恶龙用的三齿耙插在地上变成的。娥皇和女英得知实情后，难过极了，二人抱头痛哭起来。她们悲痛万分，一直哭了九天九夜，她们把眼睛哭肿了，嗓子哭哑了，眼泪流干了。最后，哭出血泪来，后来，她们两姊妹不愿苟活于人世，便相继投湘水自杀，追随舜帝而去。

娥皇和女英的眼泪，洒在了九嶷山的竹子上，竹竿上便呈现出点点泪斑，有紫色的，有雪白的，还有血红血红的，这便是"湘妃竹""斑竹"。竹子上有的像印有指纹，传说是二妃在竹子抹眼泪印上的；有的竹子上有鲜红鲜红的血斑，便是两位妃子眼中流出来的血泪染成的。

明代王象晋的《群芳谱》记载说，娥皇和女英闻讯前往，一路失声痛哭，其情形很像孟姜女和韩娥，而她们的眼泪洒在山野的竹子上，形成美丽的斑纹，世人称之为"斑竹"。她们在哀哀地哭泣了一阵后，居然飞身跃入湘江，为伟大的夫君殉情而死，其情状之壮烈，真是旷世罕有，显示她们自始至终都是忠于丈夫的模范妻子。

这故事凄美哀婉，古往今来，许多名人雅士用大笔为它挥洒过浓墨。

我国伟大诗人屈原的《九歌》中的《湘君》《湘夫人》，是最早的歌颂二妃的不朽诗篇。

四、尧天舜日：古典的乌托邦

从我们所能看到的文献资料来看，最早称颂尧舜的，当数春秋末期的孔子。

子曰："大哉尧之为君也！巍巍乎，惟天为大，惟尧则之。荡荡乎，民无能名焉。巍巍乎，其有成功也，焕乎其有文章。"意思是，尧作为君王，该有多么伟大呀！太崇高了，只有天最高大，只有尧能够取法于天。他的恩德浩荡啊，百姓们不知道该怎样称颂他。他的功绩太卓著了，他的典章制度焕发着光彩。

子曰："无为而治者，其舜也与？夫何为哉？恭己正南面而已矣。"这是说，能够做到无为而治的，不就是舜吗？他干什么了？不过是恭恭敬敬地面南而坐罢了。

孔子以后，赞颂尧舜的人就更多了。战国时期百家争鸣，几乎人人都谈尧舜，但他们都是按照自己学派的理念来谈尧舜，取舍各有不同。不过尧舜故事的主流，还是和儒家的理念分不开的。有两首脍炙人口的古诗，可以把我们的思绪带到古人所幻想的尧舜时代。

南朝沈约在《四时白纻歌》中吟咏道：“佩服瑶草驻容色，舜日尧年欢无极。”（佩戴和服用仙草使容颜永不衰老，在尧舜的年代里人们有无穷的欢乐。）

清钱彩《说岳全传》有诗曰：“尧天舜日庆三多，鼓腹含哺遍地歌。”（在尧舜的年代里，人们都庆幸有三多：多福、多寿、多男子；鼓着吃饱的肚皮，嘴里含着饭，遍地响起欢歌笑语。）

尧舜时代是古人所憧憬的黄金时代，有关尧舜的理念，是一种古典的乌托邦。

尧舜时代，最为后世推崇的当数“尧舜禅让”。

“尧舜禅让”，是一段妇孺皆知的远古时代的政治传说。但史书中开始有明确记载这件事的时候已是春秋战国时期。由于已经时隔几千年，对于它的真实性当时就有人怀疑，而且历来众说纷纭，一般有以下四种说法。

第一，举贤说。据说，尧十六岁就显示出了治理天下的能力，到八十六岁那年，已经年迈体衰，就叫大家推荐和选举贤能的接班人，大家就推举了舜，这就是一般历史书上所说的“尧舜禅让”的故事。人们称这种说法为“举贤说”。

第二，畏劳说。有一些学者则不同意以上说法，他们认为尧舜禅让没有那么严肃和神圣，只不过人们不想承担这份辛苦的职务罢了。

《庄子》一书里也记述了禅让的故事：尧让天下于许由，许由不受。又让天下于州支父子，州支的父亲推辞道：“我刚好得了忧郁症，准备治病，哪有心情治理天下？”后来，舜又让天下于善卷，善卷也拒绝了，而且还躲进深山老林里，后来竟不见踪影了。

对于这件事，韩非有更精辟的见解，他认为：尧在位之时，吃、住都很简陋，丝毫没有因为自己是帝王而过着奢侈的生活，他住的屋顶的茅草不整齐，房子的椽梁不雕饰，吃的是粗粮，咽的是野菜，冬天裹着兽皮，夏天披着葛布。现在，哪怕是一个守城门的士兵，收入也不会这样微薄。禹在位之时，也没有因为自己是帝王之尊而高高在上，相反，他经常亲自背着工具参加劳动，由于辛劳，大腿上没有成块的肌肉，小腿上没有汗毛。所以，古时的让天下，只不过是少了一份微薄的俸养，却能远离奴隶般的辛苦，所以没有人愿意自己辛苦一生，到最后还把这份辛苦留给自己的子孙后代。

第三，拥戴说。荀子、孟子等人，持否认禅让之说的观点。

有人问荀子：“尧舜禅让的事，是真的吗？”

荀子回答道：“怎么会有这样的事情发生呢？所谓的禅让是肤浅的人们的传闻，粗俗的人们的解说，天子职位最高，权势最大，有谁肯让位呢？”

有人问孟子：“尧把帝位给了舜，这件事是真的吗？”

孟子说：“根本没有这回事，天子不可能把帝位让给他人。”

那么舜是怎样获得天下的呢？荀子说，他们是靠本身的道德来赢得人心的，孟子认为，那是靠上天的赐予和民众的拥护。在《孟子·万章篇》中有这样的记述：尧死之后，舜为了避开尧的儿子丹朱，便迁徙于南河之南，但是，天下的诸侯，都不去朝见丹朱，却去朝见舜；打官司闹纠纷的，不到丹朱那里打官司或是寻找调解，却去找舜，人们编出歌谣来，不歌颂丹朱，却歌颂舜。由于人心所向，舜就接受了大家的好意，登了帝位。

事实上，不管尧禅让与否，民众和诸侯一起拥戴，天下就是舜的了。到了禹的时候，舜的故事又在禹身上重演，禹也顺利地登上了帝位。

这种没有阻挠的“拥戴”，与几千年后的赵匡胤陈桥兵变，黄袍加身，几乎没有任何区别。

第四，篡夺说。《史记》里有这样的记载：舜登上帝位后，为了巩固自己的地位，大刀阔斧地进行了一系列的人事改革：那些尧在位时长期排除在权力中心之外的“八恺”“八元”，舜都给了他们相应的职位，历史上叫作“举十六相”，这显然是扶植亲信；尧重用的、信任的混沌、穷奇、杌、饕餮，舜同时除掉了，历史上叫作“去四凶”，这无疑是排除异己，经人事重新安排之后，已被架空了的尧，其结局就可想而知了。

《括地书》引用《竹书纪年》说：“昔尧德衰，为舜所囚也。”又说：“舜囚尧，……使（其子）不与父相见。”据说，尧被囚禁的地点是平阳，舜先把尧软禁起来，不准他同儿子、亲友见面，然后逼他让位。最后，舜还把尧的儿子流放到了丹水。

因此《韩非子·说疑》篇里有这样的感叹：“古之所谓圣君明王，都不过是构党羽，聚巷族，逼上弑君，以求其利也。”有人问他原因，他清楚地说：“舜逼尧，禹逼舜，汤放桀，武王伐纣。”这些都是人臣弑君的典型例子。在此，一个“逼”字，就道出了尧舜禅让的真相。

尧让位以后，大概是可以安享天年的。因为他毕竟是舜的岳父，但当舜交出权力之后，他就没有享受到优待政策了。

根据史料记载，舜南巡途中，死于苍梧之野，葬于九嶷山。他的妻子娥皇、女英得知这个消息后，来到湖南一带，过于伤心，投江而死。

历史，总会发出不同的回声，仁者见仁，智者见智。我们当不了智者，至少也该当个仁者，为啥要把我们的先祖想得那么坏呢？正由于这样，尽管历史上不乏杂音，但是尧舜禅让一直是中华民族的千古美谈。

不管怎么说，那个时代，我们的祖先创立了高度的文明，几千年过去，尧舜时代依然是我们心灵的理想国。

我们翻开《五帝本纪》，就会发现黄帝、颛顼、帝喾所占篇幅极少，合起来不足全文的十分之一，而且叙述语言大多很空洞，很难让人对当时的文明有实际的印象，而尧、舜二帝，其事迹涉及面广泛，历历在目，而且制度完备、文明昌盛，全然是一个熙熙和乐的黄金时代。

五帝中，后世又以尧、舜二帝为荣，这是为什么？是尧的豁达大度吗？是舜的传奇成全了尧吗？还是尧、舜本来就是相互影响、相互燃烧、相互释放的圣者？就像磁场上的正负极一样，没有相互的引力，就不会产生电流一样吗？

为此，我在浩瀚的书海里寻找着历史的答案，历史半真半假地告诉我，他们既是人又是神。

“人皆可以为尧舜”“六亿神州尽舜尧”，也早已成为鼓励人们贤能为善的有力口号。由于尧舜功德高尚，人们常用“尧天舜日”比喻理想中的太平盛世。

假如非得用一句话来形容后世人民对这个时代的看法的话，那就是：解放区的天，是明朗的天！

尧天舜日，永远乾坤朗朗！

第七节　五帝何以为篇首

悠悠华夏族历史，漫漫五千年文明。

众所周知，咱们中国人打小就记得“自从盘古开天地，三皇五帝到如今”的名句，然而，多少年之后，当别人问起三皇五帝究竟是谁时，有多少人能记得清楚？

在《史记》中，“三皇”指天皇、地皇、泰皇。据载，秦王嬴政统一六国以后，群臣认为应冠以最尊贵的称号，于是李斯等人就奏请嬴政称“泰皇”。奏议中说：“古者有天皇，有地皇，有泰皇，泰皇最贵。”

《春秋纬》将“三皇”记为天皇、地皇、人皇。诸纬书所记之事，皆始于三皇。《春秋命历序》说，天皇有十二个头，地皇有十一个头，人皇有九个头，而且他们都活了一万八千岁。当然，这里并非实指其身上长有许多头颅，而是蕴指他们又各自分有许多部落，且延续的年代都十分久远。

此外，还有的古籍认为“三皇”是指伏羲、神农、黄帝，《世本》、孔安国《尚书序》和皇甫谧《帝王世纪》中都有这样的记载。有的则认为是指伏羲、女娲、神农，《风俗通·皇霸》、唐司马贞补《史记·三皇本纪》中都持此说。而在《白虎通·号》中又存有另外两说，一则认为是指伏羲、神农、祝融；一则认为是指伏羲、神农、燧人。由此观之，三皇之说可谓众说纷纭，莫衷一是。但三皇到底所指何人，还有待后人考证。

说到这里，就有一个问题啦，三皇所处时代在五帝之前，可是《史记》却以《五帝本纪》作为卷首，而没有记载《三皇本纪》，这是什么原因呢？

我们都知道，五帝以前的历史，处于原始社会的混乱期，各原始部落之间分崩离析，征战频仍，虽有传说中的三皇出现，但这一漫长历史时期的混乱却没有因此而结束。黄帝出现以后，兼用仁德和武力，征服了天下诸侯，他被尊为一统天下的天子。从某种意义上来说，黄帝的出现具有划时代的意义。而《史记》的作者司马迁生活在国力强盛的武帝时代，大汉气象孕育出作者恢宏的气度和宏阔的视野，由伟大时代催生出的儒家大一统思想观念深深地影响着作家的创作倾向，从这个层面上来看，我们不难理解司马迁截取五帝作为《史记》开端的初衷。

此外，三皇时代较五帝时代更为古远，其相关资料更为零散，其传说内容的神话色彩也更为浓厚，人多以为有荒诞不经之嫌。再加之三皇的具体所指不一，而且次序不清，难有定论。比较而言，五帝的具体所指较为确定，其次序也较为清晰，而且有关传说资料可以在一些典籍中查证。这一点，也应该在司马迁的创作考虑之中。

大约可能基于以上原因，司马迁才未将三皇作为《史记》开头，而将《五帝本纪》置于《史记》卷首吧，我们也只能猜测了。

司马迁在《五帝本纪》的最后以“太史公曰”的形式述说了他设置卷首第一篇的一些考虑和具体考证过程。他说，学者们常称“五帝”，而五帝的年代已经很久远了;《尚书》的记载只从尧开始，百家叙说黄帝的历史，文辞粗疏且不典范;《大戴礼记》中所载《五帝德》篇、《孔子家语》中所载《帝系姓》，其记叙都从五帝开始，而这两部书皆不被视为儒家正统经典，儒者也多不传习。为了对五帝的历史有一个较为完整、较为可信的记叙，司马迁本人曾经“西至空桐，北过涿鹿，东渐于海，南浮江淮”，实地考证有关史实。

同时参照《春秋》《国语》等典籍，再把这些材料加以评议编次，选择其中言辞最雅正的，著录成了《五帝本纪》，列于全书的开头。

值得一提的是，《史记》中《三皇本纪》的缺失令后世有些学者感到遗憾。他们认为虽然有关三皇记载的典籍很不完备，但是三皇的缺失将无法明“君臣之始，教化之先”，因此，后世不断有人执笔弥补这一遗憾，其中影响较大的有三国吴人徐整的《三五历纪》和晋代皇甫谧的《帝王世纪》，而唐代司马贞则专门补作了《史记·三皇本纪》。

这是后话。

卷二《秦始皇本纪》

第一节　儿时历磨难，少年成帝王

【原文】

秦始皇帝者，秦庄襄王子也。庄襄王为秦质子于赵，见吕不韦姬，悦而取之，生始皇。以秦昭王四十八年正月生于邯郸。及生，名为政，姓赵氏。年十三岁，庄襄王死，政代立为秦王。当是之时，秦地已并巴、蜀、汉中，越宛有郢，置南郡矣；北收上郡以东，有河东、太原、上党郡；东至荥阳，灭二周，置三川郡。吕不韦为相，封十万户，号曰文信侯。招致宾客游士，欲以并天下。李斯为舍人。蒙骜、王齮、麃公等为将军。王年少，初即位，委国事大臣。

【译文】

秦始皇帝是秦庄襄王的儿子。庄襄王在赵国做秦国人质时，看见吕不韦的姬妾，很喜欢，就把她娶了过来，生了始皇。始皇在秦昭王四十八年正月生于邯郸。等到出生时，取名为政，姓赵氏。十三岁，庄襄王死了，政继位为秦王。当时，秦国已经兼并了巴、蜀、汉中，越过宛占有了郢，设置了南郡；往北取得了上郡以东，占有了河东、太原、上党郡；东边到达荥阳，消灭了西周、东周，设置了三川郡。吕不韦做丞相，封邑十万户，号为文信侯。招揽宾客游士，打算吞并天下。李斯为舍人，蒙骜、王齮、麃公等为将军。秦王年幼，即位初期，国家政事交由大臣处理。

【评点】

在中华大地这个历史舞台上，上下五千年中来去匆匆走过了许多位风云人物。秦始皇就是在这个历史舞台上留下了重重的脚印的一位。他从父亲秦庄襄王手中接过了秦国先公先王传下来的统一六国事业的接力棒，奋力拼搏，终于跑到了终点，建立了一个空前统一的大秦帝国。

谈到中国历史上的皇帝，秦始皇无论如何是个绕不过去的人物，他横扫六国，始称皇帝，加强君主权力；三公九卿，郡县之制，强化中央集权；车同轨，书同文，万世不废；长城驰道，焚书坑儒，功过是非，任人评说……

一、秦始皇身世之谜

秦始皇的出生和他的父亲子楚（又名异人）做人质有着直接的关系。他出生的年代正是战国末期，各国之间的争斗异常激烈。秦是当时的七雄之一，秦始皇的曾祖父秦昭王听取了范雎“远交近攻”的战略，把进攻的矛头先对准了邻国韩国和魏国，而和较远的赵国联合。遵照当时的惯例，两国互换人质以示真诚。秦国派到赵国的是秦始皇的父亲子楚，因为他在秦国的地位并不很高。

子楚就是秦昭王的孙子，即太子安国君（秦始皇的爷爷）的儿子。子楚的母亲夏姬不被安国君宠爱，子楚又在安国君二十多个儿子中排在中间，不是长子，所以地位很低，挑选人质时便选中了他。子楚在赵国很不得意，但吕不韦却改变了他的命运。

吕不韦当时已经是一个富有的商人，他很会投机，见到了子楚便觉得他像个贵重的商品一样奇货可居，将来可以借他赚取功名利禄（这就是现在“奇货可居”这个成语的来历）。

吕不韦很熟悉秦国的内幕，知道安国君虽然最宠爱华阳夫人，但她却没有儿子，便打定主意要让华阳夫人过继子楚为子，那么以后在太子安国君即位后，子楚也就是太子，自己肯定会利用特殊的政治资本赚来无数好处的。

凭着商人敏锐的目光与冒险精神，他决定用自己的余生一搏。

为慎重起见，吕不韦在实施自己的计划之前，专门咨询了老父亲的意见（这在《吕不韦列传》里有详细记载），听完父亲的一番话后，吕不韦打定了主意，决定进行政治投机。

主意打定，吕不韦便付诸行动了。他拿出一千金作为本钱，其中的五百金送给子楚，让他广交朋友，五百金则用来购买奇珍异宝，然后带着去了秦国。

他很精明，先去找华阳夫人的姐姐。吕不韦施展口才，说子楚如何贤达，如何聪慧，广交天下朋友，富有大志。虽然身处异乡，但天天想念慈祥的安国君和贤惠的华阳夫人，还经常对他说“夫人就是子楚的上天”，有时到了深夜还思念得流泪。说到最后，见华阳夫人的姐姐被他的话打动了，便请她将礼物转交给华阳夫人。

吕不韦又劝说华阳夫人的姐姐去游说华阳夫人，让她尽早在众公子中挑选一个好的作为自己的儿子，并立为储君，那么以后即使在秦昭王死后也能保住自己的地位，而子楚便是最合适的人选。吕不韦商人式的精明算计，正中华阳夫人下怀。最后，安国君与华阳夫人刻符为信，约定立子楚为储君，并且送给了子楚大批钱财，任命吕不韦为老师扶助他。

从此，吕不韦便长住在了邯郸，和子楚一起广交天下宾客，等待回国做太子，准备以后继承王位的那一天早点到来。

为了更好地笼络子楚，吕不韦把自己一个名叫赵姬的妾送与子楚为妻。后来，赵姬给子楚生下一子，这就是秦始皇。开始他姓赵，因为出生在赵国。因为是生在正月，所以名字叫正，后来就改为政。等到回到了秦国，才改成了国姓嬴。

秦始皇刚出生，秦国和赵国便由盟友变成了敌人。第二年，赵国在秦国围攻时想杀死子楚，结果子楚在吕不韦的帮助下，重金贿赂了守城门的官员，逃出了邯郸城。秦始皇和母亲在外祖母家的掩护下，逃过了杀身之祸。

六年后，公元前 215 年，秦昭王死，安国君即位，这就是秦孝文王，华阳夫人立为王后，太子就是子楚。此时，秦国和赵国的关系也恢复到以前的友好状态，秦始皇和母亲得以回到秦国。

安国君在位时间很短，先是为父亲服丧一年，正式即位后仅仅三天便死了。子楚即位，就是秦庄襄王。刚即位，便让吕不韦做了相国，还封为文信侯。

但子楚在位时间也不长，仅三年便死去了。公元前 247 年，刚 13 岁的嬴政便登上了秦王的宝座，因为年幼，政事便落入了吕不韦和赵太后之手。

正因为《史记》里的这些记载，所以秦始皇到底是子楚的儿子，还是吕不韦的儿子，后人争议不休。

转眼间，两千多年过去了，有关秦始皇身世的争论仍未取得一致看法。但不论赵姬是否有娠而嫁，还是嬴政真为皇室血脉，这些说法均无法掩映他在中国历史上的重要地位及作用。也许正是由于秦始皇的雄才大略和扑朔迷离的身世，才使得许多电视剧一部一部地“戏说”下去。

二、邯郸六年寄人篱下

嬴政出生两年以后，秦军又大举攻赵，惹得赵国一怒之下，就准备杀掉子楚这个人质。可是，已经做了大量投资的吕不韦，岂能丧失这个“奇货”，使很有赚头的生意转眼之间血本无归？于是他再一次投资：用六百金买通了守城官吏，终于与子楚一起，赶在赵人下手之前逃出了邯郸。

而赵姬与3岁的嬴政则未能出城，靠着赵姬娘家的藏匿，才得以逃脱大难。公元前251年，赵国为改善与秦国的关系，将赵姬与9岁的嬴政送回了秦国。子楚父子夫妇都团圆了。

想一想吧，9岁以前的嬴政，过的是一种什么样的日子？根据“奴隶的儿子还是奴隶”的法则，人质的儿子当然也是人质了。他虽然栖身于邯郸，却没有赵国的“身份证”，更不可能取得赵国的“公民权”了；何况他的父亲既不是大使，又不是公使，而是一个形同囚徒的人质——后来还撇下妻儿逃之夭夭，客观上又使这母子俩少了一个依靠。

在那样一个满城乃至全赵国都与秦国、秦人有着血海深仇的环境中，他将会受到怎样的白眼，遭到怎样的歧视？没被个别极端分子暗杀掉，就算万幸了。更何况，究竟是谁的儿子，他还“妾身未分明”呢，倘若有人指着他的鼻子，像张翼德痛斥吕布那样地骂他“三姓家奴”，他除了默默忍受这巨大的屈辱外，又能怎的？那时候，可还没人提倡“生而平等”，更不会有人旗帜鲜明地反对“出身歧视”哪。

子楚、吕不韦一走，赵姬母子就开始受苦了。嬴子楚抛妻弃子逃回咸阳后，一去就是六年杳无音讯。在这六年（公元前257—公元前251年）之间，赵政渐渐从一个牙牙学语的2岁幼儿成长为稍微懂点事的8岁小孩。母子两人在亲戚家里寄人篱下的时候，还经常遭到亲人的白眼，过着相对贫困的生活。

根据《史记》的记载，著名军事家尉缭见到秦始皇之后对秦始皇的体貌特征最深刻的印象是：“秦王这个人，高鼻梁，大眼睛，老鹰的胸脯，豺狼的声音。”这段话是司马迁写的，是不是真的，咱们也不知道，不过可以肯定的是，受过极度身体摧残的人才会变成这个鬼样子。

秦始皇自从老爸嬴子楚逃走之后与老妈赵姬在赵国生活的六年里，正是他早年发育长身体的最重要的人生阶段。可以推断他与老妈在赵国寄人篱下的日子是相当的孤苦凄惨，忍饥挨饿，吃了上顿没下顿，哪里还谈得上什么加强维生素的营养增强体质呢？虽然我们不知道司马迁说的是不是真的，但这至少证明了一点，那就是秦始皇小时候在赵国是受过很多苦的。

聚堆玩耍是孩子们的天性，童年时期的赵政一定也想着有一群在一起打打闹闹玩耍游戏的小伙伴，但当时秦国人质的身份，常常使自己成为其他小孩共同欺负的对象。生性倔强的他自然不愿意低头认输，于是耳朵里就少不了“孽子”和“贱种”的歹毒咒骂，脸上自然也多了不少鼻青脸肿的挨打印记。久而久之，赵政心说：“你们这些人给我记着。”于是他干脆远离了人群，独处于一隅，单薄的身躯里翻滚着委屈耻辱的苦水。童年不寻常的人生际遇，在秦始皇身上留下了深深的烙印。

了解这些后，就不难理解为什么秦始皇在灭赵后，亲临邯郸，将过去和他母家有仇怨的人，尽数坑杀了。

《史记·秦始皇本纪》这样记载：“秦王之邯郸，诸尝与王生赵时母家有仇怨，皆坑之。”

是否可以这样理解：如今，俺发达了！不但是当今的秦国国君，而且俺也将是第一个统治全天下的君主。当年看不起咱的，给过俺气受的那些家伙们睁大你们的狗眼看一看：“我胡汉三，又回来啦！”

秦始皇终于把邯郸踩在了脚下，报了童年所受之苦的一箭之仇。

第二节　铲除异己，亲政纳贤

【原文】

嫪毐封为长信侯。予之山阳地，令毐居之。宫室车马衣服苑囿驰猎恣毐。事无小大皆决于毐。又以河西太原郡更为毐国。九年，彗星见，或竟天。攻魏垣、蒲阳。四月，上宿雍。己酉，王冠，带剑。长信侯毐作乱而觉，矫王御玺及太后玺以发县卒及卫卒、官骑、戎翟君公、舍人，将欲攻蕲年宫为乱。王知之，令相国昌平君、昌文君发卒攻毐。战咸阳，斩首数百，皆拜爵，及宦者皆在战中，亦拜爵一级。毐等败走。即令国中：有生得毐，赐钱百万；杀之，五十万。尽得毐等。卫尉竭、内史肆、佐弋竭、中大夫令齐等二十人皆枭首。车裂以徇，灭其宗。及其舍人，轻者为鬼薪。及夺爵迁蜀四千馀家，家房陵。是月寒冻，有死者。杨端和攻衍氏。彗星见西方，又见北方，从斗以南八十日。十年，相国吕不韦坐嫪毐免。桓齮为将军。齐、赵来置酒。齐人茅焦说秦王曰：“秦方以天下为事，而大王有迁母太后之名，恐诸侯闻之，由此倍秦也。”秦王乃迎太后于雍而入咸阳，复居甘泉宫。

大索，逐客。李斯上书说，乃止逐客令。李斯因说秦王，请先取韩以恐他国。于是使斯下韩。韩王患之，与韩非谋弱秦。大梁人尉缭来，说秦王曰：“以秦之强，诸侯譬如郡县之君，臣但恐诸侯合从，翕而出不意，此乃智伯、夫差、湣王之所以亡也。愿大王毋爱财物，赂其豪臣，以乱其谋，不过亡三十万金，则诸侯可尽。”秦王从其计，见尉缭亢礼，衣服食饮与缭同。缭曰：“秦王为人，蜂准，长目，挚鸟膺，豺声，少恩而虎狼心，居约易出人下，得志亦轻食人。我布衣，然见我常身自下我。诚使秦王得志于天下，天下皆为虏矣。不可与久游。”乃亡去。秦王觉，固止，以为秦国尉，卒用其计策。而李斯用事。

【译文】

嫪毐被封为长信侯。（秦王）赐给他山阳地区，让他居住。宫室、车马、衣服、苑囿、游猎对嫪毐一律不加限制。事无大小都由嫪毐决断。（秦王）又把河西、太原郡改为嫪毐的封国。九年，彗星出现，有时光芒竟天。攻打魏国的垣邑、蒲阳。四月，秦王住宿在雍地。己酉，秦王举行冠礼，佩带宝剑。长信侯嫪毐作乱阴谋被发觉了，就诈用秦王印信和太后印信调动县邑的军队和警卫士卒、国家骑兵、戎翟首领、舍人，打算进攻蕲年宫，发动叛乱。秦王知道了这个消息，派相国昌平君、昌文君调遣士卒，进攻嫪毐。在咸阳交战，杀死了几百人，有功的人都得到了爵位，宦者参加战斗的，也得到一级爵位。嫪毐等人战败逃跑了。秦王就在全国下令：有活捉嫪毐的，赏钱一百万；杀死嫪毐的，赏钱五十万。全部抓获了嫪毐等人。卫尉竭、内史肆、佐弋竭、中大夫令齐等二十人都被斩首悬挂。又把他们五马分尸、巡行示众，夷灭了他们的宗族。嫪毐的舍人，罪轻的服刑三年。削除爵位迁徙蜀地的有四千多家，居住在房陵。这个月天寒地冻，有被冻死的。杨端和攻打衍氏。彗星出现在西方，又出现在北方，跟随北斗向南移动了八十天。秦王政十年，相国吕不韦由于嫪毐的牵连获罪，免去了相国职务。桓齮为将军。齐国、赵国的使者来了，摆酒设筵。齐国人茅焦劝告秦王说：“秦国正在以经营天下为己任，而大王有迁徙母太后的名声，恐怕各国诸侯听到这件事，由此引起背叛秦国。”秦王就去雍地迎太后回咸阳，重新居住在甘泉宫。

秦王大规模地进行搜索，驱逐从诸侯国来的宾客。李斯上书劝阻，秦王就废除了驱逐宾客的命令。他乘机建议秦王，首先攻取韩国，使其他诸侯国感到恐惧。于是秦王派李斯攻打韩国。韩王很忧虑，和韩非商量削弱秦国的力量。大梁人尉缭来到秦国，劝告秦王说：“以秦国的强大力量，（诸侯与秦相比）诸侯就像一个郡县的君主。但是我担心诸侯联合起来，不露声色，出其不意地攻打秦国，这就是智伯、夫差、滑王所以灭亡的原因。希望大王不要吝惜财物，贿赂他们有权势的大臣，破坏他们的计划，失去的不过三十万斤黄金，而诸侯则可以全部消灭。”秦王听从了他的建议，每次接见尉缭时都以平等的礼节相待，衣服、饮食也与尉缭一样。尉缭说：“秦王这个人，高鼻梁，细长的眼睛，鸷鸟一样的胸膛，豺狼一样的声音，刻薄寡恩，心如虎狼，处于穷困时容易谦卑下人，得志时也容易吞噬人。我是一个平民百姓，然而接见我时，常常甘居我下。如果秦王得志于天下，天下人都要成为他的俘虏了。不能和他长期相处。”尉缭就逃走了。秦王发觉了，坚决地挽留他，让他做秦国国尉，终于采用了他的计策。而这时李斯主持朝政。

【评点】

公元前 246 年，年仅 13 岁的嬴政便登上了秦王的宝座，由于年龄小，吕不韦辅政。嬴政继位后虽然贵为国君，但有名无实，所有国事大权都被赵太后独揽在手，凡事都得过问于她。而相国吕不韦的野心也越来越大，权势也日益扩展，吕不韦华丽丽地转身成为当时天下第一大富翁和权臣，俨然是另一个财权具备的皇下之皇。

母亲赵太后的荒淫无度，相国吕不韦的狼子野心，聪明过人的嬴政虽然年幼，但心知肚明，喜怒不形于色，置若罔闻。其实他在时时刻刻关注着他们的动向并准备找一个恰当机会来彻底铲除他们。

一、嫪毐狂妄，惑乱朝政

吕不韦以“仲父”身份辅佐嬴政，治理秦国，很有成效，秦国的国势不断增强。但吕不韦在处理与赵太后的关系上却犯了个大错误，他推荐“大阴人”嫪毐取代自己陪伴赵太后，不料却引狼入室，酿成大祸。

自从庄襄王去世，赵姬成了寡妇。按理说“子幼母壮”，此时正是她趁机掌权的时候，但她对政治实在没兴趣，更看重的是个人私生活。此时她正值风花雪月的大好年华，孤衾独守，她岂甘孤孀的冷清岁月？守节数月后，便借商议国事为名，召吕不韦进宫。吕不韦也自恃功高，因而无所顾忌。然而再高的墙也没有不透风的，赵姬和吕不韦的丑闻不久就在宫内外传开，人们添醋加油，说得丑陋不堪。

吕不韦为了摆脱太后的纠缠，使了个李代桃僵之计，把自己手下的门客嫪毐作为自己的替身推荐给太后。实际上这是吕不韦要弄的一个小聪明，一个小阴谋。正所谓聪明反为聪明误，正是这个小聪明，让吕不韦断送了自己的大好前程。

这个嫪毐虽然是吕不韦的门客，但却年轻英俊、风流倜傥。吕不韦知道这个嫪毐又好色又贪财，此外没啥本事，便与之进行了一番密谈，双方达成协议。

吕不韦先让人制造了一个假新闻，让深宫中的太后知道咸阳有一个绝世英俊的小伙子嫪毐，在一场男人力量对比中，无人可及。赵太后得知这个信息后，即令吕不韦将他带进后宫侍候自己。就这样吕不韦将嫪毐扮成阴人进了宫，太后见这个小伙果然魁梧英俊，一个风流成性，一个是干柴烈火。两人双栖双宿，如愿以偿。但是假戏真做，赵太后居然一下子就深爱上了这个小伙子，把昔日对吕不韦的爱全部移到了年轻的嫪毐身上。赵太后对嫪毐言听计从，不仅把他提拔为后宫总管，而且封他为长信侯（当然名义上还得通过她的儿子秦始皇），最后还把太原郡给予嫪毐作为他的封国“毐国”。

赵太后一心一意与嫪毐过起了小日子，为了避免嬴政怀疑，干脆以辟邪为由，搬到了雍。赵太后还是很有生育能力的，居然一连和这个嫪毐生了两个儿子。

嫪毐并不甘心于只是充当太后的情人，他还是一个野心家。嫪毐权势熏天，太后规定所有国家大事都要通过嫪毐才能上奏朝廷，大大盖过了文信侯吕不韦。嫪毐有了权势之后，并不知恩图报，感谢老相国，支持不韦新政，反而处处要与老东家吕不韦平起平坐，一较高下。嫪毐也到处招揽人才，在自己的门下养了数千门客。此外，秦国上下还有数以千计想在朝中谋个官做的人投到嫪毐的门下，他的势力越发大了起来。

嫪毐是个市井无赖，身上有许多劣根性，没有政治胸怀，品位极低。他不时流露出小人得志的本相。在宫中，他倚仗和赵太后的关系，牛气冲天，趾高气扬，无论是大臣、近侍，他都看不起。

有一次，他与宫中宦官和大臣一起喝酒、赌博，大家都喝醉了，你一言我一语，争吵起来，嫪毐也醉了，他突然圆睁双目，大声喊道：“我是秦王的假父，你们这些小子谁敢和我争高低！”何谓假父？假父就是义父、干爹。

至此，嫪毐和赵太后关系已完全暴露，不仅宫中，连咸阳城的老百姓都知道了。

嫪毐与帝太后的私情，秦国朝野上下、宫内宫外，早就是风言风语的事情。当初秦王年幼，帝太后权大，大家心知肚明，睁只眼闭只眼，不去说，不揭穿，也就罢了。如今秦王长大，嫪毐不检点，竟然在大庭广众之下暴露帝太后的隐私，口吐狂言，自称秦王的干爸爸，实在是太不像话。以秦王宫廷的潜规则而言，太后养面首不是问题，面首张扬太后的隐私，这就是问题了；牵涉到秦王的声誉，这就更是问题了。

于是，嫪毐开始受到追查。他自己也实实在在地感到危险在临近，开始和帝太后秘密商量对策，暗暗做应付不测的准备。

事情正在向更严重的方向发展。

嫪毐利令智昏，自以为有太后的支持，可以在朝廷上为所欲为了。眼看着嬴政亲政的年龄就要到了。嫪毐想在嬴政亲政之前，先下手为强，以武力夺取政权，对嬴政或取而代之，或使之成为傀儡。他利用在宫中出入自由的便利，培植私人势力，拉拢死党，纠集了一支力量，准备伺机发动政变。

二、诛灭嫪毐，软禁太后

母后居然给嫪毐生了两个儿子！这样的结果是嬴政绝对不能容忍的。

更不能让嬴政容忍的是，嫪毐凭借赵姬的支持在秦国政坛迅速崛起。他被封为长信侯，太原是他的封国。距离都城咸阳不远的雍城是他的办公地，国家大事都由他来决断，等于另立了一个中央。

面对嫪毐的猖狂，秦始皇非常冷静，没有任何表示。这是为什么呢？主要是他手中还没有掌握实权。朝政大权在吕不韦和太后（实为嫪毐）手里。眼下，他只能把这一切看在眼里，记在心上，等待亲政后老账新账一起算。

秦王政九年(公元前238年)，嬴政22岁，这年四月，嬴政离开咸阳，去雍城，他要在先祖的故地举行加冠大典，他要正式亲政了！

天子搞加冠礼，各国不一样，如周文王12岁加冠，春秋时期不少国君十二三岁就已加冠。令人不解的是嬴政13岁即位，为什么到22岁才加冠？而比一般人晚两年？我们认为，吕不韦把持政权，他不愿意让嬴政过早亲政。

嬴政亲政虽然晚了些，但毕竟熬出来了，毕竟平稳接班，终于等到了这一天，可以施展自己的才华了！

加冠礼在雍城的蕲年宫隆重举行，嬴政戴上了冕，吕不韦将大权交给嬴政，秦国历史开始了嬴政亲政时代。

然而加冕仪式刚结束，就传来了嫪毐在咸阳叛乱的消息！

原来，嫪毐见嬴政率领文武百官离开咸阳后，就感觉自己的末日已到，他和太后的丑闻已经传得满城风雨，等嬴政回咸阳，等待他的肯定是死路一条，与其坐以待毙，不如拼死一搏，也许还有成功的机会。

嫪毐利用伪造的秦王和太后的调兵令，组织了一支军队，出咸阳，向雍城进发。出城没多久，就碰上了雍城开出的秦军。

原来年轻的嬴政早有准备，首先他亲手提拔起来的王翦是极有潜质的军事奇才；其次他重用的昌平君是政坛上的老手；最后他始终防范着嫪毐，一直有他派出的卧底在监视嫪毐的行动。

双方的火并在咸阳展开，一场大战，叛军抵挡不住，赶忙退回咸阳。嫪毐的叛军是一群乌合之众，武器装备和秦军无法相比，很快就被秦军打败。嫪毐等一批头目趁乱逃走。

不久，嬴政率领众朝官回到咸阳。回咸阳后，嬴政办的第一件事就是处理嫪毐反叛事件。他下令："凡参加平叛有功者，皆按功劳大小拜爵。"另外，设重赏捉拿嫪毐等叛乱头目："凡能生擒嫪毐者，赏钱百万；击毙者，赏钱五十万；擒杀其他党羽者论功行赏。"

经过大力搜捕，这年九月，嫪毐及其党羽都被抓住。嬴政对嫪毐及其党羽的处死用的是车裂的刑罚，就是将服刑者的四肢和头颅分别拴在五匹马上，五匹马各朝一个方向，一声令下，刽子手猛力抽打烈马，使之快跑，瞬间，活人就被撕成五块，这是对罪人最重的惩罚。嫪毐和太后所生的两个儿子也被杀掉。嫪毐还被夷三族（父族、母族、妻族）。他的食客们都被没收财产，迁往蜀地。

嬴政对母亲赵太后不敢用刑，毕竟是亲娘，但也不想见到她，将她囚禁在雍城棫阳宫，限制行动自由。

后来在齐人茅焦的冒死劝谏下，为了顾全大局，赢得好声誉，嬴政才亲自接母亲回到咸阳，母子和好如初。

这是秦王政上台后做的第一项工作，大规模清除异己。嬴政踩着反对派的尸体登上了王位，从此他的称呼改成了秦王政。

三、相国机关算尽，反误了性命

嬴政迎赵太后回咸阳，对吕不韦该怎么办？

吕不韦是秦国的三朝元老，从秦昭王时（公元前257年）就来到秦国，秦庄襄王（子楚）时开始任相，掌握了秦国的军政大权。对于秦王嬴政来说，吕不韦又是"仲父"，辅佐朝政近十年，至于吕不韦是不是自己的生父，他也是心知肚明的。

《史记·吕不韦列传》记载："王欲诛相国，为其奉先王功大，及宾客辩士说之者众，王不忍致法。"嬴政本想把吕不韦也杀了，但是考虑到吕不韦在拥立庄襄王上有大功，再加上朝上有许多人替吕不韦说情，因此才没有立即杀了吕不韦。不久，嬴政就以吕不韦举人不当为由（嫪毐是由吕不韦推荐入宫的），免除了吕不韦的丞相职务。

就在赵太后回咸阳前的那几天，嬴政下了一道命令："令文信侯就国河南。""就国"就是到所封的领地。吕不韦虽被罢免了相国，但爵位还是文信侯，在洛阳的领地有十万户，秦嬴政让他去就国，起初考虑的是让他远离政治中心，远离赵太后，而吕不韦却感到自己离开咸阳，躲开京城这个政治旋涡，也许还会有些“作为”，甚至可以东山再起也未可知！

吕不韦虽然被秦王政免除了一切权力，但其影响还在。吕不韦当政十余年，门生故吏遍布全国。吕不韦有不错的人际关系，几乎每天都有他的门客往来于咸阳与河南之间，向吕不韦通报朝廷的情况。有些依然任职的，还在朝廷上拿出吕不韦的意见和秦王争论。各国的诸侯也仍然十分看重吕不韦，派到秦廷的各国的使节也往往不辞辛苦地专程到河南看望吕不韦，向他讨教，有的列国诸侯还邀请吕不韦到他们的国家去任职。虽然失势，但前来拜访、探望的各国使者宾客络绎不绝，他家门庭若市，非常热闹。《史记·吕不韦列传》载：“岁余，诸侯宾客使者相望于道，请文信侯。”意思是，又过了一年多，各诸侯国的宾客使者往来不断，前来问候吕不韦。

本来十分精明的吕不韦再次走错了一步棋。他办事周详、仔细，回到河南后本应该闭门谢客，忍受寂寞，低调做人，然而，吕不韦太不谨慎了，他过高地估计了自己，也小看了嬴政，他在家里整日酒席不断，高朋满座，结果树大招风，在错误的道路上越走越远，在泥潭中越陷越深。

吕不韦在河南的活动，传到政治嗅觉很敏感的嬴政那里，嬴政刚亲政，需要安定，需要吕不韦不要对他构成威胁，没想到他还那么活跃，真是不能容忍！

百足之虫，死而不僵，秦王嬴政决不允许秦国除他之外还有第二个核心存在，更不能允许吕不韦这样的人才到敌国去任职，吕不韦必须除掉！于是秦王嬴政下令将吕不韦驱逐到蜀地，为此他还亲自写了一封措辞严厉的信，信中说：“君何功于秦，秦封君河南，食十万户？君何亲于秦，号称仲父？其与家属徙处蜀！”嬴政直斥吕不韦“你对于秦国有什么功劳可言？居然让秦国封你做十万户侯！你跟我有什么亲缘关系，居然要我喊你为‘仲父’？你和你的一家都给我滚到蜀地去吧！”

看到秦王嬴政的这封信，吕不韦的心灵防线彻底崩溃了！他终于知道了自己政治生涯的结束，人生末路的到来，与其被嬴政逼迫、折磨而死，还不如自己结束生命，不久他就喝下毒酒自杀了。

但是即使这样，也仍然有数以百计的门生、故旧自发地前往河南为吕不韦收尸、葬埋、祭奠。嬴政十分愤怒，这个吕氏集团也太猖狂了，于是他下令穷治吕氏党羽。“晋人也，逐出之；秦人六百石以上夺爵，迁；五百石以下不临，迁，勿夺爵。自今以来，操国事不道如嫪毐、不韦者，籍其门”，吕氏集团终于被彻底消灭！

历经十年的不韦新政从此夭折，嬴政独裁的年代开始了！

吕不韦是一个成功的商人，但却是一个不成功的政治家！

四、废逐客令，广纳贤才

吕不韦余孽对吕相国的忠贞，惹恼了秦始皇。

再加上，韩国水工郑国“疲秦计”的败露，更让生性多疑的秦始皇大怒，决心要将一切非秦国之人驱逐出境，其中包括从六国投奔来的“游士”。

这就是历史上有名的“逐客令”的来由，令说：

“查他国来客，心怀异志，拨弄是非，内外勾结，欲毁我大秦，已属秦所厌弃之人。无论其任何职务，从事何工作，限于三日内，一律革职、停工，着令驱逐出境，从即日起，立即执行。”

秦国自穆公以来，一直注重网罗天下人才，为什么刚刚掌权的秦王嬴政突然下令驱逐六国人士呢？

原来，秦国旧贵族希望能够利用郑国间谍案首先赶走在秦国官居高位的客卿，让秦国旧贵族恢复昔日的权势。于是，抓住郑国间谍案，大造舆论：秦王重用的郑国竟然是个间谍，嫪毐、吕不韦也都不是秦国人，其他六国之人是否也别有用心呢？六国之人都不可靠，不值得信任，他们全都是为他们自己国家效力的人，应当全部驱逐出境（诸侯人来事秦者，大抵为其主游间于秦耳，请一切逐客）。

秦王嬴政被嫪毐之乱闹得心烦，吕不韦之事更难处理；好不容易解决了吕不韦，又发现郑国是韩国间谍；同意郑国继续修渠以后，秦国旧贵族又借郑国间谍案发飙。一连串的政治风波搞得嬴政非常头大，一怒之下干脆驱逐所有在秦国的六国人士。

秦王嬴政所制造的逐客事件，在秦国政坛上的六国客卿中产生了巨大的震动，很多人不得不收拾行囊，离开秦国，李斯是楚国人，他也难逃被驱逐的厄运。在这千钧一发之际，李斯抱着死马当活马医的念头，上书嬴政，结果这封奏书让铁腕君王彻底改变了逐客的主意，收回成命。这就是历史上有名的《谏逐客书》，被鲁迅先生赞叹为“秦之文章，李斯一人而已”。

李斯的这封奏书讲了些什么内容，是什么打动了嬴政呢？

这是一封措辞慷慨激昂的谏表，列举了多年来客卿对秦国做出的巨大贡献，指出了客卿对秦国的统一大业的重要性，逐客是帮助六国。秦始皇看罢觉得李斯说得很有道理，是一个不可多得的人才。秦始皇马上下令收回“逐客令”，并派人急急追回李斯，官复原职和赏赐了不少金银。此时的嬴政，因为心怀统一六国之梦，所以对于大臣的意见，还是能够听得进去的。

还有一个叫作尉缭的术士，他对兵法有很深的造诣和研究。秦王政十年（公元前237年），吕不韦被免去相国职务后，此人上朝毛遂自荐。秦始皇亲自接见了他，交谈中深感此人有维世之才，遂对他非常重视，经常要他陪王伴驾居住深宫，而且还和他同桌用餐，有时连衣服都共同穿用，对其亲密无间视若手足。

而尉缭却对别人讲："秦王此人不可深交，看他面相，鹰钩鼻、调眉眼；鸠鸟胸脯豺狼声。这种人缺乏恩惠，心如虎狼，俭约可卑谦，得志乱杀人；如能得天下，顿视吾为奴！"说了这话，他自己知道得罪了秦王，便打算逃走。然而，秦始皇知道后不但没有怪罪，还极力挽留，委以重任，让其担任国尉，并把军政大权交给了他。

秦王重用李斯、尉缭，在统一六国的过程中，采取运用他们的战术，在运用军事手段打击六国的同时，辅之以挖心战略，如派人行贿、施离间计、人为制造内部混乱等，效果奇好。

自此，秦始皇一切准备就绪，剩下的，就是横扫六合，完成统一大业啦。

第三节　奋六世余烈，成一统大业

【原文】

十三年，桓齮攻赵平阳，杀赵将扈辄，斩首十万。王之河南。正月，彗星见东方。十月，桓齮攻赵。十四年，攻赵军于平阳，取宜安，破之，杀其将军。桓齮定平阳、武城。韩非使秦，秦用李斯谋，留非，非死云阳。韩王请为臣。

十五年，大兴兵，一军至邺，一军至太原，取狼孟。地动。十六年九月，发卒受地韩南阳假守腾。初令男子书年。魏献地于秦。秦置丽邑。十七年，内史腾攻韩，得韩王安，尽纳其地，以其地为郡，命曰颍川。地动。华阳太后卒。民大饥。

十八年，大兴兵攻赵，王翦将上地，下井陉，端和将河内，羌瘣伐赵，端和围邯郸城。十九年，王翦、羌瘣尽定取赵地东阳，得赵王。引兵欲攻燕，屯中山。秦王之邯郸，诸尝与王生赵时母家有仇怨，皆坑之。秦王还，从太原、上郡归。始皇帝母太后崩。赵公子嘉率其宗数百人之代，自立为代王，东与燕合兵，军上谷。大饥。

二十年，燕太子丹患秦兵至国，恐，使荆轲刺秦王。秦王觉之，体解轲以徇，而使王翦、辛胜攻燕。燕、代发兵击秦军，秦军破燕易水之西。

二十一年，王贲攻荆。乃益发卒诣王翦军，遂破燕太子军，取燕蓟城，得太子丹之首。燕王东收辽东而王之。王翦谢病老归。新郑反。昌平君徙于郢。大雨雪，深二尺五寸。

二十二年，王贲攻魏，引河沟灌大梁，大梁城坏，其王请降，尽取其地。

二十三年，秦王复召王翦，强起之，使将击荆。取陈以南至平舆，虏荆王。秦王游至郢陈。荆将项燕立昌平君为荆王，反秦于淮南。二十四年，王翦、蒙武攻荆，破荆军，昌平君死，项燕遂自杀。

二十五年，大兴兵，使王贲将，攻燕辽东，得燕王喜。还攻代，虏代王嘉。王翦遂定荆江南地；降越君，置会稽郡。五月，天下大酺。

二十六年，齐王建与其相后胜发兵守其西界，不通秦。秦使将军王贲从燕南攻齐，得齐王建。

【译文】

十三年（公元前 234 年），桓樵攻打赵国平阳邑，杀了赵将扈（hù）辄，斩首十万人。秦王到河南去。正月，彗星出现在东方。十月，桓樵攻打赵国。

十四年（公元前 233 年），在平阳攻击赵军，攻占了宜安，打败了赵国军队，杀死了赵国的将军。桓樵平定了平阳、武城。韩非出使到秦国，秦国采纳了李斯的计谋，扣留了韩非，韩非死在云阳。韩王请求向秦称臣。

十五年（公元前 232 年），秦国大举出兵，一路到达邺县，一路到达太原，攻占了狼孟。这一年发生了地震。

十六年（公元前 231 年）九月，派军队去接收原韩国南阳一带土地，任命腾为代理南阳太守。开始命令男子登记年龄，以便征发兵卒、徭役。魏国向秦国献地。秦国设置丽邑。十七年（公元前 230 年），内史腾去攻打韩国，擒获了韩王安，收缴了他的全部土地，把那个地方设置为郡，命名为颍川郡。又发生了地震。华阳太后去世。人民遭遇到大饥荒。

十八年（公元前 229 年），秦大举兴兵攻赵，王翦统率上地的军队，攻占了井陉。杨端和率领河内的军队，羌瘣攻打赵国，杨端和包围了邯郸城。十九年（公元前 228 年），王翦、羌瘣全部平定打下了赵国的东阳，俘获赵王。他们又想率兵攻打燕国，驻扎在中山。秦王到邯郸去，找到当初与秦王生在赵国时的母家有仇的人，把他们全部活埋了。秦王返回，经由太原、上郡回到都城。秦始皇的母太后去世。赵公子嘉率领他的宗族几百人到代地，自立为代王，向东与燕国军队会合，驻扎在上谷郡。这年发生大饥荒。

二十年（公元前 227 年），燕太子丹担心秦国军队打到燕国来，十分恐慌，派荆轲去刺杀秦王。秦王发觉后，处荆轲以肢解之刑示众，然后就派遣王翦、辛胜去攻打燕国。燕国、代国发兵迎击秦军，秦军在易水西边击溃了燕军。

二十一年（公元前 226 年），王贲去攻打楚国。秦王增派援兵到王翦军队中去，终于打败燕太子的军队，攻占了燕国的蓟城，拿到了燕太子丹的首级。燕王向东收取了辽东郡的地盘，在那里称王。王翦推说有病，告老还乡。新郑造反。昌平君被迁谪郢城。这一年下了大雪，雪厚二尺五寸。

二十二年（公元前 225 年），王贲去攻打魏国，引汴河的水灌大梁城，大梁城墙塌坏，魏王假降，秦军取得了魏国的全部土地。

二十三年（公元前 224 年），秦王再次诏令征召王翦，强行起用他，派他去攻打楚国。攻占了陈县往南直到平舆县的土地，俘虏了楚王。秦王巡游来到郢都和陈县。楚将项燕拥立昌平君做了楚王，在淮河以南反秦。二十四年（公元前 223 年），王翦、蒙武去攻打楚国，打败楚军，昌平君死，项燕于是也就自杀了。

二十五年（公元前 222 年），大规模举兵，派王贲为将领，攻打燕国的辽东郡，俘获燕王姬喜。回来时又进攻代国，俘虏了代王赵嘉。王翦于是平定了楚国的长江以南一带，降服了越族的首领，设置了会稽郡。五月，秦国为庆祝灭掉五国而下令特许天下聚饮。

二十六年（公元前 221 年），齐王田建和他的相国后胜派军队防守齐国西部边境，断绝和秦国的来往。秦王派将军王贲经由燕国往南进攻齐国，俘获了齐王田建。

【评点】

秦统一天下的过程，宛若一场四乘一百米的接力赛，秦孝公嬴渠梁重用商鞅变法图强，为秦开帝业；秦惠文王嬴驷重用张仪，行“连横”之策，击破六国联盟；秦昭襄王则文有范雎，武有白起，把六国一个个打得元气大伤。现在接力棒已经交到了秦始皇的手上，这位雄才大略的皇帝，该以怎样的魄力，完成秦之祖先的夙愿呢？

一、累世经营，志夺天下

秦灭六国是一个逐步实现的过程，应该是从商鞅帮着秦孝公变法强国的时候开始，中间经过惠文王、秦武王、秦昭襄王、孝文王、庄襄王，不断向东方蚕食、扩张，到秦始皇的时候，就已经到了下围棋的“收官”阶段，可以说已经是水到渠成了。

秦国的商鞅变法比东方六国彻底。政治方面：政权巩固，效率较高，社会稳定。经济方面：重农抑商，农业发展，国力增强。军事方面：军功授爵，奖励立功将士，军队战斗力增强。到秦昭王时，秦国的国土面积已超过了东方六国所剩领土的总和。

在战国七雄中，秦国实力较强。相比之下，东方各国谁都不如秦国强盛。

到嬴政继承王位时，秦国无论在经济、军事，还是地理形势上，都具备了统一六国的条件。

为了加快统一步伐，秦王在清除国内敌对势力的同时，发扬先王雄风，礼贤下士，网罗人才，重新收纳文武骨干，如谋士李斯和尉缭，武将蒙恬、蒙武、王翦和王贲等二十余人。

经济上，继承了自秦孝公以来变法革新、奖励耕战的一系列政策，为灭六国准备了丰厚的物质基础。

战略上，他继续奉行先王“远交近攻”的战略，同时又采用了新的策略，即间谍活动。嬴政采纳李斯等人的策略，重金收买关东六国权臣，离间其君臣关系。

凡此种种，都表明嬴政时代已经具备了统一六国的条件。

二、知人善任，知错就改

在统一中国前夕，秦国聚集了当时第一流的军人和参谋。这里有王翦、王贲、尉缭、李斯等，一切克敌制胜的军事进攻和政治策略，都是由这些人制订和实现的。秦始皇善于发挥他们的作用，听从他们的劝谏。

秦国之所以能统一六国，首推任人唯贤。

在完成统一大业的过程中，秦始皇有几件事办得非常漂亮。

其一，任用尉缭。尉缭是来自魏国的军事家，名缭，史失其姓，因其后来在秦国任国尉，遂称其为“尉缭”。著有兵书《尉缭子》。

尉缭一到秦国，就向秦王献上一计，他说：“以秦国的强大，诸侯好比是郡县之君，我所担心的就是诸侯‘合纵’，他们联合起来出其不意，这就是智伯（春秋晋国的权臣，后被韩、赵、魏等几家大夫攻灭）、夫差（春秋末吴王，后为越王勾践所杀）、湣王（战国齐王，后因燕、赵、魏、秦等联合破齐而亡）之所以灭亡的原因。希望大王不要爱惜财物，用它们去贿赂各国的权臣，以扰乱他们的谋略，这样不过损失三十万金，而诸侯则可以尽数消灭了。”一番话正好说到秦王最担心的问题上，秦王觉得此人不一般，正是自己千方百计寻求的人。秦王嬴政发挥他爱才、识才和善于用才的特长，想方设法将尉缭留住，并一下子把他提升到国尉的高位之上，掌管全国的军队，主持全面军事，并一直对他言听计从。

其二，对待王翦的态度。

王翦是秦始皇手下的大将，先是帮着秦始皇平定了赵国、魏国、燕国，下一个是要灭楚国了。秦始皇问王翦要灭楚国需要多少军队，王翦说："不能少于六十万人。"秦始皇不以为然，他觉得王翦是狮子大开口。

他回头问在座的一位名叫李信（汉代李广的爷爷）的年轻将军，李信刚从辽东活捉了指使荆轲刺秦王的燕太子丹。李信说："让我看有二十万人就行。"秦始皇高兴地说："李将军年轻有为，我很欣赏；王将军大概是年纪大了，显得有些怯懦。"于是就派李信统兵二十万人南下伐楚，王翦则干脆请求辞职，回到老家频阳（今陕西富平县东北）去过清闲日子了。

李信带着二十万人进入楚国后，项燕率领的楚军乘机积蓄力量，尾随秦军三天三夜，终于大破李信军队，攻下两个营垒，杀死七名都尉，秦兵败逃。

秦始皇闻秦军失败，大怒。他方知王翦确有远见，于是赶紧自己坐上车子直奔频阳，找到王翦家里向王翦虚心地做自我批评，请求王翦出山统兵伐楚。王翦说："我哪行？我已经年老不中用了。"秦始皇说："您就别再说这种话啦，难道您能忍心看着我不管吗？"王翦说："您如果派我去，军队数目还是不能少于六十万。"秦始皇说："一切都听您的。"

于是王翦率六十万秦军伐楚，始皇亲自送将军至灞上。王翦行前多求良田屋宅园地，始皇说："将军既已出兵，何患贫穷？"王翦说："为大王部将，虽立战功却终不得封侯，所以趁大王亲近臣下之时，多求良田屋宅园地，为子孙置业。"始皇大笑。

王翦带兵到处地，坚壁不出。楚军数次挑战而秦军不出，楚军引兵向东，王翦趁此遣兵击之，大破楚军，斩杀将军项燕（一说项燕自杀），楚兵败逃。秦借胜势，一年就平定了楚国城邑，俘虏楚王负刍，楚地终成秦的一个郡县。王翦于是又率兵南征百越，取得胜利，因功劳卓著而晋封武成侯。

三、金戈铁马，横扫六合

灭六国，是秦始皇人生中的第一件重大功绩，也是我们最熟知的故事。

以灭韩为始，以灭齐为终，秦始皇结束诸侯间的互相攻伐，总共用了十年。

时间说长实在不长——从公元前 230 年到公元前 221 年，比起绵延了数百年的乱世，这实在是弹指一挥间；说短却也不短——从 29 岁到 38 岁，占用了他一生五分之一的时光，而且正是一个男人从三十而立到四十不惑的那黄金十年。我们或许可以说，秦始皇把他人生中最宝贵的生命和精力，都献给了世界上最壮丽的事业——为统一天下而斗争。

野心勃勃的嬴政向东方发起最后一轮攻击，李斯认为秦军固然强悍，百战百胜，但不战而屈人之兵就更高明了。秦始皇采取了李斯的攻略，用间谍开路，刺客潜伏，最后秦国大兵跟上，秦始皇为灭六国勾画了详细的战术细节。

秦王嬴政统一六国的战略步骤可以概括为三个方面：一是笼络燕齐；二是稳住楚魏；三是先消灭韩赵，再统一全国。

在这种战略方针的指导下，一场统一战争的大幕拉开了：

最先灭掉的是韩国。秦王政十四年，即公元前 233 年，韩国割地称臣，也没能挽救败亡的命运。三年后，秦国俘虏了韩王，灭掉了韩国。

秦王政十九年（公元前 228 年），秦国大规模攻打赵国，俘虏了赵王，公子嘉逃到了代郡（今河北蔚县），称代王。到秦王政二十五年（公元前 222 年），代王也被俘，赵最后灭亡。

在秦王政二十一年（公元前 226 年），王翦领兵攻燕。在易水西面秦兵打败了燕、代联军，攻占了燕国都城蓟城（今北京）。燕王向辽东方向出逃。后来，燕王只得杀死了曾经派荆轲刺杀秦王的太子丹，把他的头献给秦军求和。到秦王政二十五年（公元前 222 年），燕国最后的一个王——喜被俘获，燕国也被灭了。

秦王嬴政的大军灭掉韩、赵，重创燕国以后，北方大部分地区已为秦有，只有地处中原的魏国，孤立无援。秦王政二十二年（公元前 225 年），秦将王贲率军出关中，东进攻魏，迅速包围魏都大梁（今河南开封市）。秦军引黄河、鸿沟水灌城，攻陷大梁，魏王假投降，魏国灭亡。

秦王政二十三年（公元前 224 年），攻打楚国的秦军因为兵力太少，被楚军打败。秦王又派老将王翦出征，并听从他的建议，给了六十万重兵，结果，王翦于秦王政二十四年（公元前 223 年），终于拿下了楚国。

最后灭掉的是齐国。在秦国先后对其他五国用兵时，齐国不但袖手旁观，而且和秦国结盟，根本没有意识到自己的前途和其他五国一样。因此，齐国没有做任何战争准备。等到秦王政二十六年（公元前 221 年），五国都被灭掉后，齐国这才派兵准备抵御秦国，并和秦国断交，但为时已晚。秦国大将王贲在最终灭掉燕国后，领兵大举南下，一战俘获了齐王。至此，秦灭六国，十年统一了中国。

纵观秦灭六国的战术，执行了由近及远、先弱后强的方针，首先灭掉了毗邻的弱国韩、赵，然后从中央突破，攻燕灭魏，解除了北方的后顾之忧，最后消灭两翼的强敌楚、齐。这种战术运用是符合实际情况的。在具体战役中，秦国运用策略正确，如在灭韩、赵的战争中，根据具体情况，而不是完全机械地按“先取韩以恐他国”的既定方针，而是机动灵活——赵有机可乘则先攻赵，韩可攻则灭韩，灭楚战役是在检讨了攻楚失策后，根据秦国实力集中优势兵力攻楚而取胜的；攻打齐国则是避实就虚，出奇制胜。

公元前 230 年到公元前 221 年，秦王嬴政经过十年的南征北战，终于以一个人与一群人凝聚起的伟大意志、豪情、胆魄和实力，灭亡了战国六雄，成就了一统天下的伟业。

灭韩的牛刀小试是它的序曲，主旋律从灭赵开始渐入佳境，随着灭燕灭魏而一步步走向高潮，灭楚的巅峰对决则无疑是最响亮的绝唱，而五国灭亡后齐国的不战而降，恰如余韵绕梁的尾声。至此，大幕才徐徐落下，荡气回肠横扫六国的雄壮演奏终于结束。

“秦王扫六合，虎视何雄哉！挥剑决浮云，诸侯尽西来。”——李白的诗句何其快意！

第四节　锐意改革，建大秦帝国

【原文】

丞相绾等言：“诸侯初破，燕、齐、荆地远，不为置王，毋以填之。请立诸子，唯上幸许。”始皇下其议于群臣，群臣皆以为便，廷尉李斯议曰：“周文武所封子弟同姓甚众，然后属疏远，相攻击如仇雠，诸侯更相诛伐，周天子弗能禁止。今海内赖陛下神灵一统，皆为郡县，诸子功臣以公赋税重赏赐之，甚足易制。天下无异意，则安宁之术也。置诸侯不便。”始皇曰：“天下共苦战斗不休，以有侯王，赖宗庙，天下初定，又复立国，是树兵也，而求其宁息，岂不难哉！廷尉议是。”

分天下以为三十六郡，郡置守、尉、监。更名民曰“黔首”。大酺。收天下兵，聚之咸阳，销以为钟镓，金人十二，重各千石，置廷宫中，一法度衡石丈尺。车同轨。书同文字。地东至海暨朝鲜，西至临洮、羌中，南至北向户，北据河为塞，并阴山至辽东。徙天下豪富于咸阳，十二万户，诸庙及章台、上林皆在渭南。秦每破诸侯，写放其宫室，作之咸阳北阪上，南临渭，自雍门以东至泾、渭，殿屋复道周阁相属。所得诸侯美人钟鼓，以充入之。

【译文】

丞相王绾等进言说：“诸侯刚刚被打败，燕国、齐国、楚国地处偏远，不给它们设王，就无法镇抚那里。请封立各位皇子为王，希望皇上恩准。”始皇把这个建议下交给群臣商议，群臣都认为这样做有利。廷尉李斯发表意见说：“周文王、周武王分封子弟和同姓亲属很多，可是他们的后代逐渐疏远了，互相攻击，就像仇人一样，诸侯之间彼此征战，周天子也无法阻止。现在天下依靠您的神灵之威获得统一，都划分成了郡县，对于皇子功臣，用公家的赋税重重赏赐，这样就很容易控制了。要让天下人没有邪异之心，这才是使天下安宁的好办法啊。设置诸侯没有好处。”始皇说：“以前，天下人都苦于连年战争无止无休，就是因为有那些诸侯王。现在我倚仗祖宗的神灵，天下刚刚安定如果又设立诸侯国，这等于是又挑起战争，想要求得安宁太平，岂不困难吗？廷尉说得对。”

于是把天下分为三十六郡。每郡都设置守、尉、监。改称人民作“黔首”。下令全国特许聚饮以表示欢庆。收集天下的兵器，聚集到咸阳，熔化之后铸成大钟，十二个铜人，每个重达十二万斤，放置在宫廷里。统一法令和度量衡标准。统一车辆两轮间的宽度。书写使用统一的隶书。领土东到大海和朝鲜，西到临洮、羌中，南到北向户，往北据守黄河作为要塞。沿着阴山往东一直到达辽东郡。迁徙天下富豪人家十二万户到咸阳居住。诸如祖庙及章台宫、上林苑都在渭水南岸。秦国每灭掉一个诸侯，都按照该国宫室的样子，在咸阳北面的山坡上进行仿造，南边濒临渭水，从雍门往东直到泾、渭二水交汇处，殿屋之间有天桥和环行长廊互相连接起来。从诸侯那里虏得的美人和钟鼓乐器之类，都放到那里面。

【评点】

秦灭了六国，完成了统一中国的大业，建立起第一个统一的多民族的中央集权的封建国家，使中华版图第一次归一，中国从此揭开了崭新的一页。

国家统一，百废待兴。为了巩固国家的统一，嬴政开始着手进行一系列改革。这些改革是前无古人的，意义更是深远的，他所制定的王纲朝例一直被后来的历朝历代所效仿和沿用。对于中国政治、经济和文化的统一和发展也起到了巨大的作用。

一、更改尊号，首称皇帝

据说秦朝的“秦”字，就是秦始皇造出来的。

“秦”这个字，在古代是写作“琹”的。早在春秋战国之前，一直都是这么写的。秦始皇为什么要造出这个“秦”字来呢？嘿，这里还有一个传说呢。

他灭掉六国以后，成天想的就是怎么让老百姓们听话，永世当他的臣民。他想着想着，忽然想到国号“栞”字上去了。不好！一把木椅子上面坐着两个王字，这还不是平分天下吗？必须要再创一个同音的字来代替“栞”字才好！

他思来想去，却怎么也想不出个眉目来，于是便问史官：“从开天辟地到如今，谁的业绩和功劳最大，史书上记载着没有？”

史官答：“三皇五帝，开天辟地，唐尧虞舜夏商周，功过是非见《春秋》。”

秦始皇又问：“从开天辟地，就只有《春秋》这一部史书吗？”

史官答：“是的。”

秦始皇忽然灵机一动：“这么说，《春秋》就写到现在没有再往下续写吗？”

“对！”

秦始皇对史官们笑了一笑又说：“寡人乃千古一帝，要占他一半《春秋》！决定用一半春秋定国号！”

秦始皇提笔在手，唰唰几笔，写出了一个“秦”字，他递给史官，说：“寡人取春秋二字各半，合而为‘秦’，以代‘栞’字为国号，怎样？”

关于自己的尊号，秦始皇也颇动了一番脑筋。春秋战国，各国诸侯都被称为“君”或“王”。战国后期，秦国与齐国曾一度称“帝”。一统天下的秦王政，认为过去的这些称号都不足以显示自己的尊崇。经过一番商议，大臣们说“古有天皇、帝皇、泰皇，而泰皇最贵”，建议秦王政采用“泰皇”头衔。然而，秦始皇对此并不满意。他只采用一个“皇”字，因有“三皇五帝”而在其下加一“帝”字，创造出“皇帝”这个新头衔授予自己，并且说：“我就叫作始皇帝，后代就从我这儿开始，称二世、三世直到万世，永远相传，没有穷尽。”

千古一帝秦始皇虽然造出了梦想要自占一半《春秋》的“秦”字，自称“始皇帝”，梦想大秦天下，永远属于他嬴氏一家，可是梦想终究是梦想。历史的车轮是无情的，自秦始皇到秦二世只传了两代，秦朝就被人民起义军灭掉了。

二、废除分封，设立郡县

俗话说，打天下难，守天下更难。建立一个怎样制度的国家，让秦帝国永远兴旺发达下去，是摆在秦始皇面前的一个最重要的问题。

秦王朝以前，中国古代属于封建制。当一个王朝诞生时，跟随帝王打天下的这些人或是他的三亲六戚就全都升官发财了，要么封王，要么封侯。周王朝所采用的，就是这种方式。

当嬴政统一天下之后，在对未来国家行政架构进行安排时，没有直接采纳丞相王绾等的进言，大封诸侯，而是下交给群臣商议，于是，就有了秦国统一后那场分封与郡县大 PK 的辩论。

群臣都认为分封有利，唯廷尉李斯反对。

李斯认为，周文王、周武王分封子弟和同姓亲属很多，可是他们的后代逐渐疏远了，互相攻击，就像仇人一样，诸侯之间彼此征战，周天子也无法阻止。现在天下获得统一，都划分成了郡县，对于皇子功臣，用公家的赋税重重赏赐，这样就很容易控制了。要让天下人没有邪异之心，这才是使天下安宁的好办法，设置诸侯没有好处。

秦始皇也赞同这一观点，他认为就是因为有那些诸侯王，所以才会争战不断，现在天下刚刚安定，如果又设立诸侯国，这等于是又挑起战争，想要求得安宁太平，这样是不对的。

秦始皇采纳李斯的建议，没有设置诸侯国，而是下令将全国设为三十六郡，郡设守（小郡设尉）、尉、监（监郡御史，直属中央的御史大夫，起监督守、尉的作用），分管行政、军事、监守；郡下有县，县设令（小县设长）、尉、丞，分管行政、军事、司法；县下有乡（设三老掌教化、啬夫掌赋税和诉讼、游徼掌治安）、亭（设亭长）、里（设里正）等基层行政机构。

随着政权体制的确定，秦也设置了相应的官吏管理体制，对于朝政要职，秦朝的中央行政机关实行了三公九卿制。从上到下，实行金字塔式管理，最后的权力会集到皇帝手中。从朝廷到地方，从郡县至乡里，一张庞大的统治网已渐趋完善。这种由分散的地方政权一步步向上集中到皇帝手中的行政制度，可以说，秦王朝已将封建社会的权力行政模式初步成型。秦朝的这套政治制度，在我国古代政治制度中是空前专制的。所以，秦朝吏治清明，官吏不敢贪污腐败，也不敢玩忽职守，办事效率极高。

在现代人看来，在当时这是一个非常先进的制度，从此以后，这个世上，不会再有封国封爵。而秦始皇的儿子，也没有土地。从此，除皇帝外，不会再有世袭，都要凭自己的本事混饭吃。

在两千多年前的那个时代，这是一件惊天动地的大事。谁能想象，皇帝的儿子也要凭自己的本事混饭吃？在中国历史上，皇帝虽多，但能有此气魄的，嬴政是唯一的一个。

三、采取措施，巩固统一

天下已定，但是各种弊端也展现出来了，原本天下有七个国家，每个国家都有自己的一套标准，有自己的文字、度量衡、货币甚至法令。如果还是以前七国，各个国家只要在自己的国家里使用这些标准，自然没有问题，但现在已经天下统一，原赵国的人可能会与秦国的人划分到一个郡，而楚国的人可能会与燕国的人划分到一个郡，假如还是依各国的那一套，自然是行不通的。

同时，嬴政也有自己的考虑，六国虽然已经被灭亡，但其子民还在，这些人怎么办？咸阳虽大，可也没法让所有六国的人来居住，要想六国的子民老实本分，光靠秦律是不够的，重点还是要从思想上进行控制，进而让这些子民在潜移默化中渐渐认可秦国，明白六国已经成为历史。因此，统一法令、标准就显得非常重要了。

公元前 221 年，秦王朝开始着手统一法令、标准。嬴政以原来秦国的制度为标准，整齐划一全国政治、经济、文化方面的一些制度，进行了下列改革：

书同文：战国时期，各国文字的基本结构虽然相同，但字体繁简和偏旁位置却有差异。李斯受命统一文字，他以秦国的文字为基础，参照六国文字，制定小篆，并写成范本，在全国推行。当时还流行一种书法，叫作隶书，比小篆更简便。

度同制：废止战国时各国形制和轻重大小各不相同的货币，改以黄金为上币，以镒（二十两）为单位;以秦国旧行的圆形方孔铜钱为下币，文曰半两，重如其文。并沿用商鞅时制定的度量衡标准器，来统一全国的度量衡。

车同轨：在秦始皇统一之前，列国向来是没有统一的制度的，就拿交通来说，各地的车辆大小就不一样，因此车道也有宽有窄。国家统一了，车辆要在不同的车道上行走，多不方便。从那时候起，规定车辆上两个轮子的距离一律改为六尺，使车轮的轨道相同。这样，全国各地车辆往来就方便了。这叫作“车同轨”。

从秦始皇二十七年（公元前 220 年）起，陆续修建了以咸阳为中心的三条驰道：一条向东直通过去的燕、齐地区；一条向南直达吴、楚地区；还有一条是为了加强对匈奴的防御修筑的，从咸阳直达九原的驰道，全长一千八百余里。驰道宽五十步，车轨宽六尺。道旁每隔三丈栽树一株。中间为皇帝御道，用明显标志标出，一般人不得行走。此外，还在今云南、贵州地区修五尺道，在今湖南、江西、广东、广西之间修筑攀越五岭的新道，通过拆除壁垒、修建驰道，形成了以咸阳为中心的四通八达的交通网络，把全国各地联系在一起，使我国今日长城以南、以西的地区，除青海、新疆之外，都包括在这庞大的交通网络内，便利了交通往来，有利于促进经济的交流发展。

焚兵器：中国有句成语叫作“刀枪入库，马放南山”，对于嬴政来讲，这样是远远不够的。在嬴政看来，要确保天下太平，除了有重点镇压之外，还得将天下人的进攻型武器全部收缴。于是乎，嬴政又下令收集天下的兵器，聚集到咸阳，熔化之后铸成大钟，十二个铜人，每个重达十二万斤，放置在宫廷里，在嬴政看来，这样一来，想要造反闹事的人，没了武器，就闹不出什么太大的事来。

迁咸阳：为了防止割据的再现，秦始皇把六国富豪和强宗十二万户迁到咸阳，另一部分迁到巴蜀、南阳、三川和赵地，使他们脱离乡土，以便监视。又下令“堕坏城郭，决通川防，夷去险阻”，尽可能消灭封建贵族赖以割据的手段。

在维护国家稳定上，嬴政殚精竭虑，比任何一个帝王做得都要多得多。

四、大建宫殿，穷奢极侈

咱们回过头来，看秦始皇走过的路，亲政掌权，是秦始皇的第一个人生目标；第二个目标，则是灭六国，统一天下；统一天下以后，最重要的事情是要消除六国旧部的谋反之心。三个目标都已完成后，嬴政已经开始迷失了。

秦始皇很喜欢六国华丽的宫殿，所以，每当灭掉一个国家，他都要让人将宫殿的图画下来，然后在咸阳照样仿造。等全国统一了，他还曾经想造一个最大的苑囿，西起雍、陈仓（现在陕西凤翔和宝鸡地区），东面延伸到函谷关（现在河南灵宝），长达千里。最后被秦始皇的侍从、侏儒优旃劝止。优旃对秦始皇说：“这样可太好了，有了这么辽阔的皇苑，我们可以多放养些猛兽，如果六国的后裔有人敢从东方进攻，就把这些猛兽赶出去将他们吓跑。”秦始皇一听，不禁大笑，于是就打消了建这个巨大苑囿的打算。

最大的苑囿没有建成，但秦始皇却建了其他很多的宫殿，单单咸阳的周围就建有宫殿二百七十多座，行宫在关外有四百多座，关内三百多座。

在这些宫殿中，最大最有名的还是阿房宫。因为在秦末已经被项羽烧毁，所以其规模究竟有多大，现在无法估计，但根据历史记载，光阿房宫的前殿的东西就宽达五百步，大约相当于七百米；南北有五十丈，相当于一百一十五米。殿的门用磁石砌成，主要是用来防止人带兵器行刺。在殿门前排列着十二个铜人，即用没收的民间兵器熔铸而成的那十二个铜人。后世杜牧在他的《阿房宫赋》里以“蜀山兀，阿房出”来表示阿房宫的修建的工程量之浩大，更以“一日之内，一宫之间，而气候不齐”来形容阿房宫的建地面积之广。

秦始皇不但对宫殿情有独钟，而且对女人的要求也令人咋舌。同历代荒淫的帝王一样，精力过人的始皇帝自然也贪恋酒色，以妇女为玩偶。在灭六国时，他就将“所得诸侯美人钟鼓以充入之”。当时始皇帝后宫美女万余人，光呼出的气，就弥漫于天际，可见秦后宫之盛。

骊山陵，是始皇帝的又一面穷奢极侈的例证，他不但想到了生着时的享受，就是死，他也预先安排好了。现在举世闻名的秦兵马俑，只是骊山陵的一部分，仅此一部分，就被喻为世界奇迹，真不知打开骊山陵的全部，我们还会有什么惊世骇俗的发现。

除了这些，始皇帝从统一以后的第三年起，就开始了四次全国性的大巡游，跋涉名山大川，足迹几近踏遍了帝国的所有领土。始皇帝的每一次出巡，不是给天下子民以恩泽，反而劳民伤财。

凡此因种种私欲而置天下子民于不顾的事儿，始皇帝可以说是做得数不胜数，视天下为无物、灭六国为拂尘的一代圣主，当涉及个人的私欲时，也就迷失了方向，不知这是始皇帝的糊涂还是本身人格的悲哀。这虽说不上是千古之谜，但就他的一些行为与他所行的治国方略如此不对称，实在找不出合理的解释。

大兴土木，穷奢极欲，民力与财力二相合计，始皇帝一人就占用秦国国力的三分之一！这个庞大数字说明，始皇时期，国力已空，国基衰微，秦之败相已现，至二世烽烟四起也就不足为怪了。

第五节　焚书坑儒，摧残文化

【原文】

侯生卢生相与谋曰："始皇为人，天性刚戾自用，起诸侯，并天下，意得欲从，以为自古莫及己。专任狱吏，狱吏得亲幸。博士虽七十人，特备员弗用。丞相诸大臣皆受成事，倚辨于上。上乐以刑杀为威，天下畏罪持禄，莫敢尽忠。上不闻过而日骄，下慑伏谩欺以取容。秦法，不得兼方不验，辄死。然候星气者至三百人，皆良士，畏忌讳谀，不敢端言其过。天下之事无小大皆决于上，上至以衡石量书，日夜有呈，不中呈不得休息。贪于权势至如此，未可为求仙药。"于是乃亡去。始皇闻亡，乃大怒曰："吾前收天下书不中用者，尽去之。悉召文学方术士甚众，欲以兴太平，方士欲练以求奇药。今闻韩众去不报，徐市等费以巨万计，终不得药，徒奸利相告日闻。卢生等吾尊赐之甚厚，今乃诽谤我，以重吾不德也。诸生在咸阳者，吾使人廉问，或为妖言以乱黔首。"于是使御史悉案问诸生，诸生传相告引，乃自除。犯禁者四百六十余人，皆坑之咸阳，使天下知之，以惩后。益发谪徙边。始皇长子扶苏谏曰："天下初定，远方黔首未集，诸生皆诵法孔子，今上皆重法绳之，臣恐天下不安。唯上察之。"始皇怒，使扶苏北监蒙恬于上郡。

【译文】

侯生、卢生一起商量说："始皇为人，天性粗暴凶狠，自以为是，他出身诸侯，兼并天下，诸事称心，为所欲为，认为从古到今没有人比得上他。他专门任用治狱的官吏，狱吏们都受到亲近和宠幸。博士虽然也有七十人，但只不过是虚设充数的人员。丞相和各位大臣都只是接受已经决定的命令，倚仗皇上办事。皇上喜欢用重刑、杀戮显示威严，官员们都怕获罪，都想保持住禄位，所以没有人敢真正竭诚尽忠。皇上听不到自己的过错，因而一天更比一天骄横。臣子们担心害怕，专事欺骗，屈从讨好。秦法规定，一个方士不能兼有两种方术，如果方术不能应验，就要处死。然而占候星象云气以测吉凶的人多达三百，都是良士，由于害怕获罪，就得避讳奉承，不敢正直地说出皇帝的过错。天下的事无论大小都由皇上决定，皇上甚至用秤来称量各种书写文件的竹简木简的重量，日夜都有定额，阅读达不到定额，就不能休息。他贪于权势到如此地步，咱们不能为他去找仙药。"于是就逃跑了。始皇听说二人逃跑，十分恼怒地说："我先前查收了天下所有不适用的书都把它们烧掉。征召了大批文章博学之士和有各种技艺的方术之士，想用他们振兴太平，这些方士想要炼造仙丹，寻找奇药。今天听说韩众逃跑了不再还报，徐市等人花费的钱以数万计算，最终也没找到奇药，只是他们非法牟利、互相告发的消息传到我耳朵里。对卢生等人我尊重他们，赏赐十分优厚，如今竟然诽谤我，企图以此加重我的无德。这些人在咸阳的，我派人去查问过，有的人竟妖言惑众，扰乱民心。"于是派御史去一一审查，这些人辗转告发，一个供出一个，始皇亲自把他们从名籍上除名，一共四百六十多人，全部活埋在咸阳，让天下的人知道，以惩戒以后的人。征发更多的流放人员去戍疆。始皇的大儿子扶苏进谏说："天下刚刚平定，远方百姓还没有归附，儒生们都诵读诗书，效法孔子，现在皇上一律用重法制裁他们，我担心天下将会不安定，希望皇上明察。"始皇听了很生气，就派扶苏到北方上郡去监督蒙恬的军队。

【评点】

如果说一个人造成了一段中国历史的空白无法弥补，那么这个人就是中国历史上的嬴政——大秦帝国的开国皇帝始皇帝。

我们中华民族文明的象征，印证了一代始皇帝的光芒。然而在其灿烂辉煌的背后，又有一段阴霾黑色的历史，那无论伟大的秦始皇有多伟大，功劳有多高，谈到他的时候，“焚书坑儒”是绕不过去的黑暗，一直是秦始皇残酷暴戾的证据，被后世天下学人唾骂了两千多年。

一、纵火焚书

公元前221年，六国的遗老遗少和贵族大肆引经据典谈论朝廷政事，当时的朝廷法令已经极为严酷，但时间一长，他们也就无所畏惧了。特别是那些儒生们，他们借用兴办私学名义，借古讽今，惑乱百姓，大量的舆论宣传直指新政权，秦始皇对此深感不安，便急召李斯进宫商议，要其寻找解决这种局面的有力措施。

公元前213年，秦始皇在咸阳宫召集群臣举行宴会庆贺自己北筑长城、南伐百越的功绩。会上博士主管官周青臣热烈歌颂嬴政的统一事业和郡县制度，说在这种统一局面下“人人之安乐，无战争之患”，秦天下可以“传之万世”。

可是淳于越却认为郡县制有问题，应沿袭周分封制。淳于越的这一意见不仅是在批评周青臣，也是在抨击嬴政和李斯。

秦始皇要听丞相李斯的意见。

丞相李斯坚持原来的观点，他说：“五帝不相复，三代不相袭，治国方法各异。如今，天下已定，法令统一，百姓积极而努力生产，儒生们本应学习法令，为国效力，相反，以淳于越为代表的‘愚儒’们却‘不师今而学古，以非当世，惑乱黔首’，这些人‘入则心非，出则巷议，夸主以为名，异取以为高，率群下以造谤’。”

之后，他又说，“这些以淳于越为代表的‘愚儒’们是秦朝政权和国家顺利发展的绊脚石，应当及早除掉”。

所以，他又提出了焚书的建议：史书除《秦记》之外一律烧掉；《诗》《书》百家语除博士官收藏的以外，其他人的藏书都限期集中到郡，由郡守、郡尉监督烧掉；医药、卜筮、种树等书不在禁列；有敢相互谈论《诗》《书》的，判处弃市的死刑；“以古非今者族”；“吏见知不举者，与同罪；令下三十日不烧，黥为城旦”。

李斯在焚书的建议中表明，禁止传授《诗》《书》等百家思想，所有的官办学校必须“以吏为师”，以法令为教材，不得随意讲授其他内容。秦始皇听后觉得李斯的话很有道理，当即采纳了这项建议，在全国范围内付诸执行。于是，全国各地青烟滚滚，大批古代文献、典籍毁于大火之中。

除《秦记》外，中国的历朝史书及无数优秀的文化记载都在一缕青烟中化为乌有，可以说这是中华文明史上最大的一次劫难，让后世再也看不到《秦记》记录外对先祖的一切记录。

二、坑杀儒生

坑儒的起因实际上与焚书无关，它的发生也是因为始皇帝的愚蠢，因为他想长生，从而相信方士的长生不老之说。

为求神丹妙药，始皇帝受尽方士之骗，其实方士之骗也与儒生无关，偏方士多事，没有办法寻到灵丹妙药也就罢了，毕竟这东西是不存在的，既骗之则要相应地受到也许过分严厉的惩罚，谁叫他们去骗的对象是皇帝呢？可有些骗子就是这样，自己想脱身还要找借口，更不该的是他们的身份还是儒生。

这个儒生方士名叫卢生，他与另一个方士相谋：始皇帝做事专断暴戾，以刑杀为威，不如早日脱逃。于是他们逃得不见影了。

这件事让始皇帝极为震怒，对于一个君主，竟被小小的儒生所耍，当然是不能容忍的，就像他说的："吾前收天下书不中用者，尽去之。悉召文学方术士甚众，欲以兴太平……卢生等吾尊赐之甚厚，今乃诽谤我，以重吾不德也。诸生在咸阳者，吾使人廉问，或为妖言以乱黔首。"始皇帝始生气于卢生的脱逃，继而恨之于卢生的同道咸阳儒生中有诸多知情不举报者，更兼之当时天下儒生对始皇帝焚书之举非议甚多，让始皇帝在恼羞成怒的情况下动了杀机。

公元前 212 年，就在焚书后的第二年，始皇帝终于挥起了屠刀，他捉来咸阳与卢生有牵连关系的儒生严加拷问，儒生们经不住严刑，互相告密，结果咸阳儒生千余人受牵连，几乎是一网而尽。始皇帝本就对儒生非议他的焚书之举怀恨在心，加上他原来对儒生待遇甚厚而反遭这些受他恩泽的儒生评头论足大为不快，所以他借此事大开杀戒，亲自圈定四百六十余人予以活埋，这就是历史上有名的"坑儒"事件。

秦始皇焚书坑儒，禁办私学，规定官办教育，旨在加强皇权的封建专制主义措施，尽管对控制舆论、宣传统一思想、巩固国家统一、消除割据意识等起到了一定的作用，但是秦始皇采取这种野蛮的、残酷的文化专制手段，无疑是对中国古代文化教育一次极为严重的摧残。

"竹帛烟消帝业虚，关河空锁祖龙居。坑灰未冷山东乱，刘项原来不读书。"——就在始皇帝焚书坑儒过后不到三年，便有人揭竿而起，向秦王朝挑战，挑战者并非儒生，而是不读书的刘邦、项羽，这历史，结结实实地幽了秦始皇一默啊！

第六节　千古一帝唯始皇

秦始皇，他不是诗人，他是个政治家。

他没有像后辈皇帝一样，在历史上留下什么振聋发聩的声音，他留下的，是一个统一的、多民族的、一直传承至今的国家。

如果把中国历史上所有的帝王来个排名，那么无疑是始皇第一！

始皇帝十三岁登上皇位，三十八岁统一全国，其间所作所为，可以用智计过人来评述他，灭嫪毐、倒吕不韦、集贤能、采智谋，从而定秦国邦，统六国为一体，所行所为，非一代圣君所不能为也。

统一度量衡，建立郡县制、统一文字货币，建立交通网，哪一样的决策不是震烁古今呢？若非有始皇帝般天下舍我其谁的豪气，又怎么能办成呢？无论军制、政治结构，还是国家模式，后世中国哪一个不是以秦为范本呢？两千多年前的功绩，后世还常用之，可见秦之制度建设，确实已超出了当时的思想高度，就此一点，始皇帝无疑是后人应该学习的典范。

法制一立，就是君王也不能轻易易之，重法守法如此，足见帝皇之气度也，纵观后世，又有哪一位君主如始皇帝呢？吏治清明，天下几不知贿赂为何物，官吏个个守职，办事兢兢业业，效率极高。治吏尤重于治民，刑罚吏深一级，君王御下如此，秦吏治古今天下第一也就不足为怪了。虽有后来举手投足皆为罪、路上半数皆囚徒之实，可律令如此，只能怨律令之严苛，而不能怨始皇帝行事昏庸也。

秦统一中国，百废待兴，北筑长城也好，南茂五岭也好，说穿了也是为了国家的安全，国家有了安全才能建设，这是谁都明白的道理。当其时秦国不稳，北有匈奴侵袭，南有百越骚扰，内有六国余孽蠢蠢欲动，在此情况下，作为秦帝国的最高统治者，他无疑是有理由维护国家安全再进行民生休养生息的，所以，他动用了大量人力、物力、财力，来修筑长城，给人民带来灾难，但同时也可使国家一劳永逸，长城的作用，在后世是有目共睹的。

当然，焚书坑儒，造成先秦以前的中华文明史中断，让当时百家争鸣、自由求索的精神受到毁灭性的打击；穷奢极侈漫游中国、修建宫殿、耗费钱财寻求长生不老之方，暴露了他的残暴、贪婪。

秦始皇有功有过，但历史的沧桑难掩其耀眼的光华。

统一中国之举，就结束了中国长期以来的分裂局面，让中华民族真正第一次融为了一体；统一文字，让文字这条纽带，维系了中华民族的团结，虽经几千年的分分合合，但中华民族的魂不散，所以也有了今日强盛之中国。他的影响力依然在当今的华夏大地无处不在，我们甚至可以说，他的灵魂依旧附着在那些沿用了上千年的有形的无形的资产之上：长城、灵渠、驰道；郡县制、方块字、度量衡……

借用一个对联，结束此文：

雄才大略掀翻一个旧世界前无古人；革故鼎新开创百世新基业后无来者。

——千古一帝唯始皇！

卷三 《项羽本纪》

第一节　少年英雄，志在天下

【原文】

项籍者，下相人也，字羽。初起时，年二十四。其季父项梁，梁父即楚将项燕，为秦将王翦所戮者也。项氏世世为楚将，封于项，故姓项氏。

项籍少时，学书不成，去，学剑，又不成。项梁怒之。籍曰："书足以记名姓而已。剑一人敌，不足学，学万人敌。"于是项梁乃教籍兵法，籍大喜，略知其意，又不肯竟学。项梁尝有栎阳逮，乃请蕲狱掾曹咎书抵栎阳狱掾司马欣，以故事得已。项梁杀人，与籍避仇于吴中。吴中贤士大夫皆出项梁下。每吴中有大繇役及丧，项梁常为主办，阴以兵法部勒宾客及子弟，以是知其能。秦始皇帝游会稽，渡浙江，梁与籍俱观。籍曰："彼可取而代也。"梁掩其口，曰："毋妄言，族矣！"梁以此奇籍。籍长八尺余，力能扛鼎，才气过人，虽吴中子弟皆已惮籍矣。

【译文】

项籍，是下相人，字羽。开始起兵反秦的时候，年龄二十四岁。他的小叔父是项梁，项梁的父亲就是楚国的将领项燕，就是被秦将王翦所杀戮的人。项氏好几辈子做楚国的将领，被封在项地（原为西周时的一个小诸侯国，后为楚邑），所以姓项。

项籍小时候，学习认字写字没有完成，便放弃了；又学习击剑等武艺，也没有学成。项梁对他很生气。项籍却说："写字，能够用来记姓名就行了。剑术，一个人就可以抵挡，不值得学。要学习成千上万人才能抵挡的本领（即兵法）。"于是项梁就传授项籍兵法知识。项籍非常高兴，大致了解兵法的意思，又不肯完成学业。项梁曾经有罪，于是请蕲地的狱掾曹咎写信给栎阳狱掾司马欣，因此事情才得以平息，项梁杀了人，跟项籍跑到吴地去躲避仇人，他和项籍一起逃到吴中郡。吴中郡有才能的上层人士，才能都显露在项梁之下。每当吴中郡有大规模的徭役（古代统治者强迫人民负担的劳役，如土木工程等）以及丧葬事宜时，项梁经常为他们主持办理，暗中用兵法部署约束宾客和吴中青年，根据这个了解他们的能力。秦始皇游览会稽郡，渡浙江时，项梁和项籍一块儿去观看。项籍说："那个人我可以取代他！"项梁捂住他的嘴，说："不要胡说，否则就要灭族了！"项梁因此认为项籍不同凡俗。项籍身高八尺有余，力大能举鼎，才能、勇气超过常人，即使是吴中当地的年轻人也都很畏惧他。

【评点】

《汉书·古今人表》把项羽列在九等人中的第六等，即中下栏内。司马迁在写《史记》的时候却把他列在了秦始皇、汉武帝这个队伍里，并专门为他写了一卷《项羽本纪》。显然，在司马迁眼里，这位西楚霸王相当于帝王的身份。

近几年，围绕楚霸王项羽似乎形成了一个不小的文化热点。电影、电视连续剧、电视书场、专题出版物及 MTV 不一而足，项羽的身后一向不寂寞啊。

项羽到底是怎样一个人呢？让我们跟随司马迁的妙笔，来认识认识他吧。

一、出身名门，英雄少年

项羽的祖父项燕是战国末年楚国的大将，秦灭楚国时，他被秦国大将王翦带领的大军团团包围，最后自杀身亡。

他的父母史书没有记载，项羽从小是跟着他的叔叔项梁长大的。项羽身高力大，才气过人。

众所周知，秦在统一六国的过程中，楚国人死伤最为惨重，再加上楚怀王入秦，客死秦地不得归国，楚人都很恨秦国，所以史上有所谓的"楚虽三户，亡秦必楚"之说，意即楚国就算只剩下三户这么大点地方，灭亡秦国的还是楚人，可见楚人对秦的刻骨仇恨。

而项羽又是楚国名将项燕的后代，楚国灭亡之后，项氏家族惨遭屠杀，少祖父项堇被车裂于家乡吴中。项羽与弟弟项庄随叔父项梁流亡到吴中（今浙江湖州）。

背负着国恨家仇的项氏一族，以复仇为己任，这也是项梁打造项羽成才的根本原因。项羽也不负项梁所望，“力能扛鼎，才气过人”。他与他的叔叔项梁避难会稽的时候，当地的年轻人都很害怕项羽。

项羽作为一个外乡人，客居他乡，亡命他乡，尚能为人敬畏，主要靠的就是他的这种蛮力。年纪轻轻已不可小觑，实为少年英雄。

总之，项羽世代为楚将。生为将门虎子，这是项羽兴兵起义的资本，是成就英雄霸业的奠基。他与秦有不共戴天之仇。为项羽以后忠贞不贰，志在灭秦，疾恶如仇，驰骋疆场，冲锋陷阵，置生死于度外注入了激情。

二、学万人敌，志在天下

从史书中可看到，开篇写了项羽的两件事：

一是少时学情。不想学书、学剑，想学万人敌的兵法，而“不肯竟学”。既说明他的豪迈不群的性格特点，又暴露出性情粗疏的特点。

二是观始皇游。一次秦始皇出巡在渡浙江时，项羽见其车马仪仗威风凛凛，便脱口而出：“那个人，我可以取代他！”不俗的言论昭示日后的不凡。用早年的一件事、一句话预示其日后的不凡是《史记》中常用的一种手法，在此也颇有画龙点睛之妙。

豪迈不群与少年言志体现了项羽除暴安良、建立丰功伟绩、成就英雄霸业的宏愿;但粗疏的性格，为他刚愎自用、感情用事、优柔寡断、拒纳良言、错失良机、大失人心埋下了落败的种子。

以往人们仅从文字表面说明项羽自幼胸怀大志，进而批评其不愿在学习上下苦功夫，以致对兵法只是一知半解，成为其最终失败的主要原因之一。其实不然，他是因患有先天性白内障，视力有障碍，读书认字、用短兵器搏斗很费力，故找借口，不愿多学。所以“不足学”，应为不愿多学。他若不学书，怎能学兵法;不学剑，何以要佩剑，最后会“持短兵接战”，“独籍所杀汉军数百人”？他深知兵法之重要，很喜欢学，但看书很困难，所以不肯“竟读”（应作没有深读、反复读讲）。虽然如此，但他的天赋高，已能领略兵法的要旨，并应用于实战中，以不断取得胜利。

查《汉书·艺文志·兵书略》“兵形势家”之属有《项王》一篇。班固自注：“名籍。”“项王”且“名籍”，出自汉代人的笔下，不可能是别人，只能是项羽。这一记载说明，项羽不但熟知兵法，且有著作传于后世。

大家都知道，《汉书·艺文志》所载皆当时的皇家藏书。从上述记载来看，有关兵书的部分，乃经汉初的张良、韩信整理，后在武帝及成帝时，经当时中央主管军政的官员校理，源流叙述如此清楚，当无错讹。据上述可知，项羽有关“兵家形势”方面著作的真实性应无疑问。

细读《史记》，可知太史公本意，绝非言项王之不学，言其个性而已，表现他豪迈不群与少年言志体现了项羽除暴安良、建立丰功伟绩、成就英雄霸业的宏愿，以“学剑”而言，据《项羽本纪》所载，项羽在末路之际，犹“溃围，斩将，刈旗”，三挫汉军，大显神威。以此观之，其少时岂为“学剑，又不成”之人？

其实，大凡人年轻时总会有很多梦，这种梦并不比小草小花的梦逊色，色彩斑斓，也不输于才子佳人的梦，梦从来就是没有阶级贵贱之分的。现在细究起来，重要的恐怕只在于曾经有过，而不是是否都实现了，有了结果。要有梦，并且只为它活着。

刘邦、项羽同为秦佣役，睹始皇游幸过处，华盖丽服，刘邦艳慕之下，脱口而出“大丈夫生当如此”，项羽则曰“彼可取而代之”。两个服役之人，彼时彼地说出彼样的话，必为其久存心地之梦无疑，但表面相似的两句话，透露出的深意却颇值得玩味。前者是对一种生活方式的急切涉入之情，是注重显示的强烈表现与求得结果的渴望心情；后者更多表现出一种坚定的信念，一种通过努力而有所获得的热情的希望。

第二节　钜鹿之战，雄霸天下

【原文】

项羽已杀卿子冠军，威震楚国，名闻诸侯。乃遣当阳君、蒲将军将卒二万渡河，救钜鹿。战少利，陈馀复请兵。项羽乃悉引兵渡河，皆沉船，破釜甑，烧庐舍，持三日粮，以示士卒必死，无一还心。于是至则围王离，与秦军遇，九战，绝其甬道，大破之，杀苏角，虏王离。涉闲不降楚，自烧杀。当是时，楚兵冠诸侯。诸侯军救钜鹿下者十余壁，莫敢纵兵。及楚击秦，诸将皆从壁上观。楚战士无不一以当十，楚兵呼声动天，诸侯军无不人人惴恐。于是已破秦军，项羽召见诸侯将，入辕门，无不膝行而前，莫敢仰视。项羽由是始为诸侯上将军，诸侯皆属焉。

【译文】

项羽自从杀掉卿子冠军之后，威震楚国，名声传遍诸侯之间。他就派当阳君、蒲将军率军二万渡过漳河，援救钜鹿。战事稍有进展，陈馀又请求援兵。项羽就统率全军渡河。渡河之后沉掉了全部船只，毁了锅灶，烧掉营房壁垒，命令士卒每人只带三天的干粮，以此向士兵表明决一死战、决不后退的决心。于是一到钜鹿就包围了王离，与秦军会战，经过九次战役，截断了他们的粮道，打败秦军，杀死苏角，活捉王离。涉闲拒绝降楚，自焚而死。在此之时，楚军冠居诸侯之首。诸侯前来援救钜鹿的有十多座营寨人马，就没有敢出兵的。直到楚军攻打秦军时，诸侯将领都在营寨上观看。楚军将士无不以一当十，杀声震天。诸侯军队无不人人战栗惊恐。就这样，在打败秦军之后，项羽召集诸侯将领，进入辕门时，他们都是趴在地上前行，谁都不敢仰视。从此项羽就成了诸侯中的上将军，各路诸侯的军队都由他统率。

【评点】

说起秦朝，人们总是先想到大秦雄师其气吞如虎、横扫六合的气概。秦之兴起，无疑是其内在战争机器的疯狂开动，外在百万铁军的征讨四方，打下了前所未有的天下。然而短短十五年间，泱泱大秦，毁于一旦，真是应了其兴也勃，其亡也忽。

秦朝大厦倒塌之快，其内在外在有各种问题，但是给予大秦最沉重一击，使强悍的大秦再无能开动其战争的，无疑是项羽的天才之作——钜鹿之战。

一、敌强我弱，形势险恶

项羽到钜鹿后，开始谋划对秦军来一场世纪豪赌，赌注就是自己的性命加上几万楚军。输，则全军尽没，身死当场；赢，则是大秦的天下。

在项羽面前的是种种不利，这似乎是一场有败无胜、毫无悬念的赌局啊。

其一：秦军的实力异常强大。

在钜鹿驻扎着两支秦军。

一支是由秦之名将蒙恬打造的边防军，这支军队久经沙场，曾击败北方匈奴，立下赫赫战功。这支大军负责围钜鹿，兵力大都认为是二十多万。

另一支是由多次围剿诸侯义军的章邯带领，也是百战之师，也约有二十万。

所以项羽要面对的对手是四十多万精锐的秦朝正规军，而将领都是一代名将。

其二：项羽的实力异常弱小。

项羽的军队组成很复杂，我们这里详细地探讨一下项羽军队的组成。一般都认为项羽军队的人数是五万到六万之间。其中先锋两万，《史记》明载是英布、英蒲将军的军队。项羽主力还有三万到四万，是收编各路杂牌义军组成的楚军。也就是说项羽率领的完全是个大杂烩，战斗力很难说，指挥起来有很大难度。

其三：没有后路，不能久战。

由于项羽和怀王的权力，使项羽处于一个没有任何外援、没有任何退路的地步。秦军战败，可以逃跑再来；而项羽战败估计就要提头去见怀王了，此时退缩，估计怀王更不会放过他。粮草更是问题，项羽军非但没有任何供应，更可虑的是宋义在路上已待了一个半月，此时已经十二月，离秦军围钜鹿有三个月，钜鹿将随时为秦军所破。

其四：盟友的畏战，保存实力。

虽然各路诸侯援军都知道天下之势在此一举，但是由于兵少将寡，其心各异，谁都不愿意把自己赔进去，所以想指望诸侯援军帮助自己，比登天还难。

以上四条可见，局势险恶到了极点，以少量杂牌军快速击败几倍于己的精锐，无疑是痴人说梦！

二、破釜沉舟，出奇制胜

天才不愧是天才，项羽立刻就发现秦军的弱点——秦军布局是王离军围钜鹿；章邯军驻扎其南边，一边筑甬道输粮草，一边随时对救助钜鹿的援军打击。这支军队像两只虎钳，牢牢地盯死猎物，而弱点就在两钳之间的心脏。项羽要直接实施黑虎掏心战略，只有切断两只虎钳的联系，集中力量攻其一才可以有希望获胜。

为了得到更多的情报，让秦军露出破绽，项羽先派英布、英蒲将军带上自己的两万人马渡河进攻秦军甬道。英布、英蒲将军不负所望，击败了看守甬道的秦军。从这场小胜利，项羽看到秦军的问题所在——甬道虚弱，而章邯军疲惫不堪，于是决定抓住时机全军进攻秦军，这个时候陈馀又派人向项羽请战，项羽同意了。正好让陈馀做出救赵的姿态吸引王离军的注意。

项羽带着剩余的主力部队，全部渡河。在渡河之后，项羽发表即兴煽动演讲，鼓舞士气，随后破釜沉舟，只带三天的干粮，以示“不战胜毋宁死”的大无畏精神，这里充分体现了项羽的战略眼光和权谋手段以及大无畏的决断力。

首先项羽带着一支杂牌军，军队派系多，战斗力参差不齐，而项羽又是第一次指挥他们，很难指挥得得心应手。这样的情况下项羽充分运用了“陷之死地而后生，置之亡地而后存”的策略，把一支向心力不足的军队拴成一根绳，只有一起向前冲，打败秦军才有活路。在项羽的手段下，楚兵的求战欲望异常高涨。项羽还命人打破做饭的锅，每人只带三天干粮。项羽不但要以劣势兵力击败秦军，还要用三天时间击败秦军！如果三天之内不能灭掉秦军夺取粮草，就算击败了秦军还是一个

“死”字，项羽莫非疯了？

我们现在研究才发现项羽的眼光老辣，战略高明，钜鹿之战的关键就是一个“快”字，不能激发将士快速求战的欲望，不能在短时间内消灭秦军，就只剩一个死！章邯军和王离军互为犄角，打援兼顾。兵力上处于极大劣势的项羽军，如果想灭两支，那是天方夜谭。而如今王离军围钜鹿，防诸侯，阵势布局给了可乘之机，正是灭王离军的好时候。但是秦军不傻，章邯军虎视眈眈就是趁你攻王离而前后夹击，但是章邯的援军也不是毫无破绽，派兵保护甬道就有兵力的分散。这种情况下就是要利用两军之犄角的空隙，大胆地玩一场刀尖上跳舞，在秦军眼皮底下放手一搏，在如此短的距离玩一场真正的运动战。所以必须要快，快到秦军主帅完全没有意识过来，快到秦军没有时间部署，快到秦军来不及配合，快到秦军反应过来已经全军覆灭。但是古今中外谁敢这样玩？谁敢在精锐秦军眼皮底下各个击破？只有项羽敢玩，玩的就是心跳！

项羽以劣势兵力成功地实施分割、围歼战术，发扬破釜沉舟的勇猛精神，大败秦军，是灭秦战争中决定性的一战。其优秀作战指导艺术和勇猛精神，永远值得后人称颂和借鉴。

三、以弱胜强，创造奇迹

项羽在钜鹿兵力数量、素质如此悬殊的情况下，击败了善战的秦军，关键是谋划于前，大胆地打破常规，运用一切巧妙战术和对自己有利的因素。

但是后世的研究者却只看到其勇武的一面而没有看到其主谋的一面，而项羽之前谋划由于史料原因而无法窥测了。但是在如此庞大的敌人眼皮底下各个击破，无疑需要战前的详细布局、战场的临时指挥，这些项羽无疑是达到炉火纯青的地步。

钜鹿之战项羽以少量杂牌军全歼精锐秦军，无疑是中国战争史甚至世界战争史中的奇迹。而创造这个奇迹，无疑在于打破常规作战。钜鹿之战秦军统帅都非弱者，不是迂腐和无能将胜利拱手赠予对方的“法罗”，而是久经沙场的一代名将，一切布置都可圈可点。但是天才是打破常规，按一般正规想法，项羽应该先统率诸侯，再集中优势兵力和秦军决战。但是项羽不，项羽要先打出胜仗，这样诸侯自然就参与了。

章邯、王离以为项羽和他们打游击战，但是项羽却是游而给以致命一击，可以说钜鹿之战的胜利胜就胜在秦军没有做好孤注一掷的大决战的准备，胜在秦军没有想到项羽敢在刀尖上跳舞，敢以如此悬殊的兵力钻到自己空隙中各个击破。每一场战役在看似完美的布局中，实际上都还存在间隙，而大师就是把自己作战环节的间隙做到最小，而抓住对方的间隙，使整个完美的布局支离破碎，在这个方面项羽无疑最接近完美。

这里用一句《孙子兵法》的话作为总结："故善战者之胜也，无奇胜，无智名，无勇功，故其战胜不忒。"

第三节　妇人之仁，妇人之见？

【原文】

沛公旦日从百馀骑来见项王，至鸿门，谢曰："臣与将军勠力而攻秦，将军战河北，臣战河南，然不自意能先入关破秦，得复见将军于此。今者有小人之言，令将军与臣有郤……"项王曰："此沛公左司马曹无伤言之；不然，籍何以至此。"项王即日因留沛公与饮。项王、项伯东向坐，亚父南向坐。亚父者，范增也。沛公北向坐，张良西向侍。范增数目项王，举所佩玉玦以示之者三，项王默然不应。范增起，出召项庄，谓曰："君王为人不忍。若入前为寿，寿毕，请以剑舞，因击沛公于坐，杀之。不者，若属皆且为所虏。"庄则入为寿。寿毕，曰："君王与沛公饮，军中无以为乐，请以剑舞。"项王曰："诺。"项庄拔剑起舞，项伯亦拔剑起舞，常以身翼蔽沛公，庄不得击。

于是张良至军门，见樊哙。樊哙曰："今日之事何如？"良曰："甚急！今者项庄拔剑舞，其意常在沛公也。"哙曰："此迫矣！臣请入，与之同命。"哙即带剑拥盾入军门。交戟之卫士欲止不内，樊哙侧其盾以撞，卫士仆地，哙遂入，披帷西向立，瞋目视项王，头发上指，目眦尽裂。项王按剑而跽曰："客何为者？"张良曰："沛公之参乘樊哙者也。"项王曰："壮士，赐之卮酒。"则与斗卮酒。哙拜谢，起，立而饮之。项王曰："赐之彘肩。"则与一生彘肩。樊哙覆其盾于地，加彘肩上，拔剑切而啖之。项王曰："壮士！能复饮乎？"樊哙曰："臣死且不避，卮酒安足辞！夫秦王有虎狼之心，杀人如不能举，刑人如恐不胜，天下皆叛之。怀王与诸将约曰：'先破秦入咸阳者王之。'今沛公先破秦入咸阳，豪毛不敢有所近，封闭宫室，还军灞上，以待大王来。故遣将守关者，备他盗出入与非常也。劳苦而功高如此，未有封侯之赏，而听细说，欲诛有功之人，此亡秦之续耳，窃为大王不取也！"项王未有以应，曰："坐。"樊哙从良坐。

【译文】

第二天一清早，沛公带着一百多名侍从人马来见项王，到达鸿门，向项王赔罪说："我跟将军合力攻秦，将军在河北作战，我在河南作战。却没想到我能先入关攻破秦朝，能够在这里又见到您。现在是有小人说了什么坏话，才使得将军和我之间产生了嫌隙。"项王说："是您的左司马曹无伤说的，不然，我怎么会这样！"项王当日就让沛公留下一起喝酒。项王、项伯面朝东坐，亚父面朝南坐。亚父也就是范增。沛公面朝北坐，张良面朝西陪侍着。范增好几次给项王递眼色，又好几次举起身上佩戴的玉玦向他示意，项王只是沉默着，没有反应。范增起身出去，叫来项庄，对他说："君王为人心肠太软，你进去上前献酒祝寿，然后请求舞剑，趁机刺击沛公，把他杀死在座席上。不然的话，你们这班人都将成为人家的俘虏啦。"项庄进来，上前献酒祝寿。祝酒完毕，对项王说："君王和沛公饮酒，军营中没有什么可以娱乐的，就让我来舞剑吧。"项王说："那好。"项庄就拔剑起舞，项伯也拔剑起舞，常常用身体掩护沛公，项庄没有办法刺击沛公。

见此情景，张良走到军门，找来樊哙。樊哙问道："今天的事情怎么样？"张良说："很危急！现在项庄正在舞剑，他一直在打沛公的主意呀！"樊哙说："这么说太危险啦！让我进去，我要跟沛公同生死！"樊哙带着宝剑、拿着盾牌就往军门里闯。持戟的卫士想挡住不让他进去，樊哙侧过盾牌往前一撞，卫士们仆倒在地，樊哙于是闯进军门，挑开帷帐面朝西站定，睁圆眼睛怒视项王，头发根根竖起，两边眼角都要睁裂了。项王伸手握住宝剑，挺直身子，问："这位客人是干什么的？"张良说："是沛公的护卫樊哙。"项王说："真是位壮士！赐他一杯酒！"手下的人给他递上来一大杯酒。樊哙拜谢，起身站着喝了。项王说："赐他一只猪肘！"手下的人递过来一只生猪肘。樊哙把盾牌反扣在地上，把猪肘放在上面，拔出剑来边切边吃。项王说："好一位壮士！还能再喝吗？"樊哙说："我连死都不在乎，一杯酒又有什么可推辞的！那秦王有虎狼一样凶狠之心，杀人无数，好像唯恐杀不完；给人加刑，好像唯恐用不尽，天下人都叛离了他。怀王曾经和诸将约定说'先击败秦军进入咸阳，让他在关中为王'。如今沛公先击败秦军进入咸阳，连毫毛那么细小的财物都没敢动，封闭秦王宫室，把军队撤回到灞，等待大王您的到来。特地派遣将士把守函谷关，为的是防备其他盗贼窜入和意外的变故。沛公如此劳苦功高，没有得到封侯的赏赐，您反而听信小人的谗言，要杀害有功之人。这只能是走秦朝灭亡的老路，我私下认为大王您不会采取这种做法！"一番话说得项王无话回答，只是说："坐！坐！"樊哙挨着张良坐下来。

【评点】

俗话说："千里摆长筵，没有不散的席。"也就是说，无论一场酒席吃多长时间，总有吃完的时候。但任何事情总会有例外，历史上就有那么一场酒席，吃了两千年，还不能说就散了，可能还要长期吃下去。这场酒席，就是著名的鸿门宴。

一、千秋万代，戏说鸿门宴

《项羽本纪》中的鸿门宴因刻画最为传神，成了《史记》之最为精彩的篇章，又因为其入选我们今天的中学课本，成了尽人皆知的历史事件。自古以来，人们对鸿门宴的结局，即项羽最终没有在这个饭局上杀了刘邦一事，就发生了无数争执。到了今天教育普及后，奇谈怪论就更多了，诸如，鸿门宴是项羽唯一能杀刘邦的机会啦，项羽不杀刘邦是因为心太软啦，项羽被刘邦忽悠啦，项羽身边出了内奸啦，林林总总，不一而足，而且这类争执与怪论还将继续下去。真是鸿门宴如此丰盛，引来无数食客竞折腰，同时都吃得津津有味，吃得心旷神怡。因此，鸿门宴自从开席之后，就注定散不了席。

鸿门宴是一个相对完整的故事，其始于沛公左司马曹无伤向项羽透露沛公的内情，终于曹无伤被沛公诛杀。正因为其较为完整，所以入选做了课文；也正因为其入选做了课文，于是成了一个孤立的事件，引发了不小的争议。为什么要争议？多半是因为绝大多数人认定刘邦是个该死的无赖大坏蛋，而项羽是个顶天立地的英雄好汉，英雄与坏蛋当然不能共存，于是，英雄应该杀了坏蛋，而英雄没杀坏蛋，最终让坏蛋给逼死，就长使众生泪满襟了。实际上，英雄也罢，坏蛋也罢，跟鸿门宴本身都没什么关系。那什么跟鸿门宴本身有关系呢？答曰：应该是鸿门宴是怎么吃起来的。这才是鸿门宴的核心。

宋人胡寅将鸿门宴的发生归之于沛公部的左司马曹无伤，其在《致堂读史管见》卷二说："鸿门之隙，自沛公左司马曹无伤为之。"古人持此论者颇多，好像没有曹无伤就不会有鸿门宴了。这也太抬举曹无伤了。根据事情的过程可以看出，其实无论有没有曹无伤，刘、项二人都注定会有一番交涉，即使没有鸿门宴，反正这一顿酒是省不掉的。交涉就交涉，为什么非要喝酒？可能这就是中国特色了，自古以来，很多事情就是在酒桌上解决的或决定的。毕竟酒桌是最佳的办公地点嘛。我们今天也不知道有多少重要的任命是在酒席间完成的，人们可能会认为是腐败，殊不知，在酒桌上办公，这正是从我们老祖宗那里传下来的东西，即使是刘、项两位大英雄，也未能免俗。

二、鸿门宴请，事出有因

刘、项同为楚军将领，在项梁任统帅期间，两人曾有并肩作战的经历。他们曾一同攻秦于城阳、濮阳、定陶、雍丘、陈留等地，协同作战期间，两军将士之间彼此都很熟悉，刘、项的融洽关系也由此而奠定。项梁败死后，刘、项相约退保彭城，拱卫楚都。在这种重大战略决策关头，两人进退一致，足见相互间非常默契。

刘、项间的上述渊源是广为人知的，但两人间另有一要害关系恐怕容易被忽略，即刘邦是从秦嘉、景驹部投靠项梁的，靠着项氏的兵源支持才得以羽毛丰满，终成气候。到鸿门事发时，虽然这段早期经历已成为历史，但在实力、声望都远远超出乃叔的项羽心目中，这种早期形成的关系基调已在无形中决定了刘、项关系的未来形式。

鸿门宴之前，项羽已发布命令，要剿灭刘邦。从表象上看，是曹无伤搬弄是非，说刘邦欲王关中，殊不知这正是项羽的一块心病。按楚怀王熊心“先入定关中者王之”的灭秦号令，刘邦确实有在关中称王的权利，而这正是项羽所不愿意看到的局面、所不能容忍的事实。项羽率领楚军精锐在黄河以北降服了秦军野战主力，令天下诸侯归心。鸿门事发时，项羽集楚国上将军及诸侯上将军双衔于一身，而身为楚将的刘邦也名正言顺地归其领导。如果让旧秦的关中之地这个最大的战利品如约落入刘邦之手，就意味着项羽的战功要大打折扣，意味着项羽的宏图大志要成为泡影。对此，项羽显然不会甘心。

曹无伤的告密并非凭空捏造。楚怀王下的号令天下皆知，刘邦入主咸阳后，又将怀王之令布告秦人，以安民心。不仅如此，刘邦还企图独占关中，他派出兵将扼守函谷关，阻止诸侯军队进入，然后又招募秦人从军，使其军力从破武关前的数万人增至十万人，企图以武力抗拒诸侯。到了项羽击破函谷关，兵临城下欲以武力解决时，刘邦才不得不收敛起王关中之心，唯求自保。看来怀王的许诺及秦关的险阻都保不住已到手的果实，甚至生命都大有可虞，只有刘邦的机变才能救他自己。

刘、项隔阂既成，就绝非第三者从中斡旋所能化解，必须要刘邦亲自当面解释才能补救。于是，就上演了震古烁今的鸿门宴。

三、鸿门宴上，剑拔弩张

为了化解两军的对立情绪，也为求自保，刘邦亲临项羽军中解释，尽管充满危险，却也是不得不尔。当此之际，刘邦的全部依靠便是早先的战友情分。有关刘邦在鸿门宴上的言辞，司马迁只记载了一句开场白，辞曰：“臣与将军勠力而攻秦，将军战河北，臣战河南，然不自意能先入关破秦，得复见将军于此。今者有小人之言，令将军与臣有郤。”仅寥寥数语，但非常厉害。这段话首先照顾到战友情谊，次及战略分工，再及无意立下大功，终及不详其名的小人“离间”事实。战友情分原本存在，毋庸置疑，引发二人对立的乃是刘邦先行入关的新局面。对此，刘邦仅用战略分工及无意中建功便将自己已遭猜忌之处全部撇清。有此一说，项羽便或多或少能容忍刘邦得头功之事。鸿门宴上，刘邦绝不会只说这一句话，其余未见于史的言论，多半是极言其对项氏的忠诚，以期平息项羽心中的杀机。须知，项羽对刘邦立头功一事始终耿耿于怀。刘邦的重新效忠，就表明了要把名义上受其领有的关中之地拿出来供项羽发落。项羽兵不血刃就得到了他想要得到的东西，如再要对刘邦动武，就显得无理至极，且在政治上得不偿失。

按说范增知道刘邦让步的内容，也知道项羽的基本态度，但他还是不想让刘邦存在下去。说到底，人是观念的奴隶。范增一旦认定刘邦是项羽得天下的大敌，便心心念念以除掉刘邦为务。此前项羽准备与刘邦火并，就有范增的鼓动影响。当然，刘邦王关中的前景是项羽不能容忍的。可现在形势变了，项羽主宰天下的形势已水到渠成、呼之欲出了，而于此时杀害刘邦，将破坏其即将到手的大好局面。形势变了，项羽变了，但范增没变，范增的观念没变，他对干掉刘邦这一件事已是着了魔了，于是便安排了项庄不怀好意的舞剑。而此举动其实也将了项羽一军。因为这个节目事先没有安排，贸然来这么一招，且其所含不良企图非常明显。对此项羽表现得不知所措，这也很正常，场面有点失控，一切开始乱套，一点心理准备都没有。应该说，项羽此时对范增的自作主张有点不感冒，这种大事不经项羽许可就自说自话地操办起来，成何体统？但如因此而责骂两人，似乎又很扫兴。多亏项伯也拔剑起舞，缓冲了危机，却也形成了僵局。

四、放走刘邦，形势所逼

这里樊哙的突然强力登场，又是一个意料外的事件。樊哙说：“今沛公先破秦入咸阳，毫毛不敢有所近，封闭宫室，还军灞上，以待大王来。”刘邦曰：“吾入关，秋毫不敢有所近，籍吏民，封府库，而待将军。”樊哙说：“故遣将守关者，备他盗出入与非常也。”刘邦曰：“所以遣将守关者，备他盗出入与非常也。”樊哙说：“劳苦而功高如此，未有封侯之赏，而听细说，欲诛有功之人，此亡秦之续耳。”项伯曰：“今人有大功而击之，不义也。”上述言辞明显地掩盖了刘邦欲王关中、拒诸侯入内的事实，又如此一致的义正词严，显得受了莫大的委屈。这显然是事先对好口径的缘故。而这些用在项羽面前洗刷刘邦的言辞，也完全可以拿到联军中广为传布，以正视听。一旦这种对刘邦的洗刷在项羽部队中扩散开来，那么，无论是对刘邦部动武，还是对刘邦本人动武，都不能得到联军甚至楚军的全力支持。这种前景，刘邦知道，项羽也知道。因此，樊哙所说“大王今日至，听小人之言，与沛公有隙，臣恐天下解，心疑大王也”的前景，确实令项羽慎重对待杀刘问题。道义上的压力绝非可以忽略不计。由于刘邦拱手让出了关中之地的主宰权，项羽所面临的形势已产生了根本性变化。不论是感情上，还是理智上，剿灭刘邦已不再是项羽的当务之急。

之后，刘邦顺利逃席，离开了那个危机四伏的场合。张良回去对项羽说沛公不胜酒力已先行离去了，范增大发雷霆，但项羽未置可否，也没加追究。后人皆以为项羽失去了最佳时机，把他当时的表现归为“妇人之仁”。

根据项羽日后的行动推断，此时项羽有两大宏愿，其一为灭秦社稷宗室以泄愤，其二为总揽天下之权。任何事情，包括对刘邦的处置在内，都应以不妨害此两事为度。项羽“才气过人”，他自然知道刘邦的不同凡响之处。经过鸿门宴前的诸般风波，兼之项羽已动过杀机，刘、项关系已不可能和好如初，像什么事也没发生一样。放眼当时，可以对项羽未来统治模式构成威胁的，也只有刘邦一人。如以此为意的话，确实应该按范增的策划，将刘邦杀了干净。

第四节　垓下悲歌，英雄末路

【原文】

项王军壁垓下，兵少食尽，汉军及诸侯兵围之数重。夜闻汉军四面皆楚歌，项王乃大惊曰：“汉皆已得楚乎？是何楚人之多也！”项王则夜起，饮帐中。有美人名虞，常幸从；骏马名骓，常骑之。于是项王乃悲歌慷慨，自为诗曰：“力拔山兮气盖世，时不利兮骓不逝。骓不逝兮可奈何，虞兮虞兮奈若何！”歌数阕，美人和之。项王泣数行下，左右皆泣，莫能仰视。

于是项王乃上马骑，麾下壮士骑从者八百馀人，直夜溃围南出，驰走。平明，汉军乃觉之，令骑将灌婴以五千骑追之。项王渡淮，骑能属者百馀人耳。项王至阴陵，迷失道，问一田父，田父绐曰“左”。左，乃陷大泽中。以故汉追及之。项王乃复引兵而东，至东城，乃有二十八骑。汉骑追者数千人。项王自度不得脱，谓其骑曰：“吾起兵至今八岁矣，身七十馀战，所当者破，所击者服，未尝败北，遂霸有天下。然今卒困于此，此天之亡我，非战之罪也。今日固决死，愿为诸君快战，必三胜之，为诸君溃围，斩将，刈旗，令诸君知天亡我，非战之罪也。”乃分其骑以为四队，四向。汉军围之数重。项王谓其骑曰：“吾为公取彼一将。”令四面骑驰下，期山东为三处。于是项王大呼驰下，汉军皆披靡，遂斩汉一将。是时，赤泉侯为骑将，追项王，项王瞋目而叱之，赤泉侯人马俱惊，辟易数里。与其骑会为三处。汉军不知项王所在，乃分军为三，复围之。项王乃驰，复斩汉一都尉，杀数十百人，复聚其骑，亡其两骑耳。乃谓其骑曰：“何如？”骑皆伏曰：“如大王言。”

于是项王乃欲东渡乌江。乌江亭长舣船待，谓项王曰：“江东虽小，地方千里，众数十万人，亦足王也。愿大王急渡。今独臣有船，汉军至，无以渡。”项王笑曰：“天之亡我，我何渡为！且籍与江东子弟八千人渡江而西，今无一人还，纵江东父兄怜而王我，我何面目见之？纵彼不言，籍独不愧于心乎？”乃谓亭长曰：“吾知公长者。吾骑此马五岁，所当无敌，尝一日行千里，不忍杀之，以赐公。”乃令骑皆下马步行，持短兵接战。独籍所杀汉军数百人。项王身亦被十余创。顾见汉骑司马吕马童，曰：“若非吾故人乎？”马童面之，指王翳曰：“此项王也。”项王乃曰：“吾闻汉购我头千金，邑万户，吾为若德。”乃自刎而死。

【译文】

项王的部队在垓下修筑了营垒，兵少粮尽，汉军及诸侯兵把他团团包围了好几层。深夜，听到汉军在四面唱着楚地的歌，项王大为吃惊，说：“难道汉已经完全取得了楚地？怎么楚国人这么多呢？”项王连夜起来，在帐中饮酒。有美人名虞，一直受宠跟在项王身边；有骏马名骓，项王一直骑着。这时候，项王不禁慷慨悲歌，自己作诗吟唱道：“力量能拔山啊，英雄气概举世无双，时运不济呀，骓马不再往前闯！骓马不往前闯啊可怎么办？虞姬呀虞姬，怎么安排你呀才妥善？”项王唱了几遍，美人虞姬在一旁应和。项王眼泪一道道流下来，左右侍者也都跟着落泪，没有一个人能抬起头来看他。

于是项王骑上马，部下壮士八百多人骑马跟在后面，趁夜突破重围，向南冲出，飞驰而逃。天快亮的时候，汉军才发觉，命令骑将灌婴带领五千骑兵去追赶。项王渡过淮河，部下壮士能跟上的只剩下一百多人了。项王到达阴陵，迷了路，去问一个农夫，农夫骗他说：“向左边走。”项王带人向左，陷进了大沼泽地中。因此，汉兵追上了他们。项王又带着骑兵向东，到达东城，这时就只剩下二十八人。汉军骑兵追赶上来的有几千人。项王自己估计不能逃脱了，对他的骑兵说：“我带兵起义至今已经八年，亲自打了七十多仗，我所抵挡的敌人都被打垮，我所攻击的敌人无不降服，从来没有失败过，因而能够称霸，据有天下。可是如今终于被困在这里，这是上天要灭亡我，绝不是作战的过错。今天肯定得决心战死了，我愿意给诸位打个痛痛快快的仗，一定胜他三回，给诸位冲破重围，斩杀汉将，砍倒军旗，让诸位知道的确是上天要灭亡我，绝不是作战的过错。”于是把骑兵分成四队，面朝四个方向。汉军把他们包围起几层。项王对骑兵们说：“我来给你们拿下一员汉将！”命令四面骑士驱马飞奔而下，约定冲到山的东边，分作三处集合。于是项王高声呼喊着冲了下去，汉军像草木随风倒伏一样溃败了，项王杀掉了一名汉将。这时，赤泉侯杨喜为汉军骑将，在后面追赶项王，项王瞪大眼睛呵斥他，赤泉侯连人带马都吓坏了，倒退了好几里。项王与他的骑兵在三处会合了。汉军不知项王的去向，就把部队分为三路，再次包围上来。项王驱马冲了上去，又斩了一名汉军都尉，杀死有百八十人，聚拢骑兵，仅仅损失了两个人。项王问骑兵们道：“怎么样？”骑兵们都敬服地说：“正像大王说的那样。”

这时候，项王想要向东渡过乌江。乌江亭长正停船靠岸等在那里，对项王说：“江东虽然小，但土地纵横各有一千里，民众有几十万，也足够称王啦。希望大王快快渡江。现在只有我这儿有船，汉军到了，没法渡过去。”项王笑了笑说：“上天要灭亡我，我还渡乌江干什么！再说我和江东子弟八千人渡江西征，如今没有一个人回来，纵使江东父老兄弟怜爱我让我做王，我又有什么脸面去见他们？纵使他们不说什么，我项籍难道心中没有愧吗？”于是对亭长说：“我知道您是位忠厚长者，我骑着这匹马征战了五年，所向无敌，曾经日行千里，我不忍心杀掉它，把它送给您吧。”命令骑兵都下马步行，手持短兵器与追兵交战。光项籍一个人就杀掉汉军几百人。项王身上也有十几处负伤。项王回头看见汉军骑司马吕马童，说：“你不是我的老相识吗？”马童这时才跟项王打了个对脸儿，于是指给王翳说：“这就是项王。”项王说：“我听说汉王用黄金千斤、封邑万户悬赏征求我的脑袋，我就把这份好处送你吧！”说完，自刎而死。

【评点】

项羽凭借灭秦巨功分封天下，称霸诸侯，而灭秦的另一主角刘邦却被封在偏远的汉中巴蜀之地。汉二年，刘邦因不满汉中之地毅然出兵定三秦，东向伐楚。汉四年八月，与汉军对峙于广武的楚军粮尽；而刘邦也没能调来韩信、彭越等人的军队，无法对楚军进行最后的合围。于是，双方进行了历史上著名的“鸿沟和议”，以战国时魏国所修建的运河鸿沟为界，划分天下。

随后，九月，西楚霸王项羽率十万楚军绕南路，向固陵方向的迂回线路向楚地撤军。刘邦也欲西返。

一、刘邦背约，时局艰难

正当刘邦打算率军西返之时，张良、陈平却建议撕毁鸿沟和议，趁楚军疲师东返之际自其背后发动偷袭。

张良、陈平劝刘邦说："汉已据天下的大半，诸侯又都归附于汉。而楚军已兵疲粮尽，这正是上天亡楚之时，不如索性趁此机会把它消灭。如果现在放走项羽而不打他，这就是所谓的'养虎给自己留下祸患'。"

汉王听从了他们的建议。汉五年（公元前202年），汉王追赶项王到阳夏南边，让部队驻扎下来，并和淮阴侯韩信、建成侯彭越约好日期会合，共同攻打楚军。汉军到达固陵，而韩信、彭越的部队没有来会合。楚军攻打汉军，把汉军打得大败。汉王又逃回营垒，掘深壕沟坚守。汉王问张良道："诸侯不遵守约定，怎么办？"张良回答说："楚军快被打垮了，韩信和彭越还没有得到分封的地盘，所以，他们不来是很自然的。君王如果能和他们共分天下，就可以让他们立刻前来。如果不能，形势就难以预料了。君王如果把从陈县以东到海滨一带地方都给韩信，把睢阳以北到谷城的地方给彭越，使他们各自为自己而战，楚军就容易打败了。"汉王说："好。"于是派出使者告诉韩信、彭越说："你们跟汉王合力击楚，打败楚军之后，从陈县往东至海滨一带地方给齐王，睢阳以北至谷城的地方给彭相国。"使者到达之后，韩信、彭越都说："我们今天就带兵出发。"于是韩信从齐国起行，刘贾的部队从寿春和他同时进发，屠戮了城父，到达垓下。大司马周殷叛离楚王，以舒县的兵力屠戮了六县，发动九江兵力，随同刘贾、彭越一起会师在垓下，逼向项王。

刘邦于是采纳二人建议，遂背约，向楚军突然发起战略追击战。大军追至夏南时，刘邦约集韩信、彭越南下，共同合围楚军。

而项羽方面，对于楚军而言，现在的情况既不能守，也不能退。路断绝、无粮而守，无异于坐以待毙，等死！

二、霸王别姬，儿女情长

项羽被刘邦在垓下重重包围，身陷困境。当他准备突围时，唯一牵挂的是他的爱妃虞姬。他和虞姬对唱告别，挥泪如雨。于是项王乃悲歌慷慨，一向叱咤风云的西楚霸王，这时又是这般儿女情长，情意绵绵。

一首英雄末路的挽歌，《垓下歌》让后人永远铭记！“力拔山兮气盖世，时不利兮骓不逝。骓不逝兮可奈何，虞兮虞兮奈若何！”“力拔山兮气盖世”，力量可以拔起大山，豪气世上无人可比。既有对自己辉煌岁月的回首，也有对兴亡盛衰的无尽感慨，对时不再来的无限懊悔。“时不利兮骓不逝”，可是这时代对我不利，我的乌骓马再也跑不起来了，一种英雄末路的感慨油然而生，让人倍感苍凉。“骓不逝兮可奈何”，乌骓马不前进我能怎么办？抒发的是一种无可奈何的感叹。“虞兮虞兮奈若何”，虞姬啊虞姬，我可把你怎么办呢？表达了项羽其强弩之末不仅于战无计，而且连自己的爱妃也保护不了，包含着对虞姬深沉的、刻骨铭心的爱！《垓下歌》为项羽生命的绝唱，以此诗谢天下，写出英雄的末路之悲，将一腔悲愤，万种低回，天高地迥，托身无所的悲叹发挥到极致。

虞姬和以“汉兵已略地，四面楚歌声。大王意气尽，贱妾何聊生”，于是拔剑自刎，了却楚王的牵念，惨烈、悲壮，让人震撼！项羽，这位铁骨铮铮的战争英雄，此刻为了儿女情长，竟泪如泉涌，难舍难分。他的似水柔情，感染了周围所有的人，也感动了世世代代的人们。爱情，这份人类最美好的情感，从古至今，是一个美丽而永恒的话题。

项羽别姬时凄美、哀婉、催人泪下的动人场景为世代所传唱，他和虞姬危难关头，形影相随的真挚情感给后人留下一段荡气回肠的爱情故事。至今，他们美丽的传说依然弥漫于乌江之上，让后世万代仰慕。

三、英雄末路，乌江自刎

项羽洒泪别姬后，“四面楚歌”给他造成一个“十面埋伏”的错觉。他边战边逃至东城时，身边只剩二十八名壮士。此时，项羽仍然没有意识到是自己失误，才败到如此的地步，还认为是“天亡我也”。在乌江边，本来有一只小船可以送他东渡乌江，重振雄风，可他却“无颜见江东父老”，将跟随自己五年、身经百战的宝马送与亭长。当看到追兵中刘邦的大将（前项羽手下的将军）时，他长叹一声：你是我的故友，我就将头颅送给你了！于是他仰天大笑，拔剑自刎。这位被后人誉为“战争之神”的英雄就这样结束了自己年仅 31 岁的生命。楚汉战争就此以项羽的惨败而告终。

“霸王别姬”“无颜见江东父老”“宝马送亭长”“头颅送故人”所显示的项羽的非凡勇气和巨大的人格魅力为世代的人们所颂扬。同时，人们更为他“乌江自刎”的悲惨结局而深深地痛惜。

第五节　是非成败，后人评说

《项羽本纪》是《史记》传记中最精彩的一篇，达到了思想和艺术的高度统一。它犹如一幅逼真传神的英雄肖像画，色彩鲜明；又像一张秦汉之际的政治军事形势图，错综有序。通篇文章气势磅礴，情节起伏，场面壮阔，脉络清楚，疏密相间，语言生动，成为我国文学史上的一篇不朽佳作。文中破釜沉舟、鸿门宴、四面楚歌、乌江自刎等故事，早已家喻户晓，历代传诵。

《项羽本纪》通过秦末农民大起义和楚汉之争的宏阔历史场面，生动而又深刻地描述了项羽一生。他既是一个力拔山气盖世、“近古以来未尝有”的英雄，又是一个性情暴戾、优柔寡断、只知用武不谙计谋的匹夫。司马迁巧妙地把项羽性格中矛盾的各个侧面，有机地统一于这一鸿篇巨制之中，虽然不乏深刻的挞伐，但更多的却是由衷的惋惜和同情。

有人曾这样点评项羽，“项羽拔山盖世之雄，喑呜叱咤，千人皆废，为什么身死东城，为天下人笑？他的失败原因‘妇人之仁，匹夫之勇’两句话包括尽了。当其败北之时，如果渡过乌江，卷土重来，尚不知鹿死谁手。而项羽向天长叹：‘籍与江东子弟八千人渡江而西，今无一人还，纵江东父兄怜我而王，我何面见之？纵彼不言，籍独无愧于心？’英雄一世却没能战胜自己的自尊心！放弃了一线生机。”

我不反对这样的评说，但纵观历史长河之内，英雄无数，风流无尽，项羽的慷慨赴死报江东父兄，从容舍生慰男儿之身，如此气节，在他英雄之躯轰然倒地之时，腾空而起，凌云直上，流传千里，催人至今。宁可无愧而死，不肯惭愧而生，这是项羽之生命换来的抉择之笔，书写着一种忠贞：忠贞于英雄之名，忠贞于大丈夫之气。联想到“霸王之别姬”可见其人文渲染和人格的魅力所至，造就出那种“宁为玉碎，不为瓦全”的慷慨气节、悲壮正气。

正如宋代女词人李清照对项羽的评价：“生当作人杰，死亦为鬼雄。至今思项羽，不肯过江东。”诗句力透人胸臆，直指人脊骨。“生当作人杰，死亦为鬼雄”是一种精髓的凝练，是一种气魄的承载，是一种所向无惧的人生姿态。那种凛然风骨、浩然正气，充斥天地之间，直令鬼神陡然变色。“至今思项羽，不肯过江东。”女词人追思那个叫项羽的楚霸枭雄，追随项羽的精神和气节。都说退一步海阔天空，仅一河之遥，却是生死之界，仅一念之间，却是存亡之抉。项羽，为了无愧于英雄名节，无愧七尺男儿之身，无愧江东父老所托，以死相报。一种“可杀不可辱”“死不惧而辱不受”的英雄豪气，令人叫绝称奇。

我欣赏项羽，因为项羽的豪迈性格；我敬重项羽，因为项羽的傲气和霸气；我赞赏项羽，更因为李清照的点评：“生当作人杰，死亦为鬼雄！”项羽不同于历史上的任何人，因为他有才有霸气，如此“力拔山兮气盖世”，却又有着可悲的命运、无奈的结局。

引一则对联概括我的感受吧：

威震江东，历一代兴亡，自有光辉标史册；

歌传垓下，定千秋功罪，莫将成败论英雄。

项羽，失败亦英雄！

卷四 《高祖本纪》

第一节　少时无赖儿，却有凌云志

【原文】

高祖，沛丰邑中阳里人，姓刘氏，字季。父曰太公，母曰刘媪。其先刘媪尝息大泽之陂，梦与神遇。是时雷电晦冥，太公往视，则见蛟龙于其上。已而有身，遂产高祖。

高祖为人，隆准而龙颜，美须髯，左股有七十二黑子。仁而爱人，喜施，意豁如也。常有大度，不事家人生产作业。及壮，试为吏，为泗水亭长，廷中吏无所不狎侮。好酒及色。常从王媪、武负贳酒，醉卧，武负、王媪见其上常有龙，怪之。高祖每酤留饮，酒雠数倍。及见怪，岁竟，此两家常折券弃责。

高祖常繇咸阳，纵观，观秦皇帝，喟然太息曰："嗟乎，大丈夫当如此也！"

【译文】

高祖，沛县丰邑中阳里人。姓刘氏，名邦，字季。父亲刘太公，母亲刘媪。先前，刘媪曾经在大泽的堤上休息小睡，梦见与天神相遇交合。这时候天空雷电交加，天色阴暗。太公正好去寻找刘媪，看见有蛟龙在刘媪身上。此后刘媪便怀了孕，生下一子，便是高祖。

高祖这个人，高鼻子，一副龙的容貌，一脸漂亮的胡须，左腿上有七十二颗黑痣。他仁厚爱人，喜欢施舍，心胸豁达。他平素具有干大事业的气度，不干平常人家生产劳作的事。到了成年以后，出任官吏，当了泗水亭亭长，对官署中的官吏，没有不加捉弄的。他喜欢喝酒，好女色。常常到王媪、武负那里去赊酒喝，喝醉了躺倒就睡，武负、王媪看到他身上常有龙出现，觉得很神奇。高祖每次去买酒，留在店中畅饮，买酒的人就会增加，售出去的酒达到平常的几倍。等到看见了有龙出现的怪现象，到了年终，这两家就把记账的简札折断，不再向高祖讨账。

高祖曾经到咸阳去服徭役，有一次秦始皇出巡，允许人们随意观看，他看到了秦始皇，长叹一声说："唉，大丈夫就应该像这样！"

【评点】

汉高祖刘邦被誉为中国历史上最具传奇色彩的皇帝之一，"草根也能当皇上"的奇迹，就是他始创的。

在中国漫长的历史长河中，如果要选一个大器晚成，并在短时间里成就大功业的帝王代表，当首推汉高祖刘邦。高祖在沛县起兵反秦的时候，已经48岁，如果放到现在都快赶上内退的年纪了。他基本上属于一穷二白闹革命，可在短短八年的时间里，就拥有天下，真非常人所为。

后世之人对这位布衣天子的一生充满好奇，从他的出生到早年经历，无一不让人浮想联翩。那么，这位真实地生活在传说中的布衣天子，究竟有着怎样的传奇人生呢？他为什么会拥有如此多姿多彩的人生际遇？今人又该如何看待这一切呢？

一、出生奇异，相貌非比寻常

汉高祖刘邦，字季，沛县丰邑（今江苏沛县东）人。

他原来的小名叫刘季，一年四季的季，即位以后，改了个名字叫刘邦。这个刘季也不是什么名字，季是什么呢？季是古人的排行，兄弟排行次序最小的叫"季"。也就是说刘季翻译成现代汉语是：刘小，只要一看这个名儿我们就知道刘邦是个穷孩子，连个正经八百的名字都没有，只有个代号。正如朱元璋小名叫朱重八，一看就是苦大仇深的穷苦人。但是刘邦比朱元璋要强很多，刘邦的老爸人称刘太公，至少是个小地主，不然的话不会被称为"太公"，刘邦的老妈人称"刘媪"，实际就是刘老太的意思。刘邦因为出身平民，当年是连名字都没有的。

大家知道，但凡皇帝，出生的时候免不了都要有一些异状，翻开二十四史，这样的记载比比皆是，什么梦日入怀了，什么与神人遇了，什么满屋红光了，一片异香了，等等，非如此不能显得这位皇帝是上天安排到人间的。

刘邦的出生也不例外。史载，刘邦不是他父亲的亲生骨肉。刘母（刘媪）当年在一个大湖旁休息时，不知不觉睡了过去，做起了梦，梦里和一位神仙哥哥相遇。当时天空雷电交加、天昏地暗，刘邦的父亲太公见刘媪还未归来，便前去寻找，竟看见一条蛟龙伏在刘媪身上盘桓。回家后，刘媪就怀上了孩子，这孩子便是刘邦。

刘小这孩子生得神奇，长得自然也不能和普通孩子一样。长得有什么奇特之处呢？“高鼻子，一副龙的容颜”，“左腿上有七十二颗黑痣”，想象不出“龙颜”该是什么样呢？反正就是奇怪，就是不一般啦。

貌奇者必有奇遇必建奇功。貌奇主要是指体形异常高大，面容特别俊美，肌肤分外白皙，有时甚至是五官或肢体有着明显的奇异特征，等等，让人一见觉得他们与众不同而顿生惊奇爱慕之心，或是觉得他们友善仁慈，愿意与之亲近。刘邦当属体形高大、容貌异于常人者，后文说吕太公自幼好相人，见高祖状貌因而“敬重之”，自愿将女儿许配给他。

后来刘邦果然积聚力量，经过多年艰苦征战，最后登上帝位，建立汉朝，在中国封建社会的发展道路上立下了丰功伟绩。

真有那么神吗？未必。只不过是一场造神运动罢了。

《史记》中的几位重量级的帝王，如秦皇、汉武，都没有像刘邦这样传奇，为什么偏偏刘邦的人生中会有如此多的奇闻逸事呢？

主要有两个原因：一是政治需要，二是时代限制。

刘邦布衣出身，草莽起家，三年亡秦，四年灭项，七年得天下，成为大汉帝国开国之君。如果不搞一番造神运动，让天下百姓知道他刘邦绝非平常之人，那后果就会相当严重，所以，刘邦在夺取天下后，大力倡导君权神授之说，极力演绎着自己天生龙种、真龙天子的身份，潜台词无非是：不是任何人都可以凭借武力夺得天下的！

二、能屈能伸，豪杰本无赖

且说刘邦出生了，是家里最小的孩子，太公跟刘媪自然特别宠爱，老大、老二年龄也都大了，也很珍爱这个小弟弟，于是就把他宠得不成样子。

刘邦“不事家人生产作业”，喜欢结交三教九流的朋友，“好酒及色”，终日游手好闲，除了不干正事儿什么事儿都干，是典型的小混混儿。

他的哥哥和嫂子不愿与其同过，刘邦的父亲只好把长子一家分出另过，刘邦仍随父母居住。刘邦长到弱冠之年，仍是不改旧性，父亲就斥责他说：“你真是个无赖，什么时候才能像你哥哥一样买地置房！”刘邦并未觉悟，还是经常带着一伙狐朋狗友到哥哥家白吃。嫂子被吃急了，就厉声斥责，刘邦也不以为然。一次，刘邦一伙又赖在哥哥家蹭饭，嫂子急中生智，用勺子猛劲刮锅，弄出了震天的响声，刘邦一听，以为饭已吃完，自叹来迟，只好请朋友回去。等他送走朋友，回头到厨房一看，锅灶上正热气腾腾。刘邦这才知长嫂使诈，受了刺激，从此不再回来。

刘邦长大后做了泗水的亭长（亭长是管十里以内的小官），时间长了，和县里的官吏们混得很熟，在当地也小有名气。他嗜酒，可总没钱买。没钱买不等于喝不到，刘邦有他自己的办法:赊！他向开酒馆的武负、王媪两位女老板赊酒。喝醉了，就躺在酒馆里呼呼大睡。武负、王媪常常看见熟睡的刘邦身上隐隐约约有一条龙在盘桓，异常惊讶。更令人不解的是，每次刘邦在她们两家赊了酒，这一天的生意往往都超好。到了年底，她们也不向刘邦要酒钱，还将之前的酒债一笔勾销了。

刘邦的这种无赖本性一直没有得到彻底改变。

楚、汉两军对峙时，项羽曾把刘邦的父亲拿到军中，想以此要挟刘邦。项羽此举虽不太正大光明，但两军对垒，似乎也情有可原。一次，项羽把刘邦的父亲推到阵前说:“你如不撤兵，我就把你的父亲烹了。”两军将士本以为刘邦会十分为难，情感也都倾向刘邦这一边，谁知大家是以君子之心度小人之腹了，人家刘邦根本就不在乎，竟然毫不犹豫地回答道:“我们俩曾经结拜为兄弟，我爸爸就是你爸爸，你若把你爸爸煮了来吃，请把肉汤分一杯给我喝（分我一杯羹）。”面对这样的无赖，项羽能有什么办法呢？只得把刘邦的父亲放了。

刘邦当上皇帝后，依然耿耿于他老爹曾骂他的话，不忘揶揄他老爹:“爹，当年你说我不如我二哥刘仲有出息，你看看现在谁的家业大啊？”在场大臣哄然大笑。

三、仁厚豁达，志向颇高远

不必干活，有的是时间，手头上虽不是很宽裕，但比别人轻松得多。没吃过苦的孩子，花钱较大方，所以更受人欢迎，跟在旁边起哄的喽啰兵必然不少，人多势众自然喜欢往热闹的地方鬼混，沛县的县城便成了“刘季党”经常出没的地方。

党人多，人力资源丰富，不管做什么事都较方便，加上刘邦个性豁达，输人不输阵，为了面子什么也可答应下来。

无赖刘邦快30岁的时候，做了泗水的亭长，时间一久就和县里的官吏们混得很熟，在当地也小有名气。在亭长这个官位上，刘邦整整待了十八年。所以在沛县“打混时期”，还算是蛮风光的。

若想做成一件事或混出一个名堂来，永远不要靠一个人花百分之百的力量，而是要靠一百个人，花每个人百分之一的力量。也有人这样说:“35岁以前最重要的事情之一就是建立你的人脉资源网。”也有人说：“得人脉者得天下。”刘邦也许不懂得这话，但在沛县混出来了不少兄弟，而这些人也成了他日后打江山的中坚力量，如卢绾、萧何、曹参、樊哙、夏侯婴等。

那时的刘邦虽然职位低下，但是一个很有野心的人。

有一年他去咸阳服徭役，恰巧看到秦始皇大队人马出巡，远远看去，秦始皇坐在装饰精美华丽的车上威风八面，羡慕得他脱口而出：“哇塞，大丈夫就应该像这样啊！”这句话泄露了他心中的秘密，表明他渴望成为一名威震四方的豪杰。

也许正是有了这样的人生目标，刘邦才凭借自己能屈能伸、趋利避害、大厦倾于前而不惊的大将风度，不拘一格的用人术，虚怀若谷、从善如流的气度，坚韧不拔、百折不挠的奋斗精神，终于也达到了秦始皇的高度，实现了自己的理想。

第二节　时势造英雄，变身为“沛公”

【原文】

于是樊哙从刘季来。沛令后悔，恐其有变，乃闭城城守，欲诛萧、曹。萧、曹恐，逾城保刘季。刘季乃书帛射城上，谓沛父老曰：“天下苦秦久矣。今父老虽为沛令守，诸侯并起，今屠沛。沛今共诛令，择子弟可立者立之，以应诸侯，则家室完。不然，父子俱屠，无为也。”父老乃率子弟共杀沛令，开城门迎刘季，欲以为沛令。刘季曰：“天下方扰，诸侯并起，今置将不善，一败涂地。吾非敢自爱，恐能薄，不能完父兄子弟。此大事，愿更相推择可者。”萧、曹等皆文吏，自爱，恐事不就，后秦种族其家，尽让刘季。诸父老皆曰：“平生所闻刘季诸珍怪，当贵，且卜筮之，莫如刘季最吉。”于是刘季数让。众莫敢为，乃立季为沛公。祠黄帝，祭蚩尤于沛庭，而衅鼓旗，帜皆赤。由所杀蛇白帝子，杀者赤帝子，故上赤。于是少年豪吏如萧、曹、樊哙等皆为收沛子弟二三千人，攻胡陵、方与，还守丰。

【译文】

于是樊哙跟着刘季来到沛县。沛县县令又后悔了，恐怕刘季发生变故，就关闭城门，派人防守（不让刘季进城），打算杀掉萧何、曹参。萧何、曹参恐惧，翻过城墙依附刘季。刘季用帛写了一封信，射到城上，告诉沛县父老说：“天下苦于秦朝的暴政已经很久了。现在父老为沛令守城，但各国诸侯都已起事，一旦城破，就要屠戮沛县。如果沛县父老共同起来杀死沛令，选择子弟中可以立为首领的做领导，以响应诸侯军，那就能保全身家性命。不然的话，父子全遭杀害，死得毫无意义。”父老们就率领子弟共同杀了沛令，打开城门，迎接刘季，想让他做沛县县令。刘季说：“天下正在混乱当中，诸侯都已起事，如果推选的将领不胜任，就会一败涂地。我不是吝惜自己的生命，只怕才劣力薄，不能保全父兄子弟。这是件大事，希望另外共同推选一位能够胜任的人。”萧何、曹参等都是文官，看重身家性命，怕事情不成，秦朝会诛灭他们的全族，所以都推让刘季。父老们都说：“我们平时听到刘季许多奇异的事情，看来刘季是该显贵的。而且又经过占卜，没有比刘季更吉利的。”这时刘季再三谦让，大家都不敢担任，最后还是立刘季为沛公。在沛县衙门的庭院里祭祀黄帝和蚩尤，又用牲血衅鼓旗。旗子一律红色，因为刘季所杀蛇是白帝的儿子，杀蛇的是赤帝的儿子，所以崇尚赤色。于是少年子弟和有势的官吏，如萧何、曹参、樊哙等人，都为沛公征集兵员，集合了两三千人，攻打胡陵、方与，回军固守丰邑。

【评点】

如果没有什么意外发生，我们可以推测，刘邦这辈子，娶上吕公之女为妻，当个泗水亭亭长，老婆孩子热炕头地过完自己的人生，仅此而已。

但这是一个时势造英雄的时代，时代的大潮把刘邦推到了风口浪尖，历史注定要塑造英雄的，没有什么不可能！

秦末那场波澜壮阔的农民起义，让刘邦在历史的转角处被老天爷恩赐了一回，刘邦的时代就如约而至了。

一、犯罪亡匿，被逼上梁山

一年，亭长刘邦奉命押送一批犯人到骊山修秦始皇陵。当时，征发到骊山修秦始皇陵的刑徒被称为“骊山徒”。刘邦一行人出发没多久，就有“骊山徒”开始逃跑。走到丰邑西边的大湖丰西泽时，刘邦押送的“骊山徒”已逃亡过半。丰西泽仍属沛县境内，离骊山还远得很哪。刘邦心想，按这么个逃亡速度，到不了骊山，这些犯人就都跑光了，到时候自己这个亭长肯定是吃不了兜着走的！依照严苛的秦律，只有死路一条。与其到骊山去送死，不如自己也逃吧。于是，刘邦干脆一不做二不休，在丰西泽把剩下的“骊山徒”全放了，还对他们说，你们走吧，我也就此消失。刘邦的纵徒之举得到了剩下的“骊山徒”们的盛赞，有十几位壮士反倒表示愿意跟着他干。就这样，刘邦带着这些人在芒砀山正式落草了。

关于刘邦丰西泽纵徒的确切时间，史料中没有记载，史学界有人推测此事应该是发生在始皇三十五到三十七年间。总之，事发于秦始皇晚年就对了。

丰西泽纵徒之后，刘邦和随行之人一块儿喝了场酒，然后找落草之所。经过湖边时，刘邦让一人到前面探路，那人回来之后说，前面有条大蛇挡着路，过不去。刘邦醉醺醺地说：“壮士行，何畏？”然后走过去拔出佩剑，挥剑将大蛇斩为两段。又走了几里地，刘邦酒劲儿越发上头，便靠在路边睡了过去。后面的人赶上来，看见一个老太太在哭。问她哭什么，老太太只说：“有人杀了我孩子。”众人又问她：“您儿子为什么被杀？”老太太说：“我儿子是白帝子，化为一条蛇，挡住了赤帝子的路，结果被赤帝子杀了。”听老太太这么一说，大家都感到很奇怪，有人认为老太太在胡说八道，想打她，老太太竟突然消失了。刘邦醒来以后，大伙把刚才发生的事情告诉了他，刘邦一听，“心独喜”，而那些跟随他的人也对他敬畏起来。

刘邦在芒砀山落草之后，老婆吕雉和其他人常常来找他，神奇的是居然每次都能找得到。刘邦觉得奇怪，询问吕雉。吕雉说：你在的地方上空总有一团云气，只要循着这股云气找，就一定能找到你的。刘邦听后，心里一阵暗爽。此后，这件事渐渐传开来，沛县的年轻人听说了，便有很多人表示愿意跟随刘邦。没过多少日子，刘邦的势力就大了起来，他也被当地人称为沛中的豪杰。

二、乱世出头，机遇眷顾豪杰

刘邦的人生无论多么传奇，丰西泽纵徒事件都将他逼进了死胡同，他只能用逃亡隐藏的方式，蛰伏在芒砀山中，过着亡命天涯的生活。

但吉人自有天相，就在这个时候，一个中国历史上值得大书特书的大事件发生了。正因为这个突发事件，蛰伏于芒砀山的刘邦凭空得到一块垫脚石，从死胡同里翻墙而出，迎来了他人生中重见天日的重大转机。那么，这个拯救了刘邦的重大事件是什么？

它就是，公元前209年的陈胜、吴广大泽乡起义。

陈胜、吴广起义，仿若星星之火，立即燃起燎原之势，各地痛恨秦王朝残暴统治的人民纷纷揭竿而起。当时的天下，那才叫一个乱啊！

沛县县令面对各地地方主官屡有被杀的状况慌了神，为了自保，便想要举兵反秦，加入起义联盟。俗话说，识时务者为俊杰，沛令并不是识时务，不过为势所逼。各路义军势如破竹，已经攻陷了很多地区，要是沛县也遭到攻击，不用说，肯定城陷人亡，他这个沛令也就到头了。所以，要想保住富贵，只有一个办法:跟风，起义。于是，他便将副手萧何、曹参一帮人叫来商量。

萧、曹二人对沛县县令说，你原本是秦国的官员，现在却要率领沛县人反秦，我们担心你驾驭不了大局，大家不听你的怎么办？不如召集流亡在外的逃犯，一下子就能有支几百人的队伍，再利用他们的力量劫持众人。众人看你势力大，“不敢不听”，岂不更好？县令一听，是个办法。而此前刘邦“亡匿隐”的消息早已传开，萧何、曹参提出的主张其实就是要召刘邦回来。陡然开窍的县令立刻派人找樊哙，再通过樊哙去找刘邦（樊哙和刘邦是连襟兄弟）。

与此同时，经过一段时间的折腾，刘邦手下的人马已有好几百号了。一听樊哙说县令召自己回县城，自然乐不可支，心想这真是正想瞌睡就有人递了个枕头呢。

于是乎，刘邦兴致勃勃，带着他的一班人马，浩浩荡荡开进沛县。

三、形势突变，更能见真胆略

正当樊哙领着刘邦豪气冲天赶回沛县之时，殊不知，县令却起了变化。原来这位县太爷本打算自保，所以才听从了萧何、曹参的建议。樊哙走后，他想来想去，还是担心自己这个秦国县令的身份到时候不被造反者们承认。刘邦手下数百之众也让他深感恐惧，一旦刘邦来到沛县，自己寡不敌众，恐怕驾驭不了这个逃犯，害怕刘邦回来会抢了自己的位置，弄不好还会被刘邦所杀，等于是引狼入室。所以，他改变主意，关闭城门，并想杀掉萧何、曹参。萧何、曹参可不是等闲之辈，他们当初提出建议的时候就已经做好了与刘邦联手的充分准备。县令一变卦，他们立马翻城而逃，投奔刘邦去了。

面对突发事件，刘邦不慌不忙，当即写了一封信，用箭射到城墙上。这封信是写给沛县百姓的，信里说，天下百姓受秦的苦已经好久了！现在沛县百姓为沛县县令守城，而天下的形势却是“诸侯并起”，早晚会杀到沛县来的。如果杀了沛县县令，选一个可胜任领袖之人，响应天下诸侯，则可保家室完整，要不然，只能全家一起等死了。

这封信一传到城里，即刻得到沛县百姓的积极响应，沛县的年轻人一齐动手，杀了沛县县令，打开城门，迎接刘邦，“欲以为沛令”。

刘邦当然这个时候是推辞了，他怎么说呢？他说：现在我们天下已经大乱了，到处都在揭竿而起，如果我们这个领导人选得不得当的话，一败涂地。我刘季不是不愿意出来为大家做事，是我能力太差，怕不能保全家乡的父老乡亲啊。此等大事，希望推举更能胜任的人。

那么这个时候是不是非刘季当头不可呢？不是，因为这时候还有两个能人，一个是萧何，一个是曹参，萧何和曹参当时都是县政府的一级官员。刘季是一个亭长，这个亭长最后还是失职的，但是萧何和曹参都是文化人，文化人是不敢造反的。萧何和曹参怕起事不成功，引来灭族的大罪，于是两人联袂推荐刘邦做领袖。

沛县百姓平日早就听说过有关刘邦的许多传奇，而且占卜的结果也是刘邦最吉。所以，尽管刘邦屡次推让，不去担当，但是大家都不敢做带头人，于是立为沛公（沛县县令，依照楚国习俗县令称“公”）。

刘季说好，大家既然推举我，我就来挑这个头。于是刘季自封为沛公，因为他是沛县的领袖，叫沛公。由此我们得出了刘邦崛起的原因的第一个结论，就是出身虽差，运气绝好。

就这样，刘邦把机遇逮了个正着，凭着萧、曹的力荐，自身的胆识，百姓的拥戴以及一些技术含量并不算太高的小伎俩，成了沛县义兵的头儿。这是刘邦人生命运正式转变最为关键的第一步！

刘邦终于从一个全国通缉的逃犯摇身一变成了义军领袖，这就叫天赐良机！

刘邦之所以成功“变身”，虽是时代使然，更重要的是他敢于担当。如果说萧何、曹参二人不敢带头谋反是因为考虑个人得失的话，而刘邦的这次挑头则体现了他的敢作敢为。

刘邦靠自己的赤诚终于走出了他崛起的第一步，为他后来走向成功奠定了基础。如果没有这突如其来的机遇，刘邦可能还得乖乖地蛰伏在芒砀山上，可能会被秦国剿灭，以其个人之力和追随他的百十号人，想要推翻强大的秦国，成为新帝国的开国皇帝，可能就有点痴心妄想了！

第三节　仁爱之心尽显，与民有约咸阳

【原文】

汉元年十月，沛公兵遂先诸侯至灞上。秦王子婴素车白马，系颈以组，封皇帝玺符节，降轵道旁。诸将或言诛秦王。沛公曰：“始怀王遣我，固以能宽容；且人已服降，又杀之，不祥。”乃以秦王属吏，遂西入咸阳。欲止宫休舍，樊哙、张

良谏，乃封秦重宝财物府库，还军灞上。召诸县父老豪桀曰："父老苦秦苛法久矣，诽谤者族，偶语者弃市。吾与诸侯约，先入关者王之，吾当王关中。与父老约，法三章耳：杀人者死，伤人及盗抵罪。馀悉除去秦法。诸吏人皆案堵如故。凡吾所以来，为父老除害，非有所侵暴，无恐！且吾所以还军灞上，待诸侯至而定约束耳。"乃使人与秦吏行县乡邑，告谕之。秦人大喜，争持牛羊酒食献飨军士。沛公又让不受，曰："仓粟多，非乏，不欲费人。"人又益喜，唯恐沛公不为秦王。

【译文】

汉元年（公元前206年）十月，沛公的军队在各路诸侯中最先到达灞上。秦王子婴驾着白车白马，用丝绳系着脖子，封好皇帝的御玺和符节，在轵道旁投降。将领们有的说应该杀掉秦王。沛公说："当初怀王派我攻关中，就是认为我能宽厚容人；再说人家已经投降了，又杀掉人家，这么做不吉利。"于是把秦王交给主管官吏，就向西进入咸阳。沛公想留在秦宫中休息，樊哙、张良劝阻，这才下令把秦宫中的贵重宝器财物和库府都封好，然后退回来驻扎在灞上。沛公召来各县的父老和有才德有名望的人，对他们说："父老们苦于秦朝的苛虐法令已经很久了，批评朝政得失的要灭族，相聚谈话的要处以死刑，我和诸侯们约定，谁首先进入关中就在这里做王，所以我应当当关中王。现在我和父老们约定，法律只有三条：杀人者处死刑，伤人者和抢劫者依法治罪，其余凡是秦朝的法律全部废除。所有官吏和百姓都像往常一样，安居乐业。总之，我到这里来，就是要为父老们除害，不会对你们有任何侵害，请不要害怕！再说，我之所以把军队撤回灞上，是想等着各路诸侯到来，共同制订一个规约。"随即派人和秦朝的官吏一起到各县镇乡村去巡视，向民众讲明情况。秦地的百姓都非常喜悦，争着送来牛羊酒食，慰劳士兵。沛公推让不肯接受，说："仓库里的粮食很多，并不缺乏，不想让大家破费。"人们更加高兴，唯恐沛公不在关中做秦王。

【评点】

话说陈胜、吴广首举义旗之后，举国上下积极响应的人那是相当的多，数以千计的武装集团，应运而生。

这些集团，大致有三种选择：一是自立为王，比如陈胜、吴广；二是立人为王，比如项梁，立楚怀王熊心为王；三是加盟连锁，比如刘邦投奔项梁。

刘邦自从沛县起兵开始，一路坎坷，走得并不顺当。刘邦选择投奔项梁，这是他当时最为明智的选择，不但得到了领导资助的十员战将、五千士兵，而且还成为项军的一分子，更重要的是，还给他的命运带来了大机遇。

一、奉命西征，曙光初现

在陈胜被车夫庄贾杀死后，项梁便拥立了楚怀王的孙子熊心做了楚王，定都盱眙（现在江苏盱眙），后来和章邯率领的秦军展开了激战，开始几次都取得了胜利，项梁更加骄横狂妄，别人的话也听不进去，结果被得到援兵的章邯偷袭，大败后被杀。

在项梁死后，章邯觉得楚国不会再构成大的威胁，于是章邯兵团遂将主攻目标锁定为北面的赵国，并在钜鹿城下和当地义军打得不可开交。赵王歇不得不放下架子，向各地诸侯王公们发出求救信号，于是一时间多支援军从四面八方向钜鹿围拢而来。

楚王熊心一生没做过什么大事，但却做了两个重要的决定：救赵和灭秦。一个北上一个西进，派谁去？谁敢去？谁有能力去？历史又一次将机会降临在有准备的人头上。

熊心派一路大军由宋义和项羽率领北上，直接救援；一路大军则让刘邦率领西进关中，牵制秦军，策应北路援军。

楚王和众将约定：谁先入定关中谁就做天下之王。但大家都对做王没抱什么大的希望，因为当时的秦军还很强大，将领们都不愿意冒险西进和秦军决战。项羽为了给叔叔报仇，要求和刘邦一起西进关中，但遭到大家的一致反对，大家觉得项羽做事比刘邦要残忍得多，而且又年轻没有经验，刘邦则是个长者，宽厚仁慈，威望较高，所以，最后决定只让刘邦一人领兵西进关中。

为什么获准西入秦关的是刘邦而不是项羽呢？

楚怀王及诸大臣都认为：秦地百姓“苦其主久矣”，如果派一位“长者扶义而西，告谕秦父兄”，不骚扰秦地百姓，应当可以顺利拿下关中。项羽性格太强悍，“今不可遣”；刘邦是“宽大长者，可遣”。

大家说还是要派一个厚道人，这样秦的军民就不会顽抗，一想来一个厚道人，可能还对我们有一些什么好处，可能就投降了，这样就比较容易打下来，所以不让项羽去打秦，让刘邦去打。

刘邦幸遇人生中第二个贵人楚王熊心。他像项梁一样，赏识刘邦，提携刘邦，在关键时刻替刘邦拨开满天乌云，引导他走上一条康庄大道。

二、出师不利，幸遇高人

刘邦西进也不顺利，但是他这个时候身边来了一个重要的人，这个人叫作郦食其。

郦食其这个人是陈留高阳人，陈留在哪里呢？就是现在河南省的陈留县。郦食其，60岁，身高八尺，非常狂妄，谁都不放在眼里，一县的人都称他为狂生，但是这是一个有计谋的人，他一直在关注国家形势的变化。当时起义军一拨一拨从陈留经过，郦食其经过观察发现这些将领都不行，唯独对刘邦情有独钟，他觉得刘邦这个人能成大事。所以，他主动求见刘邦。

《资治通鉴》有这样的记载：

刘邦到了高阳的旅舍，派人召郦食其来见。郦食其到了后，就进去拜见刘邦。刘邦当时正随随便便地叉开两腿坐在床上，让两个女子给他洗脚。郦食其进去后只是两手高拱行见面礼而不跪拜，并说："您是想要帮助秦朝攻打诸侯国呢，还是率领各路诸侯击败秦朝？"刘邦骂道："没见识的儒生！天下人都因秦朝的暴政困苦受累已经很久了，所以各国相继起兵攻秦，怎么说是帮助秦朝攻打诸侯国呢？"郦食其说："如果确是要聚集群众，会合各路正义之师去讨伐暴虐无道的秦王朝，那就不该傲慢无礼地接待长者！"于是刘邦忙停止洗脚，起身整理好衣服，请郦食其于尊位就座，并向郦食其道歉。

郦食其和刘邦见面以后，刘邦看出这是个能够解决问题的人，因而非常高兴，就请他吃饭，吃完饭以后就说，先生有什么计策教我吗？郦食其说主公打算下一步怎么办？刘邦说，我是奉了怀王的命，西进攻秦，我当然是要继续西进了。郦食其说，不行，你看看你的人马，散兵游勇，乌合之众，不足万人，就你这么一支队伍，这么一标人马居然就想去和强秦叫板，那你不是羊入虎口吗？刘邦说，那你说应该怎么办呢？郦食其说，止陈留，什么叫止陈留，你把陈留拿下来，陈留这个地方历来是天下要冲，兵家必争之地，而且粮草极其丰厚，如果能够把陈留拿下来的话，你的军队会扩充，你的粮草会补充，然后你在这儿住一段时候，养精蓄锐，然后再去攻秦。刘邦说，陈留我怎么把它拿下来？郦食其说不要急，陈留县县令是我的朋友，我去劝降。刘邦说，好吧，你去劝降吧。

郦食其就进了陈留县城，找到陈留县的县令劝降。县令说，那不行，秦法是很苛刻的，我要是背叛，我是灭族的罪，这个事情不能干，郦先生不要再说了，今天晚上住一宿，明天你回去，该干啥就干啥去。郦食其晚上就住在陈留县，半夜起来杀了陈留县县令，然后拎着陈留县县令的头，翻出陈留县城，跑到刘邦军中。

第二天，刘邦军队开向陈留县，然后用一根竹篙把陈留县县令的脑袋挑起来，对陈留人喊话：你们看，你们县令的首级在此，还不投降吗？陈留县的一城人马上投降。刘邦轻而易举地拿下了陈留，就很顺利地向西进军，而且很快就进入了关中。

三、退军灞上，约法三章

西进途中，刘邦用和平的方式，解决了诸多争战，而且尤为重视与秦国人民的和睦相处。他下令部属不得掠劫秦国城池，扰乱百姓生活，因此军团受到了秦国人民的普遍欢迎。

刘邦步步进逼，眼看胜利在望。

秦二世三年十月，刘邦破咸阳，驻军灞上。灞上在哪里呢？在现在西安市长安区的白鹿原。陕西有一个作家叫陈忠实，写过一本书就叫《白鹿原》。

这个时候，赵高已经谋杀了秦二世，立子婴为帝，子婴不敢再称皇帝了，他改称秦王。当刘邦的军队来到的时候，子婴见大势已去，于是穿着白色孝服，脖子上挂了一块丝巾表示要自杀，将玉玺亲手交给了刘邦，跪在路旁献城投降，秦王朝至此灭亡。刘邦取得了灭秦斗争中的重大胜利。

咱们知道刘邦这个人的特点是“好酒及色”，是喜欢酒肉和女人的，我们可以想象一下，秦皇宫里面有多少酒？有多少肉？有多少女人？一个从边远地方来的这么个乡巴佬进了秦始皇、秦二世的皇宫看见那么多的酒，那么多的肉，那么多的美女，他会怎么样？

刘邦凭借自己与诸侯有约定，便以“关中王”自居。看着富丽堂皇的宫殿，刘邦恋恋不舍，准备在宫中住下，享受享受。他的手下大将樊哙劝他注意天下还没有平定，别忘了秦的前车之鉴。刘邦根本听不进去，樊哙又厉声斥责说：“秦宫奢丽，正是败亡的根本，请您立即还军灞上！”刘邦竟然显出了其无赖的本色，央求樊哙说：“我觉得困倦，你就让我在这里歇一宿吧！”樊哙见自己说不动刘邦，只好出去找来了张良。

张良说：“沛公，不要住在这里，这是谁住的地方？这是暴秦的君主住的地方，难道你想建立第二个暴秦吗？樊哙的话虽然说得不中听，但是良药苦口利于病，忠言逆耳利于行，我们还是退出秦宫，还军灞上吧，我们还是住到白鹿原去吧。”这一次劝说刘邦听了。

刘邦这个人最大的优点是知错就改，在他想明白以后，就表现得非常大度，他不但不住在秦皇宫了，他还做了三件事情：

第一件事情是不杀子婴，子婴投降了以后就成了他的俘虏，手下的将领都说要把他杀了，这不就是秦始皇的孽种吗？不杀他吗？刘邦说，不要杀他，人家投降了嘛。人家已经投降了，我们为什么要杀人家呢？这是不吉祥的，不要杀他。

第二件事情是刘邦还军灞上之后，便召集各县的父老豪杰，说：我知道秦地的人民已经忍无可忍了，今天我刘邦来了，我跟你们约法三章，哪三章？“杀人者死，伤人及盗抵罪”，什么意思呢？就是你如果杀了人，那你要偿命，如果你是伤了人家，或者是你偷了人家的东西，根据你罪行的情况轻重，予以量刑。就这三条，杀人、伤人、盗，只有这三条我们治罪，其他的我们不管，这个就叫作“约法三章”，“约法三章”这个成语也是从这儿出来的。

第三件事是谢绝犒赏。因为他“约法三章”以后，秦国的老百姓非常高兴，来了这么一个宽厚仁慈的人，于是就牵着牛、羊、猪，带着酒来了，要劳军。刘邦说，谢谢，谢谢，谢谢各位父老乡亲，我们有军粮，大家生活也不容易，苦日子过了很长时间了，我刘邦的军队怎么好意思来骚扰大家呢？大家千万不要害怕，我不是来征服你们的，我是来解放你们的。

可以想见人民该是怎样的欣欣然欢呼雀跃啊！刘邦这招实在是高，大家都希望刘邦留下来做秦王，就怕刘邦不肯留下来做秦王或者不能留下来做秦王，刘邦大得人心。

一个酒色之徒，居然忍住了自己的贪欲，这需要多大的忍耐力与意志力啊，胜利对于刘邦的考验远胜过生死考验，刘邦真的是让人刮目相看了。

退出秦王宫，还军灞上，这是一个了不得的举动，这个举动的意义范增看出来了，范增对项羽说：“项王，刘邦这个人可不能小看，据臣所知，刘邦原来在沛县的时候，是喜欢钱财、喜欢酒肉、喜欢女人的人，这样一个人来到秦皇宫，看见数不尽的金银财宝、美女珍馐，居然不动声色，秋毫无犯，这么大的克制力，此其志不在小。他的志向一定是很大的。”

从沛上起兵走到现在，刘邦经过无数历练，已经越来越显示出自己的领袖风范了。

第四节　楚汉风云变幻，刘邦反败称王

【原文】

五年，高祖与诸侯兵共击楚军，与项羽决胜垓下。淮阴侯将三十万自当之，孔将军居左，费将军居右，皇帝在后，绛侯、柴将军在皇帝后。项羽之卒可十万。

淮阴先合，不利，却。孔将军、费将军纵，楚兵不利，淮阴侯复乘之，大败垓下。项羽卒闻汉军之楚歌，以为汉尽得楚地，项羽乃败而走，是以兵大败。使骑将灌婴追杀项羽东城，斩首八万，遂略定楚地。鲁为楚坚守不下。汉王引诸侯兵北，示鲁父老项羽头，鲁乃降。遂以鲁公号葬项羽穀城。还至定陶，驰入齐王壁，夺其军。

【译文】

五年（公元前 202 年），高祖和诸侯军共同进攻楚军，与项羽在垓下决战。淮阴侯韩信率领三十万大军与楚军正面对阵，他的部将孔将军在左边，费将军在右边，汉王领兵随后，绛侯周勃、柴将军跟在汉王的后面，项羽的军队大约有十万。淮阴侯首先跟楚军交锋，战事不利，向后退却。孔将军、费将军从左右两边纵兵相攻，楚军不利，淮阴侯乘势再次攻上去，大败楚军于垓下。项羽的士兵听到汉军唱起了楚歌，以为汉军已经完全占领了楚地，项羽战败逃走，楚军因此全部崩溃。汉王派骑将灌婴追杀项羽，一直追到东成，杀了八万楚兵，终于攻占平定了楚地。只有鲁县人还为项羽坚守，不肯降服，因为怀王当初封项羽为鲁公，汉王就率领诸侯军北上，把项羽的头给鲁县的父老们看，鲁人这才投降。于是，汉王按照鲁公这一封号的礼仪，把项羽葬在穀城。然后回师定陶，驱马驰入齐王韩信的军营，夺了他的兵权。

【评点】

刘邦、项羽一同举起反秦大旗，曾是一个战壕里的战友，但为了夺得天下，兄弟反目成仇，在灭了秦以后，二人又经过了四年的打斗，这就是史上著名的“楚汉之争”。

刘邦在与项羽的交往中，几乎是逢项必败，但最后，刘邦怎么就战胜了项羽，夺得了天下呢？让人匪夷所思，但又在情理之中啊。

这节，有必要介绍楚汉之争的情况。

一、重用韩信，明修暗度反楚

按照楚怀王原来“先入定关中者王之”的约定，刘邦先入咸阳，理应做关中王，但项羽自恃功高，企图独霸天下。汉元年（公元前 206 年）二月，项羽佯尊楚怀王为义帝，徙于郴县（今湖南郴州）。四月，分封天下十八诸侯王，自立为西楚霸王，以刘邦为汉王。

刘邦被徙封汉王后，决定以汉中为基地，养民招贤，安定巴蜀，然后收复三秦。但是他手下的兵士们却都想回老家，差不多每天有人开小差逃走，急得汉王连饭也吃不下。

丞相萧何月下追回韩信，对刘邦说："一般的将军有的是，像韩信那样的人才，简直是举世无双。大王要是准备在汉中待一辈子，那就用不到韩信；要是准备打天下，就非用他不可。大王到底准备怎么样？"

于是，汉王举行拜将仪式以后，再接见韩信，说："丞相多次推荐将军，将军一定有好计策，请将军指教。"

韩信谢过汉王，向汉王详详细细分析了楚（项羽）汉双方的条件，认为汉王采取明修栈道、暗度陈仓的计策发兵东征，一定能战胜项羽。汉王越听越高兴，只后悔没早点发现这个人才。

三个月后于汉元年（公元前 206 年）八月乘齐王田荣起兵反楚的有利时机，以韩信为大将，向东进军，终于爆发了楚汉战争。

刘邦乘项羽无暇西顾之际，于八月出故道，迅速还定三秦，继续东进，楚军主力困于齐地，无法脱身。刘邦乘隙进驻洛阳，同时，以项羽放杀义帝为由，率诸侯联军共五十六万人进据楚都彭城。

项羽得知彭城失陷的消息后，亲自率精兵三万人回师彭城。在楚军突然袭击下，汉军五十六万乌合之众一败涂地，刘邦仅得与数十骑突围。

汉王退到荥阳、成皋（都在今河南荥阳县）一带，收集散兵。这时候，萧何从关中调来一支人马，韩信也带着军队来见汉王，汉军才又振作起来。

彭城之战后，楚汉双方便进入了长达两年零四个月的相持阶段。

刘邦利用反间计除掉了项羽的谋士范增，又用缓兵之计，与项羽定了"鸿沟之盟"，划定了楚河汉界。

项羽于是放了之前被他捉到的太公、吕后，接着把自己的人马带回彭城。而汉王刘邦，则用了张良、陈平的计策，不出两个月，组织了韩信、彭越、英布三路人马一齐会合，由韩信统领，追击项羽。

楚、汉双方一场最后决战就开始了。

二、决战垓下，刘邦凯旋称王

公元前 202 年，韩信布置十面埋伏，把项羽围困在垓下．项羽的人马少，粮食也快完了，他想带领一支人马冲杀出去，但是汉军和诸侯的人马把楚军包围得重重叠叠，项羽打退一批，又来一批；杀出一层，还有一层；这儿还没杀出去，那儿的汉兵又围了上来。

项羽没法突围，只好仍回到垓下大营，吩咐将士小心防守，准备瞅个机会再出战。

这天夜里，项羽进了营帐，愁眉不展。他身边有个宠爱的美人名叫虞姬，看见他闷闷不乐，陪伴他喝酒解闷。

到了定更的时候，只听得一阵阵西风吹得呼呼直响，风声里还夹着唱歌的声音。项羽仔细一听，歌声是由汉营里传出来的，唱的净是楚人的歌，唱的人还真不少。

项羽听到四面到处是楚歌声，不觉愣住了。他失神似的说："完了！难道刘邦已经打下西楚了吗？怎么汉营里有这么多的楚人呢？"

项羽跃马率领八百骑兵趁夜突围。第二天早晨，汉军才发现项羽已经突围而去，刘邦命令灌婴率骑兵火速追击。项羽在渡过淮河后，身边只剩下了一百人，到达阴陵时，因为迷路走入大泽之中。从大泽出来后，项羽向东撤退，在东城被灌婴的骑兵追上。项羽随从只有二十八人了，和汉军激战三次，杀伤几百汉军后，项羽拒绝了渡江回江东以图东山再起的建议，横剑自刎，至此楚汉战争结束。

项羽一死，平楚战争进行得非常顺，只有一个地方宁死不降，就是鲁县。因为项羽生前曾经被楚怀王封为鲁公，所以鲁地的人要为项羽守节，宁死不降。刘邦后来听说是鲁县的人为项羽守节，他最后怎么办呢？把项羽的人头用大竹竿挑着，让守城的人看看，证明项羽确实死了，这样鲁地的人才最后投降了，招降以后，刘邦以鲁公之礼，安葬项羽。

刘邦为他举行了一个隆重的葬礼，还亲自跑到项羽的墓前大哭一场，这个大哭一场，不好猜测。

项羽死了，刘邦称王的道路被铲平，公元前202年，刘邦在定陶登基称帝，揭开了西汉王朝二百多年历史的序幕。

第五节　知人善任，高祖成其帝业

【原文】

高祖置酒雒阳南宫。高祖曰："列侯诸将无敢隐朕，皆言其情。吾所以有天下者何？项氏之所以失天下者何？"高起、王陵对曰："陛下慢而侮人，项羽仁而爱人。然陛下使人攻城略地，所降下者因以予之，与天下同利也。项羽妒贤嫉能，有功者害之，贤者疑之，战胜而不予人功，得地而不予人利，此所以失天下也。”高祖曰：“公知其一，未知其二。夫运筹策帷帐之中，决胜于千里之外，吾不如子房。镇国家，抚百姓，给馈饷，不绝粮道，吾不如萧何。连百万之军，战必胜，攻必取，吾不如韩信。此三者，皆人杰也，吾能用之，此吾所以取天下也。项羽有一范增而不能用，此其所以为我擒也。”

【译文】

高祖在洛阳南宫摆设酒宴。高祖说：“列侯和各位将领，你们不能瞒我，都要说真心话。我之所以能取得天下，是因为什么呢？项羽之所以失去天下，又是因为什么呢？”高起、王陵回答说：“陛下傲慢而且好侮辱别人；项羽仁厚而且爱护别人。可是陛下派人攻打城池夺取土地，所攻下和降服的地方就分封给人们，跟天下人同享利益。而项羽却妒贤嫉能，有功的就忌妒人家，有才能的就怀疑人家，打了胜仗不给人家授功，夺得了土地不给人家好处，这就是他失去天下的原因。”高祖说：“你们只知其一，不知其二。如果说运筹帷幄之中，决胜于千里之外，我比不上张子房；镇守国家，安抚百姓，供给粮饷，保证运粮道路不被阻断，我比不上萧何；统率百万大军，战则必胜，攻则必取，我比不上韩信。这三个人都是人中的俊杰，我却能够使用他们，这就是我能够取得天下的原因所在。项羽虽然有一位范增却不信用，这就是他被我擒获的原因。”

【评点】

刘邦以一介布衣提三尺宝剑崛起于乱世，诛暴秦，抗强敌，定天下，仅用七年时间，就成功完成了由一介布衣到贵为天子的华丽转身，创立了中国历史上延续时间最长的统一王朝。刘邦的成功，除了他自身的能屈能伸、处变不惊、坚韧不拔等优良品质外，最重要的秘密武器是什么呢？

一、知人善任得天下

刘邦胜利以后，宴请百官，刘邦提出来一个问题：“列侯和各位将领，你们不能瞒我，都要说真心话。我之所以能取得天下，是因为什么呢？项羽之所以失去天下，又是因为什么呢？”

这时候就有两位大臣，一位叫高起，一位叫王陵，出列说实话了，说：“我们认为，陛下这个人很傲慢，不尊重人，项羽这个人仁而爱人，很仁厚，也很体贴人。”这是实话了，是当着刘邦的面说的话。“但是为什么像陛下这样又傲慢、又不懂得尊重人的人得了天下，那个仁而爱人的项羽丢了天下，我们认为是这个原因，陛下每打下一个地方，就把这个地方分给那些功臣，得到了什么好处呢，也分给我们大家，所以我们乐意拥护您，您就得了天下。”

刘邦说，你们只知其一，不知其二，就是你们看到一方面，没看到另外一方面。

他说：“在指挥部制定战略方针，然后指挥远方的战场取得胜利这个方面我不如张良；在治理一个国家，保证后勤的供应方面，我不如萧何；在带领军队去作战，每战必胜，这个我不如韩信。这三个人是我们当今天下的人杰，可是这三个人都能为我所用，所以我能够夺取天下。项羽呢？那边只有一个范增，他还不能用，所以他丢掉了天下。”

刘邦认为，会用人是取得成功的根本原因，这应该是刘邦的肺腑之言。

在刘邦看来，用人是最重要的成功之道，也就是他的领导艺术。

他知人善任，能够最大限度地利用人才的长处：会带兵的韩信，他敢放手给兵；善于谋略的张良，在他手下能够运筹帷幄；会管账的萧何，他能放手给钱。

《史记》里有这样一段记载：

上（刘邦）常从容与信言诸将能不，各有差。上问曰：“如我能将几何？”信（韩信）曰：“陛下不过能将十万。”上曰：“于君何如？”曰：“臣多多而益善耳。”上笑曰：“多多益善，何为为我擒？”信曰：“陛下不能将兵，而善将将，此乃信之所以为陛下擒也。且陛下所谓天授，非人力也。”

这段文字道出了刘邦的能耐，不善将兵没关系，“善将将”才是高境界，他把自己的幕僚群臣紧紧团结起来，如上面提到的被后人称为“汉初三杰”的张良、萧何、韩信，另外还有陈平、王陵、樊哙、周勃等，真是数不胜数，这帮子人均是独当一面的当世豪杰，他们用他们的智慧、勇气、毅力乃至生命、血汗，撬动了历史的巨轮。

所以，刘邦能以区区草莽之身，在七年之内，与群雄逐鹿中原，一路过关斩将，亡秦灭项，遂一匡天下，荣登九五之尊。

二、君臣双赢成佳话

在刘邦尚未得天下之前，他们是怎样的一帮子人呢？赵翼《廿二史箚记汉初布衣将相之局》有一形象的写照：

“汉初诸臣，唯张良出身最贵，韩相之子也。其次则张苍，秦御史。叔孙通，秦待诏博士。次则萧何，沛主吏掾。曹参狱掾。任敖狱吏。周苛泗水卒史。傅宽魏骑将。申屠嘉材官（即步卒）。其余陈平、王陵、陆贾、郦商、郦食其、夏侯婴等，皆白徒。樊哙则屠狗者。周勃则织薄曲，吹箫，给丧事者。灌婴则贩缯者。娄敬则挽车者，一时人才皆出其中，致身将相，前此所未有也，盖秦汉间为天地一大变局。”

这俨然是一幅破烂陈旧的布衣市集图。

对于这样一幅满是尘垢的图画，一般人是连看它一眼都不太愿意的。但汉高祖刘邦得到这幅图画的时候却是如获至宝。只见他轻轻地拂去上面的尘埃，细细地品赏，令他感到分外惊喜的是：上面画着的每一个平民布衣就如同一个个方向标一般，指引着他前进的征程。

“士为知己者死，女为悦己者容。”一群衣衫褴褛的亡命之徒，竟然在这样的一个乱世遇到知己，得到赏识，得到重用，试问谁还不死心塌地、披肝沥胆？

诸位，人常说机会难得，要不是刘邦扯大旗闹革命，只怕历史上会因此失色不少，而那些王侯将相也不过是乡野一匹夫而已。

萧何当他的文吏；曹参做他的监狱长；周勃搞他的编织，有红白喜事了去帮人家打打鼓、吹吹乐；樊哙杀他的猪狗；韩信怀他的才继续不遇；张良智谋高，也只能在大街上给人算卦混口饭吃；陈平在乡邑做个管理人，年龄大了跻身三老；夏侯婴喂他的马；灌婴贩他的布；张苍做他的通缉犯；周昌做他的亭长。如今我们提起这些人来，个个都是如雷贯耳，人人都是绝世人才，但是如果没有刘邦起义，他们什么都不是。

所以，与其说刘邦创造了一个时代，不如说他成就了一批人才，正是这些人才的作用，汉朝才能建立，才这么有生气。

刘邦成就了这些人，这些人成就了大汉王朝。

三、刘邦语录

刘邦是中国历史上第一个平民皇帝。

秦朝末年，天下大乱，各地英豪纷纷起兵抗秦。刘邦 48 岁起兵，56 岁称帝，八年的时间，就成了西汉王朝的开国皇帝，这不能不说是一个奇迹。

毛泽东曾感叹地说道：老粗出人物！自古以来，能干的皇帝大多是老粗出身，汉朝的刘邦是封建皇帝里边最厉害的一个。

刘邦是时势造出来的英雄，他顺应了时代的潮流，完成了时代赋予他的历史使命，并使自己在这样一个过程中通过不断的学习而成为一个英雄。

从他的话语里、诗歌中，让我们领略他的英雄风采吧：

◇最含蓄的一句话："啊，大丈夫就应当这个样子！"

这是刘邦赞叹秦始皇的话。刘邦还是平民的时候，一次，出差到咸阳，正碰见秦始皇出巡，其威仪盛势让这个热血青年赞叹不已。刘邦的赞叹尽管含而不露，但显然话里有话，表面看他是赞叹秦始皇，可实际上抒发的却是自己远大的抱负。看来，有城府的刘邦和直性子人说的话，味道确实不一样。

◇最整景的一句话："天下未定，连年苦战，成败还不可知，为什么要把宫殿建造得这么豪华？"

这是刘邦训斥萧何的话。刘邦为什么训斥萧何呢？原来，萧何负责建造未央宫，把宫殿建得富丽堂皇，刘邦觉得太奢华了，所以，不免动起"怒"来。但听了萧何"非壮丽不足以表达天子的尊重与庄严"的解释后，马上转怒为喜。显然，他的"训斥"无非是一些领导惯用的伎俩：作秀。他骨子里巴不得如此呢。

◇最无赖的一句话："我爹就是你爹，如果你烹杀你的爹，请分我一杯羹！"

这是刘邦对项羽说的话。在楚汉战争相持阶段，有一次，项羽把刘邦的父亲抓来当人质，对刘邦说："你现在如果不投降，我就杀了你爹。"但刘邦丝毫不为所动，一副无所谓的口气把项羽气得半死。如此的"隐忍"，真是前无古人，活脱脱的死猪不怕开水烫。

◇最虚伪的一句话："贼射中了我的脚趾！"

这是刘邦自言自语的话。有一次，项羽提出要与刘邦单挑独斗，刘邦指着项羽历数了他十条罪状，项羽大怒，用暗伏的弩箭射中了刘邦的胸部，但刘邦却握着自己的脚说了这句话。他之所以这么做，显然是为了不使项羽知道他受了重伤。如此的心机，怨不得项羽斗不过他！

◇最感人的一句话："我的军中粮食很多，并不缺乏，我不愿意让民众破费。"

这是刘邦对秦地老百姓说的话。刘邦先于诸侯到了灞上后，废除秦法，安抚民心，将"约法三章"告谕众民，秦地的老百姓很高兴，争先恐后拿着牛羊酒食，献给刘邦，但刘邦不接受，他的这番话感动得秦地老百姓唯恐刘邦不做秦王。看来，刘邦仁而爱人，此心可鉴！

◇最精辟的一句话："项羽有一范增而不能用，这就是他被我所擒的原因所在。"

这是刘邦对大臣们说的话。取得了天下的刘邦和大臣们讨论得到天下的原因，刘邦认为自己成功的关键在于会使用人才；在谈到项羽的失败时，他的这句话也说到了点子上。确实啊，一个篱笆三个桩，一个好汉三个帮，光杆司令怎么能打天下呢！刘邦用人上的这种自觉，确实比项羽高过一头。

◇最动情的一句话："游子悲故乡，我虽然以关中为首都，常住在那，但万年以后，我的魂魄仍然乐于思念故乡！”

这是刘邦回到家乡沛县，与父老兄弟团聚时说的话。这句话最能体现刘邦人性的一面。此时此刻，恣意畅饮，谈笑取乐，回述从前旧事，瞻望漫漫人生，人的本性回归到了真实的自我，这时候的刘邦和从前那个喝酒欠账的刘邦似乎没什么两样，但语气虽然诚恳，毕竟流露的是高高在上。

◇最得意的一句话：“早先，您说我是无赖，不能治产业，现在我的产业和我二哥刘仲比，谁的多？”

这是刘邦对他父亲说的话。年轻时的刘邦，不愿意干庄稼活，游手好闲，可能没少挨老爹的骂。如今当皇帝了，普天之下莫非王土，率土之滨莫非王臣，这份产业确实值得炫耀，不知刘太公听了儿子的这句话，感慨如何？

◇刘邦的《大风歌》里有他的志向：

大风起兮云飞扬，

威加海内兮归故乡，

安得猛士兮守四方！

古人说：言为心声。刘邦之所以为刘邦，从他的话语里，从他的诗歌里，足见他的为人与见识，也足见他的王者风范。

卷五 《吕太后本纪》

第一节　太后人本善良

【原文】

吕太后者，高祖微时妃也，生孝惠帝、女鲁元太后。及高祖为汉王，得定陶戚姬，爱幸，生赵隐王如意。孝惠为人仁弱，高祖以为不类我，常欲废太子，立戚姬子如意，如意类我。戚姬幸，常从上之关东，日夜啼泣，欲立其子代太子。吕后年长，常留守，希见上，益疏。如意立为赵王后，几代太子者数矣，赖大臣争之，及留侯策，太子得毋废。

【译文】

吕太后是高祖贫贱时的妻子，生了孝惠帝和鲁元公主。到高祖做汉王时，又娶定陶人戚姬，非常宠爱她，生了赵隐王刘如意。孝惠帝为人仁惠柔弱，高祖认为不像自己，常想废掉他，改立戚姬的儿子如意为太子，因为如意像自己。戚姬得到宠爱，常跟随高祖到关东，她日夜啼哭，想要让自己的儿子取代孝惠帝做太子。吕后年纪大，经常留在家中，很少见到高祖，和高祖越来越疏远。如意被立为赵王之后，好几次险些取代了太子的地位，靠着大臣们的极力诤谏，以及留侯张良的计策，太子才没有被废掉。

【评点】

吕后是刘邦的妻子，在秦末动乱的年代一直跟随刘邦出生入死，历尽艰辛。

刘邦经过反秦斗争，经过和项羽的楚汉战争，最终建立了汉朝，登上了皇帝的宝座，吕后也一跃成为大汉王朝的皇后，母仪天下，尊贵无比。

她巾帼不让须眉，第一个站出来向皇位男性传统格局叫板，勇于在男人垄断的政权旋涡里角逐争雄，斩韩信，剁彭越，临朝称制，大封诸吕，开外戚专权先河，成为我国历史上第一个执掌国家大权、政绩卓著的巾帼枭雄。但是，像吕后这样一位杰出的女政治家，死后两千多年来，却一直被后人所咒骂，究竟是什么原因呢？

一、也曾善良温顺

吕后是刘邦当了皇帝之后人们对她的称呼，她的原名叫吕雉。

她是刘邦的结发妻子，她是刘邦下世之后，汉朝政坛上的女一号，和武则天、慈禧被合称为中国历史上的“三大女主”。

吕雉因何会嫁给刘邦？这事儿也充满了传奇。

刘邦在沛县泗水当亭长的时候，沛县县令的老友吕公举家移民而来。吕公本来是单父县（今山东单县）人，这次是为了躲避仇家而逃到沛县来的。县里的乡绅、官吏听说县令的好友来了，都赶来凑热闹喝酒。主持宴会的萧何宣布说，凡置备礼金不够一千钱的只能坐在堂下。刘邦是当亭长的，平日和县里这些官吏们自然混得特熟，也来凑热闹。他进门后递了一张帖子，上面写着“贺钱万”三个大字，实际上他一个子儿也没掏。

吕公看了“贺钱万”的帖子，大吃一惊，赶紧起身到门口相迎。这位吕公善于看人面相，刘邦这一进屋，他立马被其非凡气宇所震撼，言语举止间格外敬重刘邦。

萧何知道刘邦一个子儿没拿，还是让他进了堂屋，但萧何心中有点担心刘邦惹出是非，于是赶紧进屋打了个圆场：刘邦好说大话，不能成事，大家别太在意。

酒过几巡，见众人都有点喝高了，吕公便用眼神示意刘邦散场后留下来。刘邦会意，耐心地候到散场。吕公对刘邦直说道：“我这个人从年轻时就喜欢给人相面，被我相过面的人也不计其数，还从来没有哪个人有你面相这么好的，希望你多多珍重。我呢，有一个女儿，希望她能成为你的妻子，一辈子侍奉你。”

刘邦本来只想吃顿霸王餐外带混几口酒喝，这可好，白吃白喝一顿不说，还用三个字换回个老婆。天下竟有这等好事？刘邦自然是一口应下。

吕雉的老妈死活不赞同这门婚事，对吕公提出了反对意见：“你平时总是吹自己会相面，说咱女儿有富贵之相，将来要嫁到富贵人家。人家县令托人来提亲都让你推掉了，这个赖皮刘小能比县令强到哪里去？”吕公倒也干脆，一句话就把老婆呛了回去:“你们这些老娘们家知道个屁。”这可是在《史记·高祖本纪》里有记载的，就是没有见到描写吕小姐对亲事不满的只言片语。可见她当时是一个甘愿顺从父母之命的贤淑女儿了。

当时的刘邦论职位，仅仅是沛县泗水亭的亭长；论富贵，家里穷得叮当响；论学问，他根本不喜欢读书，平时交结的都是些酒肉朋友；论德行，他是当地有名的无赖。所以，吕雉嫁给了刘邦，在当时的人们看来，那简直就是“一朵鲜花插在了牛粪上”。

吕雉给刘邦生过一男一女两个孩子，男的就是后来的汉惠帝刘盈，女的就是后来的鲁元公主。

此时的吕雉，没有因为自己是大家闺秀而对贫困的生活叫苦连天，反而情愿帮助丈夫，挑起了一家的生活重担。她除了操持家务、抚养儿女外，还经常到地里从事农田劳作，从不叫一声苦，从不喊一声累。毫不夸张地说，这时的吕雉是一个典型的贤妻良母。

二、糟糠被弃生嫉恨

早年的刘邦可说有些无赖，好酒及色，常不归家。一次押解囚犯，因自己酒醉而使囚犯逃跑，自己也只好亡命芒砀山下的沼泽地区。常言道：跑了和尚跑不了庙。刘邦可以一走了之，吕雉却为此下了狱。

贤惠的吕后除独立支撑家庭外，还不时长途跋涉，为丈夫送去衣物及食品。据说刘邦匿居的地方，时常有一片云气笼罩，吕后追踪而至，便一定能够找到刘邦。

秦末天下大乱，刘邦率众进入沛县被拥立为沛公。后来刘邦起兵反秦，吕雉在家劳作养家。等到刘邦攻入咸阳，被西楚霸王项羽立为汉王，吕后又晋级成了王妃。但这时的吕雉仍在老家劳动，并没有因此过上舒适的日子。

在接下来的楚汉之争中，刘邦和项羽打得天昏地暗。吕雉和刘邦的父亲刘太公成了项羽的俘虏，刘太公甚至差点被项羽烹杀。在四年的楚汉战争中，当了两年零四个月的人质，受尽了折磨和凌辱，这是吕雉为刘邦做出的又一次重大牺牲。

每一个成功的男人背后，都有一个女人，吕后就是汉高祖刘邦身后的那个女人。

可以说，汉高祖刘邦和吕雉是患难夫妻，可等到吃尽苦头的吕后回到刘邦身边时，却发现刘邦身边早已有了备受宠幸的戚夫人!

尽管自己贵为正宫，尽管自己为刘邦所累坐过牢狱、当过人质，尽管自己含辛茹苦为刘邦孝敬老爹、拉扯儿女，但是面对这位“只见新人笑，不闻旧人哭”的老公，也只得暗自垂泪，把对戚夫人的嫉恨藏在心里了。

有一句话：男儿爱后妇，女子重前夫。戚夫人美貌多姿色，能歌善舞，而且为刘邦生下一个儿子如意。

有了能够偎在怀中撒娇发嗲、年轻貌美的“二奶”，刘邦心中哪里还有老家那个粗手笨脚，只会烧火做饭、割谷子砍高粱的吕雉的位置？

再加上刘盈这孩子性格宽仁懦弱，这让刘邦很不高兴，常对人说：“这小子的脾性怎么他妈的这个德行！一点都不像他老子我。你看咱那个小如意，从哪里看都和老子我一样。”“老子我怎么也不会让那个不像我的孩子的地位居于我的爱子如意之上。”几次要废了刘盈的太子称号而改立刘如意，这当然也与戚夫人的枕边热风和撒娇抹泪不无关系。

吕后因为年龄比戚夫人大，在刘邦出征、出巡时经常作为留守，陪伴在刘邦身边的却是那位年轻貌美的戚夫人。因此吕后很少见到刘邦，两人的关系也越来越疏远。虽然贵为皇后，这样的日子能有多少幸福感？她心里能够平衡吗？不恨死戚夫人才怪呢！

刘邦宠幸戚夫人，吕后忍就强忍了，但是刘邦越来越看不上自己的亲生儿子刘盈，对戚夫人所生的儿子刘如意疼爱有加，视如掌上明珠，这就让吕后心里不得不恐慌了。

吕后为了保住自己儿子的太子地位，使尽了手段，给为刘盈说话的周昌磕头，求张良出主意请出“四大高人”等，无所不用其极。

最后刘邦也拿她没有办法，还是“败”在吕后的手下。刘盈的太子地位在他母亲吕后的努力下总算保住了。

第二节　最毒莫过吕太后

【原文】

吕后最怨戚夫人及其子赵王，乃令永巷囚戚夫人，而召赵王。使者三反，赵相建平侯周昌谓使者曰：“高帝属臣赵王，赵王年少。窃闻太后怨戚夫人，欲召赵王并诛之，臣不敢遣王。王且亦病，不能奉诏。”吕后大怒，乃使人召赵相。赵相征至长安，乃使人复召赵王。王来，未到。孝惠帝慈仁，知太后怒，自迎赵王灞上，与入宫，自挟与赵王起居饮食。太后欲杀之，不得闲。孝惠元年十二月，帝晨出射。赵王少，不能蚤起。太后闻其独居，使人持鸩饮之。犁，孝惠还，赵王已死。于是乃徙淮阳王友为赵王。夏，诏赐郦侯父追谥为令武侯。太后遂断戚夫人手足，去眼，耳，饮喑药，使居厕中，命曰“人彘”。居数日，乃召孝惠帝观人彘。孝惠见，问，乃知其戚夫人，乃大哭，因病，岁馀不能起。使人请太后曰：“此非人所为。臣为太后子，终不能治天下。”孝惠以此日饮为淫乐，不听政，故有病也。

【译文】

吕后最怨恨戚夫人和她的儿子赵王，就命令永巷令把戚夫人囚禁起来，同时派人召赵王进京。使者往返多次，赵国丞相建平侯周昌对使者说：“高皇帝把赵王托付给我，赵王年纪还小。我听说太后怨恨戚夫人，想把赵王召去一起杀掉，我不能让赵王前去。况且赵王又有病，不能接受诏命。”吕后非常恼怒，就派人去召周昌。周昌被召到长安，吕后又派人去召赵王。赵王动身赴京，还在半路上。惠帝仁慈，知道太后恼恨赵王，就亲自到灞上去迎接，跟他一起回到宫中，亲自保护，跟他同吃同睡。太后想要杀赵王，却得不到机会。孝惠元年（公元前 194 年）十二月的一天清晨，惠帝出去射箭。赵王年幼，不能早起。太后得知赵王独自在家，派人拿去毒酒让他喝下。等到惠帝回到宫中，赵王已经死了，于是就调淮阳王刘友去做赵王。这年夏天，下诏追封郦侯吕台父亲吕泽为令武侯。太后随即派人砍断戚夫人手脚，挖去眼睛，熏聋耳朵，灌了哑药，扔到茅厕里，叫她“人猪”。过了几天，太后叫惠帝去看“人猪”。惠帝看了，一问，才知道这就是戚夫人，于是大哭起来，从此就病倒了，一年多不能起来。惠帝派人请见太后说：“这不是人干的事情，我作为太后的儿子，再也不能治理天下了。”惠帝从此每天饮酒作乐，放纵无度，不问朝政，所以一直患病。

【评点】

公元前 195 年，刘邦去世，太子刘盈终于顺利继位，被称为汉惠帝。刘邦死后，刘盈继位，吕后顺理成章地当上了皇太后。太后，这也许是女人一生中所能迈上的最高一阶。吕雉经过千难万险，涉过千山万水，终于攀上了自己人生的巅峰，她回想着来时之路，欣喜的泪、悲伤的泪、委屈的泪、怨恨的泪一同流满双颊。如今她要令让她流泪的人千倍地奉还于她。

一、怒杀赵王如意

刘邦这个忘恩负义的老头子的去世，已经不能引动吕雉的泪水，且让她大大松了一口气：刘盈终于能坐上皇位了！新皇帝软弱，大主意自然由她来拿。

整个大汉天下归于她的掌中。她一举手，一投足，天下都会跟着震动；她一颦一笑，都会左右千万人的命运。这是政治斗争中天翻地覆的改变，而这个改变会改变很多人的命运，有些人会发达，有些人会抱恨终天而死。

此时的吕雉一心只想复仇（当然，若换成一个男人，老婆姘上了小白脸，日夜合计着要把他扫地出门，他当权后的反应，应该不会比吕雉来得缓和），她要报复那些曾经给自己带来苦难或者在她伤口上撒盐的人。

她最怨恨的就是戚夫人！想想吕后受的那些委屈，流的那些泪，哪一点不是拜戚夫人所赐？

血债要用血来还，这个女人带给她太多心灵煎熬，她为这个女人已经哭泣了太多夜晚，一分钟也不想再等下去了。太后的位子还没坐暖，吕雉就令人将戚夫人的秀发剃去，囚于永衣巷（也就是冷宫）之中，每日穿囚衣舂米。

夜深人静的时候，能歌善舞的戚夫人在舂米当中流着眼泪创作了一首流传两千多年，在中国文学史上非常有名的《舂歌》，也叫《戚夫人歌》："儿子是亲王，娘亲是囚犯，捣不尽的米啊，跟随死亡永相伴，相隔三千里，谁能来把信息传？"

《舂歌》很快传到吕雉耳中，瞬间成了她怒火的助燃剂。斩草除根本是她早就制订好的计划，如今她要提前行动了。

她将戚夫人之子如意骗入宫中。汉惠帝知道母亲居心叵测，有可能实施毒手。为了保护幼弟，皇帝吃住都同其在一起，寸步不离。

但即便是有了兄长的贴身照顾，幼小的如意仍旧逃不出吕稚的魔掌。终于有一天，汉惠帝元年十二月的一天清晨，汉惠帝外出习箭时，不忍心叫醒酣睡的如意，便把他独自留在了宫中。吕雉得此良机，立即派人将如意毒死在热乎乎的被窝里，这一年如意才十二岁。

吕雉干掉了刘如意，长出了一口气，感觉已经没有后患了。

戚夫人的一首抒情歌曲，却不幸害了自己儿子的性命。

二、变戚夫人为人彘

罚戚夫人在永衣巷舂米，杀了她的儿子如意，吕后的满腔仇恨依然未消。

不久，吕后又变本加厉，下令砍断戚夫人的双手双足，再将其眼睛挖出来，用烟把她的耳朵熏聋，接着强迫她喝下哑药，扔在茅厕里养活着，命名曰"人彘"，即像猪的人——这是吕后的发明。

可怜一代绝世美娇娘，在一代绝世恶毒妇的手下，终于变成一个血肉模糊的人猪！血淋淋的场面，让人惨不忍睹！

吕雉这般处置了戚夫人后，看着自己的杰作，实在掩饰不住自己的兴奋，炫耀给谁看好呢？想着自己性格懦弱的儿子，她觉得应该刺激刺激他，让他变得坚强冷酷一些。

于是，吕雉马上传话给她的皇帝儿子刘盈：儿啊，快来参观一件绝无仅有的东西。

吕雉来到刘盈身边，神秘地告诉他说有个人彘，也就是人猪要给他看。摸不着头脑的刘盈被母亲拉到臭烘烘的猪圈旁边，一眼就看到，猪粪里有一个血肉模糊的肉球在不停地蠕动。

他颤抖着声音问道："这个怪物是什么？"

吕雉看着面色发白的儿子，咬牙切齿地说："这就是那个美人儿戚姬呀！"

刘盈一下子晕厥了过去。醒来之后，他对母亲大哭大喊道："这不是人干的事，我作为太后的儿了，再也不能治理天下。"

从此之后，刘盈就如同变了一个人，整天喝酒买醉，身体很快衰弱下来。六年后，正值二十三岁青春年华的他，过早去世。

戚夫人在茅坑里爬了三天后才死去。看着眼前不成人形在地下痉挛的肉球，吕雉心中会否有复仇的快感？我们常人并不能了解。但是可以知道的是，做过这件亘古未有的残虐之事后，她并没有一丝悔意，否则她也不会拉刘盈来观赏她的"杰作"。

在她的认知中，只有运用暴力才能生存，感情是人一生中最无用、最不可靠的东西。但她却不知道，并不是每个人都像她这样有着一颗充满仇恨和欲望的心，她杀死了刘如意和戚夫人的同时，也杀死了刘盈心中的那个曾经还算慈爱的母亲。

气撒足了，恨发完了，同时也意外地害死了自己的亲儿子啊！这时候的吕后完全丧失了人性！

吕后对戚夫人的夺夫、夺位产生仇恨，还是可以理解的，但是以如此惨无人道的手法虐待戚夫人和毒杀刘如意，她的罪恶被永远地钉在了历史的耻辱柱上，留下了千古的骂名。

第三节　太后称制大封吕姓

【原文】

七年秋八月戊寅，孝惠帝崩。发丧，太后哭，泣不下。留侯子张辟强为侍中，年十五，谓丞相曰："太后独有孝惠，今崩，哭不悲，君知其解乎？"丞相曰："何解？"辟强曰："帝毋壮子，太后畏君等。君今请拜吕台、吕产、吕禄为将，将兵居南北军，及诸吕皆入宫，居中用事，如此则太后心安，君等幸得脱祸矣。"丞相乃如辟强计。太后说，其哭乃哀。吕氏权由此起。乃大赦天下。九月辛丑，葬。太子即位为帝，谒高庙。元年，号令一出太后。

【译文】

汉惠帝七年（公元前 188 年）秋季八月戊寅日，惠帝逝世。发丧时，太后只是干哭，没有眼泪。留侯张良的儿子张辟强任侍中，只有十五岁，对丞相陈平说："太后只有惠帝这一个儿子，如今去世了，太后只干哭而不悲痛，您知道这里的原因吗？"陈平问："是什么原因？"辟强说："皇帝没有成年的儿子，太后顾忌的是你们这班老臣。如果您请求太后拜吕台、吕产、吕禄为将军，统领两宫卫队南北二军，并请吕家的人都进入宫中，在朝廷里掌握重权，这样太后就会安心，你们这些老臣也就能够幸免于祸了。"丞相照张辟强的办法做了。太后很满意，才哭得哀痛起来。吕氏家族掌握朝廷大权就是从这时开始的。

【评点】

刘盈在位期间，吕后过着近乎平静的日子。虽有过担忧，有过焦虑，但儿子仁孝，自己说一不二，不用她过于操心，让她有了一段人生中最好的时光。

但这看似美好的时光却真的只是白驹过隙、转瞬即逝。惠帝七年（公元前 188 年）八月，年仅二十三岁，刚刚当了七年皇帝的刘盈因病逝于未央宫中。

吕后会有什么打算呢？

一、白发无泪送黑发

惠帝做了七年有名无实的皇帝，在二十三岁的时候就过早地死去。惠帝死后，吕后又执政八年。这前后十五年，是汉王朝从建国到文景之治的过渡时期、奠基时期，在历史上占有重要地位。

汉惠帝死后，吕后装模作样地哭了一场，可她只是在那儿扯着嗓子叫唤，眼里没有一滴眼泪。刘盈发丧，吕雉扶着棺椁大声干号，却没有一滴眼泪。

这当然不是她对刘盈没有感情，只是现在她忧心如焚，心事重重。刘盈的死对吕雉来说无异于釜底抽薪，虽然一直担心刘盈不事保养，身体虚弱，所以才急急让张皇后假孕生子。却不想孩子还在懵懂之中，刘盈就撒手西去了，只留下他们老弱妇孺。自己还未做任何的准备，朝中没有心腹可靠之人，吕家的人虽封侯，但手中并无实权。而刘邦的其他儿子自然是虎视眈眈，大臣们也位高权重，在这样的紧要关头，吕雉当然完全顾不得伤心。

从狭小的闺房，走上了这浩大的朝堂，这一切让吕雉始料未及。本以为皇太后就是自己人生的顶点，没想到一步步，步步为营，不知不觉中却成大汉帝国刘家王朝的主宰。

大权在握，本应欣喜异常，可是此时的她却感到从未有过的无力，从未有过的忧虑和恐惧。高处不胜寒，四面八方射过来的刘姓子孙的目光，总让她感到如芒在背，手中的权杖她握得越紧，越是感到它要像沙一样流走。因为走到这里她已倾尽所能，付出了一切，可是如今站在金字塔的顶端，她却觉得仿佛什么都没有得到一样的空虚，要填补这巨大的空洞，她必须做些什么，要不然便会如脚踏云端一样的不踏实。

虽然现在吕氏家族的人都已手握重权，可是他们没有一个是真正的王，他们也一样为刘姓江山出生入死，如今刘家人不论有没有功劳，不是这个王就是那个王。记得父亲曾经说过，吕家的荣耀全系于她身，而如今她已有了这个能力，她要完成父亲的夙愿，为吕氏家族也戴上耀眼的光环，也是为自己的权杖找一个支点。

儿子惠帝死去，吕后竟然连一滴眼泪也没有。张良的儿子张辟强看出了吕后假哭的秘密，对陈平说："你们知道太后不流泪的原因吗？"陈平摇摇头，说："不知道。"张辟强神秘地说："太后死了儿子，怕大臣们另有打算，所以虽然伤心却哭不出来。太后怀疑你们，能轻易放过你们吗？"陈平一听，着急地问："那可怎么办呢？"张辟强献计说："不如请太后拜她的三个侄儿吕台、吕产（吕泽之子）、吕禄（吕释之之子）等人为将，分掌南军、北军，再让吕氏子弟分据长乐、未央两宫的职务，居中用事。如此，则太后心安，你们可幸免。"

其实，南、北军权和中朝机要本来就已经全在吕后手中。张辟强的建议，不过是要让一大批吕姓子弟，有正式的名义登上政坛的前台而已。陈平听从了他的建议，与同僚一起向太后奏请，于是"太后悦"，这才掉下泪来，大放悲声，痛哭死去的儿子。

二、临朝称制大封吕

人性对权力的追求是无止境的。因为权力不仅能满足一个人物质生活的各种需求，还可以满足一个人精神生活的各种需求。

权力不仅可以保护自己，还可以征服对手。因此，要吕后放弃权力那简直是与虎谋皮！

所以，惠帝死后，吕后只有一种选择：继续掌握国家大权！

要继续掌握国家大权，有两种途径可供吕后选择：一是扔掉一切遮羞布，自己直接当皇帝；二是再立一个小皇帝，自己掌控朝政。

事实是，吕后没有直接当皇帝，而是选了一位小皇帝。

惠帝死后，太子刘恭继位。一般认为刘恭并非惠帝“真正”的子嗣，而是“养子”。这是为什么呢？问题还是出在惠帝的母亲太后吕雉身上。

在惠帝四年（公元前191年），吕后竟然要儿子娶他的外甥女张氏为皇后。张氏是张敖的女儿，而张敖的妻子就是惠帝的姐姐鲁元公主。只不过张氏并非鲁元公主亲生，但仍然算是刘盈的外甥女。吕后做此乱伦的婚事，究竟作何想？无人得知。但惠帝不满这个包办婚姻是极为明显的，与张氏只是挂名夫妻而已。此外，惠帝再没册立别的妃子。正因为如此，惠帝没有嫡传嗣子。

少帝年幼，吕后临朝称制，开始了汉朝的高后时代。

临朝称制就是吕雉以皇太后名义行天子之权，与后世的太后垂帘听政而仍得借皇帝名义颁诏大不相同。从这“皇后之玺”的意义上讲，吕后可以算是中国第一个女皇帝，是一位有实无名的“皇帝”，甚至纪年都用“高后”名义。所以，《史记》和《汉书》分别把她列为《吕后本纪第九》和《高后纪第三》，是有道理的。

吕后称制伊始，首先排挤王陵等老臣，再以吕氏控制南、北军，又实际掌握了丞相、御史大夫等行政权力。至此一切朝政大权，事实上全由吕后独揽。

自称制以后，为了加强自己党羽的力量，吕后违背汉高祖生前白马之盟——“非刘氏而王，天下共击之”的约定，大封诸吕为侯为王，甚至连妹妹吕媭也被封为临光侯。

吕太后一面破坏刘邦确立的“非刘氏不王”的原则，一面又加强扩大刘氏和吕氏的联姻关系，以加强扩张吕氏的权势，并进而控制刘氏诸侯王。

老刘家的天下，在吕后的手里，几乎改姓了吕。诸吕朝中掌大权啊，刘氏江山实已危！

不幸的是，吕雉实际上在重蹈刘邦的覆辙，她再多的安排也不能预保她死后的世界，也保不住吕家后人坐享天下。

公元前180年7月，吕太后去世，诸吕害怕老臣和幸存的刘氏诸王秋后算账，于是阴谋作乱，想要夺取刘氏天下。

然而刘章之妻吕氏，却对丈夫一往情深，唯恐他死于非命，做出了背叛家族的举动：将诸吕的计划向丈夫刘章和盘托出，刘章又立即将消息飞报给了哥哥齐王刘襄。

于是，齐王刘襄就联合老臣讨伐诸吕，吕氏家族很快就覆灭了，天下又重新回到刘氏的手上。

三、太史公评吕后

在历史上对于吕太后的评价是毁誉参半。

毕竟她为她的子民也做出了一定的功绩。然而，她在民间的形象却比较差劲，无非是因为她诛杀功臣，还砍人手足为人彘。平常百姓的抽象思维总是比较差，不容易去记住位高者的德政。但是，对于名人隐私，坊间流传的闲言碎语总是带着由衷的兴趣。都说人的性格是一半纯白一半阴暗，无奈，可怜的吕太后，大家只记住了你阴暗的一面，谁叫你是名人呢！

太史公对吕雉的政绩做了中肯的评价，他说，吕雉称制期间，她以女主身份代行皇帝职权，施政不出门户，天下却也安然无事。刑罚很少使用，犯罪的人也很少。百姓专心从事农耕，衣食富足起来了。老百姓还算能安居乐业、丰衣足食。

从太史公的评价中，可以看出吕雉虽在宫廷之中披荆斩棘，挥鞭牧敌，在治国上却还一直遵循刘邦制定的“无为而治”，轻徭薄赋，与民休息，以发展生产、恢复经济的方针政策，从民之欲，让刚从战乱中脱身的百姓可以喘一口气。

虽然身居最高位，吕雉对奢侈品却从来没有过特殊的嗜好。刘邦比较喜欢声色，而惠帝、吕后统治期间都无过分奢华铺张，形成了汉初节俭风气，为后来的汉朝盛世“文景之治”奠定了良好的基础。

对不起刘家的吕雉，可以说对得起天下苍生，对得起万家灯火。

卷六 《史记·齐太公世家》

第一节 周师齐祖姜太公

【原文】

太公望吕尚者，东海上人。其先祖尝为四岳，佐禹平水土甚有功。虞夏之际封于吕，或封于申，姓姜氏。夏商之时，申、吕或封枝庶子孙，或为庶人，尚其后苗裔也。本姓姜氏，从其封姓，故曰吕尚。

吕尚盖尝穷困，年老矣，以渔钓奸周西伯。西伯将出猎，卜之，曰“所获非龙非彨，非虎非罴；所获霸王之辅”。于是周西伯猎，果遇太公于渭之阳，与语大说，曰:“自吾先君太公曰‘当有圣人适周，周以兴’。子真是邪？吾太公望子久矣。”故号之曰“太公望”，载与俱归，立为师。

或曰，太公博闻，尝事纣。纣无道，去之。游说诸侯，无所遇，而卒西归周西伯。或曰，吕尚处士，隐海滨。周西伯拘羑里，散宜生、闳夭素知而招吕尚。吕尚亦曰“吾闻西伯贤，又善养老，盍往焉”。三人者为西伯求美女奇物，献之于纣，以赎西伯。西伯得以出，反国。言吕尚所以事周虽异，然要之为文武师。

周西伯昌之脱羑里归，与吕尚阴谋修德以倾商政，其事多兵权与奇计，故后世之言兵及周之阴权皆宗太公为本谋。周西伯政平，及断虞芮之讼，而诗人称西伯受命曰文王。伐崇、密须、犬夷，大作丰邑。天下三分，其二归周者，太公之谋计居多。

【译文】

太公望吕尚，是东海边之人。其先祖曾做四岳之官，辅佐夏禹治理水土有大功。舜、禹时被封在吕，有的被封在申，姓姜。夏、商两代，申、吕有的封给旁支子孙，也有的后代沦为平民，吕尚就是其远代后裔。吕尚本姓姜，因为以其封地之名为姓，所以叫吕尚。

吕尚曾经穷困，年老时，借钓鱼的机会求见周西伯。西伯在出外狩猎之前，占卜一卦，卦辞说："所得猎物非龙非螭，非虎非熊；所得乃是成就霸王之业的辅臣。"西伯于是出猎，果然在渭河北岸遇到太公，与太公谈论后西伯大喜，说："自从我国先君太公就说：'定有圣人来周，周会因此兴旺。'说的就是您吧？我们太公盼望您已经很久了。"因此称吕尚为"太公望"，二人一同乘车而归，尊为太师。

有人说，太公博学多闻，曾为商纣做事。商纣无道，太公就离开了。四处游说列国诸侯，未得知遇之君，最终西行归依周西伯。有人说，吕尚乃一处士，隐居海滨。周西伯被囚禁在羑（yǒu）里时，西伯之臣散宜生、闳（hóng）夭久闻吕尚之名而召请他。吕尚也认为"听说西伯贤德，又一贯尊重关心老年人，何不前往？"此三人为了营救西伯，寻找美女奇宝，献给纣王，以赎取西伯。西伯因此得以被释，返回周国。虽然吕尚归周的传说各异，但大旨都认为他是文王武王之师。周西伯昌从羑里脱身归国后，暗中和吕尚策划如何推行德政以推翻商纣政权，其中很多是用兵的权谋和奇计，所以后代谈论用兵之道和周朝的隐秘权术的都遵法太公的基本策略。周西伯为正清平，尤其在明断虞、芮二国的国土争讼后，被诗人称道为膺受天命的文王。西伯又讨伐了崇国、密须和犬夷，大规模建设丰邑。天下三分之二的诸侯都归心向周，多半是太公谋划筹策的结果。

【评点】

看过电视剧《封神榜》的朋友对姜子牙的印象应该是非常深刻的。姜老先生鹤发童颜，白须飘飘，身穿八卦仙衣，手拿打神鞭，胯下"四不像"，一副仙风道骨的模样。更厉害的是姜老爷子在兴兵伐纣的过程中总有各路神仙帮忙。最后姜太公兴周灭纣，斩将封神，完成了元始天尊托付给他的千秋大业，青史留名，万世流芳！

历史上真实的姜太公是什么样子？他老人家一大把年纪是如何成功实现理想的呢？他真是隐逸山间化外之人吗？

一、不遇于时，隐于屠肆

在民间，姜子牙是家喻户晓的人物，他的名气要超过文王、武王和周公。他在民间的名声，不是来源于史书的记载，而是来源于民间传说和神话小说、戏曲等。

姜子牙的名号很多。

他的先祖任过四岳的官职，帮助大禹治水有功，在虞、夏之际被封于吕国或申国。他姓姜，因为祖先封在吕国，以封国为姓，所以称为吕尚。

姜太公姓姜，吕氏，名望，字子牙，师是官名（太师），尚父是尊称，也单称尚，太公是齐人对始封之君的尊称。把以上这些元素进行不同的组合，便形成了吕望、姜望、姜尚、吕尚、太公、姜太公、吕太公、太公望、太公尚、吕牙、姜牙、姜子牙、师尚父等不同的称呼。

太公的家乡在哪到现在依然还是个谜。

争姜太公是“我们这儿的人”的大概有十多种说法。在这十多种说法中，我觉得有三种说法应该说还是比较有可信度的。这三种说法靠谱缘由都是两种。因为在历史上记载，姜太公就是两个地儿的人，一种说的是姜太公是东海人，另外一种说姜太公是河内人。这个东海在哪儿呢？东海这个地儿，历史上有两种说法，一种说法是山东省日照市东港区的秦楼街道。很准吧？就在这条街道上。这是第一种说法。第二种说法，这个东海不在海边，在内陆。在哪儿呢？在安徽省阜阳市临泉县境内的姜斋镇。这是关于东海的两种说法。第二种说法，河内。这个河内一般而言，很少有人争，河内这个地儿是在河南省卫辉市太公泉镇。所以我经过考证认为，这三种说法还稍有价值一点儿。那么在这三种说法当中，我个人比较倾向于姜太公是山东省日照市东港区秦楼街道人。

这么有名的太公，前半生的日子过得可不怎么如意呢。

传说，他生活十分潦倒、坎坷多磨。32岁时，因为商朝战争不断，他为了躲避战祸，跑到山上修道，经过四十年的苦修，直到72岁才出山。出山后，因为年纪大又没有一技之长，只好暂时投靠在朋友的家中。为了谋生，他曾经编制竹篓或把小麦磨成面粉拿到市集上贩卖，也开过饭铺、卖过牛马猪羊、为人算过命，等等，可是每次都支持不久就失败了，因此经常受到妻子的奚落与冷嘲热讽。

后来他在纣王手下担任下大夫的职务，可是纣王荒淫酒色、暴虐无道，命令他监造鹿台。姜子牙看了图样，发现这鹿台高四丈九尺，上造琼楼玉宇、殿阁重檐，且要以玛瑙砌成栏杆，宝石妆成栋梁。姜子牙见到纣王如此役使百姓、荒唐无度，末日必将不远，于是对妻子说：“我不忍见万民遭殃。娘子！你和我前去西岐，将来必有腾达之日……”可是他的妻子嫌他没本事，好不容易熬到一个小官也做不好，就不愿跟他在一起了。姜子牙不得已只好独自一人逃到西岐了（西岐就是后来的周国）。

这正应了孟子的话：“天将降大任于斯人也，必先苦其心志，劳其筋骨，饿其体肤，空乏其身，行拂乱其所为。”

二、垂钓渭水，终遇明主

我们知道姜子牙成名很晚，是大器晚成的典范。在商周时代人类的平均寿命是很短的，老姜能活到八十多岁，本身就是奇迹。他等待六十多年才等到了属于自己的机会，才等来了接自己的那辆马车更是奇迹中的奇迹！就冲这份韧性，就冲这份忍耐，我就要向姜老爷子致以崇高的敬意！

为了就近观察周西伯昌的动静，等待晋见机遇，姜子牙隐于秦岭，钓于蟠溪。这里山势挺拔，古柏参天，蟠溪河畔，有一座古钓鱼台，台下是深约两米的潭水，台上有一块巨大的石头，相传姜子牙就在此隐居垂竿。

八十高龄的姜子牙隐居在蟠溪河边，每日在泉边的一块大石头上垂钓。这块石头现在叫跪钓石。跪钓石上有两道深半拃、长约一尺的凹痕，传说是姜子牙钓鱼时留下的膝印，名曰跪石骭印。

作为千古第一钓翁，姜子牙在中国钓鱼史上的地位无与伦比，使他获此殊荣的并不是钓术有多么高超，而是他的不钓而钓。

姜子牙钓鱼的特点是：用直针做钓钩，从不挂钓饵，后来形成这样一个歇后语：“姜太公钓鱼——愿者上钩。”

日子就这样一天天一年年地过着，姜子牙还是天天在渭水河边钓鱼。

一天，周文王打算出去打猎，占卜的结果说：“出猎所获不是龙也不是螭，不是虎也不是熊，而是能够辅佐你成就霸业的人才。”周文王又回想起梦中先人说过的话“圣人出现之日，就是周拯兴之时”，于是满心欢喜地外出打猎。

不经意中，文王就来到了渭水之滨，到那儿一看，有一个老头搁那儿直钩钓鱼呢，便上前与他交谈起来。姜子牙不失时机地告诉文王自己的身世、治国安邦的道理，两人谈得非常投机。

文王还发现这个钓鱼的穷老头对五行数术及用兵之法有很深的造诣。文王非常高兴，也不隐瞒，讲了自己的身份，说：“我祖父在世时曾经对我说过，将来会有个了不起的能人帮助你把周族兴盛起来。您正是我要找的那个人，我的祖父盼望您已经很久了。”说罢，周文王用最隆重的礼节款待他，并把他让上自己坐的马车，请他一起回宫。

因为姜尚是文王的祖父所盼望的人，所以后世又叫他“太公望”。

就这样，我们可以看到周文王找到了能够辅佐他的姜太公，姜太公终于找到了明主。

关于姜尚是怎么归周的，司马迁记录了另外两个版本：

一是姜尚曾是纣王的臣民，屠牛于朝歌，卖饮于孟津，因看到纣王的昏庸而离商归周。

二是周文王被纣王拘留，周大夫散宜生招来隐居海滨的姜尚为他出主意。姜尚认为文王贤能，善养老人，提出以美女奇货献给纣王，赎回了周文王。

三、助周灭商，奉为周师

周文王从羑里返回邦国后，姜太公出谋划策，辅佐他内修文治，外树武功，为伐纣灭商进行了一系列的准备工作。

根据历史文献，周文王当时采取的策略，主要是表面上对商纣无比恭顺而暗中则积极进行反商的一系列准备工作：对内推行德政，修德爱民，如开仓赈济鳏寡孤独等；对外一方面争取虞、芮等小国的拥护，一方面则出兵灭掉崇、密须、犬夷等商朝的附庸国；同时，大力兴建丰邑，使周的势力悄悄向东发展。通过这一系列的措施，逐渐蚕食和削弱了商纣的统治，使周的势力范围得以极大地扩展，为武王伐纣灭商奠定了良好的基础。这一切，大多出自姜太公的谋划，正所谓“天下三分，其二归周者，太公之谋计居多”。

周文王死后，周武王继位，以“太公望为师，周公旦为辅”（《周本纪》）。

此后，姜太公继续辅佐周武王完成文王未竟的事业，参与策划和指挥了反商伐纣的军事行动，为西周政权的建立和巩固做出了重要贡献。

据《齐太公世家》记载，周武王九年的时候，曾经进行过一次反商伐纣的军事演习，在盟津（即孟津，在今河南孟津县东北）结成了反商大同盟，这次并没有真正展开伐纣的军事行动。不过，通过这次试探性的会盟，姜太公实际上是协助武王成功地组织了一次伐纣的军事演习，联合诸侯，结成了反商大同盟。

两年后，商纣王残忍地剖杀了贤臣比干，囚禁了贤臣箕子，进一步暴露了其暴虐无道的本性，武王伐纣的时机终于到来了。

可是，出师前进行占卜的结果却不吉利，而且暴风雨大作，大臣们都感到恐惧。只有姜太公不迷信龟兆和天象，说“枯骨死草，何知吉凶？”（《论衡·卜筮》），认为枯死的龟骨和蓍草哪里知道什么凶吉，坚决劝武王出兵。

于是，武王出师伐纣，在牧野与商纣进行了大决战。武王会集诸侯兵力，四千辆战车陈师于牧野，纣王也发动大军前来拒敌。武王先派尚父带领百名勇士冲入敌阵挑战，然后以大部队冲向纣王的部队。最终纣王大败，登鹿台自焚身亡。

可见，在武王伐纣从谋划、决策、出征到败敌的全过程中，姜太公都表现出超人的胆识和才智，不仅是文治武功兼具的领兵主帅，而且也是身先士卒的战场勇士。

牧野之战，是一场以少胜多、以弱胜强的战争。太公以他卓越的军事才能、指挥才干和超人谋略，推翻了商王朝愚蛮残暴的统治，帮助周天子建立了西周。

四、治国有方，创建伟业

周朝建国之后，姜尚因灭商有功，被封于齐，都城营丘（今日临淄市北）。

姜尚东行到自己的封地去，路上每宿必留，走得很慢。

一日，太公率旧部兵马来到离齐地不远的一座山下。天色已晚，太公下令就地扎营，埋锅造饭，歇息一宿，明日就可到达营丘。

山脚下有一个小山村，太公下令不准骚扰百姓。

兵将们解甲松带，卸马喂料。太公却是思绪万千，建国伊始，施政方略，千年大计，如何实施。

太公信步走去，来到山村村头，忽听到柳荫处两位老者在乘凉闲谈。太公不便打扰，便转身离去，听到老者话语，不由得又站住了脚。

老者甲说："老哥，你听说了吗？村外驻扎的军队是去齐地的，那为首的老人是新来的齐国国君，就是赫赫有名的灭商兴国的姜子牙姜太公。"

老者乙说："我看不像，姜子牙姜太公雄才大略，怎会在离齐地半日路途之地安营夜宿，毫无建国紧迫之感。"

老者甲说："这有什么，休息一夜，明日不就轻松到达营丘了吗？"

老者乙说："你想不到，姜太公不可能想不到，东边东夷莱侯早有夺取营丘之心，听说姜太公来做齐国国君，肯定前来争夺营丘。用兵之道：机不可失，时不再来，兵贵神速，只争朝夕。难道姜太公不懂这些吗？我说，这个人绝对不是姜太公。"

姜太公听了老者对话，大吃一惊，心中暗说："若无老者话语，姜尚误国矣。"

姜太公飞步回营，急令全军兵将立即披挂，饭未熟，水未开，弃之不用，催动兵马火速向营丘飞奔。

天将黎明，姜太公的军队到达营丘东面的淄河西岸，只见对面莱侯的军队已经渡水到河中央。那时的淄河水又宽又深，莱侯的兵将在齐腰的水中走得很慢。

姜太公见此，急令弓箭手放箭，把水中的莱侯兵将射死大半儿，其余的退了回去。

莱侯叹曰："姜子牙真乃神人也，昨晚快马来报，姜子牙在百里之外安营歇息，如何来得如此神速？看来营丘不可争也，还是退兵吧。"莱侯率领军队退走了。

姜太公进入营丘，安排就绪，自责道："我一生谨慎，却一时麻痹，险些误了大事。多亏两位老者话语提醒，真乃路人皆我师也。”

姜尚不但可以破坏一个旧世界，而且能够建设一个新世界。

《史记》载，太公到了齐国，修治政务，依照当地风俗简化礼仪，开放商工各行业，加上鱼盐的利益，人民多归向齐，齐的地方逐渐扩大了。

他治国有方，率领子孙在齐地励精图治，奋发有为，创建了泱泱大国，遗风犹存，累世相续，为后来的齐桓公“九合诸侯，一匡天下”，成为五霸之首奠定了基础。

第二节　春秋首霸齐桓公

【原文】

桓公之中钩，佯死以误管仲，已而载温车中驰行，亦有高、国内应，故得先入立，发兵距鲁。秋，与鲁战于乾时，鲁兵败走，齐兵掩绝鲁归道。齐遗鲁书曰：“子纠兄弟，弗忍诛，请鲁自杀之。召忽、管仲雠也，请得而甘心醢之。不然，将围鲁。”鲁人患之，遂杀子纠于笙渎。召忽自杀，管仲请囚。桓公之立，发兵攻鲁，心欲杀管仲。鲍叔牙曰：“臣幸得从君，君竟以立。君之尊，臣无以增君。君将治齐，即高傒与叔牙足也。君且欲霸王，非管夷吾不可。夷吾所居国国重，不可失也。”于是桓公从之。乃详为召管仲欲甘心，实欲用之。管仲知之，故请往。鲍叔牙迎受管仲，及堂阜而脱桎梏，斋祓而见桓公。桓公厚礼以为大夫，任政。

桓公既得管仲，与鲍叔、隰朋、高傒修齐国政，连五家之兵，设轻重鱼盐之利，以赡贫穷，禄贤能，齐人皆说。

【译文】

桓公当时被射中衣带钩之后，装死以迷惑管仲，然后藏在温车中飞速行进，也因为有高氏、国氏二大家族为内应，所以能够先入齐国即位，派兵抵御鲁军。秋天，齐兵与鲁兵在乾时作战，鲁兵败逃，齐兵又切断鲁兵的退路。齐国写信给鲁国说：“子纠是我兄弟，不忍亲手杀他，请鲁国将他杀死。召忽、管仲是我仇敌，我要求活着交给我，让我把他们剁成肉酱才甘心。不然，齐兵要围攻鲁国。”鲁人害怕，就在笙渎杀死子纠。召忽自杀而死，管仲要求囚禁。桓公即位时，派兵攻鲁，本欲杀死管仲。鲍叔牙说:“我有幸跟从您，您终于成为国君。您的尊贵地位，我已无法再帮助您提高。您如果只想治理齐国，有高傒和我也就够了。您如果想成就霸王之业，没有管夷吾不行。夷吾所居之国，其国必强，不能失去这个人才。”于是桓公听从此言，就假装召回管仲以报仇雪恨，实际是想任他为政。管仲心里明白，所以要求返齐。鲍叔牙迎接管仲，一到齐国境内的堂阜就给管仲除去桎梏，让他斋戒沐浴而见桓公。桓公赏以厚礼任管仲为大夫，主持政务。

桓公得到管仲后，与鲍叔、隰朋、高傒共同修治齐国政事，组织基层五家连兵之制，开发商业流通、渔业盐业优势，用以给赡贫民，奖励贤能之士，齐国人人都欢欣。

【评点】

在齐国的历史上，最辉煌的时期是齐桓公称霸时期，最杰出有为的君主当数齐桓公。他曾是宫廷斗争的幸运儿，最后却难逃宫廷斗争的苦海。他受命于危难之际，重任在肩，扶齐国大厦于将倾。他兵车之会三，乘车之会六,九合诸侯，一匡天下，成为春秋五霸之首。

谈到齐桓公的霸业，人们就不能不联想到他的宰相管仲，是管仲出谋划策，辅佐桓公称雄中原，因此，历史上总是把齐桓公与管仲的名字联系在一起，把他们共同开创的业绩称作“桓管霸业”。

一、弃一箭之仇，拜管仲为相

齐桓公，名小白。僖公次子，襄公之弟，齐国第十六代君主。他的政权不是自然承袭在风和日丽之下，而是谋划争夺于刀光剑影之中。

齐国的王位，自太公姜尚之后，历十三帝传至齐襄公，其间内乱迭起，外患杂错，民不聊生，国无宁日。

襄公时期，朝纲失常，政局混乱，不得不靠滥杀稳定秩序了，结果闹得众叛亲离，襄公成了真正的孤家寡人。值此良机，积有宿怨的公孙无知联合连称、管至父作乱，杀襄公而自立，此事发生在公元前 686 年。次年春，无知又被渠丘大夫雍林所杀。连锁性政变导致齐国出现了无君的局面。

历史就这样给公子小白带来机会，这也是他耐心等待的时机，自然是不会轻易放过的。当齐国的大贵族高氏和国氏偷偷派人到莒国召公子小白回国的时候，急不可待的公子小白就匆匆上路，日夜兼程地向齐国进发。他担心哥哥公子纠会抢先一步夺走国君的地位，他的这种担心是对的。

此时，鲁国也已派人护送公子纠回齐国。同时，还另派管仲率军去莒国通往齐国的道路上守候，拦截公子小白回国。管仲直到莒国的边境，正好碰见鲍叔牙和公子小白的队伍向齐国匆匆赶去。管仲一见心中发急，便暗暗拿出弓箭，对准公子小白射去。只见小白中箭，大叫一声，口吐鲜血，倒在车下，管仲以为小白已经死了，立即送信给鲁国。鲁国得到这个消息，觉得已经没有人和公子纠争位了，送公子纠回国的队伍就走得不那么急了。谁知道管仲射中的是公子小白的带钩。公子小白吓了一跳，又怕再来一箭，就故意大叫一声，咬破舌尖，摔在车下，连鼻子带门牙都摔出血来了。等大伙儿一哭，他才睁开了眼睛，松了一口气。鲍叔牙叫人抄小道继续使劲地往齐国跑，日夜兼程地赶到齐国的首都临淄。这时候，公子纠和管仲还在路上。齐国的大贵族国氏和高氏等立即立公子小白为国君，称齐桓公。

齐桓公即位后，立即派军队去抵抗鲁军，把鲁军打得一败涂地，退归鲁国的道路也被齐国切断。

鲍叔牙送信给鲁国国君说："公子纠是齐国国君的兄弟，齐国国君不忍心亲自杀他，请鲁国杀掉他；管仲和召忽是齐国国君的仇人，齐国国君要亲自杀掉他们解恨。如果不答应的话，齐国的军队就要打到鲁国。"

鲁国没有办法，只得杀了公子纠，并把管仲放在囚车上，押送去齐国。齐桓公为什么要把管仲弄回齐国？原来，这是鲍叔牙的主意，齐桓公本来恨透了管仲，一定要杀死他，报一箭之仇，鲍叔牙却劝他说："当君主的应当把眼光看得远大点。如果大王只想治理好一个齐国，那么我和高氏、国氏来协助您就够了。如果大王想称霸诸侯，就非管仲不可。管仲的才比我高多了，大王如果重用他，他一定能使齐国成就一番大事业。"

齐桓公是一个有鸿鹄大志的人，听了鲍叔牙的这番话，又知鲍叔牙与管仲是知心朋友，相知甚深，一肚子对管仲的怨气就烟消云散了。他就派鲍叔牙到边境上去迎接管仲，管仲一到临淄，齐桓公沐浴三次，亲自迎管仲在郊外，拜管仲为宰相。

二、任人唯贤，终成霸业

齐桓公有志于霸业，很早就懂得不拘一格收罗人才，最为人所称道的，就是他任用管仲。

管仲之所以能够当上宰相，这与他的好朋友鲍叔牙有很大关系。他们年轻时曾秘密约定辅佐齐建立霸业。当时在公子纠处当师傅的管仲对当小白师傅的鲍叔牙说："齐国必定是由纠或小白当上君主，其他公子不配继承。很幸运，我们在这两个优秀的公子身边当师傅。不管谁继承王位，我们都要合力辅助君主。”结果，公子纠失败，桓公即位，因此鲍叔牙召来管仲，救了他的命，并且推荐他为宰相，遵守了彼此的约定。

而他们两个的友谊被后人认为是做朋友的最高境界，称之为“管鲍之交”。

可以说没有管鲍之交，就没有管仲的横空出世；没有齐桓公的宽阔胸怀和任人唯才，也不会有管仲改革和齐桓公称霸。

齐桓公任用管仲，也颇费了一番周折。管仲是一个俘虏，一来就要委以重任，自然会遭到众人的反对。为此，齐桓公想了个办法，跟手下的大臣们说：“我想要任命管仲为国师，同意的进门后向左走，不同意的进门后向右走。”（《韩非子·外储说左下》）这一分化、孤立反对派的招数挺灵验，管仲顺利地被委以重任。

很快，管仲就跟鲍叔牙、隰朋、高傒一同治理国政，“连五家之兵，设轻重鱼盐之利，以赡贫穷，禄贤能”，很快就受到齐国各界人民的欢迎。

管仲所说的“仓廪实而知礼节，衣食足而知荣辱”也成为齐国自强求富的指导思想。人民生活富裕，府库财富充盈，礼仪就能得到发扬，政令才能畅通无阻。管仲抓住了治国的根本，经过多年的治理，齐国逐渐强盛起来，不久，就使得齐国登上了中原霸主的地位。

齐桓公好贤的名声远播各国，以至于后来在管仲、鲍叔牙、隰朋等人死后，晋公子重耳在国内待不住的时候先是跑到邻近的狄国，接着商议后又跑到齐国，并且想长久住下去，不愿意离开（《史记·晋世家》）。

三、重用佞臣，死时凄凉

齐桓公称霸以后，又过了六年，贤相管仲生了重病，眼看不治，齐桓公很着急，亲自去看望他。

桓公问他：“大臣中谁可以继承您的位置呢？”管仲说：“君主应该比任何人都了解自己的臣子，您应该知道得很清楚。”

齐桓公有三个近臣，分别是易牙、开方、竖刁，这三个人，深得桓公的宠信。齐桓公就问：“易牙怎么样？”管仲说：“他杀了自己的儿子来迎合君主，不近人情，不可任用。”

齐桓公又问：“开方怎么样？”管仲说：“他背叛了自己的父母，来迎合君主，别有用心，也不能用。”

齐桓公又问：“那竖刁怎么样？”管仲说：“他为了君主而阉割了自己，另有私欲，更难以信任。”

管仲死后，齐桓公没有听从管仲的意见，还是亲近、重用了这三个佞臣，于是这三个佞臣，终于包揽了朝政大权。

桓公一共有三个正夫人，但都没有儿子。此外，齐桓公还有许多宠爱的妾。这些妾给他生了十多个儿子，其中有公子姜无诡、公子姜昭等。管仲在世的时候，齐桓公把公子姜昭立为太子，并把他托付给宋国国君宋襄公照顾。

管仲死后，齐桓公的儿子们开始互相钩心斗角，都想继承齐国国君的位置。冬季里的一天，齐桓公去世。他的宠臣易牙带兵冲入宫中，与竖刁一起杀死了许多大臣，拥立公子姜无诡做国君，太子姜昭逃奔宋国。

齐桓公生病的时候，他的儿子们就开始拉帮结派，争夺君位。等到齐桓公去世后，更是互相攻打，闹得不可开交。因此宫中无人，齐桓公尸体也没有人敢装入棺材。结果，尸体在床上竟停放了六十七天，腐烂生蛆，蛆虫甚至爬出了门外。直到姜无诡登位，才装尸入棺，发出报丧的讣告，举行追悼仪式。

太子姜昭在宋国获得了宋襄公的同情。宋襄公号召诸侯联合出兵，平定齐国的内乱，护送太子昭回国即位。诸侯的联军直逼齐国，齐国人很害怕，就杀死了他们的国君姜无诡，同意拥立太子姜昭做国君，这就是齐孝公。由于政局混乱的缘故，齐桓公的尸体在他死后第十个月才得以安葬。

堂堂的一代霸主，死时竟是这样凄凉悲惨，不能不让人悲叹！

第三节　崔庆之乱，姜姓衰微

【原文】

六年，初，棠公妻好，棠公死，崔杼取之。庄公通之，数如崔氏，以崔杼之冠赐人。侍者曰："不可。"崔杼怒，因其伐晋，欲与晋合谋袭齐而不得间。庄公尝笞宦者贾举，贾举复侍，为崔杼间公以报怨。五月，莒子朝齐，齐以甲戌飨之。崔杼称病不视事。乙亥，公问崔杼病，遂从崔杼妻。崔杼妻入室，与崔杼自闭户不出，公拥柱而歌。宦者贾举遮公从官而入，闭门，崔杼之徒持兵从中起。公登台而请解，不许；请盟，不许；请自杀于庙，不许。皆曰："君之臣杼疾病，不能听命。近于公宫。陪臣争趣有淫者，不知二命。"公逾墙，射中公股，公反坠，遂弑之。晏婴立崔杼门外，曰："君为社稷死则死之，为社稷亡则亡之。若为己死己亡，非其私暱，谁敢任之！"门开而入，枕公尸而哭，三踊而出。人谓崔杼："必杀之。"

崔杼曰："民之望也，舍之得民。"

三年十月，庆封出猎。初，庆封已杀崔杼，益骄，嗜酒好猎，不听政令。庆舍用政，已有内郤。田文子谓桓子曰："乱将作。"田、鲍、高、栾氏相与谋庆氏。庆舍发甲围庆封宫，四家徒共击破之。庆封还，不得入，奔鲁。齐人让鲁，封奔吴。吴与之朱方，聚其族而居之，富于在齐。其秋，齐人徙葬庄公，僇崔杼尸于市以说众。

【译文】

六年（公元前548年），当初，棠公之妻美丽，棠公死后，崔杼娶了她。庄公又与她通奸，多次去崔家，还把崔杼的冠赏给别人。庄公的侍从说："不能这样。"崔杼十分恼怒，借庄公伐晋之机，想与晋国合谋袭击庄公但未得机会。庄公曾经鞭打宦官贾举，贾举又被任为内侍，替崔杼寻找庄公的漏隙来报复仇怨。五月，莒国国君朝见齐君，齐庄公在甲戌日宴请莒君。崔杼谎称有病不去上朝。乙亥日，庄公探望崔杼病情，接着追嬉崔杼妻子。崔妻入室，与崔杼同把屋门关上不出来，庄公在前堂抱柱唱歌。这时宦官贾举把庄公的侍从拦在外面而自己进入院子，把院门从里边关上。崔杼的徒众手执兵器一拥而上。庄公登上高高的庭台请求和解，众人不答应；庄公又请求盟誓定约，众人也不答应；庄公最后请求让他到自己的祖庙里去自杀，众人仍不允许。大家说："国君之臣崔杼病重，不能听你吩咐。这里离宫廷很近，我们只管捉拿淫乱之徒，没接到其他命令。"庄公跳墙想逃，被人射中大腿，反坠墙里，于是被杀。晏婴站在崔杼院门之外，说："国君为社稷而死则臣子应为他殉死；国君为社稷而逃亡则臣子应随他流亡；国君为自己私利而死而逃，除了他的宠幸私臣，别人不会为此殉死逃亡的。"晏子等打开大门进入院内，把庄公之尸枕放在自己的大腿上抚尸而哭，起来后三次顿足以示哀痛，然后走出院子。别人对崔杼说："一定杀死晏婴！"崔杼说："他深得众望，放过他我们会争取民心。"

三年（公元前545年）十月，庆封外出打猎。当初，庆封杀死崔杼以后，越发骄横，酗酒游猎，不理政务。其子庆舍执政，内部已有矛盾。田文子对田桓子说："动乱将起。"田、鲍、高、栾四家族联合谋划消灭庆氏。庆舍派出甲兵围护庆封的宫室，四家族的徒众共同击破庆氏之家。庆封归来，不能进家，逃亡到鲁国。齐人责备鲁国，庆封又逃到吴国。吴国把朱方之地赏给庆封，庆封与族人居此，比在齐国时还富有。此年秋，齐人移葬庄公，而把崔杼尸体示众于市以泄民愤。

【评点】

历史真的好像不安分的坏小孩，总是愿意跟人类搞恶作剧。

齐桓公死后，五公子争位的最后一位如愿的公子元齐惠公和他的儿子、孙子，不接受先辈的教训，宠幸佞臣崔杼、庆封，历史证明这是给后世乱政埋下的雷子。崔庆之乱阴错阳差地开场，崔、庆二氏双双位居左右相国之位，乱齐整整三十年。

一、崔杼弑君

齐庄公姜光能够成功夺取君位，他的老师（太傅）崔杼当居首功，然而谁也没有想到，就是这位把姜光扶上君主之位的崔杼，又亲手除掉了自己的这个学生。这一戏剧性的结果完全是由于齐庄公做的一件荒唐透顶的蠢事引起的。

话说齐国有个美女叫棠姜，她是个风流俏寡妇。大夫崔杼爱她爱得发昏，也不避嫌将她娶了过来。可惜不幸得很，崔杼遇到了个特好色的老板——齐庄公。齐庄公这人是个独夫民贼，好勇斗狠，贪色无厌，他跟棠姜通奸，经常找借口到崔杼家里去。

有一次，齐庄公还把崔杼的帽子赏赐给身边的人，这样做就太过分了，这等于对外宣布：哎，不好意思，我把你老婆睡了。崔杼一忍，再忍，忍无可忍，愤怒的小宇宙终于爆发了！他跟宫里的宦官贾举暗中勾结，时刻准备着雷霆一击。贾举是齐庄公的司务长，曾经遭到庄公的侮辱和鞭打，所以一直怀恨在心，伺机报复。他们精心密谋了一个计划，挖好了陷阱，万事俱备，单等着齐庄公落入圈套。

公元前548年，夏六月，莒国来朝，齐庄公去陪客户吃饭，发现崔总理请了病假没来上班，齐庄公假意去慰问下属，背地里却跟棠姜幽会。棠姜躲进屋里，把门死死地插上。齐庄公就在外面抱柱而歌，企图勾引她出来。

这时候，贾举开始行动了。他把齐庄公的贴身侍卫，全都拦在了外面，并将大门上了锁。崔杼手下的那帮甲士一哄而上，将齐庄公团团围住。他们亮出十八般兵器，准备把齐庄公当生鱼片给切了。齐庄公吓得屎尿齐流，跑到一个高台上忏悔祷告：好汉爷爷饶命啊！众人不答应。齐庄公说，我写保证书还不成吗？众人还是不答应。齐庄公万般无奈只好说，好歹我也是一国之君，死得总该体面一点吧？要不我去太庙上吊吧？那里风水好。众人仍然不答应。狗急了还会跳墙呢，齐庄公也会，但他显然不能飞檐走壁，摔将下来，被一箭射中了大腿。齐庄公被乱刃分尸，剁成了肉酱。

当这一幕发生的时候，有个人在院外冷冷地看着。他是谁呢？晏婴。他缓缓地走了进来，抚尸痛哭。随从们就问了，庄公已经被杀了，我们要不要跟着一块儿死呢？晏婴说了一段极为经典的话：“国君要是为社稷而死呢，我们理所当然应该跟从；可他之所以落到今天这个下场，却完全是为了私欲。我想诸位就没有必要再牺牲了吧？”晏婴不愧为晏婴，毕竟不像后世的儒生那样迂腐。顺便插一句，晏婴是春秋时代仅次于管仲的名相。司马迁先生就曾大发感慨，倘若晏平仲还活着的话，我虽为其执鞭，也了无遗憾了。

周围的人劝崔杼杀了晏婴，崔杼到底还是把晏婴放了。他说：晏婴是知识分子的精神领袖啊，不如放了他，可以收买人心。

但人心并不是那么容易收买的，齐国的太史甲就在竹简上刻：崔杼弑其君。崔杼火冒三丈，杀之。没想到，太史乙接班后，又写上了。崔杼再杀之。可没想到，又冒出个太史丙来，外甥打灯笼——照舅（旧）。崔杼是杀不胜杀，也烦了，心说这计划生育是怎么搞的呀，是不是还有个太史丁啊？弑君就弑君吧。反正是他先不仁，我才不义的。

崔杼弑君这件事，并不是单纯的谋反。他是被逼疯的，既然君都不君了，臣又何必再臣呢？我们读《水浒传》，看到多少英雄好汉被逼上梁山，他们错了吗？这个病根和毒瘤，就出在专制身上。

随后，崔杼又杀死了庄公的一些亲信，其中包括贾举，我想大概是为了灭口吧。

二、庆封作乱

崔杼和庆封是春秋时候齐国的大夫，齐庄公与崔杼妻有染，两人联合庆舍弑齐庄公，共立齐灵公的幼子杵臼为君，就是齐景公。崔杼自立为右相，庆封为左相。景公年幼，崔杼专横，独揽朝政大权，威势镇压齐国。庆封心中暗怀嫉妒，想杀崔杼以代相位。

当时崔杼家中，闹起废长立庶的家事，庆封乘隙诱引崔氏子弟，自相争夺，并以精甲兵器，帮助崔杼的嫡子崔成、崔疆刺死主谋的家臣东郭偃和棠无咎。

崔杼大怒，急忙往见庆封，哭诉家中发生的变故，庆封佯装不知，惊讶地说：“这两个孺子，怎敢这样目无长上呢？你若想讨伐，我当效力。”崔杼信以为真，感激地说：“如果你能为我除掉这两个逆子，以安崔家，我叫宗子崔明，拜你为父。”于是庆封便召集全家甲士，命令家臣卢蒲嫳带领前往，抄杀崔氏妻妾儿子全家，所有车马服器，也都搜取无遗，又烧毁门户房屋，然后带崔成与崔疆的首级，来回复崔杼，崔杼见两个儿子的头颅，既悲又愤，向庆封再三称谢，便登车回到家中，已是家破人亡，才知被庆封所害，悲痛至极，自缢而死。

庆封逼杀崔杼之后，独揽大权，更加骄横。他嗜酒好猎，不听政令，让儿子庆舍代行政事。庆封把自己的财产和家室迁到宠臣家，整天在那里饮酒作乐、处理政务，那里简直成了朝廷，史称“国迁朝焉”。

齐国大臣田文子因此预言“乱将作”。于是，田、鲍、高、栾四大贵族相与合谋除掉庆氏。齐景公三年（公元前545年）十月，趁庆封出去打猎，四大贵族共同率领家丁包围并攻占相府。庆封回来，不得其门而入，逃往鲁国。齐人责怪鲁国，庆封只好逃到吴国，吴王赐朱方（今江苏镇江东）作为他的封邑，庆氏宗族聚集在那里，其富裕程度竟超过在齐国时，成为春秋时期著名的富豪。后来庆氏的封地被楚人夺去，庆封也为楚人所杀。齐人移葬了庄公，把崔杼的尸体示众于市以泄民愤。

这就是乱臣的下场，不得好死。

三、评崔庆之乱

这次弑君事件被称为“崔庆之乱”，因为庆氏也是崔氏一党。这次事件非常有名，主要是因为在这次事件中发生了齐国太史及其两个弟弟因为在史书上直书“崔杼弑其君”而被崔杼杀死的事。太史的第三个弟弟还是这么写，崔杼知道自己不可避免会留下弑君的恶名，于是不再杀他。齐国南史氏听说接连有三个太史氏的人因直书而被杀，也拿着竹简去准备记录弑君事件，听说已经记了下来才回去，可见当时的史官是很尽职而且很勇敢的。

另一个在此次事件中表现出众的人是晏婴——就是使楚的晏子。当时齐庄公的亲信们或死难，或逃亡，晏婴并非齐庄公的宠臣，他独自站在崔氏之宫门外，既不赴死也不逃亡，而是等门开了以后进去按礼制对齐庄公的死表示哀痛，然后就走了。有人劝崔杼杀了晏婴，崔杼说他有民望，放了他可以得民心。后来，崔杼立齐景公，与国人在太庙结盟，盟辞是:“所不与崔、庆者。”这句盟辞省略了后一句“有如某某”，整个盟辞的意思是不附和崔氏、庆氏的人没有好结果——而晏婴仰天长叹盟誓说:“婴所不唯忠于君利社稷者是与，有如上帝。”这样就巧妙地免去了对崔杼的效忠。

齐国公室已日益衰微，大夫专权日益严重，并且屡屡发生子弑父、臣弑君、兄弟相残的现象。

在桓公死后，杀来杀去成了惯例，竟然完成了兄弟之间的五届政权交替，当初与太子争位的五位公子中竟有四位轮番登场，都圆了一把君主梦，也是春秋史上一大奇观！但是付出的是骨肉相残、群臣受难、百姓遭殃的代价。

兄弟、叔侄相残，一朝天子一朝臣，在弑君篡位的换届中，那执行起来更是叫绝！前朝官员不管贤与不贤，在劫难逃者众，或惨死刀下，或出奔他国。

之后，齐国政局的动乱更向纵深发展，超越公族内部的、更大范畴的政权斗争，伴随着阴谋和血腥拉开了更为厚重的序幕，因它陷入了更加泥泞的无法自拔的嬖臣乱政的泥淖中。

春秋史上，崔杼真是个不可多得的人物。他跨越了惠、顷、灵、庄、景五个朝代，钻营政坛六十年左右，可以大权独揽钦定两代君主人选，可以定夺公子王孙的死活，可以叫齐国政坛三代血雨腥风，但是最终却落个家破人亡夫妻双双悬梁，还得暴尸市井的下场，却又原来是毁于自己的死党手中！难不成又是天意弄人？也可谓春秋史上一大景观也。

国人皆知齐之良相管仲与晏婴，殊不知这奸相崔杼的所作所为，也并非没有“以史为鉴”的价值！

第四节　田代姜权，历史的选择与疑问

【原文】

庚辰，田常执简公于徐州。公曰：“余蚤从御鞅言，不及此。”甲午，田常弑简公于徐州。田常乃立简公弟骜，是为平公。平公即位，田常相之，专齐之政，割齐安平以东为田氏封邑。

平公八年，越灭吴。二十五年卒，子宣公积立。

宣公五十一年卒，子康公贷立。田会反廪丘。

康公二年，韩、魏、赵始列为诸侯。十九年，田常曾孙田和始为诸侯，迁康公海滨。

二十六年，康公卒，吕氏遂绝其祀。田氏卒有齐国，为齐威王，强于天下。

【译文】

庚辰日，田常在俆（shū）州逮捕简公。简公说：“我要是早听田鞅之言，不会落到今天这个地步。”甲午日，田常在徐州杀死简公。田常立简公之弟鳌为齐君，

就是平公。平公即位后，田常为相国，专擅齐国大权，划割齐国安平以东广大国土为田氏封疆范围。

平公八年（公元前473年），越国灭掉吴国。二十五年（公元前456年）平公死去，其子宣公积继位。

宣公五十一年（公元前405年）死，其子康公贷继位。田会在廪丘叛乱。

康公二年（公元前403年），韩、赵、魏开始成为诸侯。十九年（公元前386年），田常曾孙田和开始成为诸侯，把康公流放到海滨。

二十六年（公元前379年），康公死，吕氏祭祀断绝。田氏终于占有齐国，到齐威王时，在天下称强。

【评点】

一、晏婴老去，陈氏初露峥嵘

时光荏苒，公元前530年，齐景公亲政以来，一晃又是三十年。

齐景公是个好命的国君，虽然即位的前三年遭遇了崔庆之乱的余波，后又有栾高执政十四年的混乱，但是再之后的三十年里，他却获得了齐国第二良相——晏婴相佐，不能说不是他的福气！

公元前530—前500年，是齐国政坛一个多世纪以来难得平静的三十年，是齐景公执政五十八年中最高枕无忧的三十年。虽然齐景公奢侈腐化、罔顾民生，百姓的苦难还是多多，复霸之梦依然时时在动，但是比起宫廷政变的血流成河、频频出兵的交相争霸来讲，算是幸福了许多。

但对于齐国的姜氏政权，在这相对平静的三十年，却有一股暗流在涌动，时刻在等待着井喷的瞬间。半个多世纪以来，陈氏家族施惠百姓，收买公族子弟，人心所向已势不可当，三十年前就曾因攻杀栾高政权而露过峥嵘，但至今并未再发难，这不能不归功于晏婴在位的时间。

然而一旦晏婴去世，齐景公跟他的齐桓公爷爷一样，身边的良相去了，自乱其政接踵而至。齐景公在失去晏婴这个正面的精神支柱之后，也像他的齐桓公爷爷一样，宠幸某人的基因再度泛滥，他最宠爱的幼子荼，充斥了他垂垂老矣的精神家园。齐桓公死前“废太子昭，立无诡”的闹剧，被他重演。

晏婴去后的第十年，齐景公寿终正寝。齐国政坛上，沉寂了四十年的政变烈火再度点燃，正像他的齐桓公爷爷一样，始作俑者，也是由他来承担。

齐景公“废长立幼”再掀宫廷波澜，跟他的齐桓公爷爷不一样的是，陈氏家族立刻伺机而出，紧锣密鼓地进行了换班夺权，眼看姜姓江山即将化为历史的尘烟。

陈氏家族又是何方神圣？他恁地会有如此之大的能量，颠覆了春秋第一霸主的政权？回眸历史，却发现正是霸主之祖齐桓公结下的“善缘”。

二、养精蓄锐，伺机而动

公元前672年，齐桓公十四年，舜的后裔陈国动乱，太子被杀，公子陈完（敬仲）奔齐。齐桓公求贤若渴地接纳了他，立刻任命他为卿，但有自知之明的陈完却婉言谢绝而任工正，即管理手工业的官员。后又娶监国大臣国懿仲之女为妻，跻身于齐国贵族之列，并改姓为田。（《左传·庄公二十二年》）

一个外来贵族，夹在齐国的国、高两大权贵之间，又历经后管仲时代的三子专权、后桓公时代的五公子争位，以及之后跨越三十年的崔庆之乱，一直到眼下的栾高之乱，唯陈氏家族临危不乱，如此高的人气是怎么维持的呢？

晏婴与晋国大夫叔向的一席对话，向后世解开了这个百年之谜。叔向问晏婴：“你们齐国怎么样？”晏子对曰：“齐国到末世了，我不敢说齐国是不是要归陈氏了！反正我看到景公抛弃了他的子民，百姓们都依附陈氏去了。比如他大斗借出，小斗收回来施惠于民。他所经营的山货木料、鱼盐蜃蛤的价格都不高于山林海边，只图方便百姓。百姓有了痛苦疾病，他知道了就会给予厚赏。可是宫室怎么做的？正相反啊，苛剥百姓无以复加啦，百姓痛心疾首哦！所以呀，这陈氏爱民如子，百姓归之如流水，想不让百姓归依都难啊！陈氏家族的列祖列宗们都到齐国来啦！”

这就是陈氏家族蓄势百年，一触即发的秘密武器。

晏婴所拜托的这个陈桓子，是陈公子完的第四代传人，庄公时代甚有宠，崔杼弑庄公时受宠者怎可幸免？他愣是没事，眼下正侍奉景公。

如今陈桓子羽翼丰满正式出山了。他旗开得胜，结束了十四年的栾高时代。

也是由于天赐良机。栾灶执政七年上去世，其子栾施继位。十年上高虿死，继承人高强年少。栾施欲治其家政，杀了高家家臣头子，另立新的家臣头子，驱逐了高强的其他兄弟，栾高内乱！

陈氏家族在祖上三代以道德文章为主打项目的百年功德之后，陈桓子这第四代传人则开始了另类行动。他先是挑拨离间，然后突然袭击，硬是打了个栾高措手不及，硬是逼其不得不弃家出奔，之后分掉其所有家产。

孔子也郑重记下这件事：十年春正月。夏，齐栾施来奔。左丘明则补充说明，栾高倒台，外姓贵族“陈氏始大”。

卷七 《史记·楚世家》

第一节 楚国渊源及崛起

【原文】

楚之先祖出自帝颛顼高阳。高阳者，黄帝之孙，昌意之子也。高阳生称，称生卷章，卷章生重黎。重黎为帝喾高辛居火正，甚有功，能光融天下，帝喾命曰祝融。共工氏作乱，帝喾使重黎诛之而不尽。帝乃以庚寅日诛重黎，而以其弟吴回为重黎后，复居火正，为祝融。

吴回生陆终。陆终生子六人，坼剖而产焉。其长一曰昆吾；二曰参胡；三曰彭祖；四曰会人；五曰曹姓；六曰季连，芈姓，楚其后也。昆吾氏，夏之时尝为侯伯，桀之时汤灭之。彭祖氏，殷之时尝为侯伯，殷之末世灭彭祖氏。季连生附沮，附沮生穴熊。其后中微，或在中国，或在蛮夷，弗能纪其世。

周文王之时，季连之苗裔曰鬻熊。鬻熊子事文王，蚤卒。其子曰熊丽。熊丽生熊狂，熊狂生熊绎。

熊绎当周成王之时，举文、武勤劳之后嗣，而封熊绎于楚蛮，封以子男之田，姓芈氏，居丹阳。楚子熊绎与鲁公伯禽、卫康叔子牟、晋侯燮、齐太公子吕伋俱事成王。

【译文】

楚人的先祖出自帝颛顼高阳。高阳是黄帝的孙子、昌意的儿子。高阳生下称，称生下卷章，卷章生下重黎。重黎为帝喾高辛身居火正之职，很有功绩，能使天下光明和乐，帝喾命名他为祝融。共工氏发动叛乱，帝喾派重黎诛伐共工氏，但没有斩尽杀绝。帝喾于是在庚寅那天诛杀重黎，而让他的弟弟吴回作为重黎后继者，又居火正之职，仍为祝融氏。

吴回生下陆终。陆终生下六个儿子，是剖裂身体而生下的。其中老大叫昆吾；老二叫参胡；老三叫彭祖；老四叫会人；老五为曹姓；老六叫季连，为芈姓，楚人是他的后裔。昆吾氏，夏朝的时候曾经为侯伯，夏桀的时候商汤灭亡了昆吾氏。彭祖氏，殷朝的时候曾经为侯伯，殷朝末世灭亡了彭祖氏。季连生下附沮，附沮生下穴熊。他的后代中道衰微，有的在华夏中土，有的在蛮夷域外，不能记录他们的世系。

周文王的时候，季连的后裔叫鬻熊。鬻熊侍奉周文王，早年去世。他的儿子叫熊丽。熊丽生下熊狂，熊狂生下熊绎。

熊绎正当周成王的时代，周成王举立周文王、周武王功臣的后裔，而将熊绎封在楚地，封给子男这一等级的田土，姓为芈氏，居住丹阳。楚子熊绎和鲁公伯禽、卫康叔子牟、晋侯燮、齐太公子吕伋一同侍奉周成王。

【评点】

楚国，又称荆、荆楚，是中国历史上春秋战国时代的一个诸侯国。周代被中原各国蔑称为“南蛮”。

从开始为西周灭商立下汗马功劳，到春秋时期与晋、秦、齐争霸，再到战国的衰落，最后被秦王政六合诸侯给“合”掉，犹如长江之形，起伏跌宕，于曲折处徘徊低吟，于平缓处惊涛拍岸，留下一腔激昂、一串喜悦、一份遗憾和一丝意犹未尽。八百余年间，那些被中原各国称为“荆蛮”“南蛮”的楚人，犹如长江中那些奔腾的浪花，在西起巴蜀、东到大海、北达伏牛山、南跨五岭的广袤土地上，演出了一幕幕或让人热血沸腾、或让人扼腕叹息、或缠绵悱恻、或壮怀激烈的精彩故事。

楚国，发迹于南蛮之地，从与中原进行激烈的对抗到与中原文化的交融，再到成为中原对抗暴秦的依托，终于完成了与中原诸国的融合。

在我国上下五千年的人类历史长河之中，有许多家喻户晓、广为人知的历史典故和历史故事，就是发生在楚国。

楚庄王，问鼎周室，称霸中原；伍子胥，为报父仇，带领吴国大军，五战五捷，攻破郢都，鞭尸楚平王；楚怀王，身为六国联盟的秘书长，竟然被一个小小的张仪骗得团团转，闹出了与齐国绝交只换得区区六里之地的大笑话，最后，再次上当受骗，被秦国扣留，老死异国他乡；屈原，不仅留下了《九歌》《九章》《天问》《离骚》等浪漫多姿的千古诗篇，而且还独创了一种新的文体——“楚辞”。而他在湖南汨罗江的那悲情一跳，为我们跳出了一个传统节日——端午节。

对于楚国历史上所发生的那些惊天动地的大事，大家都能如数家珍，可对于楚国人的祖先、楚国的起源问题，可能就不太清楚了。

一、蛮夷根在中原

荆楚人，我问你，你的家乡在哪里？这个问题乍一看，用现在网上流行的说法就是：这是一个脑残问题。荆楚人的家乡当然在荆楚之地了。呵呵，这么回答的人多半是读书时不求甚解的。

楚国，是个历史悠久的国家。其源头最早可以一直上溯到赫赫有名的黄帝那儿。

司马迁在文中说，楚国的先祖，是高阳，而高阳就是我们常说的上古大帝三皇五帝中的颛顼帝。颛顼帝大名鼎鼎，光照万世。高阳的父亲，名叫昌意；而昌意的父亲，就是黄帝。颛顼帝、昌意和黄帝祖孙三代的血缘关系，在《史记·五帝本纪》中，也有明确的记载："帝颛顼高阳者，黄帝之孙，昌意之子也。"

楚国爱国诗人屈原在其名传千古的《离骚》中也说："帝高阳之苗裔兮，朕皇考曰伯庸。"湖北楚国史专家魏昌教授在他的专著《楚国史》中说："《史记》是我国最早的通史，司马迁博览群书，广采传说，对楚人先祖之考证，应该是可信的。屈原是楚宗族后裔，对祖先的认定，应该是郑重的，他本人对自己出自颛顼之后，更是充满了自豪之情。"

看来，只要写楚国的历史，都应该从颛顼帝开始写起。难怪司马迁在介绍楚人先祖世系的时候，先从颛顼帝高阳处着笔，再向上追溯至黄帝，然后再向下介绍之后的传承关系。

颛顼之后重黎、吴回、陆终均居火正，亦为黄帝集团中一举足轻重的部落群。

在中国远古时期，部族首领的名字往往就是部族的名字。卷章的大儿子重黎，因为担任了部族政权的酋长，才以部族名取名。作为颛顼的一个分支后裔，重黎被当时的中原华夏酋邦君主帝喾任命为火正——远古时期为酋邦政权掌管火的官职。火正的职责为取火、出火、纳火、改火和保留火种，被尊为火神。重黎受帝喾委派到南方去镇压强大的反叛部落共工氏，因平乱不力，被其杀掉，弟弟吴回接任火正一职。继续率他的部族南下与共工氏作战。后来终于镇压了共工氏的叛乱，但吴回却也死在南方，葬在南方衡山之阳的祝融峰（今湖南衡山）。

吴回死后，他的子孙和部族成员仍生活在中原地带，因重黎和吴回先后担任"火正"一官，世人均称之为"祝融"，后人就把他们的后代建立的部落称为"祝融部落"。

关于"祝融"一词的含义，韦昭曾经这样解释道："祝，始也；融，明也。"用现代的白话文来讲，“祝”其实就是永远、继续的意思；“融”则是光明的象征。帝喾之所以命名他们为“祝融”，其实就是希望他们始终能够用火来照耀大地，永远给人们带来光明。

现在湖南省的衡山，有一座山峰一直就叫作祝融峰，就是人们为了记住这哥俩的历史功绩而命名的。也有传说称，祝融死后，葬在此地，故名之曰祝融峰。

可见楚之先祖其实就是发迹于中原地区的一个历史悠久的具有先进文明的部落集团。只是后来随着历史的发展，在夏、商、周三个朝代的政权更迭和残酷的政治经济之争中，楚国的先君们为了自身的利益不受损害，更为了自己得到更好的发展，才逐步南迁到了以汉水中上游为核心地带的丹淅之地。

看来，中原各国贬称楚国为蛮夷，其实是经不住历史推敲的，改变不了楚国王族源于中原的客观事实。

二、季连，楚人之鼻祖

从颛顼帝高阳开始，楚国先祖的领军人物，经过先后六次的传承，终于传递到了季连的手中，《史记·楚世家》对这一传承关系，记载得十分清晰。

请注意，在我们上面提供的《史记》引文之中，有一句话，已经为我们揭开了有关楚国得姓始祖的神秘面纱：“季连，芈姓，楚其后也。”这句话的意思是说，楚国人其实就是季连的后代。

季连的父亲，名叫作陆终，而陆终的父亲，也就是季连的祖父，就是那个大名鼎鼎的吴回。

季连的母亲，在史书之中也是有名有姓的。她的名字叫女聩。《世本·帝系篇》曾经这样介绍她：“吴回氏产陆终，陆终娶于鬼方氏之妹，谓之女聩。”看来，他的母亲是从鬼方部落嫁过来的，而他的舅舅很有可能就是当时鬼方的部落头领。

一个是祝融的儿子，一个是部落头领的小妹，陆终和女聩这对小夫妻，可谓门当户对、情投意合。而更为神奇的是，这对小夫妻，竟然堪称史上最牛生殖大户。

陆终不简单，女聩则更神。她的肚子，似乎有特异功能，一胎怀上六个小老虎，奇迹呀！真是千古奇迹。更为奇怪的是，普通人家，十月怀胎，就要临盆产子，为人父母，可女聩这个神奇的女人，一胎竟然怀了整整三年。史载，“是剖裂身体而生下的”，这大概是最早的剖宫产了。

很显然，笼罩在陆终与女聩身上的这个神奇故事，带有明显的传奇色彩，不一定能够当真，不管是神话传说，还是后人的牵强附会，但陆终和女聩一胎生下六个男孩的事情，却是千真万确、于史有据的。

陆终的六个儿子中，老六季连最小，出道最晚，但对历史所做出的功劳最大。因为他不仅能征善战、勇猛顽强，而且极具政治敏锐感和战略思维能力。他在成功地当选所在部落的头领后，冷静地分析了当时的政治环境。他认为，在夏启建立夏王朝后，他们要想在中原一带再有大的作为，可能性很小。要生存、发展、壮大，只有另辟蹊径，向夏王朝的外围发展。几经考察，几经权衡，他做出了一个英明的决定：带领自己所在的部落由北向南，寻找新的乐土。正是这个英明伟大的决定，在古代中国的历史上，竟然孕育出了一个全新的民族——楚民族。

勤劳的楚人经过世世代代的顽强拼搏和艰苦卓绝的努力，最终在长江流域建立起了一个伟大的王国——楚国。正是这个楚国，由小到大，由弱到强，并且一跃而成为南中国最强盛的国家，曾经问鼎中原，饮马黄河，一度成为抗击虎狼之国——秦国的中坚力量。

问渠那得清如许，为有源头活水来：要是没有陆家老六季连的英明决策，楚国能够走到今天这一步？

为了敬仰老六的丰功伟绩，让我们永远记得他的英名吧。

他的名字，叫季连！

三、姓芈氏熊

自降生人世开始，每一个人都会从自己的父母那儿得到一个特定的名号，这个特定的称号，就是我们每个人的姓名。

姓名，其实由两部分组成，一个是姓，一个是名。姓，是个体所在氏族的标志；名，则是个体自身的称号。

那么，远古时代的那些楚国的先民们，他们到底姓什么呢？他们姓“芈”！好生僻的字，不会读。不会读？不要紧，捏着自己的鼻子，再蒙上嘴巴，然后学一学山羊是如何叫的，自然而然你就认得这个字了。

咩，咩……

对，这个“芈”字，读作“mǐ”，与大米的“米”是谐音。

那么，楚国人为何要姓芈呢？这可还得从季连说起。

《史记·楚世家》中说道：“季连，芈姓，楚其后也。”意思是说，季连姓芈，那些在南方的立国的楚国人就是他的后代。

《国语·郑语》《世本》《大戴礼记》等古书上也有类似的记载。在姓氏研究这一领域，《通志·氏族略》是一本很重要的史书，书中曾经这样介绍：“芈氏，楚姓也，陆终之子季连之后也。”意思很明显，芈是楚国的姓，而楚国人就是陆终的儿子季连的后代。

《国语·郑语》中则记载："祝融之后有八姓。融之兴者，其在芈姓乎？蛮芈蛮矣，唯荆实有昭德，若周衰，其必兴也。"这段文字运用设问句的方式告诉我们，芈姓季连的后代所建立的国家，一定会在未来的历史舞台上强势兴起，大放异彩，而后世的历史竟然真的印证了这一点。

季连为什么姓芈，可能与其深深怀念他的母亲女聩有很大的关系。幺儿子总是最为得宠的。季连从小就受到母亲的宠爱，跟母亲最亲近，恋母情绪似乎也最浓。正是由于这层关系，当家大业大的陆家，开始闹腾着分家，几兄弟要各奔东西，独立去发展的时候，每个儿子都要取一个新的姓，季连与母亲痛哭流涕，为了以后能够经常怀念自己的老妈，他居然灵机一动，选择了与母亲的生活曾经息息相关的"芈"字为姓。

《说文解字》解释道："芈，羊鸣也。从羊，象声气上出。与牟同意。绵婢切。"

一句话，不论今后走到哪，只要听到羊的叫声，他就会想念自己的妈妈。季连对母亲的深情厚谊，真的是叫我们感动。

看到这，或许有人迫不及待地要提出疑问了，既然你说楚人的先祖都是芈姓，那为何楚国先朝的那些国君和后世的所有楚王，他们的名字前面都带有一个"熊"字呢？

只要认真考察历代楚国国君和国王的姓氏，我们就会发现一个十分有趣的现象。无论是文献中记载的《楚世系表》，还是出土文物中的铭文或竹简，在楚国每一个最高统治者的名字之前，都不约而同地带有一个字，那个字就是"熊"，如楚武王名叫熊通、楚庄王叫熊侣等。

熊只是楚君或楚王的氏。也就是说，所有的楚国国君或国王，都是姓芈，氏熊！只是那个芈字已经被省略了而已。这种情况，在其他的诸侯国之中，并不多见。

看来，"熊"是楚王的专有称号啊。

四、审时度势，归附周王

国君不是自己封了就行的，还得看被"权威"承不承认，有没有传承。

那么，楚国究竟何时立国呢？

据考证，当在公元前一千一百多年，也就是距今三千一百多年。

谈到立国，就必须谈谈鬻熊。

鬻熊是何许人也？

鬻熊乃商朝末期的一个芈姓季连部落的酋长，是楚人心目中神圣不可侵犯的先祖。

备受商朝欺凌，几乎遭灭顶之灾的楚国先民为避商朝兵锋，辗转迁移到今河南西南、湖北西北交界处的丹淅之地。他们艰难地挣扎在莽莽众山之中，还得胆战心惊地向商王贡赋纳物，稍不上心，就会被商刀剑相加。

当被后人谥为周文王的姬昌求贤纳士，共讨商朝的信息自北而南传入楚国先民所建的部落时，其首领鬻熊冷静地分析时政，权衡利弊。按照现代学者徐旭在《凤凰翼翼高翱翔》中所说，他敏锐地从“未来将要发生的政治、军事角逐的格局中，依稀看到了本民族的生机”，也预感到了殷商行将灭亡的结局。对未来生活充满信心的鬻熊“像今天股市中有头脑的股民一样，审时度势地如数投抛出了商纣王这只垃圾股，果断地在未来可能升值的周文王身上押上了一注”。

打理好政务，鬻熊不顾年老体弱，路途遥远，亲赴周文王所迁新都丰，欲与文王会盟。鬻熊从部落所处的丹淅之地出发，沿着丹水宾主相见，寒暄既毕，鬻熊就一语中的，表明心迹：“欲与周共图大业，共讨商贼！”文王虽求贤若渴，但见其皓首鹤发，年近九旬，笑曰：“以君之力，何以伐虎豹之国！”“使臣捕兽逐鹿，臣是老了，若使坐策用事，臣尚年少！”文王颔首称是，两人相拥而坐，促膝长谈，言辞皆欢。

后人根据鬻熊所言整理的《鬻子书》一书记录了鬻熊启示周文王的精辟之言：“发政施仁谓之道，上下相亲为之和，不求而得为之信，除天下之害为之仁。”

《史记·楚世家》载：“周文王之时，昌意之苗裔鬻熊之子事文王。”简洁明了的语言将两个年过古稀的部落首领会盟的成果昭示天下：周文王像后世的三国时代的刘备信任倚重诸葛亮一样，奉鬻熊为自己的军师。凡政务、军务、国事都虚心向鬻熊求教。鬻熊后人熊通在公元前 704 年向周王室请求加爵不得，自封为王时曾说：“吾先鬻熊，文王之师也！”

楚族首领鬻熊审时度势，义无反顾地加入了周文王反商兴周的同盟之中，他为文王坐策国事，既为其灭商兴周做出了贡献，更为自己成功地实现立国梦想打下了坚实基础。

“投我以木瓜，报之以琼瑶。”鬻熊做出的非凡之举对自己而言并没有带来多大的利益，但却为其后代从周王室那里获取巨额政治效益埋下了伏笔。没有其智慧与汗水的付出，哪来熊绎受封子爵，立国丹阳？

五、美梦成真，立国丹阳

岁月斗转，物换星移。

主宰中原大地的统治者换了一拨又一拨，王朝经历了一个又一个。

大浪淘沙，淘出的是沙子，留下的是精华。

公元前1051年，周文王壮志未酬，撒手人寰，被后世称为周武王的姬发继承君位。周武王遵守文王灭商遗愿，灭掉商纣王，建立起了大周王朝。为了巩固统治，他采取了分封诸侯的办法，将宗族亲信分封到征服的各地。

周武王所封诸国不是亲戚和亲信，就是先祖的后代和先前历代圣主的后代。尽管楚部落在周文王之时，就在鬻熊的领导下归附于周，但由于不在皇亲国戚之列，所以根本无缘得到分封的奖赏。

公元前1045年，年仅45岁、一统天下不到两年的周武王因操劳过度，英年早逝。成王即位，年幼资浅，难以服众。国家初定，外部形势还很严峻，叔父周公旦，颇有谋略，忠心耿耿，为防止异族反叛、社稷倾斜，当机立断，毅然摄政。但在国都之外监视武庚的管叔、蔡叔却心中不服，大肆造谣中伤，诬陷周公欲对成王不利。成王年幼，信以为真，对周公由反感而生厌恶。

为防止矛盾加深，周公在安葬武王之后，借视察访问之名，离开国都，辗转反侧，颠沛流离，逃到了地处丹淅之地的楚部落避难。当时的楚族，经历了鬻熊、熊丽、熊狂后，已经进入了熊绎为部族首领的时代。

周公旦何以选择楚国避难？原来，周公旦是周文王的第四个儿子。文王在世当年，楚族首领鬻熊归附，为文王出谋划策，成为文王的座上客。尽管那时周公年幼，但鬻熊对周的友好感情，父亲对鬻熊的礼待，周公却记忆犹新。后来鬻熊去世，其子熊丽、孙熊狂和重孙熊绎虽与周的联络渠道和联盟关系一度中断，但这种历史友情只要一经提起，并稍加培养，往日的浓浓温情就可以重建确立。

聪明的周公还知道，在当时那险恶的政治环境下，只有像楚部落这样的地方，因与当时的周的关系不亲也不疏，不浓也不淡，才最利于自己避难，才得保障自己在叔侄反目、两人不和的时候，没有生命之忧。

周公避难于楚，楚接纳周公，在历史的长河中，表面上看，只是一件微不足道的小事，但实则对楚国后世的发展具有不可估量的重要意义。如果说，鬻熊赴周，只是在历史发展的十字路口，楚人自己选对了路，站好了队，那熊绎接纳周公，却为楚国从周王朝那里获得封号与封地积累了雄厚的资本。

周公出奔，成王理政。但恰在此时，周王朝却突遭一场罕见之灾，损失极其惨重。成王为了祈求上天保佑，去祭祀天地，偶然在一个金縢匣，也就是一个用金丝带包扎的长匣子内发现了周公在其父周武王末年，突生重病，生命垂危之际，向祖先祷告，要求以自己为质，代武王生病而死，以使武王病愈理政的祷词。为其赤胆忠心所感，成王幡然悔悟，忙派人从楚迎回周公。两人冰释前嫌，握手言欢。

管叔见以流言蜚语迫周公下台，自己取而代之的计划破产，便铤而走险，联合蔡叔、霍叔，勾结纣王的儿子武庚和东夷的奄、蒲姑等大国，开始发动叛乱。

归政于周的周公旦毅然东征，一举击溃管蔡联军。又经过三年的大肆征伐，周公旦不仅平定了所有的叛乱之国，而且还把东部和南部的叛乱势力全部铲除。周人取得了比武王伐纣时更大的胜利。

周朝又有了第二次分封，此次分封，楚因曾接纳过逃难的周公旦，所以得到了主持国政、主导此次分封的周公旦的特别奖励：熊绎被封为诸侯，授以子爵，定都丹阳。这是为了表彰和奖励鬻熊的功绩。

楚国人获得了建国立业的封号，由松散的部落联盟时代迈入了有着严密政治军事组织管理体系的国家形态，经过长时期的励精图治，迅速地发展壮大起来，打开了八百年的熊楚基业。

第二节 “春秋荆楚第一王”熊通

【原文】

三十五年，楚伐随。随曰：“我无罪。”楚曰：“我蛮夷也。今诸侯皆为叛相侵，或相杀。我有敝甲，欲以观中国之政，请王室尊吾号。”随人为之周，请尊楚，王室不听，还报楚。三十七年，楚熊通怒曰：“吾先鬻熊，文王之师也，蚤终。成王举我先公，乃以子男田令居楚，蛮夷皆率服，而王为加位，我自尊耳。”乃自立，为武王，与随人盟而去。于是始开濮地而有之。

【译文】

三十五年(公元前706年)，楚国讨伐随国。随国君说：“我没有罪过。”楚王说：“我处在蛮夷地区。今天诸侯们都背叛王室互相侵伐，互相攻杀。我有军队，想凭此参与中原的政事，请求周王室尊奉我的名号。”随国人替他到周王室请求尊号，周王室不答应，随国人回来向楚国报告。三十七年（公元前704年），楚熊通大怒说：“我的祖先鬻熊是文王的老师，很早死去。周成王提拔我的先公，竟只赐予子男爵位的田地，让他住在楚地，蛮夷部族都顺服，可是周王不加封爵位，我只好自称尊号了！”于是他自称武王，和随国人订立盟约后才撤军。从此便开始垦殖濮地并占有它。

【评点】

楚国历史上，提起春秋五霸之一的楚庄王，没有不知道的。可要是提起楚武王熊通，真正了解的却并不多。他那句令人振聋发聩的“我有敝甲，欲以观中国之政”的话一定会深深地打动你。正是他，远在公元前704年，就发出了与周分庭抗礼的一声大吼：“王不加位，我自尊。”遂自立为楚武王。他以盖世之功在荆楚大地挺起一座丰碑，他是当之无愧的“春秋荆楚第一王”。

一、弑君自立开疆拓土

楚武王熊通出生于公元前760年左右。当时，周王朝因犬戎入侵，镐京残破，已迁都洛邑，历史进入东周时代。周王朝严谨的“礼乐”制度已渐进崩溃，中原列国之间刀剑相伐、争城夺地的事时有发生。熊通的前任楚君，中原称其为楚子的蚡冒抓住这一难得的机遇，武力“启濮地，征陉隰”，不断夯实着楚国的发展根基。

公元前741年，蚡冒病逝，本来传位于自己的儿子。但心怀大志、喜招贤纳士的蚡冒之弟熊通却突然发动了一次宫廷政变，兵不血刃地占领楚都丹阳，捕杀蚡冒之子，自立为楚君。无论是在古代还是在现代，以下犯上、弑君自立都是大逆不道的，但从历史的发展角度而言，正是这场宫廷政变改写了楚国的历史。从此，楚国开始迅速崛起于江汉流域，及至后来饮马黄河，问鼎中原。

熊通自立后，一方面安抚楚国公族，另一方面大力发展经济。在赢得国人拥戴、巩固政权后，他利用先君“甚得江汉间民和”的有利形势，开始积极地向周围开拓。

他在莫敖屈瑕和大将斗伯比、斗廉的帮助下，先向濮人大举进攻，“始开濮地而有之”，占有了今川、鄂交界的广大地区；后又引兵北伐鄀国（今湖北宜城县西南），并乘胜越过邓国（今河南省邓州市）远伐地处南阳盆地的申国和吕国。申、吕两国与楚相距甚远，就是以现代化的交通工具到达那儿也要许多时日，这在两千多年前需要何等的气魄和勇气啊！申、吕两国无力抵抗，只有求助于大周天子。面对周王朝派出的联军，为避免损失，熊通审时度势，领兵回撤，但却又顺路攻下了建国于商武丁时代的权国（现湖北荆门马良镇）。这样汉水流域的中下游就基本被楚国囊括殆尽。

二、僭号称王会盟诸侯

楚的先祖在周成王时，受封楚地，号为楚子（子爵，在周时有公、侯、伯、子、男五等爵位，子爵算较低级的爵位）。

楚这个地方主要是蛮夷居住的地区，但是在之后历代楚国君主的开拓下，楚的领地不断地扩张，并且吞并了不少附近的诸侯国，由于在楚的周围，都是实力比较弱小的诸侯或蛮族，所以楚国反而因此而得到天时地利，由原先一块小小的封地，已经扩张到领地颇为广阔的颇具实力的诸侯国。

到了楚君熊通时代，楚国的疆域已经扩张到了汉水。楚国的扩张引起汉水以东的各诸侯国的恐慌，以随国为主的诸侯国团结起来，组建军事攻守同盟，积极抵御楚国人的扩张。熊通是一个雄心勃勃的君王，他准备给这个军事攻守同盟一点颜色瞧瞧，在汉水以东的诸侯国中，随国是最大的国家，所以熊通将矛头直指随国。

公元前706年春季，楚国军队展开军事行动，熊通亲自率领大军，入侵随国。楚军越过边境线，占领随国的瑕地，熊通将大军驻扎于此，然后准备与随国谈判。

随侯指责熊通攻随无礼："我国并无什么过错，贵国为何大兵压境呢？"

楚君熊通的回答颇为霸道，也颇为可爱，正可以看出此人的直肠子："我是蛮夷，如今中原各国都背叛了天子，互相攻伐杀戮，我有军队，想来参与中原的政事，请周王室提高我的尊号（楚国的国君只是子爵，称楚子）。"

随侯答应为之周旋，在达成协议后，少师返回随都，熊通也率军撤回楚国。

不久后，随侯到洛邑觐见周天子。由于随国与楚国有约定，随侯便在周桓王面前提出提高楚君爵位的申请。

周桓王黑着脸，二话没说，一口回绝了。

随侯返国后，派了一位使者前往楚国，这时已经是公元前704年。随国使者向楚君熊通汇报结果，告诉他，提升爵号的请求没有获得周天子的批准。

熊通一听，"噌"的一声就跳了起来，大怒道："我的先祖是周文王的老师，死得比较早，后来周成王封我的祖先熊绎为子爵，居住在楚地。自楚开国以来，南方蛮夷无不归服，功劳这样大，周天子并没提高楚国的爵位，老子也不用他封了，老子就自己来提高尊号了。"

熊通自立为楚王，史称楚武王，公然与周王分庭抗礼。

为了明告诸侯，树立国威，熊通称王后，接受莫敖建议，在公元前704年邀请周边列国在沈鹿（今湖北钟祥境内）会盟。接到楚国的邀请，巴、庸、濮、邓、鄾、绞、罗、郧、贰、轸、州、申、江等国都在会盟之日齐聚沈鹿，祝贺熊通，与楚结盟。只有黄、随两国没有到。

熊通意识到，要取威中原就得先威服随国。于是他在派人赴黄国求问原因的同时，亲率大军第二次直取随国。随侯只得拼死抵抗，怎敌得过来势凶猛的楚军呢？加之随军内部意见不一，随军损兵折将，一败涂地。要是没有大将季梁的拼死保卫，弃车而逃的随侯可能早就死于乱军之中了，不得已随侯与楚订立了盟约，尊楚为王。

先会诸侯，后败随国，楚国的尊王之举不仅得到了同姓诸侯国的支持，而且得到了与周王朝同姓的姬姓诸侯国的承认，熊通僭号自称的王位也就顺理成章地合法化了。

称王后，楚武王不断开拓疆土，垦殖濮地，诛灭小国，霸主的风采越来越明显，为成就春秋五霸的大业，奠定了基础。

第三节　春秋霸主楚庄王

【原文】

庄王即位三年，不出号令，日夜为乐，令国中曰："有敢谏者死无赦！"伍举入谏。庄王左抱郑姬，右抱越女，坐钟鼓之间。伍举曰："愿有进。"隐曰："有鸟在于阜，三年不蜚不鸣，是何鸟也？"庄王曰："三年不蜚，蜚将冲天；三年不鸣，鸣将惊人。举退矣，吾知之矣。"居数月，淫益甚。大夫苏从乃入谏。王曰："若不闻令乎？"对曰："杀身以明君，臣之愿也。"于是乃罢淫乐，听政，所诛者数百人，所进者数百人，任伍举、苏从以政，国人大说。是岁灭庸。六年，伐宋，获五百乘。

八年，伐陆浑戎，遂至洛，观兵于周郊。周定王使王孙满劳楚王。楚王问鼎小大轻重，对曰："在德不在鼎。"庄王曰："子无阻九鼎！楚国折钩之喙，足以为九鼎。"王孙满曰："呜呼！君王其忘之乎？昔虞夏之盛，远方皆至，贡金九牧，铸鼎象物，百物而为之备，使民知神奸。桀有乱德，鼎迁于殷，载祀六百。殷纣暴虐，鼎迁于周。德之休明，虽小必重；其奸回昏乱，虽大必轻。昔成王定鼎于郏鄏，卜世三十，卜年七百，天所命也。周德虽衰，天命未改。鼎之轻重，未可问也。"楚王乃归。

【译文】

庄王即位三年，从未向国内发布过任何政令，日日夜夜寻欢作乐，还向国内下了道诏令："有敢进谏的格杀勿论！"伍举入宫进谏。庄王左手怀抱郑姬，右手怀抱越女，坐在歌舞乐人中间。伍举说："希望向您进献一个隐语。"接着又说："有一只鸟落在土山上，三年不飞不鸣，这是什么鸟呢？"庄王说："三年不飞，一飞冲天；三年不鸣，一鸣惊人。你下去吧，我知道你的意思了。"过了几个月，庄王更加淫逸放纵。苏从大夫就入宫进谏。楚庄王说："你没有听到我的诏令吗？"苏从回答说："舍身而使您贤明，这是我的夙愿。"楚王于是就停止淫逸作乐，开始处理政务，杀死了几百个罪人，擢升了几百个有功之臣，任用伍举、苏从管理政务，举国上下十分拥护。当年楚国灭亡庸国。六年（公元前 608 年），楚国讨伐宋国，得到五百辆战车。

八年（公元前 606 年），楚国讨伐陆浑戎，到达洛，在周都郊外阅兵。周定王派王孙满犒劳楚王。楚王向王孙满询问鼎的大小轻重，王孙满回答说："统治国家在于道德不在于宝鼎。"庄王说："你不要倚仗九鼎！楚国只要销毁刀剑上的刃尖便可以铸成九鼎。"王孙满说："啊呀！君王忘记这些了吗？过去虞夏昌盛时，边远的国家都来朝贡，让九州的长官进贡金属，铸成九鼎，其上绘了许多山川物体，各种怪异之物都具备，好让百姓知道怪异为害情况。桀道德败坏，鼎便被迁到殷朝，殷延续了六百年。殷纣王残暴狂虐，鼎又被迁到周朝。如果天子道德美好，鼎虽然很小却重得移不动；如果天子道德败坏，鼎即使再重也容易移动。过去，周成王把九鼎安置在郏鄏，占卜说可以传世三十代，立国七百年，这是上天的意旨。如今周王室虽然衰微，但上天的意旨难以改变。问鼎轻重，确实不可以啊。"楚王这才撤军回国。

【评点】

楚王代代相传，世代经营，无论春秋，还是战国，从地域上看，楚国都算得上是一个大国，但只有在楚庄王时候才称得上强国。在楚庄王的英明领导下，积弱积贫的楚国日渐强大，终至问鼎中原，其余诸国只敢仰其鼻息，庄王因此成就了不可一世的霸业。

一、不鸣则已，一鸣惊人

楚庄王（？—公元前591年），又称荆庄王，姓芈，名旅，一作吕，或侣，楚穆王之子，公元前613—公元前591年在位。

楚庄王初即位时，晋国趁楚国新国君即位的机会，把几个一向归附楚国的国家拉拢了过去，订立盟约。楚国的大臣们很不服气，都向楚庄王提出要他们出兵争霸权。

无奈楚庄王不听那一套，白天打猎，晚上喝酒，听音乐，什么国家大事，全不放在心上，就这样窝窝囊囊地过了三年。他知道大臣们对他的作为很不满意，还下了一道命令："谁要是敢劝谏，就判谁的死罪。"

有个名叫伍举的大臣，实在看不过去，决心去见楚庄王。楚庄王左手抱着郑国的美女，右手抱着越国的美女，坐在钟鼓乐器中间欣赏音乐，见到伍举进来也不松开抱美女的手，只是懒洋洋地问："你来干什么？"伍举说："有人让我猜个谜语，我猜不着。大王是个聪明人，请您猜猜吧。"楚庄王听说要他猜谜，觉得怪有意思，就笑着说："你说出来听听。"伍举说："楚国山上，有一只大鸟，身披五彩，样子挺神气，可是一停三年，不飞也不叫，这是什么鸟？"楚庄王心里明白伍举说的是谁。他说："这可不是普通的鸟。这种鸟，不飞则已，一飞将要冲天；不鸣则已，一鸣将要惊人。你去吧，我已经明白了。"

但庄王并没有因此而振作起来，反而更加奢侈淫逸。

过了一段时期，另一个大臣苏从看看楚庄王没有动静，又去劝说楚庄王。楚庄王问他："你难道不知道我下的禁令吗？"苏从说："臣下当然听见了大王的诏令。不过，舍弃我的生命而使大王明白一些道理，这正是我的愿望！"

楚庄王高兴地说："你们都是真心为了国家好，我哪会不明白呢？"

打这以后，楚庄王决心改革政治，把一批奉承拍马的人撤了职，把敢于进谏的伍举、苏从提拔起来，帮助他处理国家大事；同时他还制造武器，操练兵马。当年，楚国就收服了南方许多部落；第六年，打败了宋国；第八年，又打败了陆浑（在今河南嵩县东北）的戎族，一直打到周都洛邑附近。

二、贤妻良臣，内外辅助

庄王的"浪子回头"与他个人的睿智密不可分，但他的崛起同样离不开贤妻樊姬和良臣孙叔敖。没有这两人一内一外的辅助，他是否能成就霸业是很值得商榷的。没有樊姬这个贤内助，他的大丈夫气概就要少得多；没有孙叔敖这个贤外辅，他明君的形象就要大打折扣。

樊姬诚可谓贤内助旷古之典范，她是樊国公主，美貌而聪慧。按理，樊姬完全具备“祸水”的条件，她美艳、受宠，更重要的是庄王荒淫，可她却没有。她与妲己、褒姒们一样用美貌作为武器，所不同的是她用她的美貌，更用惊人的智慧说服劝谏楚庄王，使其戒淫乐，重朝纲。楚庄王喜欢打猎，樊姬怕他玩物丧志就多次劝阻，而楚庄王把她的话当作耳旁风，她由是从不再吃鸟兽之肉，以示反抗。

樊姬的贤淑不止于此。美人总是善妒，樊姬却不，后宫有女子得宠，樊姬非但不忌妒反而为她们高兴。她只劝庄王不要迷恋打猎，而不劝庄王不要耽于女色，否则将会有争风吃醋的嫌疑。樊姬的这番举动，深深感动了楚庄王，对她格外尊敬。唐代诗人张说就赞称“楚国所以霸，樊姬有力焉”。

楚庄王宠信大臣虞邱子，称其为贤能忠臣，樊姬却说不。楚庄王追问原因，樊姬说：“我遍求德貌俱佳的女子献于君王，为什么呢？因为你是一国之君，需要有较多的贤德女子来照顾你的生活，我不能只考虑个人的得失，而耽误了选用贤德之人服侍你；虞邱子也跟随你多年，但从没见他保举过贤能人士，也没有听说他罢免哪些不贤之人。他挡住了贤德的人才为国尽忠的道路，这也就等于蒙蔽君王。知道别人贤德也不举荐，就是不忠；不知道别人的贤德，就是没有智慧。”楚庄王心悦诚服，就告诉了虞邱子。虞邱子感到万分羞愧，大索人才，直到把贤能的孙叔敖迎请过来，举荐给楚庄王，并被拜为令尹。

新令尹上台后，没有大搞三把火，而是抓了两件实事：改革军制，强调军纪，提高部队的战斗力；广筑堤坝，大兴水利，以便农业生产。后者是国力，前者是武力，最终壮大了楚国的综合实力。富国强兵，孙叔敖抓到了根本！

三、问鼎中原，图谋霸业

在家有贤妻、朝有贤臣的合力下，楚庄王“一鸣”后就表现出“惊人”的治国才华。

刚好这时候，原先依附于楚国的庸国再次叛楚，楚庄王随即率兵攻伐。楚庄王联络秦国、巴国及蛮族部落合攻庸国，并亲自乘坐战车到抗击前线指挥作战，庸国灭亡，楚庄王取得了亲政以来的第一场胜仗。小试牛刀的楚庄王初尝胜利的喜悦，遂萌生北上图霸之志。当时，中原霸主仍是强大的晋国，它西抑秦、东制齐、南压楚，让楚庄王如鲠在喉、如刺在背，心中常常愤恨不平，决心取晋而代之。

此时，晋国内部君臣关系出现了裂痕，晋灵公与权臣赵盾（赵衰之子）矛盾日益激化。为了巩固霸主地位，为了牢牢地把握晋国权柄，也为了抵御咄咄逼人的南方楚国，赵盾极力掌控晋、楚之间的小国。而楚庄王毫不示弱，步步加紧对北部小国的争夺。

公元前 610 年，晋赵盾与卫、陈等诸侯会盟，拒绝郑穆公与会（因为怀疑郑有二心于楚），郑一怒而“叛晋附楚”，一些中原国家开始看风使舵，认真选择自己的出路。恰在这时，陈共公卒，楚庄王不派人前往吊唁，陈灵公一气之下，“叛楚附晋”。楚庄王正愁没借口杀杀晋国威风，便借陈国“叛楚附晋”之机，亲领大军攻陈，接着又攻晋的附属国宋国。晋赵盾闻风而动，便率军会宋、陈、卫、曹诸国军队攻郑以救陈、宋。双方你争我夺，各有胜负，最终楚国棋高一着，囚宋将华元及甲车五百辆而归。

不久晋国出现了“赵盾弑君”事件（赵盾之侄赵穿杀死暴虐的晋灵公），赵盾为转移外界视线继续对郑用兵，楚庄王大为光火，亲领大军北上救郑抗晋，楚军一路凯歌高奏，顺便攻伐陆浑之戎（散居黄河南、熊耳山北之间的少数民族部落），一直将大军开到洛水，直抵周天子都城洛邑附近，在周王室边境陈兵示威。

中原诸侯为之震撼，都瞪大了眼睛要看看他想干什么！

周定王惶恐不安，派周大夫王孙满慰劳楚庄王。楚庄王在接见王孙满时，问九鼎之大小、轻重。九鼎相传为夏禹所铸，象征九州，夏、商、周奉为传国之宝，是天子权力的标志。楚庄王问九鼎，意在向晋国宣扬武力，也意在“示欲逼周取天下”，由自己取而代之。这就是问鼎中原的出处。

王孙满见楚国国势炽盛，只得委婉地答道：“在德不在鼎。……周德虽衰，天命未改。鼎之轻重，未可问也。”楚庄王轻蔑地说：“我楚国人销毁刀剑上的刀尖，就足以造出九鼎来。”但是他也清醒地意识到取代周王室条件还不成熟，便见好就收，退兵而去。

楚庄王观兵周郊、问鼎轻重，标志着楚国已进入一个强盛时代。

“楚国折钩之喙，足以为九鼎”是楚人长期压抑的扬眉吐气之语，是楚人傲视群雄、蔑视天子的豪言壮语，也是他们逐鹿中原、建立霸业的檄文。

随后，从前依附于晋的中原各国都纷纷倒向楚，楚代晋而成为新霸主。迎风招展的荆楚大旗将楚人的威风痛快淋漓地推到了极致。

四、绝缨之会，气度恢宏

大胜归来，楚庄王夜宴群臣，还让他心爱的美人给诸位将士斟酒以助酒兴。忽然一阵风吹过，大殿里的灯火被吹灭了，有一人趁机把庄王的美人摸了一把。

那位美人奋力挣脱赶紧向楚庄王报告说："刚才灯火熄灭的时候，有人咸猪手吃我豆腐。我已揪掉了他帽上的盔缨，赶快点起烛火，看看他是谁！"

庄王并不回答，反而高声宣布："我们搞个摸黑派对吧，先不要点起蜡烛，今天寡人要与你们喝个尽兴，谁如果还没有把自己的盔缨摘下来，就说明他没有喝痛快，那我就要重重处罚他！"点起蜡烛以后，所有武将们清一色都没有盔缨，大家相视而笑，继续尽情豪饮。

美人对此感到非常惊讶，后来埋怨庄王不为她出气。庄王笑着说："人主群臣尽情欢乐，现在有人酒后失礼情有可原，如果为了这件事诛杀功臣，会使将士感到心寒，没人会再为楚国尽力啊。再说即便把这个人揪出来，破坏了一个好好的酒宴，你丢了面子，我失去一员战将，又有什么好处呢？"

不久，晋楚交战，楚庄王身陷重围，有位将军冲锋陷阵，英勇无敌，击退了晋军的一次次围攻，最后终于救出庄王，并使楚军大获全胜。

楚庄王讶异地问这位将军道："寡人德行浅薄，又不曾优待你，你为什么对我这样舍生相救呢？"

那位将军回答道："小臣该死！先前醉酒失礼，君王你隐而不诛。我始终不敢忘你的不杀之恩，哪能不肝脑涂地来报答君王！我就是那天晚上轻薄夫人的人哪！"

庄王恢宏的气度果然使文武将士为之誓死效命，一批批人才尽职尽忠，各显其能，楚国政治、经济、军事蒸蒸日上！

第四节　骄奢淫逸楚灵王

【原文】

十二年春，楚灵王乐乾溪，不能去也。国人苦役。初，灵王会兵于申，僇越大夫常寿过，杀蔡大夫观起。起子从亡在吴，乃劝吴王伐楚，为间越大夫常寿过而作乱，为吴间。使矫公子弃疾命召公子比于晋，至蔡，与吴、越兵欲袭蔡。令公子比见弃疾，与盟于邓。遂人杀灵王太子禄，立子比为王，公子子皙为令尹，弃疾为司马。先除王宫，观从从师于乾溪，令楚众曰："国有王矣。先归，复爵邑田室。后者迁之。"楚众皆溃，去灵王而归。

灵王闻太子禄之死也，自投车下，而曰："人之爱子亦如是乎？"侍者曰："甚是。"王曰："余杀人之子多矣，能无及此乎？"右尹曰："请待于郊以听国人。"王曰："众怒不可犯。"曰："且入大县而乞师于诸侯。"王曰："皆叛矣。"又曰："且奔诸侯以听大国之虑。"王曰："大福不再，只取辱耳。"于是王乘舟将欲入鄢。右尹度王不用其计，惧俱死，亦去王亡。

【译文】

十二年（公元前 529 年）的春天，楚灵王在乾溪作乐，舍不得离去。百姓们苦于徭役。当初，灵王在申与诸侯会师时，曾侮辱了越国大夫常寿过，杀死了蔡国大夫观起。观起的儿子观从逃到吴国，他劝吴王讨伐楚国，挑拨越国大夫常寿过与越国的关系，要他挑起内乱，做吴国的间谍。派人假借公子弃疾的命令从晋国召回公子比，到了蔡国，想与吴国、越国军队袭击蔡国。让公子比会见弃疾，并在邓与弃疾结盟。于是，入宫杀死灵王的太子禄，拥立子比为楚王，任命公子子皙做令尹、弃疾做司马。先清理了王宫，观从又率领军队到乾溪，向楚国官兵宣布说："楚国已经拥立新王了。先返回国都的，恢复他们的爵、封邑、田地、房屋，后返回的一律流放。"楚国官兵一听都逃的逃、散的散，纷纷离开灵王返回国都。

灵王听到太子禄被杀的消息，竟失神跌倒在车下，说："人们爱自己的儿子也都如此吗？"侍者说："还要超过您。"灵王说："我杀别人的儿子也太多了，能不落到这步田地吗？"右尹说："请您到国都郊外听从国人的处置吧。"灵王说："众人的怒气不可冒犯。"右尹说："暂且到大县避一避，再向诸侯们请兵吧。"灵王说："诸侯们将都要背叛我的。"右尹又说："暂且逃到诸侯国听听大国国君的意见。"灵王说："大福不能再次降临，只不过是自取侮辱罢了。"于是灵王想乘船进入鄢城。右尹估计灵王绝不会听从自己的建议，担心与灵王一块儿被杀，也离开灵王逃跑了。

【评点】

他是春秋后期声名昭著的楚国国君，也是两千多年来人们议论最多的楚国历史人物之一。筑章台、好细腰、要九鼎等故事的主角都是楚灵王。他即位的时候，是楚国最强盛的时候，但是他临死的时候，却没有立足之地，这些都是他亲手造成的。从他开始，楚国开始走下坡路，八百年的楚国基业开始动摇了。

一、会盟申邑，自取其辱

楚灵王，芈熊虔，姓芈名虔，也称楚熊虔，原名为楚熊围，谥号为楚灵王，楚国第二十九任君王。他即位时，是楚国与晋国平分霸权的时候，是楚国最为强盛之时。

楚熊围的侄子楚郏敖生病卧床，于是，他借口入宫探病之时，用束冠的长缨将楚郏敖勒死，而后自立为楚国国君，更名为虔。

楚灵王非常好大喜功、常攀比炫耀、爱捉弄人。

楚灵王即位的第三年大会诸侯，派人去各国，请他们来楚国的申地会合。

椒举对楚灵王说，诸侯只归服于礼，霸业的成功与否，都在这次会见。

可是，灵王却并没有利用好这次会盟的机会，曹、邾用国内有祸难来推辞，鲁昭公用祭祖来推辞，卫襄公用生病来推辞，这使灵王很不愉快，尤其晋国没有参加，灵王更恼怒不已。

大臣伍举告诉灵王："这情况却不是一个好兆头，我们一方面要对到会各国以礼相待，同时也要展示我们的武力，使诸侯心有敬畏，然后再讨伐那些没有到会的诸侯。"

灵王没有把他的话放在心里。他在这次会盟中，处处表示出骄纵的习气。当场侮辱别国派来的使臣，杀死一些无辜的下属，并且对来到的各国君王毫无礼貌，这就埋下了祸根。

灵公对外只是信强权这一套，为了博得好名声，他进攻吴国的朱方（地名），俘虏了曾经参与弑杀齐庄公、逃到那里避难的原齐国令尹庆封，杀死他家一族人，并且将庆封拉到街上示众。

灵王向着公众宣布说："大家都不要学庆封的样子，他杀死了自己的国君，欺压老百姓，还强行让大夫们都支持他。"

庆封便反唇相讥说："大家也不要学楚共王的儿子围那样，杀死了自己的国君，那国君便是自己亲哥哥的儿子，还要强行让诸侯们支持他。"

庆封这一句话羞辱了楚国，直羞得灵王面红耳赤，满街的人见了掩口而笑。灵王恼羞成怒，传令把庆封给杀了。

二、筑章华台，骄奢淫逸

楚灵王为了维持霸主国的面子，四处征伐，与各诸侯国之间战争不断。

他借平定陈国内乱之名，虽然杀了几个导致陈国内乱的大夫，却趁机灭掉了陈国；又诱杀蔡灵侯，不顾诸侯调解，终攻灭蔡国，甚至把蔡国的世子有杀了祭神；吴国为朱方之役失败的耻辱，起兵来攻楚，灵王为报复又去伐吴，却失败了。

他为了掩盖失败，不去想整顿军务，却下令修建宫室，造起了一座宫殿，名为“章华宫”，占地四十里，中建高台，台高三十仞，叫作“章华台”，又叫“三休台”，取其高大、要登上去中间要休息三次才能登上台顶之意，又在台周围修建了大量亭台楼榭，极尽精美。建好高台后，灵王又派传臣去诸侯国召集诸侯，来庆贺落成，并从此住在章华宫中享乐起来。

在楚国的历史上，章华台是一个转折点，是一个王室从“筚路蓝缕，以启山林”艰苦创业转向声色犬马、骄奢淫逸的转折点，是一个王国走向衰落的转折点。

在楚灵王之前，不见历代楚王修建了什么有名的宫殿，而楚灵王篡位后不久，就开始放纵享受。《史记》上说“七年（公元前534年），灵王建成了章华台，下令安置逃亡者在里面服役”，楚灵王“举国营之”，以豪华富丽夸于诸侯，“台高十丈，基广十五丈”，被誉为当时的“天下第一台”。楚灵王日宴夜息于台上，管弦之声，昼夜不绝。

楚灵王有一个奇特的怪癖：特别爱好细腰，挑了几千名细腰女子居于章华宫中日夜轮舞，供他玩乐，腰粗的宫女则被赶出宫做粗活或者加以囚禁，宫女们只得减食挨饿勒紧腰带以求宠爱，结果饿死不少。因此，章华宫又叫“细腰宫”。后人有诗句说：“楚王好细腰，宫中多饿死。”

楚灵王就这样为所欲为，连年战争，耗费了先辈多年的积累；花天酒地，失去了百姓的民心。

三、玩乐乾溪，丢掉王位

到了十一年的冬天，楚灵王又发兵去打徐国。当时正值下雪天气，士兵们身着铁甲，手执兵器，暴露在风雪之中，寒冷难耐。灵王却身穿“腹陶裘”，外披“翠羽披”，头顶皮帽，足踏豹皮装饰的锦靴，站在中军帐前观看雪景，连声赞叹“好雪！”使士兵们身冷心更寒。

楚灵王在乾溪这个地方待着，每天吃喝玩乐，完全把国家大事忘记了。右尹郑丹曾经劝他班师，本来已经说动了，却正好伐徐的将领传来捷报。楚灵王以为徐国早晚可灭，班师的事也就不提了。

无道者自取灭亡总是早晚的事。灵王久离都城，此时国中已经生乱。他的三个弟弟重演当初他篡位的一幕，已经占了王宫杀了世子。

同时他们还派人到乾溪去，向楚国的官兵说：“你们的国家已经换了新的国王，你们要回去的，可以留任原来的官位，你们所拥有的土地也可以归还你们；如果你们不回去投靠新王，继续跟着这个昏君，那么你们被抓住以后，就要被杀头并夷灭三族。”

灵王的军队早就被冻得痛苦难言，再加上灵王素来无道，所以整个军队顷刻之间就散了。

只剩下灵王在乾溪。楚灵王见自己的王位丢了，听到太子禄被杀的消息，竟失神跌倒在车下，说："人们爱自己的儿子也都如此吗？"侍者说："还要超过您。"

"我净杀别人的儿子了，如今别人也杀了我的儿子，真没什么奇怪的。"

郑丹劝灵王先逃奔邻国，待来日东山再起。灵王说："算了，大福不再，何必自取其辱呢？"

郑丹觉得这个以前不可一世的君主，不听自己的建议，怕连累自己，便离开了他。

曾经风光无限的楚灵王，落得个家破人亡、众叛亲离，真乃多行不义必自毙啊！

四、自缢而死，三年得葬

可怜的楚灵王只剩下自己一个人，又不认识路，一连走了三天，滴水未进，饿得实在走不动了。正踌躇之时，迎面走来了守城的小吏。灵王赶紧求救，那小吏躲避不开只得上前叩头。

灵王说："我已经饿了很久了，你能帮我去找点吃的吗？"

小吏道："我们的新国王已经下达命令，谁要是送你吃的，就会被杀头。"

灵王咽口唾沫说："我实在不行了，你过来让我枕着你的腿休息会儿吧。"

那小吏待楚王睡熟，起身抽腿，放了一个土块垫在楚王的头下逃命去了。

灵王后来又遇到大夫申无宇之子申亥。他为王之前和之后，申无宇都出于正直冒犯过他，但他并没有处置申无宇，所以申无宇临死时叮嘱申亥报答灵王的恩情。

申亥把灵王请到家中，给他饮食，还让两个亲生女儿给他侍寝。但灵王已经没有这个心思了，衣不解带，只是哭。半夜里，哭声没了。申亥的女儿向父亲报信说，楚灵王已经自缢而死。申亥竟然杀了自己两个亲生女儿给灵王殉葬。

楚灵王死后，死讯一时没有传开。蔡公弃疾听从手下献计，假称楚灵王杀回来了，吓得公子比和公子黑肱自杀，于是他自己登上了王位，成为楚平王。

当时楚灵王的尸体还没找到，只找到被灵王丢弃的衣冠。为了稳定人心，平王在灵王落难的地方附近找了具无名死尸穿上灵王的衣冠，假称找到了灵王的尸体。

三年后，平王再次访求灵王的尸体，申亥出头，灵王的尸体才被找到并以王礼重新下葬。

太史公说：当楚灵王在申地会合诸侯，诛杀齐国的庆封，建筑章华台，向周室要求九鼎的时候，他的志向大过全天下人，等到饿死在申亥家中的时候，却被天下人所耻笑。

楚灵王骄奢淫逸，终亡身乾溪。孔子对此总结道：“古也有志：‘克己复礼，仁也。’信善哉！楚灵王若能如是，岂其辱于乾溪？”

第五节 昏庸无能楚怀王

【原文】

十八年，秦使使约复与楚亲，分汉中之半以和楚。楚王曰：“愿得张仪，不愿得地。”张仪闻之，请之楚。秦王曰：“楚且甘心于子，奈何？”张仪曰：“臣善其左右靳尚，靳尚又能得事于楚王幸姬郑袖，袖所言无不从者。且仪以前使负楚以商淤之约，今秦楚大战，有恶，臣非面自谢楚不解。且大王在，楚不宜敢取仪。诚杀仪以便国，臣之愿也。”仪遂使楚。

至，怀王不见，因而囚张仪，欲杀之。仪私于靳尚，靳尚为请怀王曰：“拘张仪，秦王必怒。天下见楚无秦，必轻王矣。”又谓夫人郑袖曰：“秦王甚爱张仪，而王欲杀之，今将以上庸之地六县赂楚，以美人聘楚王，以宫中善歌者为之媵。楚王重地，秦女必贵，而夫人必斥矣。夫人不若言而出之。”郑袖卒言张仪于王而出之。仪出，怀王因善遇仪，仪因说楚王以叛从约而与秦合亲，约婚姻。张仪已去，屈原使从齐来，谏王曰：“何不诛张仪？”怀王悔，使人追仪，弗及。是岁，秦惠王卒。

【译文】

十八年（公元前311年），秦国派出使者又与楚约定亲善，并把汉中的一半地盘分给楚以求和解。楚王说：“愿意得到张仪，不想得到土地。”张仪听到楚王的话，请求赴楚。秦王说：“楚王正想抓住你才心满意足呢，怎么办？”张仪说：“我与楚王的大臣靳尚友好，靳尚又很受楚王宠幸的夫人郑袖的信任，楚王对郑袖百依百顺，况且我以前出使楚国时违背了割商于楚的约定，今天秦楚交战有了仇恨，我不亲自去向楚国道歉就不能消除仇恨。再说大王您健在，楚国也不敢把我怎么样。果真楚国杀死我，只要对秦国有利，也正是臣子的愿望。”张仪于是出使楚国了。

张仪到达楚都后，怀王不见他，并囚禁了他，要杀死他。张仪暗中贿赂靳尚，靳尚替他向怀王请求说：“您拘捕张仪，秦王一定生气。天下诸侯看到楚国失去了秦国的友好，必定轻视您。”靳尚又对楚王夫人郑袖说：“秦王非常喜欢张仪，可是楚王想杀死他，现在秦王将要用上庸的六个县贿赂楚国，把美人送给楚王，把宫中善于歌舞的美女送给大王当侍女。楚王看重地盘，秦女也必定得到楚王的宠爱，那么夫人一定受排斥了。夫人不如在楚王面前说句好话释放张仪算了。”郑袖终于在楚王面前替张仪说了情释放了张仪。张仪放出后，怀王很客气地款待张仪，张仪又借机劝说楚王背叛合纵盟约，与秦国联合亲善，相约两国结为婚姻。张仪离开楚国后，屈原刚从齐国出使归来，进谏怀王说：“为什么不杀死张仪？”怀王这才后悔，派人去追赶张仪，已经来不及了。这一年，秦惠王逝世。

【评点】

在楚国八百多年的历史上，留给后人笑柄最多的是怀王熊槐。没有哪一位楚王像楚怀王那样，既令后世楚人扼腕长叹，伤痛欲绝；也令后世楚人千夫所指，严厉批评。作为南方大国的一国之主，他不仅多次被身为秦国大臣的张仪所欺，而且还被他玩弄于股掌之中，导致损兵折将，国土沦丧，最后竟然再次被秦昭王以会盟为借口，虏于咸阳，被当作掠取楚国土地城池的筹码，成了秦国的阶下囚，身死于异国他乡。

一、楚怀王失败原因总探

楚怀王（公元前 328—公元前 299 年在位），楚威王之子。

怀王本来是个有理想、有抱负的楚国国王，他本人也在即位之初，东征西讨，颇多建树。他在公元前 329 年成为楚国的最高统治者后，曾经显赫一时。他北伐魏国，攻城夺地；东灭越国，拓境江东；公元前 318 年，甚至组织起七国联军，西伐强秦。楚国也一度成为当时世界上最大的国家。

历史也曾经选择了楚怀王，将他推到了联军统帅的显赫位置，但是，因为怀王个人的领袖才能欠缺，驾驭能力不强，号召力不高，导致合纵伐秦失败，合纵联盟瓦解。

不仅如此，一个在当时最为强大的泱泱大国，竟然就在怀王的手中，由极盛而顿衰，大片国土沦丧，成千上万的将士浴血疆场，就连一国之王楚怀王本人，也被秦国作为人质，扣押多年，最后客死异国。

楚怀王落得如此下场，成为楚国人民及其后裔的千古遗恨，原因是多方面的。

首先，他利令智昏，任用佞臣令尹子兰、上官大夫靳尚，宠爱南后郑袖，排斥左徒大夫屈原，致使国事日非。

其次，他遇到了一个口是心非、尔虞我诈、工于心计的人。在他没有遇到这个人的时候，尽管能力有限，但是，凭着先王们构建的基业，他还是有所建树的。自从他遇到了这个人，霉运就开始附着于他，并一直陪伴着他依依不舍地离开人世。这个人是谁呢？这个人就是在战国中期闻名列国，后来名垂史册，被史学家称为纵横家代表人物的张仪。

当怀王与张仪打上交道后，他在不到十五年的时间内，将一个当时最为强大的国家，败得千疮百孔、满目苍凉。

到目前为止的中国历史上，千古奇人楚怀王可谓独树一帜，令人瞠目结舌，后世或嘲笑他愚蠢，或讥讽他白痴，或痛恨他昏庸，或咒骂他无能，把本来与秦国相比并不落下风的强大楚国，硬生生地变成了秦国的小跟班，被其他还不如楚国强大的五国一直嘲笑，直到最后被秦国一举亡国，成了中华民族历史上一个可怜可笑可恨的代表性政治人物。

那么，楚怀王是怎样一步步被张仪玩于股掌间，而最终丧命的呢？请让我一一道来。

二、第一次被骗：贪地绝齐，亡地汉中

张仪本是魏国人，曾拜鬼谷子为师，苦学纵横之术。曾赴楚国求官，楚威王之时，在楚国司马昭阳家中担当家臣。因受昭阳怀疑偷盗了楚王赏赐给自己的无价之宝和氏璧，惨遭毒打，逃命天涯。公元前 329 年，也就是怀王开始执政的那一年，张仪进入秦国，以“连横”之说进言于秦，被秦惠文王慧眼识玉，任命为相国。据说为了报昭阳毒打一仇，曾寄信于昭阳：“我并没有偷你的璧，你却将我往死里打，请小心呀，我马上要来偷你们的城池！”

公元前 313 年，张仪代表秦国出使楚国。他此行的目的是，替秦国出面，拆散楚齐联盟，以有利于秦国势力的东扩。秦对于齐、楚两国在公元前 314 年建立起的共同抗秦的同盟关系有所顾虑，担心楚国在背后捅刀子，所以，挖空心思要拆散齐楚联盟。

张仪主动请缨，来到了楚国。

张仪先用巨额资金打通关节，结识并收买了楚国的权贵靳尚和南后郑袖，然后朝见楚怀王。他先向怀王极尽赞美之能事，说当今楚国是第一大国，实力雄厚，秦国欲结好楚国，但是因为齐国的关系，秦国不好向楚国靠拢；然后向怀王许诺，只要楚国能够与齐国绝交，秦国就会马上把以前商鞅用武力夺取的商於一带的六百

里土地，全部归还给楚国。

怀王对土地的占有欲十分强烈，见不费一兵一卒，不用一枪一弹，就可得到祖先们曾经拥有的六百里的土地，于是拒绝了陈轸、屈原等忠良的谏言，满口答应了张仪的要求。

他一边派人与齐绝交，一边派人随张仪到秦国接受土地。快到咸阳时，张仪假装醉酒，从车上摔落下来。使者多次求见受地，均被告知相国病重，无法办理国事。

一晃三个月快过去，楚国使者心急如焚，只好向秦王上书求见，秦惠文王一听，故作惊讶："既然张相国已经做主，那一定割地。只是还没有听说齐、楚绝交呀！"

接到使者的报告，楚怀王得地心切，真的以为是齐、楚断交不及时，于是再派一位猛士入齐，大骂齐国国王。齐国大怒，不仅立即宣布与楚断绝外交关系，而且派人到秦国，与秦结成了共同伐楚的联盟。

张仪见楚国上了圈套，立即上朝宣见楚国使者："我的封地六里将马上割让给楚国。"楚国使者一听，傻了眼："不是说是六百里地吗？怎么只有六里地呀！"张仪反唇相讥："秦国的每一寸土地，都是秦国将士浴血疆场打下的，我怎么能够擅自做主？我所说的，只是我自己封地的六里土地！"一副死猪不怕开水烫的模样，让楚国使者无言以对！

煮熟的鸭子，刚要到口边，一下子就飞了，贵为大国之王的怀王哪里受到过此种欺骗，肺一下子就气炸了，立即兴兵伐秦，要讨回公道。公元前 312 年春天，秦、楚两军在丹阳摆开战场，一决雌雄。

楚军复仇心切，主动进攻，秦兵则以逸待劳，变守为攻。楚军陷入了秦军的重重包围之中，仅此一战就被斩首八万多人，包括屈匄在内的高级军事将领，有七十多人成了秦国的俘虏。秦国取得全胜，乘胜追击，占领了楚王国的汉中郡（现在的陕西南郑）。

战败消息传来，楚怀王怒不可遏，在狂热的复仇情绪的支配下，根本听不进大臣们的苦苦劝阻，举全国之兵力反击，打入秦国，试图反败为胜，一吐恶气。

秦军见楚国已经杀红了眼，来势凶猛，并不与之硬拼，主动后退，采取开闸放水、诱敌深入的策略，将楚军主力引诱到了距秦国国都咸阳只有五十千米左右的蓝田。这里距离楚国国都已经有一千多千米的路程，后勤补给极其困难，楚军已成强弩之末。

秦军见反攻时机已经成熟，联络臣服于己的韩、魏两国，进军楚国本土的南阳盆地东部，一直打到邓邑，实施后方骚扰，再发起总攻。楚国腹背受敌，两面受难，兵败将亡也就可想而知，要是不割让两座城邑向秦国求和，全军将士可能也是难以归国的。

一场由张仪导演的大戏，以楚国的失败、秦国的全面胜利而告结束。楚国不仅上当受骗，没有得到秦国事先许诺的六百里商淤之地，反而丢了汉中的大片国土。

三、第二次受骗：献地索仇，放敌归国

楚怀王两战负于秦国，丢掉了大片的国土，才知道与齐断交，的确是自己一生之中所做出的最大一个错误决定，后悔不已，因此想修补两国已经千疮百孔的外交关系，试图重新结盟，共同对抗秦国。于是他又派出了才华出众、年轻有为的屈原出使齐国。

怀王的意图没有逃过秦惠文王的眼睛，他敏锐地把握到了楚国的外交动向，挖空心思地想着要破坏他们的再次联盟之举。同时，秦国还要消化刚刚占领的楚国的大片土地和在不久前灭亡巴、蜀两国所取得的广大土地。

经过紧张讨论，他们想出了一个办法，派使者来到了楚国，向怀王说："愿分汉中之半以与楚和。"这当然是个巨大的诱饵。不过，秦国有两个条件：一是不要与齐结盟，二是要同时交换楚国的黔中郡。表面上看，楚国可以得到巨大的实惠，因为就土地、物产来讲，半个汉中郡，远远要超过整个黔中郡，而且还可以很快就收回沦落的国土。

被骗的耻辱，让楚怀王丧失了理智，报仇雪恨的情绪也开始滋长，他在并没有与自己的大臣们商议的情况下，以不容置疑的口吻对秦国的使者说："我不要你们的地，只要你们将张仪送给我，我就把整个黔中郡全部白白地送给你们！"为了报一己被骗之仇，竟然不惜牺牲具有重要战略地理位置的大片国土，将自己的侧翼完全地暴露给自己的死敌，这不是意气用事．又是什么呀？此时的怀王，完全是个输红了眼的赌徒。

秦惠文王听说能够白白地得到梦寐以求的黔中，当然十分乐意，但是听说要以此地为条件交换自己的最心爱的相国，心中又七上八下。但是，张仪却胸有成竹地说："当今之世，秦强楚弱，楚国不会把我怎样的。我与楚国的大臣靳尚的交情深厚，真有了什么事，他会为我打点的！请大王放心。就是我真的被杀了，能够为大王换回黔中，也是值得的！"于是，张仪大大咧咧地又来到了楚国。

楚怀王愤怒地说："朋友来了有好酒；若是那张仪来了，迎接他的有监狱！"

张仪入楚，结果可想而知，立即被囚，打入死牢，择日问斩。

张仪不慌不忙地派人找老朋友怀王的宠臣靳尚帮忙，靳尚收了重礼，进宫对怀王说："张仪是秦王的宝贝，杀不得啊，要不咱们楚国怎么抵挡秦国的报复？"

靳尚还对怀王的宠姬郑袖说："听说秦王因为张仪要被杀，所以给怀王送来了

不少美女……”还没说完，郑袖就跑到怀王那里哭闹起来。怀王架不住两人的狂轰滥炸，终于缴械投降，释放了张仪。张仪出狱后拜见了怀王，对一个劲赔不是的怀王进行了一通国际形势大局观的教育，让他与秦国约为婚姻，搞好关系。

靳尚、郑袖这两个人不是内奸，但却胜似内奸。他们编着各种理由和借口，明为建议楚怀王与秦国结盟，实则为释放张仪进行活动。本来要杀掉张仪，报仇雪恨的怀王禁不住他们的折腾，经过再三权衡，竟然下令放了这个让自己在历史上留下千古笑柄、害得自己失掉大片国土的骗子。不但放了，他还将他待为座上客，想通过他达到建立秦楚联盟的目的，忘记了去年的大仇，竟然做着与仇敌为盟的美梦，这是何等的糊涂呀！

当屈原从齐国返回时，听说怀王竟然将这个全民族的公敌释放了，立即跑进王宫进谏，怀王如梦初醒，立即派人去追，可是张仪跑得早就没有了影子。

四、三被秦骗，客死秦国

二十七年（公元前302年），秦国一位大夫私下与楚太子殴斗，楚太子杀死了他逃回楚国。二十八年（公元前301年），秦国就和齐国、韩国、魏国共同攻打楚国，杀死楚国大将唐昧，攻下了楚国重丘离去。

二十九年（公元前300年），秦又攻打楚国，把楚军打得大败，杀死两万楚兵，杀死楚国将军景缺。怀王惊恐，就派太子到齐国做人质求得和解。

三十年（公元前209年），秦国又攻打楚国，夺取了八座城市。秦昭王给楚王一封国书说：“当初我和您结拜为弟兄，在黄棘盟约，太子做人质，关系十分融洽。太子杀死我的要臣，竟不道歉就逃走了，我确实愤怒之至，便派军侵占您的边境。今天听说您让太子到齐国做人质求得和解。我国和楚国临近接壤，本来就结成了婚姻，互相亲善友好很长时间了。当今秦、楚关系恶化，就无法号令诸侯。我希望和您在武关相会并订立盟约，订立盟约后再分离，这是我的愿望。我冒昧地告诉您这个想法。”

楚怀王看到秦王的信，很担心，想赴会，又担心受骗；想不去，又担心秦王发怒。昭睢说：“君王不要前去，应派军队加固边境的防守啊。秦国乃是虎狼之国，不能相信，他有吞并诸侯的野心。”

怀王的儿子子兰劝怀王前往，说：“为什么断绝与秦王的友好？”于是怀王去会见秦昭王。楚王一到，秦兵就关闭了武关，于是劫持怀王到咸阳，秦王在章台会见怀王，对待怀王就像对待附属国的臣子一般，不用平等的礼节。

楚怀王大怒，后悔没听昭睢的劝告。秦王扣留楚王，要挟楚国割让巫、黔中的郡县给秦国。楚王只想订盟约，秦王想先得到地盘。楚怀王生气说：“秦国欺诈我，又强迫要挟我割让地盘！”没有再答应秦王，秦王因此扣留了楚怀王。

楚国大臣十分担心，互相商议说：“我们的君王留在秦不能回来，秦王要挟我们割地，太子又在齐国做人质，如果齐国、秦国联合谋划，那么楚国就要灭亡了。”

于是想拥立在国内的怀王的儿子。昭雎说：“君王与太子都在诸侯国受困，今天又违背君王的命令另立庶子，那是不合适的。”

于是蒙骗齐国，派使者到齐国报丧。齐闵王对国相说：“不如扣留太子以便求取楚国的淮北。”国相说：“不行，郢中如果立了君王，我们就空留人质并在天下人面前做出不义的事了。”有人说：“不对。郢中如果立了君王，正好借机和新王做个交易说：‘您给我们下东国，我们就替您杀死太子，否则，将和秦、韩、魏三国联合拥立太子。’这样，下东国一定就到手了。”齐王终于采用国相的计策送回了楚国太子。

太子横回楚后，被立为君王，这就是顷襄王。于是楚人通告秦国说：“依赖社稷的神灵，我国有君王了。”

顷襄王横元年（公元前 298 年），秦国要挟怀王却得不到地盘，楚国立了君王对付秦国，秦昭王很生气，派军出武关攻打楚国，把楚军打得大败，杀死楚国五万士兵，夺取了析邑等十五座城离开楚国。

二年（公元前 297 年），楚怀王逃跑了，秦国发觉后，封锁了通往楚国的道路，怀王害怕，就从小路到赵国借路回楚。赵主父在代，他的儿子惠王刚刚即位，代行赵王的职事，胆子小，不敢收容楚王。楚王想跑到魏国，秦兵追上了他，楚王只好和秦国使者又回到秦国，这时，怀王生了病。

顷襄王三年（公元前 296 年），怀王在秦国去世。秦国把他的灵柩送回楚国。楚国人都哀怜怀王，像悲悼自己的父母兄弟一样。诸侯们也从此看到秦王不正直，不与秦国交好，楚国此时才与秦彻底断交了。

楚怀王之后，庞大的楚国一步步走向衰亡，数十年后，秦将王翦伐楚，楚王负刍成为俘虏，熊楚大国成了秦的一个郡。

卷八 《史记·越王勾践世家》

第一节 吴越征伐，会稽之耻

【原文】

越王勾践，其先禹之苗裔，而夏后帝少康之庶子也。封于会稽，以奉守禹之祀。文身断发，披草莱而邑焉。后二十馀世，至于允常。允常之时，与吴王阖闾战而相怨伐。允常卒，子勾践立，是为越王。

元年，吴王阖闾闻允常死，乃兴师伐越。越王勾践使死士挑战，三行，至吴陈，呼而自刭。吴师观之，越因袭击吴师，吴师败于槜李，射伤吴王阖闾。阖闾且死，告其子夫差曰："必毋忘越。"

三年，勾践闻吴王夫差日夜勒兵，且以报越，越欲先吴未发往伐之。范蠡谏曰："不可。臣闻兵者凶器也，战者逆德也，争者事之末也。阴谋逆德，好用凶器，试身于所末，上帝禁之，行者不利。"越王曰："吾已决之矣。"遂兴师。吴王闻之，悉发精兵击越，败之夫椒。越王乃以馀兵五千人保栖于会稽。吴王追而围之。

【译文】

越王勾践的祖先是夏禹的后裔，是夏朝少康帝的庶出之子。少康帝的儿子被封在会稽，恭敬地供奉继承着夏禹的祭祀。他们身上刺有花纹，剪短头发，除去草丛，修筑了城邑。二十多代后，传到了允常。允常在位的时候，与吴王阖闾产生怨恨，互相攻伐。允常逝世后，儿子勾践即位，这就是越王。

越王勾践元年（公元前 496 年），吴王阖闾听说允常逝世，就举兵讨伐越国。越王勾践派遣敢死的勇士向吴军挑战，勇士们排成三行，冲入吴军阵地，大呼着自刎身亡。吴兵看得目瞪口呆，越军趁机袭击了吴军，在槜李（今浙江嘉兴西南）大败吴军，射伤吴王阖闾。阖闾在弥留之际告诫儿子夫差说："千万不能忘记越国。"

三年（公元前493年），勾践听说吴王夫差日夜操练士兵，将报复越国一箭之仇，便打算先发制人，在吴未发兵前去攻打吴。范蠡进谏说："不行，我听说兵器是凶器，攻战是背德，争先打是事情中最下等的。阴谋去做背德的事，喜爱使用凶器，亲身参与下等事，定会遭到天帝的反对，这样做绝对不利。"越王说："我已经做出了决定。"于是举兵进军吴国。吴王听到消息后，动用全国精锐部队迎击越军，在夫椒大败越军。越王只聚拢起五千名残兵败将退守会稽。吴王乘胜追击包围了会稽。

【评点】

越王勾践，雄才大略，阴鸷沉笃，杀伐果断，计谋通变。他以卧薪尝胆的精神，经"十年生聚，十年教训"，使一个被人斥之为"越之水重浊而泪，故其民愚极而垢"的弱小国家，成为一个国富民强的泱泱大国。这个曾在春秋时代尝苦胆、卧蓼薪、灭吴国、成霸业的君主，其艰难困苦的一生，足以泣鬼神，动山河，撼人心！

一、厉兵秣马，夫差一心报父仇

吴越争霸是春秋晚期霸政的主旋律，它们之间既有国恨，更带家仇，争霸尤显惨烈。情节曲折跌宕，耗时蔚为久远，结果耐人寻味，诚可以作为家国复仇的典型案例载入史册。

越的始祖相传是夏少康之子无余。无余传二十世至允常。允常与吴国打仗结下仇怨，自此一发不可收，允常之子即勾践。

吴王阖闾打败楚国，使吴国成了南方强国。吴国跟附近的越国素来不和，公元前496年，越国国王勾践即位。吴王趁越国刚刚遭到丧事，就发兵打越国。在槜李，吴、越两国发生大战。

勾践仓促间率军抗击，面对强敌，使了一个怪招，这一招可谓前无古人，后无来者。他找了一队敢死队队员，在两军阵前整整齐齐地列队，然后发出一声大喊，集体挥刀自杀。这一行为极大地刺激了吴国人的神经，越军趁机突袭，吴军大败。

吴王阖闾满以为可以打赢，没想到打了个败仗，自己又中箭受了重伤，再加上上了年纪，回到吴国，就咽了气。

死前，他传位给儿子夫差，遗嘱是：“不要忘记了伐越。”

夫差记住这个嘱咐，即位后，念念不忘报父仇，叫人每天提醒他几回。一清早起来，他手下的人就扯开了嗓子，说：“夫差！你忘了越王杀了你父亲吗？”

夫差流着眼泪说：“不，不敢忘。”

他叫伍子胥和另一个大臣伯嚭操练兵马，准备攻打越国。

夫差继位后的三年里，越王勾践一直听说夫差在厉兵秣马，准备伐越，于是想来个先下手为强，但是越国大臣范蠡认为，此时出兵不利，但越王勾践没有听从范蠡的话，还是向吴国出兵了。

吴王夫差国仇家恨当头，听说仇人主动来挑事，立马调动精兵，在太湖大败越军，勾践引五千残兵败退到会稽山，夫差率领大军层层围困住大山。

二、能屈能伸，勾践忍辱求生机

会稽山上，越王勾践认识到了自己发动战争的错误，于是向范蠡请教当下应该怎么办。范蠡说：“能够完全保住功业的人，必定效法天道的盈而不溢；能够平定倾覆的人，一定懂得人道是崇尚谦卑的；能够节制事理的人，就会遵循地道而因地制宜。现在，您对吴王要谦卑有礼、派人给吴王送去优厚的礼物，如果他不答应，您就亲自前往侍奉他，把自身也抵押给吴国。”

范蠡也提出了具体的做法，就是建议勾践对夫差说说好话，送点厚礼，看能不能把他们放回去，如果夫差不放，就请求做奴隶来侍候夫差。这就是俗话说的“留得青山在，不怕没柴烧”。能有这个认识，很了不起，后来的夫差就没有能做到这一点。

越王勾践派大夫文种向夫差交涉，交涉过程也比较曲折，夫差先是没表态，但伍子胥的建议是不能接受。文种回去向越王勾践汇报，勾践很绝望，想把宝器毁掉，把妻子儿女全杀掉，然后跟吴王拼了。但文种制止了他，告诉他事情还有转机，吴王手下的太宰伯嚭为人贪婪，可以进行一下贿赂。

于是勾践把最后一丝希望都放在了这位伯嚭的身上，让文种给太宰嚭献上美女、珠宝、玉器。嚭欣然接受，于是就把大夫文种引见给吴王。文种叩头说：“希望大王能赦免勾践的罪过，我们越国将把世传的宝器全部送给您。万一不能侥幸得到赦免，勾践将把妻子儿女全部杀死，烧毁宝器，率领他的五千名士兵与您决一死战，您也将付出相当的代价。”

太宰嚭借机劝说吴王：“越王已经服服帖帖地当了臣子，如果赦免了他，将对我国有利。”

吴王就要答应，子胥又进谏说："今天不灭亡越国，必定后悔莫及。勾践是贤明的君主，大夫文种、范蠡都是贤能的大臣，如果勾践能够返回越国，必将作乱。"

此前已经开始骄奢自满的夫差，不听子胥的谏言，终于首肯了和议，答应释放越王勾践。

伍子胥得知后叹息道："姬姓应该衰败了。这是养虎遗患。越国将会发展国力，训练军民，二十年之后，吴国就变成池沼废墟了！"

第二节　卧薪尝胆，立志雪耻

【原文】

勾践之困会稽也，喟然叹曰："吾终于此乎？"种曰："汤系夏台，文王囚羑里，晋重耳奔翟，齐小白奔莒，其卒王霸。由是观之，何遽不为福乎？"

吴既赦越，越王勾践反国，乃苦身焦思，置胆于坐，坐卧即仰胆，饮食亦尝胆也。曰："女忘会稽之耻邪？"身自耕作，夫人自织，食不加肉，衣不重采，折节下贤人，厚遇宾客，振贫吊死，与百姓同其劳。欲使范蠡治国政，蠡对曰："兵甲之事，种不如蠡；填抚国家，亲附百姓，蠡不如种。"于是举国政属大夫种，而使范蠡与大夫柘稽行成，为质于吴。二岁而吴归蠡。

【译文】

勾践被困在会稽时，曾怅然叹息说："我将在此了结一生吗？"种说："商汤被囚禁在夏台，周文王被围困在羑（yǒu）里，晋国重耳逃到翟，齐国小白逃到莒，他们都终于称王称霸天下。由此观之，我们今日的处境何尝不可能成为福分呢？"吴王赦免了越王，勾践回国后，深思熟虑，苦心经营，把苦胆挂到座位上，坐卧即能仰头尝尝苦胆，饮食也尝尝苦胆。他还说："你忘记会稽的耻辱了吗？"他亲身耕作，夫人亲手织布，吃饭从未有荤菜，从不穿有两层华丽的衣服，对贤人彬彬有礼，能委曲求全，招待宾客热情诚恳，能救济穷人，悼慰死者，与百姓共同劳作。越王想让范蠡管理国家政务，范蠡回答说："用兵打仗之事，种不如我；镇定安抚国家，让百姓亲近归附，我不如种。"于是把国家政务委托给大夫种，让范蠡和大夫柘稽求和，到吴国做人质。两年后吴国才让范蠡回国。

【评点】

千百年来，勾践“卧薪尝胆”的精神一直激励着华夏子孙，勾践受到人们赞誉、歌颂与钦敬，他传奇般的经历也被文学界所垂青。

他的坚韧不拔之气概、忍别人不能忍的意志和下定决心立志强国的抱负，实在是令人钦敬。

一、忍辱负重，奴颜婢膝侍夫差

话说吴王夫差决定受降，当时有个规定：越王勾践夫妇必须到吴国做三年奴仆，三年后返回越国；吴王夫差保证不杀他。

随后，越王勾践将全国的珍宝、美女献给吴王夫差，让文种留守国家，自己带着妻子和范蠡来到吴国，充当吴王夫差的奴仆。

他们蓬头垢面，破衣烂衫，住在阖闾墓旁的一个石头房子里面，为阖闾守墓，同时饲养吴王的马匹。

勾践还给夫差脱鞋，服侍夫差上厕所。夫差的几匹马被勾践喂得滚瓜溜圆，夫差出去游猎时，勾践要跪伏在马下，让夫差踩着他的脊梁上马。勾践三人受尽嘲笑和羞辱。为图复国大计，勾践顽强地忍耐着吴国对他的精神和肉体折磨，对吴王夫差表现得恭敬顺服。

《吴越春秋》中记载有勾践“饮溲食恶”的故事：

夫差生病了，勾践每天都去看望，夫差怕死，自己总觉得病势不轻。

有一天，勾践又去看望夫差，偏赶上夫差心情特别沮丧，见勾践进来，就拿他撒气说：“出去出去！不用你假仁假义地来看我，你恨我快点儿死是不？盼我死了你好回国，休想！”吓得勾践站在那里不知如何是好。此时夫差要大便，挥着手让勾践出去。

勾践却要观察夫差的粪便，并当着夫差的面，用手指沾了点儿粪便放在嘴里尝了尝，夫差急忙说：“你这是干什么？”不料勾践却马上跪在地上说：“恭喜大王，贺喜大王，你的病就要好了。”夫差说：“你怎么知道？”勾践说：“不治之症粪便是苦的，可治之症粪便是甜的，适才我尝大王的粪便，就是为了察看病情，用不了几天大王的病就会好了。”夫差将信将疑地说：“你是从哪里知道的？”勾践说：“当年，周武王患病卧床不起，把神医成仲子从高山上请下来，周武王问成仲子他的病是否很沉重，成仲子让武王把他的儿子们都叫来，为武王尝便，武王十几个儿子，没有一个愿意尝，只有幼子姬诵用鼻子闻了闻，成仲子问他什么味儿，姬诵说又腥又臭。王子们退出去了，武王问成仲子，尝便能知病情吗？成仲子对武王说，不治症便苦，可治症便甜，大王幼子可立呀！”

夫差真的相信了，十分感动地说：“我的儿子也未必如此，你真比我的儿子还强啊！”没过几天，夫差的病果真好了。

勾践君臣含垢忍辱，装得非常恭顺，夫差以为他们已真心臣服，三年后就把他们放回越国。

二、卧薪尝胆，励精图治为雪耻

勾践被围困在会稽山的时候，叹息说：“我难道就要死在这里了吗？”文种说：“商汤被桀囚禁在夏台，文王被纣囚禁在羑里，晋公子重耳亡命翟国，齐公子小白逃到莒国，最终都成就了霸王之业。由此看来，这说不定还是一种福气呢。”文种鼓励勾践勇于面对，图谋霸业。

勾践回国后，唯恐宫廷舒适的生活会消磨自己报仇雪恨的斗志，他把床上的褥子撤下，换上柴草。每当有硬柴草刺痛他身子的时候，他就自己问自己：“比起亡国的痛苦如何？”他在饭厅的屋梁上挂一个苦胆，每顿饭前，必定先尝尝苦胆，然后问自己：“比起亡国的痛苦如何？”

“卧薪尝胆”这句成语，便源出于此处，且被后人用来形容不畏艰苦、砥砺奋发的进取精神。

为了使国家早日富强，勾践亲自下田拉犁耕地，叫夫人亲自种麻织布。勾践对妻子说：“我还是一个养马的牧人，你还是牧人的妻子。”为了使夫差不起疑心，勾践按时派人到吴国去进贡，而且贡品每年都有所增加。夫差对勾践非常满意，更加相信勾践的忠心了。

为了报仇复国，勾践奋发图强，采取了富国强兵的种种措施，鼓励百姓生养儿女，减轻赋税劳役，制定一系列有利国计民生的政策。他叫文种管理国家大事，叫范蠡训练人马，自己虚心听从别人的意见，救济贫苦的百姓。对那些孤儿寡妇，生病的、穷苦的人民，由官府代养他们的儿女；对那些有名望、有特长的人，国家在物质上给予优厚的待遇，鼓励他们为国出力。十年之内，不向老百姓收税。

因此，勾践受到全国百姓的爱戴，老百姓恨不得多加把劲儿，好叫这个受欺压的国家变成强国。

第三节　苦心人，天不负，十年终吞吴

【原文】

其后四年，越复伐吴。吴士民罢弊，轻锐尽死于齐、晋。而越大破吴，因而留围之三年，吴师败，越遂复栖吴王于姑苏之山。吴王使公孙雄肉袒膝行而前，请成越王曰："孤臣夫差敢布腹心，异日尝得罪于会稽，夫差不敢逆命，得与君王成以归。今君王举玉趾而诛孤臣，孤臣惟命是听，意者亦欲如会稽之赦孤臣之罪乎？"勾践不忍，欲许之。范蠡曰："会稽之事，天以越赐吴，吴不取。今天以吴赐越，越其可逆天乎？且夫君王蚤朝晏罢，非为吴邪？谋之二十二年，一旦而弃之，可乎？且夫天与弗取，反受其咎。'伐柯者其则不远'，君忘会稽之戹乎？"勾践曰："吾欲听子言，吾不忍其使者。"范蠡乃鼓进兵，曰："王已属政于执事，使者去，不者且得罪。"吴使者泣而去。勾践怜之，乃使人谓吴王曰："吾置王甬东，君百家。"吴王谢曰："吾老矣，不能事君王！"遂自杀。乃蔽其面，曰："吾无面以见子胥也！"越王乃葬吴王而诛太宰嚭。

【译文】

这以后四年，越国又攻打吴国。吴国军民疲惫不堪，精锐士兵都在与齐、晋之战中死亡。所以越国大败了吴军，因而包围吴都三年，吴军失败，越国就又把吴王围困在姑苏山上。吴王派公孙雄脱去上衣露出胳膊跪着向前行，请求与越王讲和说："孤立无助的臣子夫差冒昧地表露自己的心愿，从前我曾在会稽得罪您，我不敢违背您的命令，如能够与您讲和，就撤军回国了。今天您投玉足前来惩罚孤臣，我对您将唯命是听，但我私下的心意是希望像会稽山对您那样赦免我夫差的罪过吧！"勾践不忍心，想答应吴王。范蠡说："会稽的事，是上天把越国赐给吴国，吴国不要。今天是上天把吴国赐给越国了，越国难道可以违背天命吗？再说君王早上朝晚罢朝，不是因为吴国吗？谋划伐吴已二十二年了，一旦放弃，行吗？且上天赐予您却不要，那反而要受到处罚。'用斧头砍伐木材做斧柄，斧柄的样子就在身边。'忘记会稽的苦难了吗？"勾践说："我想听从您的建议，但我不忍心为难他的使者。"范蠡就鸣鼓进军，说："君王已经把政务委托给我了，吴国使者赶快离去，

否则将要对不起你了。”吴国使者伤心地哭着走了。勾践怜悯他，就派人对吴王说：“我安置您到甬东，统治一百家。”吴王推辞说：“我已经老了，不能侍奉您了！”说完便自杀身亡，自尽时遮住自己的面孔说：“我没脸面见到子胥！”越王安葬了吴王，杀死了太宰嚭。

【评点】

勾践广聚贤才，在文种、范蠡等人的辅佐下，富国强兵，数年后，终于有了复仇的力量，开始了他报仇雪耻的行动。

一、麻痹吴王，计杀伍子胥

在国家迅速恢复生机的同时，勾践又采取许多办法麻痹吴国。

恭谨事吴，贡献美女、玩好、方物、巧匠，以娱夫差，消除其对越的戒备；迎合夫差率精兵急于求霸之心，导吴北进中原，耗损其国力、军力，造成吴国内耗。

勾践年年月月按时给吴国纳贡，使夫差始终相信他是真心臣服。继续贿赂吴太宰伯嚭。派出奸细刺探吴国的消息，散布谣言以离间君臣关系，使夫差杀害忠良。

勾践又以越遇灾害为由，不时向夫差借粮，使吴国粮食储存减少，而越国则储备充足。探知夫差要建造姑苏台，勾践派人运去特大木料，说是“神木”，夫差非常高兴，扩大了姑苏台的设计，使吴国更加劳民伤财。

勾践还施美人计，为夫差的姑苏台选送美女。其中有一叫西施的，不仅美貌无比，且有才识，夫差得到西施，极其宠爱，以至言听计从。

伍子胥早已察觉勾践所作所为意在复仇，多次劝谏，不仅未被夫差接受，反而引起夫差的反感和怀疑。

公元前 485 年，夫差为争霸而北上伐齐，伍子胥不赞成，指出越国才是心腹大患。夫差不听，继续伐齐，在艾陵之战中大败齐军，获胜而归，夫差十分得意，不久又听信了伯嚭的谗言，赐剑令伍子胥自尽，伍子胥死前说：“必取吾眼置吴东门，以观越兵入也！”伍子胥死后，吴王将政事交给伯嚭管理。

勾践得知伍子胥已死，拟起兵伐吴，范蠡认为时机未到，还须等待。

二、抓住时机，一举吞并吴国

公元前 482 年春，虚荣心膨胀得像热气球一样的吴王夫差，率领吴国精锐部队到黄池（今河南省封丘县），与几个诸侯国的国君会盟，争当盟主，越国趁机出兵，对吴国首都发动突然袭击，攻入吴都，杀了留守都城的太子。夫差闻报大惊，但他想当盟主想昏了头，为封锁首都被越军攻陷的消息，连杀七人，直到靠威逼利诱当上了盟主，才班师回国，并于途中派人向勾践请和。

勾践觉得吴国主力尚存，自己还没有把握将其消灭，便接受夫差的和议，在夫差率军返回吴都之前撤兵。

公元前 478 年，勾践再次出兵，大败吴军。

公元前 475 年冬，勾践集中全国精锐部队，兴师伐吴，要给吴国以致命的打击。越军一举突破吴军松江防线，在吴都郊外接连击败吴军，最后将吴都姑苏城四面包围，勾践为了把牺牲减少到最低限度，下令对吴都长期围困，结果一围就是三年。

公元前 473 年秋，吴军粮秣已尽，兵无斗志，连把守城门的士兵都溜之乎也，越军一举攻入吴都，夫差带着一帮高级官员一溜烟逃到秦馀杭山。

《吴越春秋》这样形容他逃窜时的情形："吴王率群臣遁去，昼驰夜走，三日三夕，达于秦馀杭山。胸中愁忧，目视茫茫，行步猖狂，腹馁口饥，顾得生稻而食之，伏地饮水，顾左右曰：'此何名也？'对曰：'是生稻也。'"堂堂一国之君，落到这种地步，英雄气与霸主气已荡然无存。

但他跑得快，勾践追得也快，转眼间率三千精兵追至山下。

吴王夫差见大势已去，求和不成就自杀而死，临死时说："吾无面以见子胥也！"遂拿一块手帕遮住脸，然后自杀。

越王勾践迫使夫差自杀后，进入姑苏城，上据吴王旧宫，百官称贺，伯嚭也在朝列中，自以为以前曾于勾践有周全照顾之功，因此面有得色，向勾践拜贺。勾践却下令诛杀伯嚭，罪名是"不忠于其君，而外受重赂，与己比周（与越国勾结）也"，对于伯嚭这位奸相，当时孔子的弟子子贡对他所做的评论是："太宰嚭用事，顺君之过以安其私，是残国之治也。"伯嚭最后并没能逃脱应有的惩罚，可叹的是，惩治他的，竟然不是吴王夫差，而是敌国之勾践！由伯嚭推及历史上其他摄取高位的奸臣，由吴国推及历史上其他惨遭亡国之祸的国家和朝代，千载而下，历史给我们的教训是极其沉重而深刻的。

从公元前 494 年到公元前 473 年，勾践忍辱负重，坚韧不拔，以超乎常人的毅力，用了长达二十一年的时间，完成了从国君到奴仆，又从奴仆到国君，"苦身焦思，终灭强吴"的人生传奇。

第四节　范蠡传奇——从范将军到陶朱公

【原文】

范蠡事越王勾践，既苦身勠力，与勾践深谋二十馀年，竟灭吴，报会稽之耻，北渡兵于淮以临齐、晋，号令中国，以尊周室，勾践以霸，而范蠡称上将军。还反国，范蠡以为大名之下，难以久居，且勾践为人可与同患，难与处安，为书辞勾践曰："臣闻主忧臣劳，主辱臣死。昔者君王辱于会稽，所以不死，为此事也。今既以雪耻，臣请从会稽之诛。"勾践曰："孤将与子分国而有之。不然，将加诛于子。"范蠡曰："君行令，臣行意。"乃装其轻宝珠玉，自与其私徒属乘舟浮海以行，终不反。于是勾践表会稽山以为范蠡奉邑。

【译文】

范蠡侍奉越王勾践，辛苦惨淡，勤奋不懈，与勾践运筹谋划二十多年，终于灭亡了吴国，洗雪了会稽的耻辱。越军向北进军淮河，兵临齐、晋边境，号令中原各国，尊崇周室，勾践称霸，范蠡做了上将军。回国后，范蠡以为盛名之下，难以长久，况且勾践的为人，可与之同患难，难与之同安乐，写信辞别勾践说："我听说，君王忧愁臣子就劳苦，君主受辱臣子就该死。过去您在会稽受辱，我之所以未死，是为了报仇雪恨。当今既已雪耻，臣请求您给予我君主在会稽受辱的死罪。"勾践说："我将和你平分越国。否则，就要加罪于你。"范蠡说："君主可执行您的命令，臣子仍依从自己的意趣。"于是他打点包装了细软珠宝，与随从从海上乘船离去，始终未再返回越国，勾践为表彰范蠡把会稽山作为他的封邑。

【评点】

范蠡，字少伯，春秋楚国宛（今河南南阳）人，大约出生于公元前 517 年，约于公元前 420 年无疾而终，享年高龄，几近百岁。春秋末著名的政治家、军事家和实业家，后人尊称"商圣"。

他足智多谋，曾经帮助越王勾践复仇成功，称霸一方，当他站在事业的巅峰时，却选择功成身退，乘舟浮海，离越适齐，化名“鸱夷子皮”，经商治产，资产累千万，自号陶朱公。

司马迁称：“范蠡三迁皆有荣名”；史书中有语概括其平生：“与时逐而不责于人”；世人誉之：“忠以为国，智以保身；商以致富，成名天下”。

范蠡的奇特经历，给后世留下了许许多多的惊奇，令人沉思。

一、不恋官位，明哲保身

范蠡出身贫寒，但聪敏睿智，胸藏韬略，满腹经纶，文韬武略，无所不精。然纵有圣人之资，在当时贵胄专权、政治紊乱的楚国，范蠡却不为世人所识。

范蠡投奔越国，正是越国兵败国灭之时。他劝说勾践屈服，伴勾践到吴国为奴。在勾践回国后，辅佐勾践富国强兵。几次在时机不成熟时，劝阻勾践的起兵报仇。当时机成熟时，范蠡亲领越军征战伐吴，一战灭吴，被封为上将军。又继续辅佐勾践称霸诸侯。就在功业达到鼎盛之时，却主动抛弃二十余年建立的辉煌，主动离开越国，泛游五湖，成为一个闲人。

按一般人思维，范蠡到了这步，是该享受成功的时候了。但他深知宦海沉浮、世态炎凉，明知“共享越国”纯系虚言，不敢对此心存奢望。

当越王勾践班师回国后，君臣设宴庆功。乐师作《伐吴》之曲，曲中有词赞文种、范蠡之功，群臣大悦，唯独勾践却面无喜色。范蠡察此微末，立刻明白了一切。他想：越王勾践为了灭吴兴越，不惜忍辱负重、卧薪尝胆。如今如愿以偿，功成名就，却不想归功于臣下，猜疑、嫉妒之心已见端倪。大名之下，难以久居。若不及早脱身，日后难免招来杀身之祸。

想到这里，他便毅然决定急流勇退。在离开是非之地时，也不忘与己风雨同舟的文种，于是投书劝说道：“狡兔死，走狗烹；飞鸟尽，良弓藏；敌国破，谋臣亡。越王为人，长颈鸟喙，可与共患难，不可与共荣乐，先生何不速速出走？”

范蠡的智慧很快就得到证明，文种没有听从范蠡的劝告，后来果然被赐自杀。

二、潇洒人生，以智戒贪

范蠡这一走，海阔天空，不再系命于君主，获得了自主独立的人格和完全的自由。他可以按照自己的意志和能力创业，寻找和开拓完全属于自己的事业和新的天地，从这点上说是获得了逍遥与轻松。

他辗转来到齐国，变姓名为鸱夷子皮，带领儿子和门徒在海边结庐而居。勠力垦荒耕作，兼营副业并经商，没有几年，就积累了数千万家产。他仗义疏财，施善乡梓。范蠡的贤明能干被齐人赏识，齐王把他请进国都临淄，拜为主持政务的相国。他喟然感叹："居官致于卿相，治家能致千金，对于一个白手起家的布衣来讲，已经到了极点。久受尊名，恐怕不是吉祥的征兆。"于是，才三年，他再次急流勇退，向齐王归还了相印，散尽家财给知交和老乡。

一身布衣，范蠡第三次迁徙至陶（今山东肥城陶山，或山东定陶），在这个居于"天下之中"（陶地东邻齐、鲁，西接秦、郑，北通晋、燕，南连楚、越）的最佳经商之地，操计然之术，即根据时节、气候、民情、风俗等，人弃我取，人取我与，顺其自然、待机而动以治产，没出几年，经商积资又成巨富，遂自号陶朱公，当地民众皆尊陶朱公为财神。

三、富而好德，美名传扬

当时，陶山位于齐、鲁、魏、赵等国的接合部，山前又有广阔湖面，船只通过连接的汶水、济水等直达中原各地，山内草木葱郁，湖边土地肥沃，气候适宜，资源丰富，范蠡以为此为天下之中，便在此隐居下来，置办田产，建筑房屋，利用山坡地发展畜牧林果，利用水面养殖鱼鸭，没有几年时间，日子很快富裕起来。

接着利用过剩的产品和手中的积蓄，囤积货物，做起贩进卖出的商品交易。

范蠡还在山前大村庄、湖屯码头设立杂货店铺、作坊、旅店、钱庄等，使这里成了各国商人集居的交易中心。同时他雇用有才能的贤德之人，把产业商贸管理得井井有条。

由于经营有道、致富有方，十九年之中，三至千金，逐至巨万，最后积累了亿万的财富。

晚年，范蠡把经营的产业托付儿孙去做，自己在陶山选择一个水抱山环、泉美林秀的位置，建一别墅，度过了美好的后半生。

范蠡在这里仗义疏财，乐善好施，济贫救困，被大史学家司马迁称为"富好行其德"。他生前对社会做出了重要贡献，在他死后，也有着广泛的社会影响。

陶山一带至今留有不少与范蠡有关的古迹与传说，两千四百多年来，风吹日晒，更朝换代，这些古迹不知遭到多少次人为或自然的破坏，当地人却屡毁屡修，使之延续存世，流传至今。

卷九 《史记·陈涉世家》

第一节 少有鸿鹄志

【原文】

陈胜者，阳城人也，字涉。吴广者，阳夏人也，字叔。陈涉少时，尝与人佣耕，辍耕之垄上，怅恨久之，曰："苟富贵，无相忘。"庸者笑而应曰："若为庸耕，何富贵也？"陈涉太息曰："嗟乎，燕雀安知鸿鹄之志哉！"

【译文】

陈胜是阳城人，表字叫涉。吴广是阳夏人，表字叫叔。陈涉年轻时，曾同别人一道被人家雇用耕地。有一次他停止耕作走到田畔高地上休息，因失望而叹恨了好久，说："如果有一天我富贵了，一定不会忘记大家的。"雇工们笑着回答："你是被雇用耕地的人，哪里谈得上富贵呢？"陈胜长叹一声，说："唉，燕雀怎么知道鸿鹄的（远大的）志向呢！"

【评点】

一部秦汉史，陈胜承前启后。

陈胜之前，是中国历史上第一位皇帝——秦始皇。这位伟大的帝王，"奋六世之余烈，振长策而御宇内"，开创了一个前所未有的庞大帝国；陈胜之后，是同样彪炳史册的汉武帝，这位将大汉"声威文教讫于四海"的千古一帝，在中华民族发展史上创造了数个第一。

处在秦皇汉武之间，陈胜同样青史留名，这不是一般人能做到的。

陈胜确实是个英雄。他是一个开创历史的人，也是一个扭转历史走向的人。

千年以来，有谁能真正认清楚这位陈胜王呢?

一、一个阳城，四个地方……

“陈胜者，阳城人也，字涉。吴广者，阳夏人也，字叔。”这是《史记·陈涉世家》的第一句，也是让很多历史研究者争论不休的一句。

阳夏，是今天的河南周口市太康县，这一点没有争议。但阳城在哪里？至今仍有争议。

一曰今河南登封，一曰今河南商水，一曰今河南方城，一曰今安徽宿县。

一个陈胜，四个故乡，竞争很激烈。

这一点儿都不奇怪，连西门庆那样的反面典型都有两省三地为其故里争得头破血流，何况陈胜呢?

英雄的故里究竟在哪里？我想这个问题最有发言权的应该是司马迁或陈胜本人，不过在时光机器没有发明之前，恐怕谁也得不到最权威的答案。

陈胜是楚人，这一点史学界是没有异议的。陈胜弄出来的国号就是“张楚”，是为张大楚国之意。如果陈胜是齐人或燕人，那应该叫“张齐”或“张燕”才对。何况赵高也亲口说“楚盗陈胜”，如此看来，“登封说”有点靠不住，因为按照战国时的地理位置来说，登封属于韩国。

同样在《史记》里，赵高污蔑李斯时曾说:“楚盗陈胜等，皆是丞相傍县之子(《史记·李斯传》)。”李斯是上蔡人，和上蔡“傍县”的，也就是商水了。

根据《史记》的描述，陈胜定都于陈郡（今河南淮阳一带）后，当年和他一起种地的很多老乡来看他。陈胜政权时间不过半年，势力范围很有限，作为反叛者的老乡，不太可能成群结队穿过防区去看望陈胜。

陈胜攻占陈郡之后就迅速定都，再也没有迁都，这比较符合楚人“富贵不还乡，如锦衣夜行”的特点——这点项羽表现得最明显。秦时，商水属于陈郡，如果陈胜老家不在陈郡，那完全可以到方城或宿县定都。

综合以上史料来看，符合这些条件的，也就是商水了。姑且以为，商水为陈胜故里的可能性最大。

二、少有鸿鹄志

世间的英雄不外乎两类：一类是生来就有远大抱负的英雄；另一类则是环境所迫，被时世造出来的英雄。在两千多年前，首举义旗反抗暴秦的陈胜，就是我们所说的第一类英雄。

陈胜年轻的时候，曾经受人家雇用去耕田，就当时的环境而言，陈胜的家境应该不是太好，给别人耕田的事没少做。

有一次，他放下农活到田埂上休息，他不甘心受人奴役，对自己的处境，因失望叹恨了好久后，对和他一起耕田的人说："如果有一天我富贵了，一定不会忘记大家的。"

当时说出这种话来，有点痴人说梦的感觉，所以跟他一起被雇用的人马上嘲笑他："你是被别人雇用来耕田的，哪里谈得上富贵呢？"

陈胜看着大伙儿，长叹一声说："唉，小燕子小麻雀怎么知道鸿鹄的志向啊！"就在这短短的瞬间，一句千古名言产生了："燕雀安知鸿鹄之志哉！"

陈胜的杰出之处，就在于他率先看到了这种贫贱、富贵的不平，并提出了改变这种不平的朴素而勇敢的要求。

反抗命运的决心犹如一团烈火在陈胜胸中燃烧，不久，他便以实际行动向人们证明了自己的豪言壮语。

第二节　认清形势，筹划起义

【原文】

二世元年七月，发闾左適戍渔阳，九百人屯大泽乡。陈胜、吴广皆次当行，为屯长。会天大雨，道不通，度已失期。失期，法皆斩。陈胜、吴广乃谋曰："今亡亦死，举大计亦死，等死，死国可乎？"陈胜曰："天下苦秦久矣。吾闻二世少子也，不当立，当立者乃公子扶苏。扶苏以数谏故，上使外将兵。今或闻无罪，二世杀之。百姓多闻其贤，未知其死也。项燕为楚将，数有功，爱士卒，楚人怜之。或以为死，或以为亡。今诚以吾众诈自称公子扶苏、项燕，为天下唱，宜多应者。"吴广以为然。乃行卜。卜者知其指意，曰："足下事皆成，有功。然足下卜之鬼乎！”陈胜、吴广喜，念鬼，曰：“此教我先威众耳。”乃丹书帛曰“陈胜王”，置人所罾鱼腹中。卒买鱼烹食，得鱼腹中书，固以怪之矣。又间令吴广之次所旁丛祠中，夜篝火，狐鸣呼曰“大楚兴，陈胜王”。卒皆夜惊恐。旦日，卒中往往语，皆指目陈胜。

【译文】

秦二世元年七月，朝廷征调贫苦平民九百人去戍守渔阳，驻在大泽乡。陈胜、吴广都被按次序编入戍边的队伍里面，担任了小头目。恰巧遇到天下大雨，道路不通，估计已经误期。误期，按照秦朝法令都要斩首。陈胜、吴广于是一起商量说：“现在逃跑也是死，起义也是死，同样是死，为国事而死可以吗？”陈胜说：“全国百姓长期受秦王朝压迫，痛苦不堪。我听说秦二世是秦始皇小儿子，不应当立为皇帝，应当立为皇帝的人是公子扶苏。扶苏因为多次劝诫秦始皇的原因，皇帝派他在外面带兵。现在有人听说扶苏没有罪，二世却杀了他。百姓多数听说他贤明，却不知道他已经死了。项燕做楚国的将领的时候，多次立有战功，又爱护士兵，楚国人很爱怜他。有人认为他死了，有人认为他逃跑了。现在果真把我们的这些人冒充公子扶苏、项燕的队伍，向全国发出号召，应该有很多响应的人。”吴广认为陈胜所说正确，于是二人去占卜。占卜的人知道他们的意图，说：“你们的事情都能成功，将建立功业。然而你们把这件事向鬼神卜问一下吧！”陈胜、吴广很高兴，又考虑卜鬼的事，说：“这是教我们首先威服众人罢了。”于是用丹砂在丝绸上写道“陈胜王”，放在别人用网捕获的鱼的肚子里面。戍卒买到那条鱼回来煮着吃，发现鱼肚子里面的帛书，本来已经对这件事感到奇怪了。陈胜又暗中派遣吴广到戍卒驻地旁边丛林里的神庙中去，在晚上用竹笼罩着火装作鬼火，像狐狸一样叫喊道：“大楚复兴，陈胜为王！”戍卒们夜里都惊慌恐惧。第二天，戍卒中到处谈论这件事，都指指点点，互相示意地看着陈胜。

【评点】

秦二世元年七月，陈胜精彩一生的序幕在此刻拉开。也许那时他还根本没有想到自己即将成为万众欢呼的人民领袖。当时他还只是个小小的屯长，满脑子想的都是如何协助长官率领九百人平安抵达渔阳完成屯驻的任务。无奈天降大雨，阻塞了道路，队伍被迫停留在沛郡的大泽乡。

险恶的处境非但没有吓倒陈胜，反而引燃了他心中点点反抗的火星。他要将眼前这九百人变成九百个大秦的掘墓人，成就自己“王侯将相”的梦想！

一、形势所迫，志举大计

秦始皇为满足自己的奢侈生活，无休止地征发徭役，大兴土木，劳民伤财。秦二世继承了秦始皇的骄奢淫逸，还要效乃父始皇故事，调发民夫，出塞防胡。老百姓生活陷入绝境，各地反秦活动，一触即发。

秦二世元年七月，有诏颁到阳城，遣发闾左贫民，到渔阳守边。关于“闾左”一词的确切含义，从东汉以后在历代注家的解释中就一直存在歧义，在当代学者的研究中，亦没有定论。“闾左”并不是闾里的左边，而是与“朝右”“豪右”相对应的一个词，表示居住在闾里的普通平民。

阳城县内，由地方官奉诏调发，得闾左贫民九百人，充作戍卒，令他们北行，陈胜即在其内，地方官按名查验，见陈胜身材高大，气宇轩昂，便暗加赏识，拔充为屯长。又有一阳夏人吴广，躯干与陈胜相似，因此让他与陈胜一起当屯长，令他俩分别率领众人，一起赶往渔阳，并且发给他俩工资，预定期限，叫他们努力前去，不得在途中滞留。陈、吴两人当然应命，地方官又害怕他俩靠不住，特意加派将、尉二人，监督他俩同行。

当走到蕲县大泽乡（今安徽宿州西寺坡乡）时，遇到连天大雨，江南本是水乡，大泽更为低洼，一望弥漫，如何过去？无奈何就地驻扎，待晴天以后，才可以继续行走。偏偏雨不肯停，水又增长，惹得一班戍卒进退两难。大伙眼看抵达渔阳的期限将近，急得像热锅上的蚂蚁，不知如何是好。因按照秦的酷律规定，凡所征戍边兵丁，不按时到达指定地点者，是要一律处斩的。

陈胜与吴广本来不认识，在这里同为屯长，也就成了好朋友，因而彼此秘密商量说：“现在要去渔阳，路途遥远，官中期限将至，难免逾期，秦法失期当斩，难道我等就甘心受死吗？”吴广跃起道：“那怎么办？不如我们开小差逃跑吧！”陈胜摇头道：“我们现在的处境，去也是送死，逃跑被抓回来也是死，与其都是死，为国事而死，干一番大事业，可以吗？”陈胜接着又对时局进行了分析，“天下人苦于秦的统治很久了，老百姓对秦王朝的苛捐赋税、募役刑罚已经到了难以忍受的程度。我听说二世皇帝胡亥是秦始皇的小儿子，本不应继位，该继位的是长子扶苏。扶苏贤能，却被无故杀害了。还有一位名人叫项燕，曾是楚国名将，战功卓著，又爱护士兵，很受人爱戴。现在老百姓并不知这两个人是生是死，我们何不以他们的名义号召天下人起来反抗秦朝的暴政呢？”

吴广很佩服陈胜的胆略，觉得他的主意符合当时的人心，完全支持陈胜“死国”“举大计”的决定。

应该说陈胜的这一谋划，切中时弊，有两大高明之处：

其一是置暴秦的统治者以不合法的地位，以瓦解敌方阵营。正是在陈胜天才的创意下，今天所认定的秦二世少子说出笼了。陈胜是否知道秦始皇所有子嗣的次序并不重要，重要的是他找到了解决当时局面的钥匙。秦王朝的残暴统治人所皆知，为什么皆隐忍不发，其原因或在于没有找到反抗的合适理由。此前的刘邦、彭越、黥布、张良皆一代人杰，因为没有合适的理由，只好选择了隐匿。

其二是推出已不存在的老长官项燕，以号召楚地民众。众所周知，秦灭六国时，楚地百姓伤亡最大，楚怀王又客死秦国，可以说，楚人与秦王朝有不共戴天之仇，“楚虽三户，亡秦必楚”是最有力的证明。以楚人爱戴的项燕来激发楚地百姓的斗志，真是明智之举。

二、谋划周密，舆论造势

陈、吴二人下一步的计划是挑动这个九百人的队伍齐心造反。说起来容易，可做起来却是难办得很。天下百姓虽然苦秦甚久，但是在苛政的肆虐之下早已噤若寒蝉，谁会愿意和陈胜这个农民一起做反秦的出头鸟呢?

陈胜和吴广经过一番谋划后，又专门找了一个算卦的卜问吉凶。聪明的卜者知道了他们的用意，便说：“你们的事业能成功，且能为百姓立大功。‘然足下卜之鬼乎！’”

陈胜、吴广也不再问，立即告辞。途中互相告诉说：“算卦的人要我等问鬼神，敢是教我去祈祷吗？”想了一番，究竟陈胜较为聪明，便对吴广说：“是了！是了！楚人信鬼，必先假托鬼神，方可威服众人，算卦的人教我的，定是此意。”吴广道：“如何实施？”陈胜就给吴广一番耳语，约他分头行事。

他们用朱砂在一块绸帕上写了“陈胜王”三个大字，塞到渔民捕来的鱼肚子里。戍卒们买鱼回来吃，发现了鱼腹中的“丹书”，都觉得惊奇。及展开一看，白绸条上却有红字，仔细观看，发现是“陈胜王”三字，更是惊奇。众人听说后聚集来看，果然看见字迹无讹，都觉得不可思议。

陈胜又让吴广潜伏到营地附近一座荒庙里，半夜里点燃篝火，模仿狐狸声音，大声呼喊：“大楚兴，陈胜王！”正在睡梦中的戍卒们被惊醒，十分惊恐害怕，他们静悄悄地听着。起初是声浪模糊，不甚清楚，及凝神细听，觉得一声声像人语，约略可辨。第一声是“大楚兴”，第二声是“陈胜王”。众人已辨出声音，仗着人多势旺，各起身出望，看个明白。营外是一带荒郊，只有西北角上，古木荫浓，并有古祠数间，为树所遮，合成一团。那声音即从古祠中传出，顺风吹来，分明是“大楚兴，陈胜王”二语。更奇怪的是丛树中间，隐约露出火光，似灯非灯，似磷非磷，一会儿移到那边，一会儿又移到这边，变幻离奇，不可捉摸。第二天戍卒们交头接耳，都指指点点地看着陈胜。

鬼神的预言震慑住了士卒，他们开始相信陈胜就是未来的王。

如此这般，舆论的目的达到，一切准备就绪，只等揭竿而起了。

第三节　揭竿而起，建国张楚

【原文】

吴广素爱人，士卒多为用者。将尉醉，广故数言欲亡，忿恚尉，令辱之，以激怒其众。尉果笞广。尉剑挺，广起，夺而杀尉。陈胜佐之，并杀两尉。召令徒属曰：“公等遇雨，皆已失期，失期当斩。藉弟令毋斩，而戍死者固十六七。且壮士不死即已，死即举大名耳，王侯将相宁有种乎！”徒属皆曰：“敬受命。”乃诈称公子扶苏、项燕，从民欲也。袒右，称大楚。为坛而盟，祭以尉首。陈胜自立为将军，吴广为都尉。攻大泽乡，收而攻蕲。蕲下，乃令符离人葛婴将兵徇蕲以东。攻铚、酂、苦、柘、谯皆下之。行收兵。比至陈，车六七百乘，骑千馀，卒数万人。攻陈，陈守令皆不在，独守丞与战谯门中。弗胜，守丞死，乃入据陈。数日，号令召三老、豪杰与皆来会计事。三老、豪杰皆曰：“将军身被坚执锐，伐无道，诛暴秦，复立楚国之社稷，功宜为王。”陈涉乃立为王，号为张楚。当此时，诸郡县苦秦吏者，皆刑其长吏，杀之以应陈涉。

【译文】

吴广向来爱护士卒，士兵们有许多愿意替他效力的人。押送戍卒的两个军官喝醉了酒，吴广故意多次说想要逃跑，惹军官恼怒，让军官责辱自己，以便激怒那些戍卒。军官果真用竹板打吴广。军官又拔出宝剑来威吓，吴广跳起来，夺过宝剑杀军官。陈胜帮助他，一同杀死了两个军官。陈胜、吴广召集并号令众戍卒说：“你们碰到了大雨，都已经误了朝廷规定的期限，误期就会杀头。即使朝廷不杀我们，但是戍边的人十个里头肯定有六七个死去。况且壮士不死便罢，要死就要发动大事情！王侯将相难道是天生的贵种吗？”众戍卒都说：“听从您的命令。”于是就冒充是公子扶苏、项燕的队伍，顺从人民的心愿。军队露出右臂作为标志，号称大楚。他们筑起高台，在台上结盟宣誓，用尉的头祭告天地。陈胜自立为将军，吴广为都尉。起义军首先攻下大泽乡，吸收民众参军后接着攻打蕲县。蕲县攻下之后，就派符离人葛婴率领部队去夺取蕲县以东的地方，攻打铚、酇、苦、柘、谯等地，都攻占了。在行军时又沿途吸收群众参加起义军，等到达陈县，起义军已有战车六七百辆，骑兵一千余人，步兵几万人。攻打陈县时，郡守和县令都不在城中，只有守丞的谯门中同起义军作战。起义军（一时）不能战胜，（不久）守丞被人杀死了，起义军就进城占领了陈县。过了几天，陈胜下令召集三老、豪杰一起来集会议事。三老、豪杰都说：“将军亲身披着坚固的铁甲，拿着锐利的武器，讨伐无道、暴虐的秦朝，重新建立楚国，论功劳应当称王。”陈胜就立为王，宣称要重建楚国。在这时，各郡县受秦朝官吏压迫的人，都惩罚那些当地各郡县的长官，杀死他们来响应陈涉。

【评点】

哪里有压迫，哪里就有反抗；压迫越重，反抗越强。

秦始皇为了一姓江山能千秋万代传下去，所有可能想到的各种防范措施都做了，但他做梦也不会想到，为他苦心经营的大秦帝国击打丧钟的，居然是一群失魂落魄的农民。他们曾经衣衫褴褛地躲在历史最不起眼的角落，不料，就是这不起眼的一群，振臂一呼，硬是把一个彪悍的帝国活生生地拉下了马来。

一、计杀两尉，召令徒属

陈胜见时机已到，举事的最后一步计划也随之开始了。

他行动的棋子仍然是吴广，吴广向来爱惜士卒，一向为众人所拥戴。

陈胜又与吴广定谋，乘着将尉二人酒醉时，闯入营帐，先由吴广趋前朗声说道：“今日雨，明日又雨，看来不能再往渔阳了。与其超过期限被杀死，不如先行逃跑，吴广特来禀报二位，我今日就要走了。”

将尉听着，勃然怒道：“你竟敢违国法？欲走便斩！”吴广毫不惊慌，反信口揶揄道：“公二人监督戍卒，奉令北行，责任很是重大，如或延期，广等原是受死，难道公二人尚得生活吗？”这数句话很是厉害，惹得一军官愤怒了，开始用鞭子抽吴广，围观的人群脸上都现出不忍之色，但谁也没敢作声。

吴广忽然转身，拔出原本挂在军官腰间的剑，刺入对方的胸膛，另一位军官本来一直在旁边看热闹，忽然见此变故，迅速反应过来，正欲拔剑过来击杀吴广，却被人从后面抱住了，吴广从军官身体中拔出剑，刺向被抱住的另一位军官，也就是眨两下眼睛的工夫，两名军官同时毙命，所有人都被这一突变惊呆了。

吴广和另外一人在确认两名军官确实已死后，站起身来，人群中发出一片声音“原来真的是他……”，帮助吴广杀人的这个人，就是陈胜，昨天鱼肚子里那块布上就写着“陈胜王”，还有半夜奇怪的狐狸叫，隐约夹杂在里面的人声，是“大楚兴，陈胜王”。当然了，这一切都是陈胜的杰作，靠造神运动求得上位，他不是第一个，也不是最后一个。

众人的目光充满了疑惑和崇拜，陈胜明白，目前最重要的是稳定人心，否则这九百人一哄而散，之前筹划了很久的计划可就泡汤了。面对这九百人的注视，陈胜开始发表即兴演说：“各位，老天不开眼啊，挡了我们的去路，我们到了渔阳恐怕也迟到了，迟到，就是斩首！即便求得一条性命，戍边一事，死者十之六七，从我们离开家园的那一天起，就已经是死人了，但是，男子汉既然死，就要死得壮烈，让天下人都知道我们的名字，王侯将相，难道是天生的贵种吗？”大众见他言语慷慨，无不感动。

林语堂先生讲，演讲词要像女孩子的裙子，越短越好。陈胜这几句话，充满了煽动性，围观的人群骚动起来，“我们听你的”“我们跟着你”的声音此起彼伏。

陈胜、吴广大喜，便领众人入帐，指示二尉尸首，果然血肉模糊，身首异处。人群轰然雷动，马上设坛拜祭，确立名分，定下旗号，陈胜自封为将军，封吴广为都尉，旗号大楚。祭奠以后，并将二尉头上的血，滴入酒中，依次序饮，大众喝过同心酒，对天盟誓，愿奉陈胜为主，一同造反。

他们对外宣传的口号是：秦始皇长子嬴扶苏和前楚国大将项燕并未身死，而是流落民间，现在要带领大家去推翻暴秦了。

大凡革命先驱者都是天才的煽动家，古今中外概莫能外，陈胜也同样有此天赋，他那一句“王侯将相宁有种乎”，莫说当时在场之人个个听得热血沸腾，就算我们今日读书至此，心中依然激动难平。

与其说是大泽乡那一场天降的瓢泼大雨，造就了中国历史上第一次大规模的农民起义，不如说是陈胜那一句“王侯将相宁有种乎”，点燃了大家心中反抗的火焰，一场声势浩大的农民起义，终于爆发！

二、胜利进军，建立政权

这支队伍是一头幼狮，急切需要活物来磨炼其爪牙，眼皮底下的大泽乡是为首选，一个小小的乡，而且也是楚国故土，很快便攻下来了。下一个便是蕲县，兵临城下，蕲县基本没什么抵抗便投降了。

攻下蕲县后，陈胜将自己的队伍进行了一番整顿，毕竟只是一群乌合之众，不严明一下纪律，难以持久。整顿完毕后，兵分两路，一路由陈胜、吴广亲自率领，向西进发，向着他们的终极目标——咸阳开进；一路由葛婴率领，向东向南进攻，为的是扫除西进的后患。

陈胜这支队伍在向西进攻的过程中，出奇顺利，铚县、酂县、苦县、柘县、谯县，接连得手，不到一个月的时间，队伍已经到了陈县（今河南省淮阳县附近），而且这一路前行，一路不断有人投奔，“革命了，革命了，同去，同去！”

此时陈胜旗下已经不再是那区区九百人了，他兵卒数万，战骑过千，甚至还有六七百辆战车，一时气势之盛，天下无出其右者。

陈胜又大举攻陈，陈县的县令不知何故，竟然不在，喊了半天话没人应声，城楼上一个人都没有，估计是早听到风声，县城里的头头脑脑都被吓跑了。造反都造到头顶上来了，还在这个破县待着干吗？卷铺盖，闪。

“攻城！”陈胜一声令下，士卒洪水般袭来。

城门不用攻，一推就开了，然后大家都愣住了，一个穿着县丞制服的人，持一把剑，孤独地站在里面，目视城门，神色庄严。这是最后的抵抗者，也是唯一的抵抗者，是陈县唯一恪尽职守的官员。双方对视良久，谁都没说话。

后方传来命令，冲过去。

县丞挥舞着他的剑抵挡，一瞬间就被淹没于兵海之中，众人踏着县丞的尸体冲进了城内，陈县攻下。

陈胜与吴广联辔入城，也想收买人心，禁止侵掠。于是，各处张贴榜示，说是除残去暴，伐罪吊民。过了数日，又号召三老、豪杰共同议事，三老、豪杰闻风来会，由胜温颜召入，问及以后事宜。但听得众人齐声道：“将军亲自披坚执锐，伐无道，诛暴秦，复立楚国社稷，功无与比，应即称王，以负民望。”这数句话正中胜意，只一时不便应允，总要退让数语，方可自表谦恭。当下说了几句假话，引起三老、豪杰的哗声，彼誉此颂，一再劝进。

志得意满的陈胜预感到自己的“鸿鹄之志”即将实现，即刻宣布要自立为王。他手下有两名贤士张耳、陈余进言“不可”。

两人说道：“秦人无道，残害百姓。将军您不顾生死为天下苍生着想，讨伐暴秦，所以才有今日一呼百应的局面。如今暴秦未除，将军如果自立为王，天下人都会认为您抗秦是为了私利，那么还会有这么多人归附您吗？为今之计，最好是暂不称王，直接挥军西进夺取咸阳。同时遣人寻找六国后人，拥立他们建立自己的国家，然后在里面安插自己的亲信。这样做一方面壮大了抗秦的力量，让秦人自顾不暇，同时也便于今后节制列国。等到您杀入咸阳之日，天下归心，各路诸侯自会对您心服口服。到那时别说称王，就算是称帝也可成功。”

这是一番极富战略眼光的讲话，可惜头脑发热的陈胜此刻已经听不进去了。他急于显示自己的功成名就，终于在豪杰父老的称颂声中登上王座，自立为王，国号张楚。

三、星星之火，可以燎原

那时节，天下人痛恨暴秦日久，所以对于陈胜的起兵纷纷响应，各地反抗的烽烟接连不断。

张楚政权的建立，推动了全国范围反秦斗争的高潮，高高飘扬的“张楚”大旗，成了农民起义中心的标志，显示了巨大的号召力。各地以“张楚”军名义“数千人为聚者，不可胜数”(《史记·陈涉世家》)。农民起义的烈火已呈燎原之势。

在农民革命洪流的推动下，一些贵族残余势力也纷纷收罗旧部，起兵反秦。当时各地反秦力量的著名首领有刘邦、项梁、项羽、英布、彭越等多人。

面对日益高涨的反秦斗争形势，陈胜在吴广及其他农民政权成员的协助下，进一步确定了“主力西征，偏师略地”，最后推翻秦朝统治的总体战略。他任命吴广为假王（副王），率领起义军主力西击荥阳，取道函谷关，直捣秦都咸阳。同时“令铚人宋留将兵定南阳，入武关”，进而迂回攻关中。随后又任命武臣、邓宗、周市、召平等为将军，分别北渡黄河，进攻原赵国地区（今山西北部、河北西南部），向南攻取九江郡，深入淮南地区；进攻广陵(今江苏扬州市北)、魏国旧地(今河南东北部接连山西西南部)，攻取长江下游、黄河以南大梁（今河南开封）等地区。一时间，反秦斗争的烈火燃遍了大江南北。各路起义军勇猛作战，所向披靡，农民革命达到了高潮。

虽然由于种种原因，陈胜吴广起义失败，没能推翻秦王朝的统治，但，陈胜吴广在大泽乡点燃的这把冲天大火，烧红了大半个中国。

三年以后刘邦领导的农民起义军杀入咸阳，推翻了暴秦统治，中国历史上第一次大规模农民战争最终取得了胜利。

第四节　起义失败原因探秘

【原文】

陈胜王凡六月。已为王，王陈。其故人尝与庸耕者闻之，之陈，扣宫门曰："吾欲见涉。"宫门令欲缚之。自辩数，乃置，不肯为通。陈王出，遮道而呼涉。陈王闻之，乃召见，载与俱归。入宫，见殿屋帷帐，客曰："夥颐！涉之为王沈沈者！"楚人谓多为夥，故天下传之，夥涉为王，由陈涉始。客出入愈益发舒，言陈王故情。或说陈王曰："客愚无知，颛妄言，轻威。"陈王斩之。诸陈王故人皆自引去，由是无亲陈王者。陈王以朱房为中正，胡武为司过，主司群臣。诸将徇地，至，令之不是者，系而罪之，以苛察为忠。其所不善者，弗下吏，辄自治之。陈王信用之。诸将以其故不亲附。此其所以败也。

【译文】

陈胜称王总共六个月的时间。当了王之后，在陈县称王。从前一位曾经与他一起雇用给人家耕田的伙计听说他做了王，来到了陈县，敲着宫门说："我要见陈涉。"守宫门的长官要把他捆绑起来。经他反复解说，才放开他，但仍然不肯为他通报。等陈王出门时，他拦路呼喊陈涉的名字。陈王听到了，才召见了他，与他同乘一辆车子回宫。走进宫殿，看见殿堂房屋、帷幕帐帘之后，客人说："夥颐！陈涉大王的宫殿高大深邃啊！"楚地人把"多"叫作"夥"，所以天下流传"夥涉为王"的俗语，就是从陈涉开始的。这客人在宫中出出进进越来越随便放肆，常常跟人讲陈涉从前的一些旧事。有人就对陈王说："您的客人愚昧无知，专门胡说八道，有损于您的威严。"陈王就把来客杀死了。从此之后，陈王的故旧知交都纷纷自动离去，没有再亲近陈王的人了。陈王任命朱房做中正，胡武做司过，专门督察群臣的过失。将领们攻占了地方回到陈县来，命令稍不服从，就抓起来治罪，以苛刻地寻求群臣的过失作为对陈王的忠心。凡是他俩不喜欢的人，一旦有错，不交给负责司法的官吏去审理，就擅自予以惩治。陈王却很信任他们。将领们由于这些缘故就不再亲近依附他了。这就是陈王所以失败的原因。

【评点】

陈胜、吴广从“兴”到“亡”，一共仅六个月，对于他们起义失败的原因，司马迁做了总结。毛泽东在读《史记·陈涉世家》的批注中也指出，陈胜、吴广有“二误”：一是违背“苟富贵，无相忘”的诺言，杀死旧时伙伴，导致众叛亲离；二是信用朱房、胡武，赏罚失当，导致诸将不愿为他们效力。

一、过早称王，导致内部分化

陈胜自视为天下义军的首领，于是分派将领指挥各路的人马。他封吴广为假王，意即仅次于自己的王爵，让吴广监领众将西攻荥阳，打通前往咸阳的道路。令陈人武臣、张耳、陈余攻掠原来赵国旧地，令汝阴人邓宗攻掠九江郡。

但让陈胜没料到的是，吴广久攻荥阳不下，大军西进受阻。

荥阳是通向关中的重要通道，自古以来就是兵家必争之地。附近还有秦囤积大量粮食的敖仓。拿下荥阳，就打开了通向关中的门户。再取敖仓，既可切断秦军粮草供应，同时也解决了起义军的军需问题。陈胜派重兵攻取荥阳的战略意图非常明确。当吴广攻取荥阳受挫的消息传回陈县，陈胜十分着急，为确保战略意图的实现，即决定另派周文为将军率兵西击秦，利用吴广大军牵制秦军主力的条件，绕过荥阳，直取函谷关。

周文大军斩关夺隘，势如破竹，一直打到离秦都咸阳仅百余里的戏地（今陕西临潼境内）。进军途中，百姓奋起响应，队伍不断扩大，当时已拥有战车千乘，士兵数十万人。

但周文却被秦将章邯几十万秦军打了个措手不及，被迫退出关中。在曹阳亭（今河南灵宝东北）固守、抗击秦军数十天后，周文终因寡不敌众，拔剑自刎。

周文大军失败后，气焰嚣张的章邯带兵继续东进，围攻荥阳的农民军面临腹背受敌的危险，起义军将领田臧与假王吴广意见不合，认为“假王骄，不知兵权，不可与计，非诛之”，竟假借陈胜之名杀害了吴广，结果导致这支起义军部队全军覆没。

更没想到的是，武臣一到赵国的都城邯郸就自立为赵王，张耳、陈余也分别做了赵国的丞相和大将军。昔日的属下如今竟然和自己平起平坐，怎不令陈胜光火！他怎能想到，正是自己的过早称王才导致了武臣等人的非分之举，农民出身的陈胜还没建立什么丰功伟绩都可以称王，如武臣、张耳这样饱读诗书的贤士为什么不能实践一把“王侯将相宁有种乎”的宣言呢?

陈胜哪管那一套，当时就下令缉拿武臣等人的家属立即处决。上柱国（楚国官名，相当于相国一职）蔡赐劝道:“秦国尚未灭亡又要杀武臣等人的家属，这不是给我们又增添了一个敌人吗? 如今天下人要齐心灭秦，既然武臣已经称王，不如做个顺水人情承认他，同时派个使臣前去恭贺，也好体现大王您的宽容。”陈胜听从，不但遣使入贺，还封张耳的儿子张敖为成都君，只是各人的家属依然被软禁在陈王宫中。同时陈胜催促赵军立即入关，西进咸阳。

应该说陈胜这个顺水人情做得相当不彻底，要么就杀掉武臣等人的家属以儆效尤，要么就将家属原数奉还，真诚示好。可惜陈胜的人情做了个半截，不但徒显软弱，还增添了赵国的戒心，让两国从此心存芥蒂。

在接到陈胜西进的命令之后，赵国君臣商议了好半天，大家一致认为，陈王并不是心甘情愿地承认赵国，这点从他软禁武臣等人的家属就可以推断出来。如果替陈王拿下了秦国，陈王必定返回头来消灭赵国。如今最好的办法就是北上燕、代，扩大自己的疆土。等到赵国的势力雄厚了，陈王即使灭掉了秦国也不敢再对我们动手。如果他灭不掉秦国，还得倚仗我们为他卖命。届时我们养敌自重，真可游刃于天下矣!

当下赵王武臣决定不再西进，而是任命韩广为将统兵北上掠取原来燕国的土地。没想到韩广到了燕地，就有燕国的旧贵族劝他自立为燕王。韩广于是在故燕旧地自称燕王。

二、妄杀故人，致使友失身亡

陈胜称王后，其思想逐渐发生演变，与群众的关系日益疏远。

和他原来在一起耕田的朋友来找他。朋友来到陈县，叩打着宫门对守卫的人说:“我想见见陈胜。”

守卫的人听他直呼大王的名字，立即就要把他捆起来。朋友大概也没想到昔日那个和他在一起耕地的家伙会有这么大派头，吓得他解释了半天，但守门的人还是不肯为他通报。

后来，朋友趁陈胜出门时拦路大喊陈胜的名字，陈胜听到后召见了他，还让他坐上车子一起回宫。进入王宫，看到殿堂帷帐，朋友说:“多了，陈胜这小子做了王，这宫殿多气派啊!”

时间一长，朋友进进出出越来越随便，随意和下人谈论陈胜以前的事。有人因此劝陈胜说:“这个人愚昧无知，天天胡说八道，这样下去会有损您的威信。”

陈胜大概对这个朋友也厌烦至极，只是碍于面子不好发作，听了手下人的话，就杀死了朋友。从此，再没有敢亲近陈王的人了。

恰在此时，陈胜老家邻村有一个年轻后生自告奋勇要去找陈胜，村人皆劝阻但他不听。

这一日，后生来到陈胜的王府前，非常有礼貌地对守门的军士说："请军爷通报大王一声，就说有一个朋友要见他一面。"

陈胜准许，后生从从容容走上堂来，见了陈胜，跪下道："大王还记得我吗？想当年咱们一起拿着钩镰枪，骑着乌骏马，打倒瓦罐城，活捉豆将军。那时候大王您是何等的威风啊！"

陈胜一听，立刻对眼前的这位后生产生了好感。原来早年间，这位后生也曾给地主做过短工。有一次，他们在一起锄地，一不小心碰倒了盛水的瓦罐，里面的汤水伴着煮熟的绿豆流了一地，陈胜便和这位后生笑闹着争抢地上的绿豆吃。今天这位后生为了不使他难堪，十分聪明地将锄头说成钩镰枪，把锄地的姿势比作骑马，使得一旁的众将领还以为他们真在一起并肩战斗过，反而更对陈胜增添了几分敬佩。

陈胜高兴地说："念我们同甘共苦一场，以后你就做本王的信使吧。"

后生立刻谢恩，从此便给陈胜往来传信。因表现得相当不错，陈胜又让他做了他的车夫，这个人就是庄贾。

几个月后，秦将章邯突破了起义军的包围，率大军倾全力向陈县猛扑。陈胜因内部四分五裂，已无力抵抗，于秦二世二年十二月被迫退至今安徽蒙城一带的下城父。一天夜里，已自知大势已去的陈胜正独自躺在床上懊丧，庄贾推门走进来，对陈胜道："陈涉，你知道我投靠你的目的吗？"

陈胜吃了一惊，问："你不是要跟本王同享富贵而来？"

庄贾冷冷一笑，道："你错了，我是来报仇的！"

陈胜问："报仇？给谁报仇？"

庄贾道："还记得几个月前有个兄弟来投奔你，你却把他杀害了。你知道吗？这个人是我的姐夫，他们刚结婚不久，我姐姐已经怀了他的孩子，你让她孤儿寡母今后的日子怎么过呢？今天我一定要杀了你，给我姐夫报仇！"

说完拔出藏在袖中的短刀，猛地刺向陈胜。

庄贾杀了陈胜，自知起义军饶不了他，竟带着一部分人提着陈胜的人头投靠了章邯，后被陈胜部下吕臣杀死。

历史上对庄贾这个人记载得很少，我们只知道他是杀害陈胜的凶手，叛变了起义军投靠了秦朝。至于是不是真的出于报仇的原因而杀害陈胜，现已无从考究，这个故事也只是个传说。

三、偏信朱胡，导致主将不亲附

陈胜的最大失误是信用奸佞，赏罚不当。

陈胜称王、选官、拜将，全用心腹，当然都是一些小人、野心家。陈胜本人没有什么才能，但在他下面带兵的却有不少枭雄、大盗。怎么驾驭他们呢？陈胜搞了一批“特派员”，监督众将。他任命了一个叫朱房的为中正，一个叫胡武为司过，负责统领这批专员，挑毛病、打小报告。各路将领作战，如果失礼或违抗“王命”，立即就地收押、处决。陈胜至死都把朱房、胡武之流认作忠臣，可是这些“忠臣”擅作威福，携私枉法——其实也没有“法”。总之，影响极坏，大失众心。

朱房和胡武作威作福，对在外面作战的将领，凡不顺从他们命令的，随意治罪；对他们不喜欢的人，未经司法部门审理便擅自做出处罚。而陈胜对这两个人却十分信任，即使有将领提出申诉，他也不理。

众将领拼命为他攻城略地，结果“多以谗毁得罪诛”。在陈胜未称王时，葛婴率兵进攻蕲县以东地区，至东城时立襄强为楚王。葛婴后来听说陈胜已自立为王，便把襄强杀了。当他回陈县汇报时，陈胜不分青红皂白就把他杀了。张耳、陈余也担心有功被杀，才怂恿武臣自立为赵王。

吴广被同样有“王侯将相宁有种乎”的野心的部将田臧谋杀夺旗，陈胜却封赏了那个部将，可见，他已经昏聩，不明是非远近了。

司马迁说，因陈胜信用朱房、胡武，“诸将以其故不亲附。此其所以败也”。

陈胜从谋划起义，到称王立国，再到兵败被害，前后不过半年时间，但他点燃的反秦烈火烧红了大半个中国。司马迁说“陈胜虽死，其所置遣侯王将相竟亡秦，由涉首事也”。

三年后，刘邦领导的农民起义军杀入咸阳，推翻了暴秦统治，中国历史上第一次大规模农民战争最终取得了胜利。

陈胜死后，被辗转埋葬在芒砀山主峰西南。刘邦称帝后，追封陈胜为“隐王”，派三十户丁役守护陈胜墓，并按王侯待遇对陈胜年年杀牲祭祀。

秦末汉初，是历史上少有的英雄际会时代，产生了许多叱咤风云的英雄好汉，其中，点燃这反秦第一把火的陈胜，论其胆识、志向，楚汉群雄恐怕能及者鲜有其人，尽管起兵六个月即失败被杀，身死国没，但仍不失为一代人杰！

卷十《史记·萧相国世家》

第一节　慧眼识丁的萧何

【原文】

萧相国何者，沛丰人也。以文无害为沛主吏掾。

高祖为布衣时，何数以吏事护高祖。高祖为亭长，常左右之。高祖以吏繇咸阳，吏皆奉钱三，何独以五。

秦御史监郡者与从事，常辨之。何乃给泗水卒史事，第一。秦御史欲入言征何，何固请，得毋行。

及高祖起为沛公，何常为丞督事。沛公至咸阳，诸将皆争走金帛财物之府分之，何独先入收秦丞相御史律令图书藏之。沛公为汉王，以何为丞相。项王与诸侯屠烧咸阳而去。汉王所以具知天下厄塞，户口多少，强弱之处，民所疾苦者，以何具得秦图书也。何进言韩信，汉王以信为大将军。语在《淮阴侯》事中。

【译文】

萧相国萧何，沛县丰邑人。他通晓法律，无人能比，是沛县县令手下的官吏。

汉高祖刘邦还是平民时，萧何多次凭着官吏的职权保护他。刘邦当了亭长，萧何常常帮助刘邦以官吏的身份到咸阳服役，官员们都奉送他三钱，唯独萧何送他五钱。

秦朝的御史到泗水郡督察郡的工作时，萧何跟着他的属官办事，经常把事情办得有条有理、清清楚楚。萧何于是担任了泗水郡卒史的工作，公务考核中名列第一。秦朝的御史打算入朝进言征调萧何，萧何一再辞谢，才没有被调走。

等到刘邦起事做了沛公，萧何常常作为他的助手督办公务。沛公进了咸阳，将领们都争先奔向府库，分取金帛财物，唯独萧何首先进入宫室收取秦朝丞相及御史掌管的法律条文、地理图册、户籍档案等文献资料，并将它们珍藏起来。沛公做了汉王，任命萧何为丞相。项羽和诸侯军队进入咸阳屠杀焚烧了一番就离去了。汉王之所以能够详尽地了解天下的险关要塞，家庭、人口的多少，各地诸方面的强弱，民众的疾苦等，就是由于萧何完好地得到了秦朝的文献档案的缘故。萧何向汉王推荐韩信，汉王任命韩信为大将军。此事记载在《淮阴侯列传》中。

【评点】

萧何（？—公元前193年），“汉初三杰”之一，著名丞相。沛县丰邑（今属江苏丰县）人。

萧何没有张良“运筹帷幄，决胜千里”之才；也无陈平奇计迭出、佐汉安刘之策；若比军事，他更无韩信攻城略地、战无不胜之能。然而他却能在楚、汉角逐中原之时，数年坐镇关中，为刘邦管好大后方，兵饷不绝，足食足兵，西汉建立，于功非浅，故被刘邦称为“三杰”之一。他不论在战争期间，还是在汉初恢复时期，都表现出了中国古代杰出政治家的风度和治国才能，几千年来都被人们所称颂。

一、沛县起义，拥戴刘邦

萧何是沛县丰邑人，自幼饱读诗书，出身于地主之家，因为擅长文案工作，起初在沛县县令手下从事文书工作，因办事公正、为人正直，深受沛县人的称赞。

“干脆到朝廷去当官吧，我帮你向上面推荐一下。”县令是一个心胸开阔的人，发现萧何的非凡才能后，语重心长地对他说。

然而，令县令感到意外的是，萧何居然想都没有想就拒绝了他的好意。

县令见他如此“淡泊名利”，自然对他更加看重了几分。可是他哪里知道，以萧何的慧眼，他早看出秦王朝有迅速衰败的迹象，倘若在朝廷为官，只怕将来城门失火，殃及池鱼啊。

更重要的是，此时的他认识了一个人，一个很特别的人，一个腿上长着七十二颗黑痣的人。他见刘邦器宇轩昂、风骨不凡，谈吐也有别于众人，有大贵之相，所以对他格外佩服，在刘邦还没有当官时，萧何经常利用自己的职权方便照顾刘邦。刘邦做了亭长之后，他经常跟随刘邦左右，刘邦去咸阳出公差，其他同事都给三钱，唯独萧何给五钱，眼光独到。

公元前 209 年，陈胜、吴广起义。萧何和曹参、樊哙、周勃等人聚集商议，观察形势，并和早已起义的刘邦保持着联系。当时的沛县县令也想归附陈胜，保住官位，就和萧何、曹参商议。萧何建议赦罪，重用刘邦。他们就派樊哙到芒砀山去找到了刘邦。

当刘邦等率众回到沛县后，县令却变卦，扣押了萧何。刘邦知道后大怒，带兵打回沛县，杀了县令，救出了萧何，共谋大计。萧何向大家宣布，公推刘邦为县令。

刘邦再三推让不就，萧何苦劝也无济于事。众人无奈，便选出九位全县最有声望的人，连同刘邦共计十人，把十个人的姓名写在纸上，谨告天地，拈出何人，何人即为沛县县令，不得推辞。

萧何见状，忽生一计，忙对大家说："诸位这个办法很好，取决于天最公道。这点微劳，须让不才来尽。"众人听了十分赞同，都说："萧功曹在县办事多年，做事精细，这件事情理当请萧先生处理。"

一切准备就绪后，萧何又转身对众人说："刘邦最为乡亲信仰，拈阄之事，我看就请他来担任，以昭郑重。"众人齐声叫好。刘邦只得对天行礼之后，拈出一阄，当众展开一看，上面恰好写着自己的名字，看一眼萧何，又要推辞。

萧何见状，忙走上前去，一把将盘中剩余的纸阄抓起，放入口中嚼碎，然后高声说道;"天意所归，还有何说？"

众人听了，欢声雷动。刘邦无奈，只好应诺。于是，他们便在县衙大堂举行了仪式，誓师起事，并按楚国旧制，称刘邦为"沛公"。事后，刘邦才知道原来萧何所写的十个纸阄全是刘邦的名字，深知萧何真心拥戴自己，内心十分感激。

从此，萧何紧随刘邦南征北战立下了盖世的功勋。

二、深谋远虑，收存典籍

秦二世二年（公元前 208 年）九月，项梁叔侄杀了会稽郡守殷通，举起义旗。不久，便召集了二十余万兵马，拥立楚王第十二皇孙，13 岁的熊心为王，并与刘邦部会于薛城。众将约定：项羽北向救赵，解钜鹿之围后，从北路向西攻；刘邦从南路西进向关中进发。两路人马在击败秦军后，谁先入秦都咸阳，谁当关中王。

刘邦率军勇往直前，凭靠张良等人的谋划，避实就虚，剿抚并用，一路夺关斩将，直抵关中。

萧何身为丞督，坐镇地方，督办军队的后勤供应。

公元前 206 年十月，刘邦率大军兵临咸阳城。秦王子婴设计杀了奸相赵高，献出玉玺，向刘邦投降。于是，起义大军浩浩荡荡开进咸阳城。

将士们见秦都宫殿巍峨，街市繁华，顿时忘乎所以，纷纷乘乱抢掠金银财物，连沛公也忍不住，趁着空闲，跑到秦宫去东张西望。他看见华丽的宫室，古怪的摆设，成堆的金银珠宝，猎狗骏马，珍奇玩物，还有一群群的美女，不觉眼花缭乱，飘飘然起来，甚至贪恋秦宫的富贵而不愿离开。

突然，大将樊哙破门而入，大声说道："沛公想取天下，还是想当富家翁？这些奢华之物，正是秦亡的祸根。切勿迷恋于此！"

与此同时，张良等人也来陈述利害，刘邦这才幡然自悟。当下命兵士查封皇宫府库，然后率众将士返回灞上。

唯独萧何，进入咸阳后，一不贪恋金银财物，二不迷恋美女，却急如星火地赶往秦丞相御史府，并派士兵迅速包围丞相御史府不准任何人出入，然后让忠实可靠的人将秦朝有关国家户籍、地形、法令等图书档案一一进行清查，分门别类，登记造册，统统收藏起来，留待日后查用。除了军权外，丞相和御史大夫几乎总揽一切朝政。萧何做官多年，当然知道这些。对此，全军上下无不佩服，刘邦在惭愧之余，说："萧何确是异才，不枉我提拔他一场。"

萧何收藏的这些秦朝的律令图书档案，使刘邦对天下的关塞险要、户口多寡、强弱形势、风俗民情等了如指掌，为制定正确的方针政策和律令制度找到了可靠的根据，对日后西汉政权的建立和巩固，起到了巨大的作用，功不可没。这也足见萧何的深谋远虑。

三、慧眼识英雄，月下追韩信

韩信原是项羽的部下，他有勇有谋，是天下无双的军事家，但在项羽手下却得不到重用，就投到刘邦麾下。

开始，刘邦对他也不重视，韩信一气之下就跑了。萧何得知后，马上放下没处理完的紧急公务，亲自去追赶韩信，连个招呼也来不及向刘邦打。刘邦正为军中开小差的人日益增多而焦急，忽然有军吏来报告说："萧丞相也跑了。"刘邦一听大惊失色，说："这还了得！我正要与丞相商议大事，怎么他也逃走了！"

当下派人去找萧何。一连两天也不见萧何的影子，急得刘邦坐立不安。萧何为追韩信，不辞辛苦，一路问，一路追，直到天黑了，还没追上韩信。正想休息一下，他忽然远远望见有个人牵着马在河边来回溜达。萧何快马加鞭，大声喊着："韩将军！韩将军！"他跑到河边后，下了马，气呼呼地说："韩将军，咱们总算一见如故，够得上是朋友。你怎么不说一声，就这么走了？"

韩信仍不吭气。萧何又说了一大篇劝他回去的话。这时候，滕公夏侯婴也赶到了，两个人苦苦地相求，非要韩信回去不可。他们说："要是大王再不听我们的劝告，那我们三个人一起走，好不好？"韩信只好跟着他们回来。

到了第三天，他们才回到南郑。萧何去见刘邦，刘邦见到萧何，又喜又怒道："你为什么也想逃跑？"萧何说："我不敢逃跑，我是去追逃跑的人了。"刘邦问他："你追的是谁？"萧何回答："是韩信。"刘邦听了后很不以为然地说："逃走的将军有十多个了，也没听说你去追过谁，怎么偏要去追韩信？这明明是在骗我！"

萧何说："那些将军都容易得到，可韩信却是当今数一数二的杰出人才，跑了就再也没有第二个了。大王如果只想当个汉中王，没有韩信也就算了；如果要准备打天下，那就非用韩信不可。您到底准备怎么样？"

刘邦说："我当然想打出去，怎么能老是困闷在这里呢？"

萧何说："大王若决定出汉中，能重用韩信，他自然会留下；如果不重用他，他终究会离开的。"

刘邦说："我就依着丞相，让他做个将军，怎么样？"

萧何说："叫他做将军，他还得走。"

"那拜他为大将军怎么样？"刘邦说。

萧何说："很好。"

刘邦当时就让萧何去召韩信来，马上就拜他为大将军。

萧何很直爽地说："大王平日太不注重礼仪了。拜大将军是件大事，不是小孩子闹着玩儿似的叫他来就来。大王若要拜韩信为大将军，先得造起一座拜将台，选个好日子，大王还得亲自戒斋，然后隆重地举行拜将仪式。这样，才能让全体将士都能听从大将军的指挥，就像听从大王的指挥一样。"

刘邦说："好，我都听你的。请你去办吧。"

一个本来不出名的小官，如今一下子被拜为大将军，众人岂能不惊？偏偏刘邦、萧何又对他那么毕恭毕敬，大家更觉得莫名其妙。

后来，韩信果然未令刘邦失望，没有辜负萧何的良苦用心，在楚汉战争中，为刘邦消灭了项羽，平定了天下。所以，刘邦能够夺取天下，从一定程度说，不可忽视萧何荐贤的作用。

韩信拜将后，就向刘邦献计。先定三秦（关中），后围项羽。刘邦听了非常高兴，于是根据韩信的建议，调兵遣将，萧何作为丞相，留守巴、蜀，颁布法令，镇抚百姓，供给军粮，准备杀出汉中。公元前 206 年，刘邦逐步平定了关中。

第二节　开国首功，位列三杰

【原文】

汉五年，既杀项羽，定天下，论功行封。群臣争功，岁馀功不决。高祖以萧何功最盛，封为酂侯，所食邑多。功臣皆曰："臣等身被坚执锐，多者百馀战，少者数十合，攻城略地，大小各有差。今萧何未尝有汗马之劳，徒持文墨议论，不战，顾反居臣等上，何也？"高帝曰："诸君知猎乎？"曰："知之。""知猎狗乎？"曰："知之。"高帝曰："夫猎，追杀兽兔者狗也，而发踪指示兽处者人也。今诸君徒能得走兽耳，功狗也。至如萧何，发踪指示，功人也。且诸君独以身随我，多者两三人。今萧何举宗数十人皆随我，功不可忘也。"君臣皆莫敢言。

列侯毕已受封，及奏位次，皆曰："平阳侯曹参身被七十创，攻城略地，功最多，宜第一。"上已桡功臣，多封萧何，至位次未有以复难之，然心欲何第一。关内侯鄂君进曰："群臣议皆误。夫曹参虽有野战略地之功，此特一时之事。夫上与楚相距五岁，常失军亡众，逃身遁者数矣。然萧何常从关中遣军补其处，非上所诏令召，而数万众会上之乏绝者数矣。夫汉与楚相守荥阳数年，军无见粮，萧何转漕关中，给食不乏。陛下虽数亡山东，萧何常全关中以待陛下，此万世之功也。今虽亡曹参等百数，何缺于汉？汉得之不必待以全。奈何欲以一旦之功而加万世之功哉！萧何第一，曹参次之。"高祖曰："善。"于是乃令萧何第一，赐带剑履上殿，入朝不趋。

【译文】

汉王五年，已经杀死了项羽，平定了天下，论功行赏，群臣争功，过了一年多也评定不下来。高祖因为萧何功劳最大，把他封为酂侯，赐予的领地最多。功臣们都说："我们亲自身披铠甲，手执兵器，多的打过一百多次仗，少的也经历了几十次战斗，攻城野战，夺取地盘，功劳有大有小。现在萧何没有汗马之劳，只是靠文字写作，提点建议，不参加作战，反而比我们得的封地多，这是为什么？"高祖说："各位知道打猎吗？"大家说："知道。"高祖说："知道猎狗的作用吗？"大家说："知道。"高祖说："打猎的时候，追赶捕杀野兽兔子靠的是狗，但发现野兽踪迹，向狗指示野兽所在之处的却是人。现在你们各位只能捉到奔跑着的野兽，功劳的性质和猎狗相当，至于萧何，他能发现踪迹，指示方向，功劳的性质和猎人相当。况且你们只是自己跟随着我，多的一家有两三个人。现在萧何全家族几十个人都跟着我，他的功绩是不能忘掉的。”大家都没有人敢说话了。

列侯们全都接受了封赏，在排列他们地位的先后时，大家都说：“平阳侯曹参身上负过七十处伤，攻城野战，夺取地盘，功劳最多，应当排第一。”高祖已经力排众议，多封给了萧何领地，到排列地位先后时，没有理由再驳倒他们，但心里还是想排萧何为第一。关内侯鄂千秋上前说：“大家的意见都不对。曹参虽然有攻城野战夺取地盘的功劳，这只是暂时得利的事情。皇上和楚国对抗五年，经常损失军队，几次只身逃走，但萧何经常从关中派军队前往皇上所在的地方补充，没有皇上的命令征调，却多次有几万军队在皇上兵力匮乏时到来。楚、汉双方在荥阳对峙了好几年，军队没有现成的粮食，萧何在关中通过水路和陆路运送，供给粮食，不使前线缺粮。皇上虽然多次失去了崤山以东地区，萧何经常保全关中等候着皇上，这是千秋万代的功业。现在即使少了曹参这样的人几百个，对汉朝来讲有什么损失？汉朝有了他们，也不一定就非靠他们才能成功。怎么能让一时的功绩凌驾于千秋万代的功绩之上呢？萧何应当排第一，曹参排第二。”高祖说：“对。”于是便让萧何排第一，容许他带着剑穿着鞋上殿，拜见皇帝时可以不快步行走。

【评点】

汉王五年，刘邦灭掉了项羽，战争岁月总算是熬过去了，老刘总算坐到了天下第一把交椅，也不枉萧何任劳任怨辛苦劳作。论功行赏，各位将领都争抢功劳，很久不能定论。好在刘邦也深能体察萧何的忠心和功劳，在论功行封的时候不顾众议，把萧何放在了首位。

一、坐镇关中，保障军饷

汉元年（公元前 206 年）八月，刘邦率军悄悄离开南郑，采纳了张良、韩信所献的“明修栈道，暗度陈仓”之计，挥师东进，留下萧何负责征收巴蜀之税，供给军粮。汉军将士入蜀后，思念家乡，东归之心甚切，一旦东归，个个如猛虎下山，奋勇争先，直杀得雍王章邯的兵马丢盔卸甲，落荒而逃。汉军一路势如破竹，不到一个月便占据了三秦之地。刘邦令萧何坐镇关中，安抚百姓，同时负责兵员和粮饷的筹措与补给，自己则率大队人马浩浩荡荡地向彭城（今江苏徐州）进发。

由于几经战事，这时的关中已是满目疮痍，残破不堪，秦都咸阳被项羽放火烧了三个月，已成一片瓦砾。萧何留守关中后，马上安抚百姓，恢复生产，全力收拾关中的残破局面。他一方面重新建立已经散乱的统治秩序，另一方面对百姓施以恩惠，以定民心。他不仅颁布实施新法，重新建立汉的统治秩序和统治机构，修建宫廷、县城等，另外又开放了原来秦朝的皇家苑囿园地，让百姓耕种，赐给百姓爵位，减免租税等。他还让百姓自行推举年龄在50岁以上、有德行、能做表率的人，任命他们为三老，每乡一人；再选各乡里的三老为县三老，辅佐县令，教化民众，同时免去他们的徭役，并在每年的年末赐给他们酒肉。这样，由于萧何办事精明，施政有方，颁布利民法令，农业生产迅速得到恢复，建立了稳固的后方，保障了前线的需要。

汉二年，刘邦乘项羽大军东征之机，乘虚而入，攻占了项羽的老巢彭城。汉军进驻彭城后，被胜利冲昏了头脑，麻痹大意，放松了警惕，不久便被项羽率三万精兵绕道杀回，将刘邦团团围困于彭城灵璧（今安徽濉溪县南）。幸亏陈平献“金蝉脱壳”之计，才得以带着数十骑残兵败将逃回荥阳。

这时，关中的壮丁多数已被征发，萧何便调拨老弱及不到服役年龄的少年到荥阳增援，韩信也收兵与刘邦会师，刘邦这才得以重振旗鼓，与项羽大军相持于荥阳、成皋一带。当时，萧何坐镇关中，征发兵卒，运送粮草，供应汉军;侍奉太子，制定法令规章，建立宗庙秩序。有关事项每次报呈刘邦，刘邦总是同意，允许照办。即使来不及报告，萧何也可以根据具体情况先行执行，等汉王回来再做报告。刘邦几次战役，弃军逃跑，当时萧何若稍有二心，便可置刘邦于死地。可萧何每次都征发关中兵，补足汉军缺额，刘邦也因此得以重新振作，多次转危为安。

公元前203年，项羽也由于连年战争，陷入了兵尽粮绝的困境。而刘邦的部队，却由于萧何坐镇关中，不断地向前方输送粮食和兵力，形成了兵强粮多的好形势。后来，刘邦越战越强，终于逼得项羽兵败垓下，自刎乌江。

二、刘邦论功，行赏分封

消灭项羽、平定楚地后，诸侯联名上《劝进表》给刘邦，推举他为皇帝。公元前202年二月初三，众诸侯及太尉长安侯卢绾等三百多人，恭听了刘邦即帝位的诏书。

刘邦称帝后，在洛阳南宫大宴群臣。席间，觥筹交错，君臣共饮。刘邦显得特别高兴，他说：“你们都说实话，我为什么能够夺取天下？项羽又为什么会失去天下？”群臣众说不一。

刘邦最后说："你们只知其一，不知其二。运筹于帷幄之中，决胜于千里之外，我不如子房（张良）；镇国家、抚百姓、供军需、给粮饷，我不如萧何；指挥百万大军，战必胜，攻必克，我不如韩信。这三个人都是人中豪杰，我能用他们，所以能得天下。项羽只有一个范增还不能重用，因此最后败在我的手中。"

不难看出，刘邦认为张良、萧何、韩信是他最得力的功臣，这三人亦被称为"汉初三杰"。

其后，刘邦论功行赏，定萧何为首功，封他为酂侯，食邑最多。许多功臣心里愤愤不平，私下里议论不休。他们说自己跟随刘邦辗转南北，身经百战，而萧何只不过坐在家里发发议论、做做文字工作而已，毫无战功，为什么他的食邑反而比我们多呢？

刘邦闻知此事后，就对他们说："你们知道猎人吗？打猎的时候，追杀野兽的是猎狗，而指示行踪、放狗追兽的是人。如今诸位只是能猎获野兽，相当于猎狗的功劳。至于萧何，他能放出猎狗，指示追逐目标，那相当于猎人的功劳。况且你们只是一个人追随我，多的也不过带两三个家里人，而萧何却是全族好几十人跟随我，这些功劳怎么能抹杀呢？"众人听罢，都无言以答。

三、开国第一侯

诸侯分封完毕，接着是排位次。

群臣曰："平阳侯曹参跟随陛下南征北战，身受七十余处战伤，攻城略地，功劳最多，应排第一。"

刘邦已经压过大家一次，重重封了萧何，对排位次的事就不好再说什么，不过他心里仍然认为萧何应该排在第一位。

这时，关内侯鄂君说道："在楚汉战争中，陛下有好几次都是全军溃败，只身逃脱，全靠萧何从关中派出军队来补充。有时，就是没有陛下的命令，萧何一次也派遣几万人，正好补充了陛下的急需。不仅是士兵，就是军粮也全靠萧何转漕关中，才保证了供应。这些都是创立汉家天下流传后世的大功劳，怎么能把像曹参等人只是一时的战功列在万世之功的前面呢！依臣之见，萧何应排第一，曹参第二。"

鄂君的这番议论，让刘邦高兴了，于是下令让萧何位次第一，可以带剑上朝，上朝不必像别的大臣一样三跪九叩。当天，刘邦封赏了萧何父子兄弟十多人，每人都有食邑，而光萧何的食邑就有两千户之多。这样，当年萧何多送给刘邦的银子就成万倍地收了回来，这种投资的回报率真是无与伦比，估计就连股神巴菲特同学都得甘拜下风。

这样，萧何位列众卿之首，被称为“开国第一侯”。

鄂君同学为刘邦找到了把萧何列在第一位的理由，很自然地也得到了回报：刘邦认为鄂君有知人之智，扩大了他的食邑，改封鄂君为安平侯。

第三节　成也萧何，败也萧何

【原文】

汉十一年，陈豨反，高祖自将，至邯郸。未罢，淮阴侯谋反关中，吕后用萧何计，诛淮阴侯，语在《淮阴》事中。上已闻淮阴侯诛，使使拜丞相何为相国，益封五千户，令卒五百人一都尉为相国卫。诸君皆贺，召平独吊。召平者，故秦东陵侯。秦破，为布衣，贫，种瓜于长安城东，瓜美，故世俗谓之“东陵瓜”，从召平以为名也。召平谓相国曰：“祸自此始矣。上暴露于外而君守于中，非被矢石之事而益君封置卫者，以今者淮阴侯新反于中，疑君心矣。夫置卫卫君，非以宠君也。愿君让封勿受，悉以家私财佐军，则上心说。”相国从其计，高帝乃大喜。

【译文】

汉十一年（公元前 196 年），陈豨反叛，高祖亲自率军到了邯郸。平叛尚未结束，淮阴侯韩信又在关中谋反，吕后采用萧何的计策，杀了淮阴侯，此事记载在《淮阴侯列传》中。高祖已经听说淮阴侯被杀，派遣使者拜丞相萧何为相国，加封五千户，并令五百名士卒、一名都尉做相国的卫队。为此许多人都来祝贺，唯独召平表示哀悼。召平原是秦朝的东陵侯。秦朝灭亡后，他沦为平民，家中贫穷，在长安城东种瓜。他种的瓜味道甜美，所以社会上的人称它为“东陵瓜”，这是根据召平的封号来命名的。召平对相国萧何说：“祸患从此开始了。皇上风吹日晒地统军在外，而您留守朝中，未遭战事之险，反而增加您的封邑并设置卫队，这是因为目前淮阴侯刚刚在京城谋反，对您的内心有所怀疑。设置卫队保护您，并非以此宠信您，希望您辞让封赏不受，把家产、资财全都捐助军队，那么皇上心里就会高兴。”萧相国听从了他的计谋，高帝果然非常欢喜。

【评点】

晚年的刘邦最怕在自己百年之后，政权旁落他人，为了刘姓政权的长治久安，必须铲除隐患。他认为在诸位将领中，功劳最大、才能最强、威望最高的功臣，就是最危险的敌人。因此，韩信首当其冲。可是，除掉韩信谈何容易！

一、计诛韩信

公元前196年，阳夏侯陈豨谋反，自立为王。刘邦亲率大军前去征讨。当时韩信推说自己有病，没有随同前往。于是，韩信的一个门客求见吕后，告发韩信本是陈豨的知交，这次陈豨谋反，韩信是内应。准备在一天夜里，假传圣旨，把奴隶和犯人释放出来，袭击吕后和太子刘盈。

吕后一听，认为事关重大，便秘密召见丞相萧何。他们两人商量出计策，由萧何参加执行。

第二天，萧何就让人去请韩信到相府赴宴。韩信自称有病，婉言谢绝了。萧何就亲自到韩信府上，以探病为由，直接进入韩信的内室。韩信再也无法推辞，只得与萧何寒暄一下。萧何说："我和你向来是好朋友，请你去赴宴，是有话对你说。"

韩信忙问有什么话。萧何说："这几天皇上从赵地发来捷报，说征讨军大获全胜；陈豨已经逃往匈奴。现在朝中的王侯，都亲自进宫去向吕后祝贺。你自称有病不上朝，已经引起人们的怀疑了。所以我来劝你同我一起进宫，向吕后道贺，消除人们的怀疑。"

萧何说的话，让韩信不得不信，所以就跟着萧何来到长乐殿向吕后道贺。哪里知道宫中早就埋伏好了武士，吕后一见韩信中计，喝令刀斧手将韩信绑翻在地。

韩信见事情不妙，急忙呼叫："萧丞相快来救我！"哪知萧何早就避开了。

吕后不容韩信申辩，命令武士把他拖到殿旁边的钟室中杀死。随后，又将韩信的父、母、妻三族一股脑地捕杀净尽。萧何辅助吕后，谋杀韩信，很符合刘邦巩固政权的需要，为刘邦除去了一块心病。

韩信的成功是由于萧何的大力推荐，韩信的败亡，也是萧何出的计谋。所以民间就由这个故事概括出"成也萧何，败也萧何"一句俚语。

二、辞封自保

刘邦听说萧何帮助自己老婆搞定了韩信，立即下令封萧何为相国，增加五千户食邑，拨五百人作为萧何的私人护卫。

这个时候的萧何，可以说是位极人臣，所以各位同事都来祝贺，拍他的马屁，唯有一个叫召平的人来给萧何吊丧。

召平就是那个种出一代名瓜“东陵瓜”的原秦朝东陵侯。萧何入关后，闻知贤名，招至幕下，每有行事，便找他计议，获益匪浅。

今天，他见萧何未领会他的意思，便说：“公勿喜乐，从此后患无穷矣！”

萧何不解，问道：“我进位丞相，宠眷逾分，且我遇事小心谨慎，未敢稍有疏虞，君何出此言？”

召平说道：“主上南征北伐，亲冒矢石。而公安居都中，不与战阵，反得加封食邑，我揣度主上之意，恐在疑公。公不见淮阴侯韩信的下场吗？”

萧何一听，恍然大悟，猛然惊出一身冷汗。第二天早晨，萧何便急匆匆入朝面圣，力辞封邑，并拿出许多家财，拨入国库，移作军需。汉帝刘邦十分高兴，对萧何奖励有加。

第四节　自污名节，保全性命

【原文】

上罢布军归，民道遮行上书，言相国贱强买民田宅数千万。上至，相国谒。上笑曰：“夫相国乃利民！”民所上书皆以与相国，曰：“君自谢民。”相国因为民请曰：“长安地狭，上林中多空地，弃，愿令民得入田，毋收稾为禽兽食。”上大怒曰：“相国多受贾人财物，乃为请吾苑！”乃下相国廷尉，械系之。数日，王卫尉侍，前问曰：“相国何大罪，陛下系之暴也？”上曰：“吾闻李斯相秦皇帝，有善归主，有恶自与。今相国多受贾竖金而为民请吾苑，以自媚于民，故系治之。”王卫尉曰：“夫职事苟有便于民而请之，真宰相事，陛下奈何乃疑相国受贾人钱乎！且陛下距楚数岁，陈豨、黥布反，陛下自将而往，当是时，相国守关中，摇足则关以西非陛下有也。相国不以此时为利，今乃利贾人之金乎？且秦以不闻其过亡天下，李斯之分过，又何足法哉。陛下何疑宰相之浅也。”高帝不怿。是日，使使持节赦出相国。相国年老，素恭谨，入，徒跣谢。高帝曰：“相国休矣！相国为民请苑，吾不许，我不过为桀纣主，而相国为贤相。吾故系相国，欲令百姓闻吾过也。”

【译文】

高祖征罢黥布军队回来，民众拦路上书，说相国低价强买百姓田地房屋数量极多。高祖回到京城，相国进见。高祖笑着说："你这个相国竟是这样'利民'！"高祖把民众的上书都交给相国，说："你自己向百姓们谢罪吧。"相国趁这个机会为民众请求说："长安一带土地狭窄，上林苑中有很多空地，已经废弃荒芜，希望让百姓们进去耕种打粮，留下禾秆作为禽兽的饲料。"高祖大怒说："相国你大量地接受了商人的财物，然后就为他们请求占用我的上林苑！"于是就把相国交给廷尉，用镣铐拘禁了他。几天以后，一个姓王的卫尉侍奉高祖时，上前问道："相国犯了什么弥天大罪，陛下把他拘禁得如此严酷？"高祖说："我听说李斯辅佐秦始皇时，有了成绩归于主上，出了差错自己承担。如今相国大量地收受奸商钱财而为他们请求占用我的苑林，以此向民众讨好，所以把他铐起来治罪。"王卫尉说："在自己职责范围内，如果有利于百姓而为他们请求，这确是宰相分内的事，陛下怎么怀疑相国收受商人钱财呢！况且陛下抗拒楚军数年，陈豨、黥布反叛时，陛下又亲自带兵前往平叛，当时相国留守关中，他只动一动脚，那么函谷关以西的地盘就不归陛下所有了。相国不趁着这个时机为己谋利，现在却贪图商人的钱财吗？再说秦始皇正因为听不到自己的过错而失去天下，李斯分担过错，又哪里值得效法呢？陛下为什么怀疑宰相到如此浅薄的地步！"高祖听后不太高兴。当天，高祖派人持节赦免释放了相国。相国上了年纪，一向谦恭谨慎，入见高祖，赤脚步行谢罪。高祖说："相国算了吧！相国为民众请求苑林，我不答应，我不过是桀、纣那样的君主，而你则是个贤相。我之所以把你用镣铐拘禁起来，是想让百姓们知道我的过错。"

【评点】

刘邦生性多疑，即便对一直跟随自己的萧何，也是心存疑虑，多方试探，好在总有人识破刘邦诡计，替萧何出谋划策，让他一次次躲过了灾祸。

一、自污名节释君疑

诛杀韩信后，刘邦封赏、派护卫时，有人就看出了高祖的意图，提示萧何辞掉封赏，并把自己的钱财送给军队，得到了高祖的赞赏。

同年秋天，黥布谋反，刘邦亲自率军征讨。他身在前方，每次萧何派人输送军粮到前方时，刘邦都要问:“萧相国在长安做什么？”使者回答，萧相国爱民如子，除办军需以外，无非是做些安抚、体恤百姓的事。刘邦听后总默不作声。使者回来后告诉萧何，萧何也没有识破刘邦的用心。

有一次，偶然和一个门客谈到这件事，这个门客忙说:“这样看来您不久就要被满门抄斩了。”萧何大惊，忙问为什么。

门客说:“您身为相国，功列第一，还能有比这更高的封赏吗？况且您一入关就深得百姓的爱戴，到现在已经十多年了，百姓都拥护您，您还在想尽办法为民办事，以此安抚百姓。现在皇上所以几次问您的起居动向，就是害怕您借关中的民望而有什么不轨行动啊！如今您何不贱价强买民间田宅，故意让百姓骂您、怨恨您，制造些坏名声，这样皇上一看您也不得民心了，才会对您放心。”

萧何长叹一声，说:“我怎么能去剥削百姓，做贪官污吏呢？”

门客说:“您真是对别人明白，对自己糊涂啊！”

萧何又何尝不知道这个道理，为了消除刘邦对他的疑忌，只得故意低价强买百姓田地房屋来自污名节。不多久，就有人将萧何的所作所为密报给刘邦。刘邦听了，像没有这回事一样，并不查问。

当刘邦从前线撤军回来，百姓拦路上书，说相国强夺、贱买民间田宅，价值数千万。刘邦回长安以后，萧何去见他时，刘邦笑着把百姓的上书交给萧何，意味深长地说:“你身为相国，竟然也和百姓争利！你就是这样‘利民’啊？你自己向百姓谢罪去吧！”

刘邦表面让萧何自己向百姓认错，补偿田价，可内心里却窃喜，对萧何的怀疑也逐渐消失。

二、冤枉入狱幸得救

镇国家、抚百姓的萧何，违心地干了侵害百姓的事情，心中很不安，总想找机会补偿百姓。

不久，萧何看到长安一带耕地狭小，百姓缺衣少食，可是天子的上林苑中却有许多闲着的荒地用来放养禽兽。萧何觉得太浪费了，便请求皇上把这些荒地分给百姓去耕种，收了庄稼留下禾秆照样可以供养禽兽。

汉帝刘邦当时正在病中，见此奏章，又恨萧何取悦于民，一怒之下，下令将萧何逮捕入狱。满朝文武以为萧何必犯了大逆不道之罪，怕连累自己，都不敢替他申辩。

幸亏有一个名叫王卫尉的人，平日素敬萧何的为人，在侍卫刘邦时顺便向刘邦探问："萧相国犯了什么大罪？"

刘邦余怒未消，道："休要提他！提起他朕就生气。当年李斯为秦相时，做了好事都归君主，出了差错就揽在自己身上。现在萧何受了商人的许多贿赂，竟要求我开放上林苑给百姓耕种，这分明是想取悦于民，自己得个好名声嘛！不知道把我看成是什么样的君主了！"

王卫尉闻言奏道："陛下未免错疑丞相了。臣闻百姓足，君孰与不足，相国为民兴利，化无益为有益，正是丞相调和鼎鼐应做的职务。民间百姓感激，断不会感激丞相一人，因为有这样的良相，必是贤明之君主选用的。还有一层，丞相如有野心，当年陛下在外征战数年，他那时候不费吹灰之力便可坐据关中，何至反以区区御苑，示好百姓，而去收买人心呢？"

王卫尉见汉帝认真在听，顿了一下，继续说道："前秦灭亡，正因君臣猜忌，才给了陛下机会。陛下若疑忌萧丞相，不但浅视了萧何，也看轻了陛下自己呀。"

刘邦听了，心里虽然不大高兴，但想想王卫尉的话毕竟有些道理，于是挥挥手，当天就命人放了萧何。

萧何当时已是六十多岁的老人了，见刘邦开恩释放了他，更是诚惶诚恐，谨慎恭敬。虽然因为全身戴上刑具，害得他手足麻木，连路都快走不动了，而且蓬头赤足，污秽不堪，但又不敢回府沐浴再朝拜天子，只得这样上殿谢恩。

刘邦见萧何如此狼狈，也觉得有些过意不去，便安抚萧何道："相国不必多礼！这次的事，原是相国为民请愿，我不允许。我不过是夏桀、商纣那样的无道天子罢了，而你却是个贤德的丞相。我之所以关押相国，就是要让百姓知道你的贤能和我的过失啊！"

刘邦的这段话虽然言不由衷，但对萧何的廉政为民，终于还是默认了。

从此以后，萧何对刘邦更是诚惶诚恐、恭谨有加了。刘邦也照例以礼相待，但萧何从此对国事就只能保持沉默了。

三、萧规曹随传佳话

汉十二年（公元前 195 年）四月二十五日，汉高祖刘邦病逝于长乐宫，享年 62 岁。同年，太子刘盈即位，是为惠帝。萧何继任丞相。不过这时，萧何年事已高。这期间，萧何在"约法三章"的基础上，参照秦法，摘取其中合乎当时社会情况的内容，制定了律法共九章，这是汉朝制作律令的开端。

萧何制定的汉律九章，删除了秦法苛繁、严酷的条律，使法令更为明简。公元前 193 年，年迈的相国萧何，由于常年为汉室操劳，终于卧病不起。病危之际，汉惠帝亲自前往探望，并趁机询问："丞相百年之后，谁可代之？" 接着惠帝又问："曹参如何？"

曹参战功卓著，但评功封侯中却名列萧何之下，二人有"隙"，甚至刘邦亦有所听闻。但曹参却从来口不出怨言，刘邦心中甚为嘉慰。

萧何听到惠帝提到曹参，竟挣扎起病体，向惠帝叩头，道："陛下能得到曹参为相，我萧何即使死了，也没有什么遗恨了！" 这番话表明，萧何为国家为百姓着想，不记宿怨的大度胸怀。

忽一日，萧何的讣告传到齐国，曹参立命家人治装回京。家人惊问其故，曹参答以萧何已荐他继位，他要回京为相去了。家人不敢置信，但果不其然，不数日，圣旨下达，果如其所言。齐国离京万里，但心有灵犀万里通，虽云山阻隔，曹参与萧何的心灵却是彼此相通的！

萧何死后，曹参继任丞相，一切公务悉照旧章，照例而行，清静治民，乐在其中。长此以往，一些朝臣便在惠帝面前参奏他因循苟且，惠帝也疑心他倚老卖老，便召见曹参问其缘故。

曹参反问惠帝道："陛下自思圣叨英武，能及先帝吗？"

惠帝被问得涨红了脸，答道："朕年未成冠，且无阅历，如何及得先帝！"

曹参又问："陛下视臣及得萧丞相吗？"

"朕看来似乎也不能及。" 惠帝答道。

"陛下说的正是！伏思先帝以布衣起家，南征北讨，方有天下。若非大智慧、大勇毅，焉能至此。萧丞相明定法令，中具规模，行之已久，万民称颂。今陛下用臣为相，只要能够奉公守法，遵照旧章，能继旧业，已属幸事。若自作聪明，推翻成法，必致上下紊乱，恐欲再求今日之太平，已无可得矣！" 惠帝恍然大悟。

这就是成语"萧规曹随"的来历。就这样，曹参位相三年，极力主张清静无为不扰民，遵照萧何制定好的法规治理国家，使西汉政治稳定、经济发展，人民生活日渐提高。

萧何一生勤俭节约。不论是在战争期间，还是在汉朝建立初期，他都表现出中国古代杰出的政治家和治世能臣的眼光和才干。他一生忠心为国，不谋私利，千方百计让百姓安居乐业。所以他死后，仍然受到老百姓的敬仰和长久的怀念。

卷十一 《史记·留侯世家》

第一节 反秦复韩，圯上受书

【原文】

留侯张良者，其先韩人也。大父开地，相韩昭侯、宣惠王、襄哀王。父平，相釐王、悼惠王。悼惠王二十三年，平卒。卒二十岁，秦灭韩。良年少，未宦事韩。韩破，良家僮三百人，弟死不葬，悉以家财求客刺秦王，为韩报仇，以大父、父五世相韩故。

良尝学礼淮阳。东见仓海君。得力士，为铁椎重百二十斤。秦皇帝东游，良与客狙击秦皇帝博浪沙中，误中副车。秦皇帝大怒，大索天下，求贼甚急，为张良故也。良乃更名姓，亡匿下邳。

良尝闲从容步游下邳圯上，有一老父，衣褐，至良所，直堕其履圯下，顾谓良曰："孺子，下取履！"良鄂然，欲殴之。为其老，强忍，下取履。父曰："履我！"良业为取履，因长跪履之。父以足受，笑而去。良殊大惊，随目之。父去里所，复还，曰："孺子可教矣。后五日平明，与我会此。"良因怪之，跪曰："诺。"五日平明，良往。父已先在，怒曰："与老人期，后，何也？"去，曰："后五日早会。"五日鸡鸣，良往。父又先在，复怒曰："后，何也？"去，曰："后五日复早来。"五日，良夜未半往。有顷，父亦来，喜曰："当如是。"出一编书，曰："读此则为王者师矣。后十年兴。十三年孺子见我济北，穀城山下黄石即我矣。"遂去，无他言，不复见。旦日视其书，乃太公兵法也。良因异之，常习诵读之。

【译文】

留侯张良，他的先人是韩国人。祖父开地，做过韩昭侯、宣惠王、襄哀王的相。父亲平，做过釐王、悼惠王的相。悼惠王二十三年（公元前250年），父亲平去世。张良的父亲死后二十年，秦国灭亡了韩国。张良当时年纪轻，没有在韩国做官。韩国灭亡后，张良家有奴仆三百人，弟弟死了不厚葬，用全部财产寻求勇士谋刺秦王，为韩国报仇，这是由于他的祖父、父亲任过五代韩王之相的缘故。

张良曾经在淮阳学习礼法，到东方见到了仓海君。他找得一个大力士，造了一个一百二十斤重的铁椎。秦始皇到东方巡游，张良与大力士在博浪沙这个地方袭击秦始皇，误中了副车。秦始皇大怒，在全国大肆搜捕，寻拿刺客非常急迫，这是由于张良的缘故。张良于是改名换姓，逃到下邳躲藏起来。

张良闲暇时徜徉于下邳桥上，有一个老人，穿着粗布衣裳，走到张良跟前，故意把他的鞋甩到桥下，看着张良对他说："小子，下去把鞋捡上来！"张良有些惊讶，想打他，因为见他年老，勉强地忍了下来，下去捡来了鞋。老人说："给我把鞋穿上！"张良既然已经替他把鞋捡了上来，就跪着替他穿上。老人把脚伸出来穿上鞋，笑着离去了。张良十分惊讶，随着老人的身影注视着他。老人离开了约有一里路，又返回来，说："你这个孩子可以教导教导。五天以后天刚亮时，跟我在这里相会。"张良觉得这件事很奇怪，跪下来说："嗯。"五天后的拂晓，张良去到那里。老人已先在那里，生气地说："跟老年人约会，反而后到，为什么呢？"老人离去，并说："五天以后早早来会面。"五天后鸡一叫，张良就去了。老人又先在那里，又生气地说："又来晚了，这是为什么？"老人离开说："五天后再早点儿来。"五天后，张良不到半夜就去了。过了一会儿，老人也来了，高兴地说："应当像这样才好。"老人拿出一部书，说："读了这部书就可以做帝王的老师了。十年以后就会发迹。十三年后，小伙子你到济北见我，谷城山下的黄石就是我。"说完便走了，没有别的话留下，从此也没有见到这位老人。天明时一看老人送的书，原来是《太公兵法》。张良因而觉得这部书非同寻常，经常学习、诵读它。

【评点】

张良虽系文弱之士，不曾挥戈迎战，却以军谋家著称。他一生反秦扶汉，功不可没；筹划大事，事毕竟成。历来史家，无不倾墨书载他那深邃的才智，极口称赞他那神妙的权谋。辅佐刘邦最终一统天下，建立起绵延四百余年的大汉王朝。刘邦感激之余，评价张良："夫运筹帷幄之中，决胜千里之外，吾不如子房（张良，字子房）。"后世也因此称张良为"帝王之师"。

一、博浪沙刺杀秦始皇

张良出身于贵族世家，祖父开地，连任战国时韩国三朝的宰相。父亲平，亦继任韩国二朝的宰相。有学者推测，张良家族属于韩国的公族，而韩国的国君与公族均为帝喾后人，与周天子同姓姬，因此，张良家族理应姓姬。

在父亲去世之时，张良只是一个幼童，年龄不足五岁。因为直到二十年后韩国为秦所灭之时，张良仍然只是一个年轻人，还没有成为韩国文能经邦、武能定国的重臣。

韩国灭亡后，作为韩国的公族，而且是五朝国相之后，血气方刚的张良背负起一个沉重的使命：灭秦复韩。他变卖家产，寻求武士刺杀秦王，连弟弟死了都不愿破费厚葬。

张良为寻找刺杀秦始皇的机会苦等了十二年，幸运的是，他不但找到了一位武士，还找到了一个机会。他找到的武士力大无比，使用重一百二十斤的大铁槌作为武器。他找到的机会是秦始皇东巡，此时的秦始皇行走路线固定，而且护卫力量相对较弱。

按照君臣车辇规定，天子六驾，即秦始皇所乘车辇由六匹马拉车，其他大臣四匹马拉车，刺杀目标是六驾马车。

公元前218年，秦始皇东巡，张良很快得知，秦始皇的巡游车队即将到达阳武县（现在原阳县的东半部），于是张良指挥大力士埋伏在到阳武县的必经之地——古博浪沙。不多时，远远看到三十六辆车队由西边向博浪沙处行走过来，前面鸣锣开道，紧跟着是马队清场，黑色旌旗仪仗队走在最前面，车队两边，大小官员前呼后拥。见此情景，张良与大力士确定是秦始皇的车队到达。但所有车辇全为四驾，分不清哪一辆是秦始皇的座驾，只看到车队最中间的那辆车最豪华。于是张良指挥大力士向该车击去。一百二十斤的大铁槌一下将乘车者击毙。张良趁乱钻入芦苇丛中，逃离现场。

然而，被大力士击中者为副车，秦始皇因多次遇刺，早有预防准备，所有车辇全部四驾，时常换乘座驾，张良自然很难判断哪辆车中是秦始皇。

秦始皇幸免于难，他下令在全国大肆搜捕凶手十天不得，后来不了了之。古博浪沙从此一举成名。

有民间人士推测，张良之所以能够从容逃脱，得益于他的相貌。秦始皇和他的卫兵们怎么也没有想到，一个胆敢前来行刺他的勇士，居然“状貌如妇人好女”。

二、圯桥下取履得兵书

博浪沙遇刺，对秦始皇震动很大，刺客逃脱，更令他怒火中烧，他下令在全国搜捕张良。不得已之下，张良隐姓埋名，在下邳（位于今江苏省睢宁县）躲藏了起来。据专家推测，也许是在这一段时期，为了躲避追捕，张良改姓为张。

一天，张良闲步沂水圯桥头，遇一穿着粗布短袍的老翁，这个老翁走到张良的身边时，故意把鞋脱落桥下，然后傲慢地差使张良道：“小子，下去给我捡鞋！”

张良有些惊讶，想打他，因为见他年老，勉强地忍了下来，下去捡来了鞋。老人又说：“给我把鞋穿上！”

张良既然已经替他把鞋捡了上来，就跪着替他穿上。老人把脚伸出来穿上鞋，笑着离去了。

张良十分惊讶，随着老人的身影注视着他。老人离开了约有一里路，又返回来，说：“你这个孩子可以教导教导。五天以后天刚亮时，跟我在这里相会。”

张良觉得这件事很奇怪，跪下来说：“嗯。”

五天后的拂晓，张良去到那里。老人已先在那里，生气地说：“跟老年人约会，反而后到，为什么呢？”老人离去，并说：“五天以后早早来会面。”

五天后鸡一叫，张良就去了。老人又先在那里，又生气地说：“又来晚了，这是为什么？”老人离开说：“五天后再早点儿来。”

又一个五天后，张良不到半夜就去了。过了一会儿，老人也来了，高兴地说：“应当像这样才好。”

老人拿出一部书，说：“读了这部书就可以做帝王的老师了。十年以后就会发迹。十三年后，小伙子你到济北见我，谷城山下的黄石就是我。”说完便走了，没有别的话留下，从此也没有再见到那位老人。

张良惊喜异常，天亮时分，捧书一看，原来是《太公兵法》。张良因而觉得这部书非同寻常，经常学习、诵读它。

三、身怀谋略，终得知音

这段相遇让张良惊异不已，自此便潜心研究这本“秘籍”，等着老人所说的十年之后。

十年，说长不长，说短不短。由于史料的缺乏，没有谁知道，张良如何度过了这十年。可以确信的一点是，在这十年里，张良对《太公兵法》的掌握已炉火纯青，他现在需要一个实战演练的机会。

公元前 209 年，就在张良刺杀秦始皇之后的第十年，陈胜、吴广起义爆发，已经年过四十的张良召集起百十号年轻人，顺势而起。

当时，前楚国贵族景驹自立为楚王，张良想前去投奔。半路上，张良遇见了刘邦。此时的刘邦，手下兵马数千，张良一看，便暂时和刘邦一起行动。

这是一场推翻秦王朝的战争，张良看得很清楚。但是，是否能够成功，却谁也不敢肯定。张良在寻找着合适的志同道合之士的同时，也在寻找着一位“明君”，以期增加成功的概率。无意中遇见的刘邦，成为张良第一个看中的人。张良看人的方法很简单，就是和他谈论兵法。

张良曾以《太公兵法》同各路英雄谈军事，但反应大不一样。司马迁巧妙地说是“为他人言，皆不省”，唯有沛公“善之，常用其策”。这话的意思是，同那些人谈军事，没有人能领会的，可见没有合作的基础。只有刘邦能看到张良所谈兵法的精妙之处，并且多有采用，而刘邦从未学过兵法。张良不由得感叹，刘邦真是奇才啊，“沛公殆天授”。

有了这么一位知己，张良便打消了投奔景驹的念头。

但是，此时在张良心中，复国仍然是他割舍不掉的一个念头。在义军首领项梁立楚怀王之后，他便游说项梁，立韩王的后裔横阳君为韩王，以增强反秦势力。

韩王得立之后，便任命张良为司徒，为他出谋划策。于是，张良便与韩王一起，以千余人的兵力，四处杀伐。这支队伍实在太过弱小，虽然他们曾经抢得几处城池，但是旋即又为秦军夺回。

这种小打小闹式的征战显然满足不了张良，他又想起那个听得懂他的兵法，并且颇有些势力的刘邦。在韩军和刘邦军相遇之后，张良便领兵再次追随刘邦。

更令人惊奇的是，与那个给他《太公兵法》的老人别后十三年，张良随高帝经过济北，果然见到谷城山下的黄石，便把它取回，奉若至宝地祭祀它。留侯去世，一起安葬了黄石。以后每逢扫墓以及冬夏节日祭祀张良的时候，也同时祭祀黄石。

赠书的这个老人，被世人称为“圯上老人”，也叫“黄石公”。

第二节　佐策入关，斗智鸿门

【原文】

沛公之从雒阳南出𫐄辕，良引兵从沛公，下韩十余城，击破杨熊军。沛公乃令韩王成留守阳翟，与良俱南，攻下宛，西入武关。沛公欲以兵二万人击秦峣下军，良说曰："秦兵尚强，未可轻。臣闻其将屠者子，贾竖易动以利。愿沛公且留壁，使人先行，为五万人具食，益为张旗帜诸山上，为疑兵，令郦食其持重宝啖秦将。"秦将果畔，欲连和俱西袭咸阳，沛公欲听之。良曰："此独其将欲叛耳，恐士卒不从。不从必危，不如因其解击之。"沛公乃引兵击秦军，大破之。逐北至蓝田，再战，秦兵竟败。遂至咸阳，秦王子婴降沛公。

沛公入秦宫，宫室帷帐狗马重宝妇女以千数，意欲留居之。樊哙谏沛公出舍，沛公不听。良曰："夫秦为无道，故沛公得至此。夫为天下除残贼，宜缟素为资。今始入秦，即安其乐，此所谓'助桀为虐'。且'忠言逆耳利于行，毒药苦口利于病'，愿沛公听樊哙言。"沛公乃还军霸上。

项羽至鸿门下，欲击沛公，项伯乃夜驰入沛公军，私见张良，欲与俱去。良曰："臣为韩王送沛公，今事有急，亡去不义。"乃具以语沛公。沛公大惊，曰："为将奈何？"良曰："沛公诚欲倍项羽邪？"沛公曰："鲰生教我距关无内诸侯，秦地可尽王，故听之。"良曰："沛公自度能却项羽乎？"沛公默然良久，曰："固不能也。今为奈何？"良乃固要项伯。项伯见沛公。沛公与饮为寿，结宾婚。令项伯具言沛公不敢倍项羽，所以距关者，备他盗也。及见项羽后解，语在《项羽》事中。

【译文】

沛公从洛阳向南穿过𫐄山时，张良率兵跟从沛公，攻下韩地十余座城邑，击败了杨熊的军队。沛公于是让韩王成在阳翟留守，自己和张良一起南下，攻打宛县，向西进入武关。沛公想用两万人的兵力攻打秦朝峣关的军队，张良劝告说："秦军还很强大，不可轻视。我听说峣关的守将是屠户的儿子，市侩容易以利相诱。希望沛公暂且留守军营，派人先去，给五万人预备吃的东西，在各个山头上多增挂旗帜，作为疑兵，叫郦食其带着贵重的宝物利诱秦军的将领。"秦军的将领果然背叛秦朝，打算跟沛公联合一起向西袭击咸阳，沛公想听从秦将的计划。张良说："这只是峣关的守将想反叛罢了，恐怕部下的士兵们不听从。士兵不从必定带来危害，不如趁着他们懈怠时攻打他们。"沛公于是率兵攻打秦军，大败敌兵。然后追击败军到蓝田，第二次交战，秦兵终于崩溃。沛公于是到了咸阳，秦王子婴投降了沛公。

沛公进入秦宫，那里的宫室、帐幕、狗马、贵重的宝物、美女数以千计，沛公的意图是想留下住在宫里。樊哙劝谏沛公出去居住，沛公不听。张良说："秦朝正因暴虐无道，所以沛公才能够来到这里。替天下铲除凶残的暴政，应该以清廉朴素为本。现在刚刚攻入秦都，就要安享其乐，这正是人们说的'助桀为虐'。况且'忠言逆耳利于行，良药苦口利于病'，希望沛公能够听进樊哙的意见。"沛公这才回车驻在灞上。

项羽来到鸿门下，想要攻打沛公，项伯于是连夜急驰到沛公的军营，私下里会见张良，想让张良跟他一起离开。张良说："我是替韩王伴送沛公的，如今情况紧急，逃离而去是不合道义的。"于是就将情况全都告诉了沛公。沛公非常吃惊，说："对此将怎么办呢？"张良说："沛公果真想背叛项羽吗？"沛公说："浅薄无知的小人教我封锁函谷关不要让诸侯们进来，说这样秦朝的土地就可以全部主宰了，所以就听从了这种意见。"张良说："沛公自己揣度一下能够打退项羽吗？"沛公沉默了好一会儿，说："本来是不能够的。现在该怎么办呢？"张良于是坚决邀请项伯见沛公。项伯会见了沛公。沛公与项伯同饮，为他敬酒祝福，并结为亲家。沛公请项伯向项羽详细说明他不敢背叛项羽，沛公之所以封锁函谷关，是为了防备其他的强盗。等到沛公会见项羽以后，取得了和解，这些情况记载在《项羽本纪》中。

【评点】

公元前 208 年年底，楚怀王命刘邦、项羽分兵伐秦，项军走北路，刘邦走南路，并约定：谁先入关进咸阳，谁便可以立而为王。项羽、刘邦便开始大显身手了！

一、轻取南阳，消除后患

刘邦取道颍川、南阳，打算从武关进入关中。秦二世三年（公元前 207 年）七月，刘邦率兵攻占颍川。韩王和张良便与刘邦会合了。刘邦请韩王留守阳翟（韩故都，今河南禹州市），而让张良随军南下。九月，军队抵达南阳郡，南阳郡守奇退入宛城固守。为了抢时间，在打败南阳守军之后，见宛城一时难以攻取，刘邦决定放弃乘胜追击彻底解决南阳的机会，打算绕过宛城继续西进。

张良认为不妥，劝道："您虽然急于进关，但这一路上秦兵还很多，而且都扼据着险要的地势。现在不拿下宛城，一旦宛城的秦兵从后面追杀过来，那时，强秦在前，追兵在后，就很危险了。"刘邦采纳了他的建议，立即更换旗帜，率兵乘夜间抄小路悄悄返回。

拂晓时分，刘邦的军队已把宛城重重围住。接着，刘邦又采纳了陈恢的意见，以攻心之术，招抚南阳太守，赦免全城吏民，兵不血刃地轻取了宛城。解除了西进的后顾之忧，刘邦兵威大震，南阳郡的其他城池见太守已降，纷纷起而效之，望风而降。

二、智取峣关，进入咸阳

同年十二月，刘邦率军抵达峣关（今陕西蓝田东南）。

峣关是古代南阳与关中的交通要隘，易守难攻，是通往秦都咸阳的咽喉要塞，也是拱卫咸阳的最后一道关隘，秦有重兵扼守此地。

刘邦赶到关前，想要亲率所部两万余众，强行攻取。

张良劝谏道："目前秦守关的兵力还很强大，不可轻举妄动。"

刘邦唯恐项羽大军先入关中，因而心急如焚，忙向张良问计。

张良向刘邦献了一个智取的妙计，他说："我听说峣关的守将是一个屠夫的儿子，这种市侩小人，只要用点财币就可以打动他的心了。您可以派先遣部队，预备五万人的粮饷，并在四周山间上增设大量军队的旗号，虚张声势，作为疑兵；然后再派郦食其多带珍宝财物去劝诱秦将，事情就可能成功了。"

刘邦依计而行，峣关守将果然献关投降，并表示愿意和刘邦联合进攻咸阳。

刘邦大喜，张良却认为不可。他冷静地分析道："这只不过是峣关的守将想叛秦，他部下的士卒未必服从。如果士卒不从，后果将不堪设想。不如趁秦兵懈怠之机消灭他们。"

于是，刘邦率兵向峣关突然发起攻击，结果秦军大败，弃关退守蓝田（今陕西蓝田县西）。刘邦乘胜追击，引兵绕过峣关，穿越蒉山，大败秦军于蓝田。然后，大军继续西进，于公元前 206 年元月抵达灞上。

这时，秦二世已被赵高杀死，仅仅做了四十六天秦王的子婴眼见义军兵临城下，大势已去，只好以绳系颈，乘素车白马，捧着御玺符节，开城出降。至此，雄霸四方、威震海内的大秦帝国灭亡了。

刘邦奉楚怀王之命西进，到进入关中，迫使子婴投降，历时仅一年，由于他采纳了张良的计谋，保证了军事上的顺利进展，从而赢得了时间，终于比项羽抢先一步进入关中。

三、劝主安民，退兵灞上

初到咸阳，刘邦展现出了他“暴发户”的一面，对于秦皇宫内的一切都爱不释手。这是刘邦的本色。少年时代的他就以喜欢穿漂亮的衣服闻名，秦皇宫内的珠宝、狗马、妇女几乎使他看花了眼，他一心想留在皇宫不出来。

一起出生入死的弟兄樊哙力谏刘邦，说他不能这样，但是刘邦对樊哙的话充耳不闻。

在这关键时刻，张良向刘邦分析利害，劝道：“秦王多做不义的事，所以您才能推翻他而进入咸阳，既然您已经为天下人铲除了祸害，就应该布衣素食，以示节俭。现在大军刚入秦地，您就沉溺在享乐中，这就是所谓助纣为虐了。常言道‘良药苦口利于病，忠言逆耳利于行’，愿沛公听从樊哙等人的话。”

张良语气平和，但软中有硬，尤其是话中对古今成败的揭示以及“无道秦”“助桀为虐”等苛刻字眼，隐隐地刺疼了刘邦近乎沉醉的心，这种紧打慢唱的手法，果然奏效。

刘邦愉快地接受了这卓有远见的规劝，下令封存秦朝宫宝、府库、财物，还军灞上整治军队。

在此期间，刘邦还采纳张良建议，召集诸县父老豪杰，与之约法三章：“杀人者死，伤人及盗抵罪。”并通告四方：“余悉除去秦法。诸吏人皆安诸如故。凡吾所以来，非有所侵暴，勿恐。”另外，还派人与秦吏一起巡行各地，晓谕此意。结果，博得了秦民的一致拥戴，他们争先恐后用牛羊酒食慰劳军士。刘邦见状，又命令军士不要接受，传出话去：“军中粮食充足，不要劳民破费了。”秦地百姓听罢此言，越发高兴，唯恐刘邦不为秦地之王。

刘邦采纳张良的建议，采取的这一系列安民措施，争得了民心，为他日后经营关中，并以此为根据地与项羽争雄天下，奠定了良好的政治基础。

四、鸿门斗志，化险为夷

刘邦入关后犯了一个致命的错误——兵封函谷关——企图称王关中，引得项羽震怒，差点儿让刘邦集团毁于一旦。

项羽得知刘邦已攻下咸阳，十分恼怒，正赶上刘邦部下曹无伤密告项羽，说：

"沛公要在关中称王。"项羽立即命令英布督军强攻。项羽大军攻破函谷关，进驻新丰、鸿门（今陕西临潼东北），要与刘邦决一死战。

幸亏项羽的叔父项伯与张良曾有旧交。张良住在下邳时，行侠仗义，项伯曾经杀了人，跟随张良躲藏起来。

项羽来到鸿门下，想要攻打沛公，项伯于是连夜疾驰到沛公的军营，私下里会见张良，想让张良跟他一起离开。

张良说："我是替韩王伴送沛公的，如今情况紧急，逃离而去是不合道义的。"

于是他就将情况全都告诉了沛公，沛公非常吃惊，说："对此将怎么办呢？"

张良说："沛公果真想背叛项羽吗？"

沛公说："浅薄无知的小人教我封锁函谷关不要让诸侯们进来，说这样秦朝的土地就可以全部主宰了，所以就听从了这种意见。"

张良说："沛公自己揣度一下能够打退项羽吗？"

沛公沉默了好一会儿，说："本来是不能够的，现在该怎么办呢？"

张良于是坚决邀请项伯见沛公，项伯会见了沛公。沛公与项伯同饮，为他敬酒祝福，并结为亲家。沛公请项伯向项羽详细说明沛公不敢背叛项羽，沛公之所以封锁函谷关，是为了防备其他的强盗。一席话，说得项伯信以为真，便交代刘邦："明天一定要早一点亲自来向项羽谢罪。"项伯连夜驰回鸿门，把刘邦的话都转告给了项羽，并百般疏通，使原已剑拔弩张的局势有所缓解。

第二天，刘邦仅带着张良、樊哙和百余名从骑来到楚营。刘邦一见项羽，就先入为主，反复强调自己绝无称霸之意，在樊哙的保护、项伯的暗中帮助下，借上厕所之际，溜之乎也。详细过程，在《项羽本纪》已记录，此处不再赘述。

而身在虎穴的张良沉着冷静地与项羽等周旋，他估计刘邦已回到军中时，便进帐辞谢道："沛公不胜酒力，醉不能辞，谨使张良奉上白璧一双，敬献大王足下；另备玉斗一双，敬献范将军足下。"

项羽无奈，只好收下白璧，不了了之。

范增气得把玉斗摔到地上，拔剑击得粉碎，愤怒地说："唉！竖子（对项羽等的轻蔑称谓）不足与谋。夺项王天下的人，一定是沛公，我们这些人必将成为他的阶下囚！"

张良在这次生死攸关的斗争中，以其大智大勇，既巧妙地帮助刘邦安全脱离虎口，又使项羽内部埋下了君臣相猜的祸根。

得咸阳，脱险鸿门宴，让刘邦对张良产生了异样的感觉，他对这个"韩国人"居然产生了无比的信任。

第三节　出谋划策，转危为安

【原文】

食其未行，张良从外来谒。汉王方食，曰:“子房前！客有为我计桡楚权者。”其以郦生语告，曰:“于子房何如？”良曰:“谁为陛下画此计者？陛下事去矣。”汉王曰:“何哉？”张良对曰:“臣请藉前箸为大王筹之。”曰:“昔者汤伐桀而封其后于杞者，度能制桀之死命也。今陛下能制项籍之死命乎？”曰:“未能也。”“其不可一也。武王伐纣封其后于宋者，度能得纣之头也。今陛下能得项籍之头乎？”曰:“未能也。”“其不可二也。武王入殷，表商容之闾，释箕子之拘，封比干之墓。今陛下能封圣人之墓，表贤者之闾，式智者之门乎？”曰:“未能也。”“其不可三也。发钜桥之粟，散鹿台之钱，以赐贫穷。今陛下能散府库以赐贫穷乎？”曰:“未能也。”“其不可四矣。殷事已毕，偃革为轩，倒置干戈，覆以虎皮，以示天下不复用兵。今陛下能偃武行文，不复用兵乎？”曰:“未能也。”“其不可五矣。休马华山之阳，示以无所为。今陛下能休马无所用乎？”曰:“未能也。”“其不可六矣。放牛桃林之阴，以示不复输积。今陛下能放牛不复输积乎？”曰:“未能也。”“其不可七矣。且天下游士离其亲戚，弃坟墓，去故旧，从陛下游者，徒欲日夜望咫尺之地。今复六国，立韩、魏、燕、赵、齐、楚之后，天下游士各归事其主，从其亲戚，反其故旧坟墓，陛下与谁取天下乎？其不可八矣。且夫楚唯无强，六国立者复桡而从之，陛下焉得而臣之？诚用客之谋，陛下事去矣。”汉王辍食吐哺，骂曰:“竖儒，几败而公事！”令趣销印。

【译文】

郦食其还没有走，张良就从外面进来拜见刘邦。刘邦正在吃饭，便对他说:“子房快来，有人正在为我策划战胜项羽的计划。”便把郦食其的话告诉了他，问道:“你以为怎么样？”张良问:“是谁人为你出的主意？你的大事就要坏在这个主意上！”刘邦问:“为什么？”张良对他说:“请把你的筷子借来比画一下。”然后对他说:“从前商汤讨伐夏而又敢于分封他的后代在杞，是因为他算准了能够制夏桀于死命，不会东山再起。今天你能制项羽于死命吗？”刘邦说:“还不能。”张良说:

“这是不可以这样做的第一个理由。周武王讨伐殷纣王之后还敢分封他的后代在宋，是因为他有把握能得到纣王的脑袋。今天你能得到项羽的脑袋吗？”刘邦说：“还不能。”张良说：“这是不可以这样做的第二个理由。武王占领殷商之后，表彰商容的故里，光耀囚禁箕子的地方，封比干的坟墓。如今陛下能封圣人的坟墓，表彰贤者的故里，光耀智者的门庭吗？”刘邦说：“不能的。”张良说：“这是不可以这样做的第三个理由。他们能将钜桥的粮食、鹿台的钱币分发给贫苦百姓，今天你能散发府库赐给贫苦百姓吗？”刘邦说：“还不可能。”张良说：“这是不可以这样做的第四个理由。殷灭亡以后，武王改兵车为乘车，将兵器放倒，用虎皮盖了起来，用来表示天下不再打仗。现在你能禁止武装推行文治，不再用兵了吗？”刘邦说：“不可能。”张良说：“这是不可以这样做的第五个理由。将马在华山的南坡放掉，以表示不再需要它。今天你能将战马当成无用的东西放掉吗？”刘邦说：“当然不能。”张良说：“这是不可以这样做的第六个理由。将牛放在桃林的北坡，表示不再用它去运送军粮。今天你能将牛放掉不再运送军粮吗？”刘邦说：“不可能。”张良说：“这是不可以这样做的第七个理由。再加上天下许多人离开他们的亲人，抛下祖坟，告别故园，跟随你打天下，日日盼望的就是那块封地。如果你重新恢复六国，封立韩、魏、燕、赵、齐、楚之后，天下的游士都各自回去侍奉自己的主人，返回故园墓地，你又靠谁去夺取天下？这是不可以这样做的第八个理由。再加上当今没有比项羽更强大的，就是重新建立六国都比他弱小，仍然要屈从于他，你能让他们来臣服于你吗？如果你真正来采用郦客的计谋，那你的大事就坏了。”刘邦气得把口中的饭都吐了出来，骂道：“这个无用的书生，差点坏了你爷爷的大事！”立即下令将印销毁了。

【评点】

汉元年（公元前206年）正月，项羽恃强凌弱，自立为西楚霸王，定都彭城（今江苏徐州），统辖梁、楚九郡，他“计功割地”，分封了十八位诸侯王。并违背楚怀王“谁先攻入关中，谁就做关中王”的约定，把刘邦分封到偏僻荒凉的巴蜀，称为汉王。

刘邦经萧何、张良一再劝阻，决定暂且隐忍不发。在送汉王去封邑时，张良就以军事家的敏锐，给刘邦提出“烧毁栈道”的建议，及至韩王被项羽杀死后，张良再次投奔刘邦，在楚汉战争中出谋划策，一次次辅助刘邦走出危局。

一、下邑奇谋，起死回生

汉二年（公元前 205 年）春，刘邦接连收降常山王张耳、河南王申阳、韩王昌、魏王豹和殷王印五个诸侯，得兵五十六万。

同年四月，刘邦乘项羽集中力量攻打田荣之机，率兵伐楚，直捣楚都彭城。

攻占彭城后，刘邦被这轻而易举得到的胜利冲昏了头脑，不但没有采取恰当的政治、经济措施，安抚此地，赢得人心，反而恶习复发，得意忘形之余大肆收集财宝、美女，整日置酒宴会，结果给项羽回军解救赢得了时机。

项羽闻知彭城失陷，立即亲率三万精兵，从小路火速赶回，急救彭城。刘邦数十万乌合之师难以协调指挥，连粮饷都筹备不齐，所以一经接战，便遭惨败，几乎全军覆没。至此，许多诸侯王又望风转舵，纷纷背汉向楚，刘邦丢下老父、妻子、儿女，只带张良等数十骑狼狈出逃，军事上再度遭受重大挫折，大好的形势复又逆转。

刘邦狼狈逃至下邑，惊魂未定，心灰意懒，万念俱灰。

他沮丧地对群臣说："关东地区我不要了，谁能立功破楚，我就把关东平分给他，你们看谁行？"

在此兵败危亡之际，又是张良匠心独运，为刘邦想出了一个利用矛盾、联兵破楚的策略。他说："九江王英布，是楚国的猛将，与项羽有隙；彭城之战，项羽令其相助，他却按兵不动。项羽对他颇为怨恨，多次派使者责之以罪。彭越因项羽分封诸侯时，没有受封，早对项羽怀有不满，而且田荣反楚时曾联络彭越造反，为此项羽曾令肖公角攻伐他，结果未成。这二人可以利用。另外，汉王手下的将领，只有韩信可以委托大事，独当一面。大王如果能用好这三个人，那么楚可破也。"这就是著名的"下邑之谋"。

"下邑之谋"虽然不是全面的战略计划，但它构成了刘邦关于楚汉战场计划的重要内容。正是在张良的谋划下，一个内外联合共击项羽的军事联盟终于形成，扭转了楚汉战争的局势，使刘邦由战略防御转为战略进攻。

事实证明了张良"下邑之谋"的深谋远虑，最后兵围垓下打败项羽，主要依靠的正是这三支军事力量。

二、画箸阻封，化解错误

公元前 204 年，刘邦被项羽围困，情急之下，采纳郦食其"分封六国后人为王"

的馊主意，速命人刻制印玺，使郦食其巡行各地分封。

在这关键时候，张良外出归来，拜见刘邦。刘邦一边吃饭，一边把实行分封的主张说与张良，并问此计得失如何。张良听罢，大吃一惊，忙问："这是谁给陛下出的计策？"他沉痛地摇摇头接着说，"照此做法，陛下的大事就要坏了。"刘邦顿时惊慌失色道："为什么？"张良伸手拿起刘邦使用的一双筷子，连比带画地讲了起来。他说："第一，往昔商汤、周武王伐夏桀殷纣后封其后代，是基于完全可以控制、必要时还可以置其于死地的考虑，然而如今陛下能控制项羽并于必要时置其死地吗？第二，昔日周武王克殷后，表商容之闾（巷门），封比干之墓，释箕子之囚，意在奖掖鞭策本朝臣民。现今汉王所需的是旌忠尊贤的时候吗？第三，武王散钱发粟是用敌国之积蓄，现汉王军需无着，哪里还有能力救济饥贫呢？第四，武王剪灭殷商之后，把兵车改为乘车，倒置兵器以示不用，今陛下鏖战正急，怎能效法呢？第五，过去，马放南山阳坡，牛息桃林荫下，是因为天下已转入升平年代。现今激战不休，怎能偃武修文呢？第六，如果把土地都分封给六国后人，则将士谋臣各归其主，无人随您争夺天下。第七，楚军强大，六国软弱必然屈服，怎么能向陛下称臣呢？"

张良的分析，真是字字珠玑，精妙至极，且切中要害。他看到古今时移势易，因而得出绝不能照抄照搬"古圣先贤"之法的结论。尤其重要的是，张良认为封土赐爵是一种很有吸引力的奖掖手段，赏赐给战争中的有功之臣，用以鼓励天下将士追随汉王，使分封成为一种维系将士之心的重要措施。如果反其道而行之，还靠什么激励将士从而取得胜利呢？

张良鞭辟入里的分析，较之昔日请立韩王，处心积虑地"复韩"的思想认识，显然是一个飞跃，而且在中国古代政治思想史上占有重要一页。难怪一千七百年之后，还被明人李贽情不自禁地赞叹为"快论"。

张良借箸谏阻分封，使刘邦茅塞顿开，恍然大悟，以至辍食吐哺，大骂郦食其："臭儒生，差一点坏了老子的大事！"

然后，下令立即销毁已经刻制完成的六国印玺，从而避免了一次重大战略错误，为以后汉王朝的统一减少了不少麻烦和阻力。

不能不承认，张良是一位洞察秋毫的谋略家和富有远见的政治家。

第四节　辞封三万，谏封雍齿

【原文】

汉六年正月，封功臣。良未尝有战斗功，高帝曰："运筹策帷帐中，决胜千里外，子房功也。自择齐三万户。"良曰："始臣起下邳，与上会留，此天以臣授陛下。陛下用臣计，幸而时中，臣愿封留足矣，不敢当三万户。"乃封张良为留侯，与萧何等俱封。

上已封大功臣二十馀人，其馀日夜争功不决，未得行封。上在雒阳南宫，从复道望见诸将往往相与坐沙中语。上曰："此何语？"留侯曰："陛下不知乎？此谋反耳。"上曰："天下属安定，何故反乎？"留侯曰："陛下起布衣，以此属取天下，今陛下为天子，而所封皆萧、曹故人所亲爱，而所诛者皆生平所仇怨。今军吏计功，以天下不足遍封，此属畏陛下不能尽封，恐又见疑平生过失及诛，故即相聚谋反耳。"上乃忧曰："为之奈何？"留侯曰："上平生所憎，群臣所共知，谁最甚者？"上曰："雍齿与我故，数尝窘辱我。我欲杀之，为其功多，故不忍。"留侯曰："今急先封雍齿以示群臣，群臣见雍齿封，则人人自坚矣。"于是上乃置酒，封雍齿为什方侯，而急趣丞相、御史定功行封。群臣罢酒，皆喜曰："雍齿尚为侯，我属无患矣。"

【译文】

汉六年（公元前 201 年）正月，封赏功臣。张良不曾有战功，高帝说："出谋划策于营帐之中，决定胜负在千里之外，这就是子房的功劳。让张良自己从齐国选择三万户作为封邑。"张良说："当初我在下邳起事，与主上会合在留县，这是上天把我交给陛下。陛下采用我的计谋，幸而经常生效，我只愿受封留县就足够了，不敢承受三万户。"于是封张良为留侯，同萧何等人一起受封。

皇上已经封赏大功臣二十多人，其余的人日夜争功，不能决定高下，未能进行封赏。皇上在洛阳南宫，从桥上望见一些将领常常坐在沙地上彼此议论。皇上说："这些人在说什么？"留侯说："陛下不知道吗？这是在商议反叛呀。"皇上说："天下已接近安定，为什么还要谋反呢？"留侯说："陛下以平民身份起事，靠着这些人取得了天下，现在陛下做了天子，而所封赏的都是萧何、曹参这些陛下所亲近宠幸的老友，所诛杀的都是一生中仇恨的人。如今军官们计算功劳，认为天下的土地不够一一封赏的，这些人怕陛下不能全部封到，恐怕又被怀疑到平生的过失而至于遭受诛杀，所以就聚在一起图谋造反了。”皇上于是忧心忡忡地说：“这件事该怎么办呢？”留侯说：“皇上平生憎恨，又是群臣都知道的，谁最突出？”皇上说：“雍齿与我有宿怨，曾多次使我受窘受辱。我原想杀掉他，因为他的功劳多，所以不忍心。”留侯说：“现在赶紧先封赏雍齿来给群臣看，群臣见雍齿都被封赏，那么每人对自己能受封就坚信不疑了。”于是皇上便摆设酒宴，封雍齿为什邡侯，并紧迫地催促丞相、御史评定功劳，施行封赏。群臣吃过酒后，都高兴地说：“雍齿尚且被封为侯，我们这些人就不担忧了。”

【评点】

刘邦统一天下后，先分封部分功臣，给张良三万户，张良力辞不受。其余的正在评定功劳，就见人们窃窃私语，貌似有什么事，张良给刘邦支着，谏封雍齿，终使所有人放下心来。

一、辞万户侯

汉五年二月，刘邦正式即帝位，史称汉高祖。

同年五月，汉高祖在洛阳南宫举行庆功大典，大宴群臣。席间，觥筹交错，君臣共饮。刘邦显得特别高兴，当论及楚所以失天下，汉所以得天下时，刘邦道出其中的关键在于并用三杰（即萧何、张良、韩信）。他语中盛赞张良道：“运筹帷幄之中，决胜于千里之外，吾不如子房（张良的字）。”

汉六年（公元前 201 年）正月，封赏功臣。张良不曾有战功，高帝说：“出谋划策于营帐之中，决定胜负在千里之外，这就是子房的功劳。让张良自己从齐国选择三万户作为封邑。”

张良说：“当初我在下邳起事，与主上会合在留县，这是上天把我交给陛下。陛下采用我的计谋，幸而经常生效，我只愿受封留县就足够了，不敢承受三万户。”于是高祖封张良为留侯，同萧何等人一起受封。

万户侯是汉代封侯的最高食邑（封地）。刘邦在高帝六年十二月、次年正月两次大分封时，周勃受封八千一百户，萧何受封八千户，夏侯婴受封六千九百户，陈平、樊哙、灌婴均受封五千户。就连被众人公认军功第一的曹参也才受封一万零六百户，此番张良受封万户侯，比曹参还高。

作为“三杰”之首，张良一直在刘邦身边运筹帷幄，从未到前线攻城略地，所以封侯之时，张良并没有英勇杀敌的军功，不过，刘邦却破例表态：张良的功劳是“运筹策帷幄中，决胜千里外”，要他“自择齐三万户”。这是高帝六年前两批所封列侯中，唯一一位得到特批，可以自行择地而封的列侯，所封户“三万”也是列侯中最多的。

张良可是个聪明人，他深知自己没有攻城略地的卓越军功，如果接受了“自择齐三万户”，立马就会成为众矢之的，于是，他毫不迟疑地选择了推辞，将自己与刘邦的相遇说成是天意，将自己的“运筹帷幄中，决胜千里外”之功说成是幸运，求封留地是对相遇的纪念，也是对君臣相欢的感激。

二、谏封雍齿

汉六年正月，刘邦大封包括张良在内的20多位功臣，其余未被封赏的人则议论纷纷，争功不休。

一天，刘邦在洛阳南宫，从阁道上看见诸将三三五五地坐在沙土上窃窃私语，就询问张良他们在谈论什么事。张良故意危言耸听地说：“他们在商议谋反！”

刘邦大吃一惊，忙问：“天下初定，他们何故又要谋反？”

张良答道：“您起自布衣百姓，是利用这些人才争得了天下。现在您做了天子，可是受封的都是您平时喜爱的人，而诛杀的都是平时您所仇怨的人。现在朝中正在统计战功。如果所有的人都分封，天下的土地毕竟有限。这些人怕您不能封赏他们，又怕您追究他们平常的过失，最后会被杀，因此聚在一起商量造反！”

刘邦忙问：“那该怎么办？”

张良问道：“您平时最恨的，且为群臣共知的人是谁？”

刘邦答道：“那就是雍齿了。”

张良说：“那您赶紧先封赏雍齿，群臣见雍齿都被封赏了，自然就会安心了。”

于是，刘邦摆设酒席，欢宴群臣，并当场封雍齿为什邡侯，还催促丞相、御史们赶快定功行封。群臣见状，皆大欢喜，纷纷议论道：“像雍齿那样的人都能封侯，我们就更不用忧虑了。”

张良此举，不仅纠正了刘邦任人唯亲，徇私行赏的弊端，而且轻而易举地缓和了矛盾，避免了一场可能发生的动乱。他这种安一仇而坚众心的权术，也常常为后世政客们如法炮制。

雍齿何人？与刘邦有什么过节呢？有必要解释一下。

雍齿是沛县人，出身豪强。秦二世二年，随刘邦起兵反秦。秦朝泗川郡监名叫平的率兵包围了丰邑。两天之后，沛公率众出城与秦军交战，打败了秦军。沛公命雍齿守卫丰邑，自己率领部队到薛县去。

陈王胜派魏国人周市来夺取土地。雍齿本来就不愿意归属于沛公，等到魏国来招降了，立刻就反叛了沛公，为魏国守卫丰邑。

沛公带兵攻打丰邑，没有攻下。又赶上生病，就退兵回到沛县。沛公怨恨雍齿和丰邑的子弟背叛他，听说项梁在薛县，就带着一百多随从骑兵前去见项梁。项梁又给沛公增加了五千人，五大夫级的将领十人。

沛公回来后，又带兵去攻打丰邑。雍齿失败后弃城逃往魏国。后来，雍齿投降了刘邦，立过不少战功。

第五节　功成身退，明哲保身

【原文】

留侯从上击代，出奇计马邑下，及立萧何相国，所与上从容言天下事甚众，非天下所以存亡，故不著。留侯乃称曰："家世相韩，及韩灭，不爱万金之资，为韩报雠强秦，天下振动。今以三寸舌为帝者师，封万户，位列侯，此布衣之极，于良足矣。原弃人间事，欲从赤松子游耳。"乃学辟谷，道引轻身。会高帝崩，吕后德留侯，乃强食之，曰："人生一世间，如白驹过隙，何致自苦如此乎！"留侯不得已，强听而食。

【译文】

张良跟随刘邦平息了代地的叛乱，用奇计攻克了马邑，又劝刘邦立萧何为相国，经常和刘邦商讨大大小小的事情，由于不关系天下存亡，所以没有存录。张良自己评价自己说："我家数世为韩国宰相，韩国灭亡之后，不留恋万贯家财，为韩国复仇不畏强秦，令天下震动。后来用三寸之舌为帝王当军师，分封万户，位列侯爵，这是一个平民书生的最高荣誉，对于我张良来说已经感到最大的满足。我如今愿意抛弃人间的闲事，想追随神仙赤松子云游。"于是开始学辟谷不食人间烟火，修身炼道。刘邦病逝后，吕后重视张良的才德，强制他重新食人间烟火。吕后说：

“人生一辈子，就像一匹白马从缝隙间一闪而过，何必这样自己折磨自己！”张良不得已也吃些食物。

【评点】

张良在后世享有着“功成不居”的美名，纵观张良的一生，他之所以能成为千古良辅，被后世谋臣推崇备至，不仅在于他能运筹帷幄，决胜千里，辅助刘邦创立西汉王朝，还在于他能因时制宜，适可进止，最后，既完成了预期的事业，又在那充满悲剧的封建专制时代里自保，一言以蔽之：功成名就。

一、杜门不出，确实抱病

据史料记载，张良随刘邦定都关中后“杜门不出”，这是在干什么呢？他在“道引，不食谷”。

“道引，不食谷”实际上是汉初流行的一种气功。他的这种做法被宋人司马光称为“等功名于物外，置荣利于不顾”。明人更写出“张良范蠡笑人痴”的诗句，将张良和范蠡相提并论，认为其功成身退。

张良在后世享有着“功成不居”的美名，他真的是“功成不居”吗？关于这一点，学术界的认识并不统一。

一是认为张良的确抱病“杜门不出”为养病；二是认为张良明哲保身，“杜门不出”为避祸。

究竟谁说得对呢？

先看看“抱病在家”的论据：

《史记·留侯世家》记载：张良多病，从未亲自领过兵，而是作为一位出谋划策的谋臣，时时伴在刘邦左右。汉三年，楚汉之争激战正酣。到了汉六年受封留侯后，张良明确表示，自己愿意扔下世间俗事，追随赤松子游仙，学习道引辟谷。

《汉书·张陈王周传》中有这样的记载：“良多病，未尝特将兵，常为画策臣，时时从。”又载：“良从入关，性多疾，即道引不食谷，闭门不出岁余。”

《史记》《汉书》两部原始文献的记载也从侧面印证了张良“多病”的说法。

在《史记·留侯世家》中司马迁曾写道：起初我以为张良是位高大魁梧的男儿，等看到他的画像时才发现，他竟有着美丽女子般的容貌。若是真长得像一位美女（好女），估计体质的确也好不到哪里去吧？

高帝十一年，黥布叛乱，刘邦带病亲征，留守的大臣们送行至灞上，张良也抱病前来。作为刘邦身边至关重要的谋士，张良理应随驾出征才对，但疾病迫使他不得不缺席。到达曲邮，张良病势加重，他叮嘱刘邦用兵时千万不要和楚兵争锋，并建议让太子监管关中军队。刘邦对他说：虽然子房你重病在身，不过我还是希望，即便是躺在病榻之上，也要辅佐太子。这番言语中透露的信息表明，此时张良已经病得不轻了。

高帝十二年，刘邦征黥布时身受致命箭伤，回到京城时已经无药可救。弥留之际，吕后向刘邦三问相国人选，刘邦分别以萧何之后曹参，曹参之后王陵、陈平，一一应对。曹参、王陵、陈平，甚至连周勃也成为预备太尉的人选，唯独张良未被提及。一方面，张良本非相国，此职一直由萧何担任，不提他也属正常；另一方面，张良病势沉重，特别是在高帝十一年、十二年，愈加严重起来，刘邦自然会有所顾忌。

张良抱病在身，确有此事，不过这病到底有多严重呢？刘邦迁都关中之前，张良随他灭秦、灭项，形影不离，为何刘邦一翻身做了皇帝，他反倒病得无法工作了呢？

二、功成身退，明哲保身

张良杜门不出，除了有病之外，还有别的原因。

一是知足。张良自称，家中数世担任韩国国君的相国（家世相韩），韩被秦灭，不爱万金，要为韩报仇。现在，以“三寸舌”成为“帝者师”，“封万户，位列侯”，达到布衣生活的顶点，对我张良而言，已经十分满足了（足矣）。所以张良乃自请告退，摒弃人间万事，专心修道养精，崇信黄老之学，静居行气，欲轻身成仙。“愿弃人间事，欲从赤松子游耳。”

二是自保。统一天下以后，刘邦开始打击功臣。张良懂得“卸磨杀驴”的规律，便经常托病，借口练气功，装出对政治不感兴趣的样子，渐渐淡出权力圈。

对此，司马光做了这样的解释：人生必死，犹如黑夜必有黎明，从古至今，没有一个人可以超越生死而独立存世。像张良这样明达事理之人，肯定知道神仙之说是骗人的鬼话。然而张良却宣称要跟随赤松子游仙，恰是这样的托词，倒可以看出其超凡的智慧。身为人臣，最难处理的就是如何对待功名。三杰之中，韩信族诛，萧何入狱，不都是因为声名太盛却不知身退吗？只有张良，托称求仙，摆脱世间俗物。“等功名于物外，置荣利而不顾”，人们常说的“明哲保身”，恐怕只有张良做到了。

但病中的他也不得安心，刘邦想换太子，吕后十分担心，遂向张良请教。张良出于稳定局势考虑，也觉得太子不能轻易废掉，于是让太子请出当时有名的四位隐士“商山四皓”。刘邦曾经请过这四个人出山，但未成功。当他看到这四人跟随太子时，便知太子的实力已不容小觑，不能轻易动了，否则自己的天下便会有大动荡。正是由于张良的计谋，太子终得嗣位，吕后为此对张良也勋口敬重。

张良深明韬略，文武兼备，气度恢宏，见识高远，精通黄老之术，在大汉开国谋士群中稳坐第一把交椅，是刘邦身边摇鹅毛扇的军师和决策人物。

张良的一生，充满了神秘与传奇，给后人留下了无尽的想象。他身居乱世，胸怀国亡家败的悲愤，投身于倥偬的兵戎生涯，为刘邦击败项羽以及汉朝的建立立下了不可磨灭的功劳。

卷十二 《史记·老子韩非列传》

第一节　神龙见首不见尾的老子

【原文】

老子者，楚苦县厉乡曲仁里人也，姓李氏，名耳，字聃，周守藏室之史也。

孔子适周，将问礼于老子。老子曰："子所言者，其人与骨皆已朽矣，独其言在耳。且君子得其时则驾，不得其时则蓬累而行。吾闻之，良贾深藏若虚，君子盛德，容貌若愚。去子之骄气与多欲，态色与淫志，是皆无益于子之身。吾所以告子，若是而已。"孔子去，谓弟子曰："鸟，吾知其能飞；鱼，吾知其能游；兽，吾知其能走。走者可以为罔，游者可以为纶，飞者可以为矰。至于龙吾不能知，其乘风云而上天。吾今日见老子，其犹龙邪！"

老子修道德，其学以自隐无名为务。居周久之，见周之衰，乃遂去。至关，关令尹喜曰："子将隐矣，强为我著书。"于是老子乃著书上下篇，言道德之意五千馀言而去，莫知其所终。

或曰：老莱子亦楚人也，著书十五篇，言道家之用，与孔子同时云。

盖老子百有六十余岁，或言二百余岁，以其修道而养寿也。

自孔子死之后百二十九年，而史记周太史儋见秦献公曰："始秦与周合，合五百岁而离，离七十岁而霸王者出焉。"或曰儋即老子，或曰非也，世莫知其然否。老子，隐君子也。

【译文】

老子是楚国苦县厉乡曲仁里人，姓李，名耳，字聃，在周朝做管理藏书的史官。

孔子到周朝国都洛邑，打算向老子请教礼的知识。老子说："你所说的，他本人和骨骸都已腐朽了，只有他的言论还在。况且君子遭遇时运好，就坐上车子去做官；不逢其时，就像蓬草一样随风转移，可止则止。我听说：'会做生意的商人把货物囤藏起来，外表上好像没有货物一样。君子具有高尚的品德，但容貌谦恭就像愚蠢的人。'去掉你的骄气与多欲，故意做作的姿态和过大不实际的志向，这些对于你自身都没有好处。我要告诉你的，就是这些而已。"孔子离去，对弟子们说："鸟儿，我知道它能飞；鱼儿，我知道它能游；兽类，我知道它能跑。会跑的可以使用网（捉住它），会游的可以使用丝线（钓住它），会飞的可以使用箭（射中它）。至于龙，我就不能知道了。它乘着风云而上升到天空。我今天见到老子，他大概像一条龙吧！"

老子讲修道德，他的学说以深自韬隐，不求闻达为主旨。久住周京，看到周朝衰微下去，于是就离开了。经过散关，关令尹喜说："你将要隐居了，请尽力为我著书吧！"于是老子便著述《老子》上下两篇，论述"道"与"德"之意五千多字，然后离去，没有人知道他后来怎么样了。

有人说，有个叫老莱子的，也是楚国人，著书十五篇，论述道家的体用。与孔子生活在同一时代。

老子大概活了一百六十多岁，有人说活了二百多岁，由于讲修道德，所以养得高寿。

在孔子死后一百二十九年，史书上记载周太史儋见过秦献公，并说："开始秦与周是合并的，大约合五百年后分离，分离七十年后，就会出现霸王。"有人说儋就是老子，有人说不是，世人没有人知道是对还是不对。老子，是个隐居的君子。

【评点】

老子、韩非这两位伟人，对那个时代的思想领域、生活态度、社会发展、治国之道等各方面都产生了巨大而深入的影响，那么这两位伟人对于他们之后的人又产生了哪些影响？活在二十一世纪的我们还有必要向他们学习吗？他们能给我们怎样的生活智慧？

一、神秘的老子

有关老子的身世，史书历来说法不一，尤其是东汉以后，随着道教的兴起，都尊奉老子为教主，并冠以"太上""老君"等称号，已经将老子神化了，既然是神，当然就有不死之身了。

据司马迁《史记》记载，老子姓李名耳，字聃，故又称老聃，是楚苦县厉乡曲仁里人。他曾经做过周王室的“守藏室之史”。

老子很老，活了多少岁？司马迁说，老子因为修身养性而活了一百六十多岁，还有人说他活了二百多岁，这些都无法考证清楚了。

号称信史的《史记》，却在《老子列传》中又列了另外两个老子的候选人：楚国人老莱子和周太史儋。可见，在司马迁那个时代，人们对于老子的身世已有了争论。

老莱子，也是楚国人，也曾经著书十五篇，阐释道家学说，与孔子同时，其实也基本与老聃同时。这位老莱子还是“二十四孝”故事中“彩衣娱亲”的主人公。据说他乃春秋时期楚国隐士，为躲避乱世，隐居于蒙山南麓，自耕自种，自给自足。他非常孝顺父母，在有限的条件下，尽量挑拣美味供奉双亲。更出格的是，他年届七十仍不言老，为博父母开心，常常装嫩，穿起“五色斑斓”的童装，在父母面前“为婴儿戏”。有一次在他父母居所取水，故意跌倒，像婴儿般啼哭，目的竟然是博取父母一笑（或云他不慎跌倒，就势作婴儿啼）。

那么，这位老莱子为什么会被司马迁写入《老子列传》中，作为老子的候选人之一呢？这是因为，老莱子在当时极可能也被称为老子，他的名字当是老莱，不是老莱子。那时人们对于有道德有学问的人，总是尊称为“某子”，一般不称“某某子”。司马迁既然将老莱子与周王室的那位老子并列为孔老夫子所敬重的人物，便可知他早就认定了老莱子不是《老子列传》的传主。把老莱子列入，前面加“或云”两个字，分明是出于谨慎，疑则传疑，表明那时有此一说而已。

至于另一位候选人周太史儋，其实也不可能是老子。司马迁为什么把周太史儋写进《老子韩非列传》，原因很简单，第一，他们都在周都洛阳供职，李耳是“周守藏之史也”，周太史儋也是周太史，两人都是周的史官；第二，聃和儋古音相近，完全可能是通假字。所以司马迁在写到周太史儋时，用了“或曰儋即老子，或曰非也，世莫知其然否”，来表示以周太史儋为老子，只是当时的一种推测。

二、孔子问礼于老子

老子曾经做过周王室的“守藏室之史”。

所谓“守藏室”，据司马贞索隐的解释，乃是周王室的藏书室，大概相当于今天的图书馆兼档案馆。

正是因为这个原因，老子对周代的典章制度、礼乐仪式很是熟悉。

孔子入周问礼，拜访的主要对象就是老子。

这次会面大概发生在鲁昭公十二年（公元前530年）至二十年（公元前522年）之间，也是文献留下来的关于老子事迹的少数记载之一。

老子本身是不看重礼的，他认为正因为礼的存在才导致人与人之间的等级尊卑与矛盾冲突，而只有消弭礼的制约，让天下人重新回到小国寡民的状态当中去才会幸福。因此，老子对这个远道而来好学深思的学生并不十分感冒，尤其是对他那一肚子关于周代礼乐制度的问题，更不感兴趣。

所以满腔热情的孔子被兜头泼了一盆冷水，他想请教的问题老子连回答的兴趣都没有，只是淡淡地告诉他："你所谈到的那些人早已成了冢中朽骨，只剩下他们的片言只语还在好事者中流传。我所能告诉你的就是，君子遇到了好时机就居官从政，不得志则随遇而安。我听说高明的商人都把自己装得像没钱人一样，道德修养高深的君子看起来就像庸人一般。去掉你身上的那些骄气和各种各样的想法吧，去掉你那些迎合的神色和空头志向吧，这些都对你没有任何好处。"

孔子听了，虽然没有得到自己想要的答案，却不能不为老子那些富有洞察力的人生见解所折服，回去对弟子喟然长叹，把他与老子的这场会晤做了个生动的比喻："鸟，我知道它能飞；鱼，我知道它能游；兽，我知道它能走。在地上走的，可以捕之以网；在水里游的，可以钓之以钩；在天上飞的，可以射之以弓。至于龙，我就不知该拿它怎么办了，只能眼睁睁地看着它乘着风云遨游天上。我今天拜会了老子，他就像那见首不见尾的神龙啊！"

这时的孔子，大约三十岁，虽然他自称"三十而立"，但其学识显然还与富有人生阅历、学术思想已经成熟的老子不在同一层次上。老子对人生和世界所做的深层次的思考，已超出涉世未深的孔子的思想层次。

但天纵之圣的孔子很快领悟了老子的教导，于是禁不住为老子的睿智和洞察力惊叹连连了。

三、老子出关和著述

老子在周王室长期担任守藏史，见周王室日益没落，以周王室礼乐文明维系的秩序日益崩溃，天下将陷入大乱，看不到太平的希望。而已经衰落到二等诸侯国地位的周王室内部却纷争不已，忙着争权夺利，演出了一幕幕闹剧。

他感到他所为之服务的政权是可笑的，没有任何希望的，而他再也没有必要继续下去了。一丝绝望的情绪爬上他的心头，并很快蔓延开来，覆盖了他的整个心。于是，他决定离开了，骑上青牛，飘然西逝。

《太平广记》还记载了老子这段富有传奇色彩的故事：

老子打算出关西行去昆仑山，守关的官员喜通过占卜知道会有神异之人从这里经过，就命人清扫四十里道路迎接。当他见到骑牛而至的老子时，知道这个人就是自己占卜的神异之人了。

老子在中原的时候，一个徒弟也没有收，但是老子知道喜命中注定是得道之人，于是就在这里停留下来了。

老子身边有一个仆人叫徐甲，从少年时就受雇于老子，每天的工钱是一百钱，到老子出关时一共欠了他七百二十万的工钱（呵呵，徐甲受雇老子二百年哟）。

徐甲见老子要出关，想尽快讨回工钱但又恐讨不回来，于是一纸诉状将老子告到关令喜那里。替徐甲写状子的人并不知道徐甲已经跟随老子二百多年了，只知道老子欠他的工钱数额巨大，一下子可以使徐甲成为富翁，于是就答应把女儿嫁给徐甲。徐甲见此女十分貌美，就迫不及待地把告老子的诉状交到喜的手里。

喜见到后十分惊讶，把此事告诉了老子。

老子对徐甲说："小子，你不知道实际你早就该死了，我当初官阶卑微也没有钱，家里连个打杂的人都没有，就雇用了你，同时也把《太玄清生符》给了你，所以你才一直活到今天。但是你为什么要告我呢？我当初曾经告诉过你，如果你将来进入安息国，我会用黄金计算你的工钱全数还给你，你怎么这么急不可待呢？"说完，老子一挥手，《太玄清生符》立刻从徐甲的嘴里吐了出来，上面的字迹还很清晰，就像刚刚书写完的一样，而徐甲立刻变成了一堆枯骨。

喜立刻跪下为徐甲求情，并自愿替老子还债。于是老子就又一挥手，把那张《太玄清生符》扔到徐甲的那堆枯骨上，徐甲立刻复活了。

喜给了徐甲二百万钱把他打发走了，又向老子恭敬地执弟子之礼。

喜就向老子请求更深入的教导训诫，于是老子口述五千字，喜把它记录下来，这就是我们今天见到的《道德经》。

喜按照老子的教导方法修行，果成仙人。

老子具有朴素的辩证法思想，主张无为而治，其学说对中国哲学发展具有深刻影响，在道教中老子被尊为道祖，《老子》充分体现老子思想的睿智和哲思，被称为"伟大之书"。

《纽约时报》将《老子》列为全世界十大古今名著之首。这部书充满了探求疗世之疾的良方，不仅适于职场、家庭、社会，也适用于个人，可以说是一本广为世用的智慧宝典。

第二节　出世哲人——庄子

【原文】

庄子者，蒙人也，名周。周尝为蒙漆园吏，与梁惠王、齐宣王同时。其学无所不窥，然其要本归于老子之言。故其著书十馀万言，大抵率寓言也。作《渔父》《盗跖》《胠箧》，以诋訾孔子之徒，以明老子之术。畏累虚、亢桑子之属，皆空语无事实。然善属书离辞，指事类情，用剽剥儒、墨，虽当世宿学不能自解免也。其言洸洋自恣以适己，故自王公大人不能器之。

楚威王闻庄周贤，使使厚币迎之，许以为相。庄周笑谓楚使者曰："千金，重利；卿相，尊位也。子独不见郊祭之牺牛乎？养食之数岁，衣以文绣，以入大庙。当是之时，虽欲为孤豚，岂可得乎？子亟去，无污我。我宁游戏污渎之中自快，无为有国者所羁，终身不仕，以快吾志焉。"

【译文】

庄子是蒙地人，名周。曾做过蒙地漆园的官吏，与梁惠王、齐宣王是同一时代的人。他的学说无所不及，但要旨却源于老子的理论。所以他写的书虽有十多万字，但大多都是寓言文字。作《渔父》《盗跖》《胠箧》，来毁辱孔子的学生，以表明老子的道术。至于他写的畏累虚、亢桑子之类，都是没有其事的杜撰。但他善于连缀文字以成辞章，表达事理，形容情状，来攻击儒家和墨家的学说，即使是当世饱学的学者，也都不能免于遭受攻击。他的语言汪洋浩漫，纵横恣肆，以适合自己的性情，所以从王公大人起，都无法器重他。

楚威王听说庄周贤能，派人去重金聘请，答应让他做卿相。庄周笑笑对楚使说："千金的确是重利，卿相的确是尊位，但你没见过天子祭祀天地时所用的牺牛吗？这些牛被饲养好几年，然后被披上彩绣的衣服，送进太庙去做祭品，在这个时候，即使想做一只自由的小猪，还能办得到吗？你赶快走吧，不要玷污我的人格！我宁愿在有着污泥的小河沟里自由自在，也不愿被国君所约束，终身不做官，使我的心志快乐。"

【评点】

说起对先秦诸子百家的感悟，我对道家宗师庄子情有独钟。不是因为《庄子》一书中诸多赏心悦目的寓言故事，而是他那不上档次的身份萦绕着的一道道光环，他那从一个方面放弃自己，而从另一方面获得自己的一种人生价值取向。

一、庄子其人

关于庄子是哪里人，最早记载是在司马迁的《史记》，其中的《庄子传》说："庄子者，蒙人也，名周。周尝为蒙漆园吏，与梁惠王、齐宣王同时。"

这表明庄子叫庄周，是"蒙"这个地方人。至于"蒙"在哪里，司马迁他老人家没有说。后人根据自己对"蒙"的不同理解，便产生了庄子的籍贯问题。

汉朝人刘向作《别录》一书，称庄周为"宋之蒙人"。因为宋国在商丘，所以后来不少人依据这一说法，认定庄周的籍贯为现在的河南商丘。1999 年的新版《辞源》，是这一观点的典型代表，其中"庄子"条称：庄子（约公元前 369—前 286 年），战国时哲学家，名周。宋国蒙（今河南商丘东北）人。做过蒙地方的漆园吏。

庄子曾在漆园为吏，那么，"漆园"在哪里呢？《史记正义》里说：漆园故城，在曹州冤句县北十七里。曹州冤句，是现在山东菏泽市的东明县。

另外，可能是因为这个"蒙"字的标志，山东又将庄子的籍贯定在"沂蒙"。加上安徽的蒙城，这样，庄子的故里问题，至少就有了河南商丘、山东东明、山东沂蒙和安徽蒙城四种说法。

根据《史记》的记载，庄子曾经做过"漆园吏"，也就是漆园这个地方的小官，没有多久就离职了，专门从事讲学和著述活动。庄子的学说与儒家学说大异其趣，而且他也经常讥讽儒者，可是同时代以抨击异端自任的孟子却从没有提到过他，可见庄子当时着意隐居，交游不广，声名不著。所以，朱熹说："庄子当时亦无人宗之，他只在僻处自说。"（《朱子语类》卷一二五）

庄子隐居民间，不是一隐了之。他于艰难之中，孜孜不倦地奋力攀登道家思想的峰峦。一生笔耕不辍，著书立说，终成《庄子》一书，计五十二篇，逮至晋代仅存留三十三篇。庄子的文章，想象力很强，文笔变化多端，具有浓厚的浪漫主义色彩，并采用寓言故事形式，富有幽默讽刺的意味，对后世文学语言有很大影响。

《庄子》"本归于老子之言"，庄子与老子并称"老庄"，但他又别为一宗，是道家思想的集大成者，《庄子》被道教奉为《南华经》，是道家经典之一。

二、以牛自喻，拒绝为相

楚威王听说庄子很有才能，于是派使者携重金前往迎招，并许他丞相的职务。

庄子不屑地微微一笑："千金和相位的确难得，但我如做官不就成了郊祭的牺牛了吗？你不看那牛，虽吃着美食，穿着彩衣，供于太庙，不久，送进太庙去做祭品，它又有什么自由和快乐可言呢？到被宰杀的时候，它就是想成为污泥里滚来滚去的小猪也不可能了。我宁愿在污泥里嬉戏，自寻欢乐，也不愿意受权势的羁绊。算了，你们回去吧，我是决定逍逍遥遥度此一生了。"

庄子三言两语谢绝了楚王的一番盛情，让楚王的专使（相当于今天的组织部长或人事局长）乘兴而来，败兴而归。

这就是庄子，"终身不仕，以快吾意"，以"游世"的立场与态度打发自己的生命，在绝对自由的精神王国中驰骋自己的天才，"独与天地精神往来"。就中国历史而言，或许是一件天大的幸事：少了一个普普通通、庸庸碌碌的官僚，而多了一位傲视千古、伟大不朽的思想大师。

庄子对国家的兴亡、政权的更迭毫不关心，他已经看透了人世的荒谬和自身生命的无助，从而为自己的心田开辟了一条新路，他的逍遥万古、独与天地往来的思想是从苦难的心灵土壤上开放的智慧之花。世人皆晓有用之用，而庄子却看到了无用之用。他向往的是源自心灵深处的欢乐和自由，就像翱翔北溟天池的大鹏鸟，可以飞进辽阔的太空，伸展自己骄傲的翅膀。

一直很喜欢鲍鹏山对庄子的一段评论：

"在一个文化屈从权势的传统中，庄子是一棵孤独的树，是一棵孤独地在深夜看守心灵月亮的树。当我们大都在黑夜里昧昧昏睡时，月亮为什么没有丢失？就是因为有了这样一两棵在清风夜唳中独自看守月亮的树。"

第三节　讲究"术"治方略的申不害

【原文】

申不害者，京人也，故郑之贱臣。学术以干韩昭侯，昭侯用为相。内修政教，外应诸侯，十五年。终申子之身，国治兵强，无侵韩者。

申子之学本于黄老而主刑名。著书二篇，号曰《申子》。

【译文】

申不害是京邑人，原先是郑国的低级官吏。后来研究了刑名法术学问，向韩昭侯求官，昭侯任命他做了宰相。他对内修明政教，对外应对诸侯，前后执政十五年。一直到申子逝世，国家安定，政治清明，军队强大，没有哪个国家敢于侵犯韩国。

申不害的学说源自黄帝和老子而以循名责实为主。他的著作有两篇，叫作《申子》。

【评点】

申不害，被尊称为申子。其生年不详，卒于公元前 337 年。战国时代韩国政治家、思想家，也是先秦以重“术”著称的法家代表人物之一。

申不害原是郑国京邑（今郑州荥阳东南京襄城）人，本是郑国的一个地位很卑微的小官。韩哀侯二年（公元前 375 年），韩国灭掉郑国，遂成为韩人。由于他学习和掌握了黄老刑名的学说，就向韩昭侯讲说“刑名之学”，请求昭侯任用他，韩昭侯开始让他做了韩国的低级官员。

韩昭侯四年（公元前 354 年），素与韩有隙的魏国出兵伐韩，包围宅阳（今郑州市北）。面对重兵压境的严重局面，韩昭侯及众大臣束手无策。危急关头，申不害审时度势，建议韩昭侯执圭（古时臣下朝见天子时所执的一种玉器）去见魏惠王。申不害说：我们“非好卑而恶尊”，也“非虑过而议失”，而是要解国家危难，最好的办法是示弱。“故降心以相从，屈己以求存也。今魏国强大，鲁国、宋国、卫国皆去朝见，您执圭去朝见魏王，魏王一定会心满意足，自大骄狂。这样必引起其他诸侯不满而同情韩国。”（《战国策·韩策三》）韩昭侯采纳申不害建议，亲自执圭去朝见魏惠王，表示敬畏之意。魏惠王果然十分高兴，立即下令撤兵，并与韩国约为友邦。申不害亦由此令韩昭侯刮目相看，逐步成为韩昭侯的重要谋臣，得以在处理国家事务上施展自己的智慧和才干。

公元前 353 年，魏国又起兵伐赵，包围了赵国都城邯郸。赵成侯派人向齐国和韩国求援。韩昭侯一时拿不定主意，就询问申不害，应如何应对。申不害担心自己的意见万一不合国君心意，不仅于事无补还可能惹火烧身，便回答说：“这是国家大事，让我考虑成熟再答复您吧！”随后，申不害不露声色地游说韩国能言善辩的名臣赵卓和韩晁，鼓动他们分别向韩昭侯进言，陈述是否出兵救赵的意见，自己则暗中观察韩昭侯的态度，摸透了韩昭侯的心思。于是便进谏说应当联合齐国，伐魏救赵。韩昭侯果然“大悦”，即听从申不害意见，与齐国一起发兵讨魏，迫使魏军回师自救，从而解了赵国之围。这就是历史上著名的“围魏救赵”的故事。

韩昭侯从申不害处理外交事务的卓越表现及其独到的见解中，发现这位“郑之贱臣”，原来是难得的治国人才，于是便力排众议，于公元前351年，破格拜申不害为相，以求变革图强。

在昭侯的支持下，申不害对内整治政教，对外应付各国，前后搞了十五年，使韩国一直保持着强国的地位，并著书两篇，名为《申子》。

第四节　郁郁不得志的韩非

【原文】

韩非者，韩之诸公子也。喜刑名法术之学，而其归本于黄老。非为人口吃，不能道说，而善著书。与李斯俱事荀卿，斯自以为不如非。

非见韩之削弱，数以书谏韩王，韩王不能用。于是韩非疾治国不务修明其法制，执势以御其臣下，富国强兵而以求人任贤，反举浮淫之蠹而加之于功实之上。以为儒者用文乱法，而侠者以武犯禁。宽则宠名誉之人，急则用介胄之士。今者所养非所用，所用非所养。悲廉直不容于邪枉之臣，观往者得失之变，故作孤愤、五蠹、内外储、说林、说难十余万言。

然韩非知说之难，为说难书甚具，终死于秦，不能自脱。

【译文】

韩非，是韩国的贵族子弟。爱好刑名法术的学说，这种学说源于黄老。韩非生来口吃，不善于言说，却善于著书。与李斯同时求学于荀卿，李斯自认为才能不及韩非。

韩非看到韩国国势渐渐削弱，屡次上书规谏韩王，但韩王都不加采纳。因此韩非痛心国君治国不致力于讲求法制，不能用权势来驾驭臣下，不能使国家富强、兵力强大，不求贤任能，反而举任一些文学游说之士，使他们位居于专务功利实际的人之上。韩非认为儒生搬弄文辞来扰乱法术，而任侠的人又用武力干犯禁忌。平安时就恩宠那些有浮名虚誉的文人，危急时则要用披甲戴胄的武士。现在平时培养的人不是所要使用的人，而所使用的人却不是平日所培养的人。他又悲愤那些清廉正直的臣子不为奸邪之臣所容，考察历史上治国得失的演变之迹，因此写下了《孤愤》《五蠹》《内外储》《说林》《说难》等十余万字的文章。

然而韩非尽管深知游说之道甚难，写下《说难》一文特别详备，但最终还是被害死在秦国，未能以身自免。

【评点】

用当下流行的话说，韩非子是一个悲催的人物，他的一生就是以悲剧为结局的。他是中国文明史上的一座奇绝高峰。他的书，是一柄凛冽的长剑，闪烁着摄人心魄的清冷光芒。韩非的悲剧命运，在法家群山中最令人感慨唏嘘。

一、怀才不遇的人生遭遇

韩非是战国末期著名的思想家，是先秦法家代表人物，是韩都（今河南新郑）人，出身于韩国贵族世家，称韩公子。先秦诸子，凡我知道的，除韩非外，没有一人出身贵族。

青年时代曾与后来在秦国为相的李斯同师于荀况。他有些口吃，不善于游说，但很会写文章。他思维敏捷，剖析问题深刻，极富哲理，李斯自愧不如。

韩非师从荀卿，但思想观念却与荀卿大不相同，他没有承袭儒家的思想，却“喜刑名法术之学”。所谓“刑名法术”，即申不害主张君主当执术无刑，因循以督责臣下，其责深刻，所以申不害的理论称为“术”。商鞅的理论称为“法”。这两种理论统称“刑名”，所以称为“刑名法术之学”。“归本于黄老”，指韩非的理论与黄老之法相似，都不尚繁华，清简无为，君臣自正，继承并发展了法家思想，成为战国末年法家之集大成者。

韩国在战国七雄中是最弱小的国家，韩非身为韩国公子，目睹韩国日趋衰弱，曾多次向韩王上书进谏，希望韩王励精图治，变法图强，但韩王置若罔闻，始终都未采纳。这使他非常悲愤和失望。韩非报国无门，就闭门著书，以明己志，他先后写了《孤愤》《五蠹》《内外储》《说林》《说难》等十余万言的著作，全面、系统地阐述了他的法治思想，抒发了忧愤孤直而不容于时的愤懑。尤其《说难》一文，系统而深刻地说明了游说的技巧和难处，流露出了怀才不遇的伤感。

其实，韩非不被重用的悲剧，主要在于其生不逢时。

他生之时，已到战国末世，战国的分国变法浪潮早已过去，秦国催动的统一中国的大潮已经席卷天下，山东六国陷入岌岌可危的存亡绝境，已经没有了变法强国的现实条件。当此之时，韩非无论如何孤绝坚持，无论如何愤然努力，都无法像吴起、商鞅、申不害、乐毅等法家名士那样主持一国变法。也就是说，时代主流的变化，决定了韩非变法实践的追求必然破灭，政治理想必然地无法实现。无论韩非如何“数以书谏韩王”，力主变法救韩，韩国都一直没有任用韩非，这应该是时代使然。

二、身死因才祸的悲剧命运

作为有惊世洞察力的韩非，其著作问世即流传天下。自然，不可避免地流传到了当时的秦国，被秦王嬴政看到了，嬴政大为惊叹：“哇，我要是能够见到那个人并且和他交游，现在死也不感到遗憾了！”

当李斯告知秦王，这是韩非的著书后，秦王立即出兵“急攻韩”，威逼韩国立即将韩非送到秦国。

此前，无论韩非怎么努力都一直没有被任用，此时急难，韩王却将韩非当作了救命稻草，给了韩非一个特使之身，将韩非当作“政治人质”送进了秦国。这就是史载“乃遣非使秦”这五字的真相。韩非“出使”，韩国当然会有一番秘密谋划。虽然，史料语焉不详，然根据韩非后来的作为，这条逻辑线还是很容易推断得清楚的。

秦始皇见到韩非非常高兴，经常与韩非纵论治国之道。这时，李斯和大臣姚贾见秦始皇重视韩非，怕威胁到自己的地位，就在秦始皇面前说韩非的坏话。秦始皇最初不以为然，后来听李、姚谗言多了，心中渐渐与韩非有些疏远。

公元前232年，秦始皇准备向东扩张，在讨论是先伐韩，还是先伐赵的问题上，李斯与姚贾故意提出先伐韩，韩非则主张先伐赵而缓伐韩。于是，李、姚以为有机可乘，又向秦王进谗言说：“韩非是韩国宗室，身虽在秦，而心却在韩，所以不让攻打韩国，不如趁早把他除掉，不然早晚是个后患。”

秦始皇为谗言所惑，就下令将韩非投进监狱。韩非在狱中几次想见秦始皇，以表明心迹，但是李、姚不让韩非见秦始皇。李斯怕韩非东山再起，就亲自给韩非送毒药，逼韩非自杀。

关于这一点，《史记·秦始皇本纪》是这样记述的：“韩非使秦，秦用李斯谋，留非，非死云阳。”显然，司马迁也认为，韩非是遭他的同窗好友李斯的嫉贤妒能而被逼自杀死的。韩非死后不久，秦始皇明白了韩非是遭妒忌而死，很是后悔，但是为时已晚。

现在，请让我们做一个基于无数事实的历史假设：假如，韩非像诸多入秦名士李斯、尉缭、姚贾、顿弱、郑国等一样，全力投入秦国统一大业，至少，韩非一定会像李斯一样，成为秦帝国统一中国文明的功勋巨匠，而以嬴政始皇帝对于国家政治结构的超强掌控能力，也一定不会发生后来的李斯、姚贾“陷害”韩非的事件。果真如此，韩非的命运定然是另一番模样！

但历史是没法假设的，韩非注定了悲剧的结局。

不过值得秦始皇庆幸的是，韩非虽死，他的极富哲理的政治学说，“法”“术”“势”相结合的治国理论仍在，它为秦始皇统一六国，实行高度的封建中央集权制奠定了政治思想理论基础。其学说所鼓吹的封建君主专制主义对中国两千多年的封建统治产生了根深蒂固的影响。

司马迁在《老子韩非列传》，全文转载了韩非的《说难》，足见太史公对韩非的推重。

卷十三 《史记·孙子列传》

第一节 兵家鼻祖孙武

【原文】

孙子武者，齐人也。以兵法见于吴王阖闾。阖闾曰:“子之十三篇，吾尽观之矣，可以小试勒兵乎？”对曰:“可。”阖闾曰:“可试以妇人乎？”曰:“可。”于是许之，出宫中美女，得百八十人。孙子分为二队，以王之宠姬二人各为队长，皆令持戟。令之曰:“汝知而心与左右手背乎？”妇人曰:“知之。”孙子曰:“前，则视心；左，视左手；右，视右手；后，即视背。”妇人曰:“诺。”约束既布，乃设铁钺，即三令五申之。于是鼓之右，妇人大笑。孙子曰:“约束不明，申令不熟，将之罪也。”复三令五申而鼓之左，妇人复大笑。孙子曰:“约束不明，申令不熟，将之罪也；既已明而不如法者，吏士之罪也。”乃欲斩左右队长。吴王从台上观，见且斩爱姬，大骇。趣使使下令曰:“寡人已知将军能用兵矣。寡人非此二姬，食不甘味，愿勿斩也。”孙子曰:“臣既已受命为将，将在军，君命有所不受。”遂斩队长二人以徇。用其次为队长，于是复鼓之。妇人左右前后跪起皆中规矩绳墨，无敢出声。于是孙子使使报王曰:“兵既整齐，王可试下观之，唯王所欲用之，虽赴水火犹可也。”吴王曰:“将军罢休就舍，寡人不愿下观。”孙子曰:“王徒好其言，不能用其实。”于是阖闾知孙子能用兵，卒以为将。西破强楚，入郢，北威齐晋，显名诸侯，孙子与有力焉。

【译文】

孙子名武，是齐国人。因为他精通兵法受到吴王阖闾的接见。阖闾说:“您的十三篇兵书我都看过了，可用来小规模地试着指挥军队吗？”孙子回答说:“可以。”

阖闾说："可以用妇女试验吗？"回答说："可以。"于是阖闾答应他试验，叫出宫中美女，共约百八十人。孙子把她们分为两队，让吴王阖闾最宠爱的两位侍妾分别担任各队队长，让所有的美女都拿一支戟。然后命令她们说："你们知道自己的心、左右手和背吗？"妇人们回答说："知道。"孙子说："我说向前，你们就看心口所对的方向；我说向左，你们就看左手所对的方向；我说向右，你们就看右手所对的方向；我说向后，你们就看背所对的方向。"妇人们答道："是。"号令宣布完毕，于是摆好斧钺等刑具，旋即又把已经宣布的号令多次重复地交代清楚。就击鼓发令，叫她们向右看，妇人们都哈哈大笑。孙子说："纪律还不清楚，号令不熟悉，这是将领的过错。"又多次重复地交代清楚，然后击鼓发令让她们向左看，妇人们又都哈哈大笑。孙子说："纪律弄不清楚，号令不熟悉，这是将领的过错；现在既然讲得清清楚楚，却不遵照号令行事，那就是军官和士兵的过错了。"于是就要杀左、右两队的队长。吴王正在台上观看，见孙子将要杀自己的爱妾，大吃一惊。急忙派使臣传达命令说："我已经知道将军善用兵了，我要没了这两个侍妾，吃起东西来也不香甜，希望你不要杀她们吧。"孙子回答说："我已经接受命令为将，将在军队里，国君的命令有的可以不接受。"于是杀了两个队长示众。然后按顺序任用两队第二人为队长，于是再击鼓发令，妇人们不论是向左向右、向前向后、跪倒、站起都符合号令、纪律的要求，再没有人敢出声。于是孙子派使臣向吴王报告说："队伍已经操练整齐，大王可以下台来验察她们的演习，任凭大王怎样使用她们，即使叫她们赴汤蹈火也办得到啊。"吴王回答说："让将军停止演练，回宾馆休息。我不愿下去察看了。"孙子感叹地说："大王只是欣赏我的军事理论，却不能让我付诸实践。"从此，吴王阖闾知道孙子果真善于用兵，终于任命他做了将军。后来吴国向西打败了强大的楚国，攻克郢都，向北威震齐国和晋国，在诸侯各国名声赫赫，其间，孙子不仅参与，而且出了很大的力。

【评点】

孙武是我国古代杰出的军事学家，所著《孙子兵法》一书，是我国乃至世界上现存的最早的兵书，历来被视为"兵经"，为古今中外军事家所尊崇。

孙武生活的时代，正是我国历史上封建制代替奴隶制的社会大变革时期。统治者为了在战争中赢得最后的胜利，都高度重视对战争经验的总结，急切需要军事学家为自己提供从事战争实践的理论指导。就是在这样的背景下，孙武应运而生，崭露头角。

一、吴宫教练，绝非儿戏

孙子，名武，字长卿，生卒年不详，春秋末期齐国乐安（今惠民县）人，祖父田书为齐大夫，攻伐莒国有功，齐景公赐姓孙，封采地于乐安。公元前532年的齐国内乱后，孙武毅然到了南方的吴国，潜心钻研兵法，著成兵法十三篇。

公元前512年，经吴国谋臣伍子胥七次推荐，孙武带上他的兵法晋见吴王。

吴王将孙武的兵法一篇一篇看罢，啧啧称好，但忽然产生一个念头，兵法头头是道，是否真适合于战争的实用呢？孙武能写兵法，又怎样才能证明他不是一位纸上谈兵的人呢？

吴王便对孙武说："你的兵法十三篇，我已经逐篇拜读，实是耳目一新，受益不浅，但不知实行起来如何，可否用它小规模地演练一下，让我们见识见识？"

孙武回答说："可以。"

吴王又问道："先生打算用什么样的人去演练？"

孙武答："随君王您的意愿，用什么样的人都可以。不管是高贵的还是低贱的，也不论是男的还是女的，都可以。"

吴王想给孙武出个难题，便要求用宫女来演练。

于是，吴王下令将宫中美女一百八十名召到宫后的练兵场，交给孙武去演练。孙武把一百八十名宫女分为左右两队，指定吴王最为宠爱的两位美姬为左右队长，让她们带领宫女进行操练，同时指派自己的驾车人和陪乘担任军吏，负责执行军法。

分派已定，孙武站在指挥台上，认真宣讲操练要领。然后命令她们说："你们知道自己的心、左右手和背吗？"妇人们回答说："知道。"孙子说："我说向前，你们就看心口所对的方向；我说向左，你们就看左手所对的方向；我说向右，你们就看右手所对的方向；我说向后，你们就看背所对的方向。"妇人们答道："是。"号令宣布完毕，于是摆好斧钺等刑具，旋即又把已经宣布的号令多次重复地交代清楚。就击鼓发令，叫她们向右看，宫女们口中应答，内心却感到新奇、好玩，她们不听号令，都哈哈大笑，队形大乱。孙子说："纪律还不清楚，号令不熟悉，这是将领的过错。"又多次重复地交代清楚，然后击鼓发令让她们向左看，妇人们还是哈哈大笑。孙子说："纪律弄不清楚，号令不熟悉，这是将领的过错；现在既然讲得清清楚楚，却不遵照号令行事，这就是军官和士兵的过错了。"于是就要杀左、右两队的队长。

吴王正在台上观看，见孙子要杀自己的爱妾，大吃一惊。急忙派使臣传达命令说："我已经知道将军善于用兵了。我要没了这两个侍妾，吃起东西来也不香甜，希望你不要杀她们。”

孙子回答说：“我已经接受命令为将，将在军队里，国君的命令可以不接受。”于是杀了两个队长示众。

然后按顺序任用两队第二人为队长，于是再击鼓发令。妇人们不论是向左向右、向前向后、跪倒、站起都符合号令、纪律的要求，再没有人敢出声。

于是孙子派使臣向吴王报告说：“队伍已经操练整齐，大王可以下台来验察她们的演习，任凭大王怎么使用她们，即使叫她们赴汤蹈火也办得到啊。”

吴王回答说：“让将军停止演练，回宾馆休息，我不愿下去察看了。”

孙子感叹地说：“大王只是欣赏我的军事理论，却不能让我付诸实践。”从此吴王阖闾知道孙子果然善于用兵，最终封他做了将军。

二、兵家鼻祖，名不虚传

孙武宫中教练后，吴王被孙武横溢的军事才华所折服，任命他为将军。从此，孙武与伍子胥一起辅佐吴王，理国治军，使吴国迅速崛起。

据史实记载，孙武为将之后，为吴国的兼并战争立下了卓越的战功。

公元前 506 年，吴楚大战开始，孙武指挥吴国军队以三万之师，千里远袭，深入大国，五战五捷，直捣楚都，创造了我国军事史上以少胜多的奇迹，攻占楚国首都郢，为吴国立下了卓著战功。

公元前 484 年，吴军在齐国艾陵重创齐军，公元前 482 年黄池会盟，吴国取代了晋国的霸主地位，这就是《史记》所说的“北威齐晋”。孙武也有不可磨灭的战功，孙武之所以能够取得显赫的战功，是因为他有系统的军事理论作为指导，经过战争实践，更加印证了他的军事理论的正确性。由此可以看出，孙武不仅是军事理论家，而且也是富有军事组织才能的军事活动家，他对夫差建立霸业有不可抹杀的巨大贡献。

孙武的一生，除了其赫赫战功以外，更主要的是他给后人留下弥足珍贵的《孙子兵法》，这短短的十三篇五千字，体现了孙武完整的军事思想体系，确立了他在春秋末期思想界中与孔子、老子的并列地位，被并称为春秋末期思想界上空的三颗明亮的星体。

孙武的军事理论深深影响了后世，被古今中外的军事家一致尊崇为“兵家之祖”。

战国时代的吴起、孙膑、尉缭等众多的军事家推崇孙武的军事艺术，赞它是“首屈一指”。

三国时著名的政治家、军事家曹操盛赞《孙子兵法》，他亲自整理前人对《孙子兵法》的研究，做成简明的“略解”，为后人学习运用《孙子兵法》提供了方便。

领导中国革命取得胜利的毛泽东曾高度评价说：“孙子的规律，知彼知己，百战不殆，仍是科学的真理。”

英国著名战略家利德尔·哈特在《孙子兵法》英译本序言中说：“两千五百多年前中国这位古代兵法家的思想，对于研究核时代的战争是很有帮助的。”

第二节　一代兵师孙膑

【原文】

孙武既死，后百余岁有孙膑。膑生阿鄄之间，膑亦孙武之后世子孙也。孙膑尝与庞涓俱学兵法。庞涓既事魏，得为惠王将军，而自以为能不及孙膑，乃阴使召孙膑。膑至，庞涓恐其贤于己，疾之，则以法刑断其两足而黥之，欲隐勿见。

齐使者如梁，孙膑以刑徒阴见，说齐使。齐使以为奇，窃载与之齐。齐将田忌善而客待之。忌数与齐诸公子驰逐重射。孙子见其马足不甚相远，马有上、中、下辈。于是孙子谓田忌曰：“君弟重射，臣能令君胜。”田忌信然之，与王及诸公子逐射千金。及临质，孙子曰：“今以君之下驷与彼上驷，取君上驷与彼中驷，取君中驷与彼下驷。”既驰三辈毕，而田忌一不胜而再胜，卒得王千金。于是忌进孙子于威王。威王问兵法，遂以为师。

【译文】

孙子死后，隔了一百多年又出了一个孙膑。孙膑出生在阿城和鄄城一带，也是孙武的后代子孙。他曾经和庞涓一道学习兵法。庞涓奉事魏国以后，当上了魏惠王的将军，却知道自己的才能比不上孙膑，就秘密地把孙膑找来。孙膑到来，庞涓害怕他比自己贤能，忌恨他，就假借罪名砍掉他两只脚，并且在他脸上刺了字，想让他隐藏起来不敢抛头露面。

齐国的使臣来到大梁，孙膑以犯人的身份秘密地会见了齐使，进行游说。齐国的使臣认为他是个难得的人才，就偷偷地用车把他载回齐国。齐国将军田忌不仅赏识他，而且还像对待客人一样对待他。田忌经常跟齐国贵族子弟赛马，下很大的赌注。孙膑发现他们的马脚力都差不多，可分为上、中、下三等。于是孙膑对田忌说："你尽管下大赌注，我能让你取胜。"田忌信以为然，与齐王和贵族子弟们比赛下了千金的赌注。到临场比赛，孙膑对田忌说："现在用您的下等马对付他们的上等马，拿您的上等马对付他们的中等马，让您的中等马对付他们的下等马。"三次比赛完了，田忌败了一次，胜了两次，终于赢得了齐王千金赌注。于是田忌就把孙子推荐给齐威王。威王向他请教兵法后，就把他当作老师。

【评点】

战国时有一位忍辱负重，奋斗不息的杰出军事家，他一生坎坷不平，甚至连真实姓名都没留下，只因其曾遭陷害受过砍掉两块膝盖骨的"膑刑"，故史书上称他为孙膑。

一、命运多舛，智脱虎口

孙膑，中国军事家，战国中期齐国人，是吴国军事家孙武的后代。

他少时孤苦，年长后曾拜一个叫"鬼谷子"的人为师，跟他学习兵法。同时向鬼谷子学习兵法的还有一个人叫庞涓。孙膑博闻强记，不仅掌握了老师传授的知识，而且还能相机变化，灵活应用。后来，鬼谷子见孙膑是一个不可多得的人才，便将收藏的兵书都传授了他。

孙膑不但得到了老师的赞赏，也得到了同学的情谊。庞涓常受孙膑的帮助，两人共同学习，共同上进，如同亲兄弟一样。

庞涓对孙膑给予自己的帮助非常感激。两人分手时，庞涓说："我会记住我们之间的情谊，以后我要是当官了，一定会想着你。"

后来庞涓到了魏国，受到魏王的赏识，很快便做了魏国的将军。庞涓做了将军后，想起当年拜师学习兵法的事情，总觉得孙膑在学识、才干上胜自己一筹，是自己的一个潜在对手和最大威胁。如果一旦两人各为其主，兵戎相见，自己肯定输多胜少。每想到老师将所藏兵书全都传给了孙膑，庞涓心中更是感到阵阵不安。于是，他心生一计，派人去把孙膑请到了魏国。

孙膑见到庞涓十分高兴。庞涓又将孙膑引见给魏王，大称孙膑的才干。魏王也准备重用孙膑。但是不久，庞涓便与手下人设下圈套，说孙膑私通外国使臣。魏王闻听大怒，以"谋反"之名将孙膑交给庞涓治罪。

庞涓假装安慰孙膑，说自己要到魏王那儿去为他求情。回来后，庞涓却谎言欺骗孙膑说："魏王执意要处死你，只因为我以死担保，魏王才免去了你的死罪，但活罪不能赦免。”说完之后，庞涓一阵痛哭。孙膑对庞涓设计陷害自己一无所知，反而十分感谢他的“帮忙”和“美意”。于是，庞涓叫人剔去孙膑两腿膝盖骨，并在脸上刺了“里通外国”四个字。

孙膑伤好后住在庞涓家里，一日三餐，从不耽误，他觉得非常过意不去。庞涓就让孙膑把鬼谷子传授的兵书写下来。孙膑根本没有多想，每天在竹简上写书，不顾辛苦，废寝忘食。每天写完，由一个小童子拿去交给庞涓，再把新简拿回给孙膑。

看见孙膑无辜受难，童子非常同情他，于是有一天就问道：“先生为什么这样不分昼夜地写书呢？”

孙膑说：“早一天写出来，庞军师就可以早一天学成呀！”

童子说：“早一天写出来，先生的性命也就早一天没有了。”听童子这么一说，孙膑方才如梦初醒。

从此，孙膑写书的进度慢了下来，他知道庞涓在陷害他，他恨得咬牙切齿，可老这样也不行，总得想个脱身之法才是。不久，孙膑疯了，他一会儿哭，一会儿笑，叫闹个不停。送饭的人拿来吃的，他竟连碗带饭扔出好远。庞涓听说了这些，并不相信孙膑会疯，便叫人把他扔到猪圈去，又偷偷派人观察。孙膑披头散发地倒在猪圈里，弄得满身是猪粪，甚至把粪塞到嘴里大嚼起来。庞涓认为孙膑是真疯了，从此看管逐渐松懈下来。

孙膑装疯产生了作用，他暗中加紧了寻找逃离虎口的机会。

一天，他听说齐国有个使臣来到大梁，便找了个间隙，偷偷前去拜访。齐国的使臣听了孙膑的叙述，从谈吐中认定他是一个很了不起的人才，十分钦佩，遂答应帮他逃走。这样，孙膑便藏身于齐国使臣的车子里，秘密地回到了齐国。

二、足智多谋，留名青史

孙膑回到齐国后，很快见到齐国的大将田忌。田忌十分赏识孙膑的才干，便将他留在府中，以接待上宾的礼节殷勤加以款待，使得孙膑有了用武之地。

孙膑之所以流芳千古，不仅仅是他著有《孙膑兵法》，更重要的是他有三个代表作，至今流传不衰。

田忌赛马，初露锋芒

田忌喜欢赛马，但却时常输掉。有一次，他又与齐威王赛马，马分上、中、下三等，对等竞赛，三场全输，田忌好不丧气。

这时恰巧孙膑在场，便给田忌出主意说：“待到下一轮比赛时，你用上马对威王的中马，用中马对威王的下马，用下马对威王的上马，必赢无疑。”

田忌依计行事，造成两个局部的优势和一个局部的劣势，以一负二胜赢得齐王千金。

一向取胜的齐威王这次输了，大感惊讶，忙问田忌是何原因。田忌把孙膑找来，借机推荐给齐威王，孙膑成为齐王的座上宾。

今天来看，这样的计策似乎已平淡无奇。但琢磨一下，里面却暗含着很多玄机。比如，分析敌我情势，不蛮干；通盘考虑，舍得失败一次。在蒙昧初开的年代，大家都还在比蛮力。两军对垒，就看谁的人多，谁的兵器锐利。而孙膑却将智慧提升到了一个高度，他的计谋属于创造性的。

围魏救赵，显露才华

公元前354年，魏将军庞涓发兵八万，以突袭的办法将赵国的都城邯郸包围。赵国抵挡不住，便派使者向齐国求救。

齐威王欲派孙膑为大将，率兵援赵。孙膑辞谢说：“我是受过刑的残疾人，带兵为将多有不便，还是请田大夫为将，我从旁出出主意吧！”

齐威王于是任命田忌为大将，任命孙膑做军师，让他在有帷幕的车上坐着出谋策划。田忌想要带领军队到赵国去解围，孙膑说：“解乱丝不能整团地抓住了去硬拉，劝解打架的人不能在双方相持很紧的地方去搏击，只要击中要害，冲击对方空虚之处，形势就会禁止相斗，危急的局面也就因此自行解除了。现在魏国和赵国打仗，魏国轻装精锐的士兵必定全部集中在国外，老弱疲敝的士兵留在国内。您不如率领部队迅速奔赴魏国都城大梁，占领它的要道，攻击它正当空虚之处，他们一定会放弃围赵而回兵解救自己。这样我们一举既可解除赵国被围的局面，又可收到使魏国疲惫的效果。”

田忌听从了孙膑这一建议，率领齐军杀往大梁。

魏军好不容易将邯郸攻陷，却传来齐军压境，魏都城大梁告急的消息。庞涓顾不得休整部队，除留少数兵力防守邯郸外，忙率大军驰援大梁。没料到，行至桂陵陷入齐军包围。魏军长期劳顿奔波，士卒疲惫不堪，哪还顶得住以逸待劳的齐军？结果被打得落花流水，大败而逃，连主将庞涓也被活捉。到头来，魏国只好同齐国议和，乖乖地归还了邯郸。这就是历史上有名的“围魏救赵”之战。其实，也是孙膑对庞涓的重重一击。但孙膑并没有杀庞涓，只是训导他一番，又将他放了。

孙膑减灶，智斗庞涓

桂陵之战十多年后，即公元前342年，魏国和赵国联合攻击韩国。韩国也向齐国求救。齐王咨询臣子们是否施援。

孙膑说，必须援助，韩国离我们齐国很近，如果韩国被灭，敌人也就来到我们家门口了。而这时候，庞涓正一直憋着跟孙膑正面打一仗。

田忌、孙膑再次带兵攻击大梁，庞涓则在后面拼命追赶。孙膑说，魏军向来强悍，瞧不起齐国，我们就利用一下敌人的弱点。于是，令大军在路途中埋锅造饭。第一天盘了十万个炉灶；第二天换个地方，盘了五万个炉灶；第三天到了下一站，盘了三万个炉灶。

庞涓一看，齐国兵丁在日益减少，肯定是病死的病死、逃亡的逃亡了。于是，令部下扔掉辎重，轻装上阵赶紧追赶。而此时，孙膑以逸待劳，已经在马陵一带布下了天罗地网。

天黑时分，庞涓赶到，见一棵大树上隐隐有几个字，忙点起火来观看。这一点火，便暴露了目标，隐藏在高处的齐国大军乱箭齐发。庞涓身受重伤，这时他也看清了那几个字："庞涓死于此树之下。"走投无路，庞涓举刀自刎，孙膑终于洗刷了自己当年所受的耻辱。

自此以后，孙膑的名气传遍了各诸侯国。他写的《孙膑兵法》大概在东汉末年失传。1972年，在山东临沂雀山西汉墓中发现的《孙膑兵法》，有一万一千余字。

卷十四 《史记·商君列传》

第一节 法家巨子，学成出国

【原文】

商君者，卫之诸庶孽公子也，名鞅，姓公孙氏，其祖本姬姓也。鞅少好刑名之学，事魏相公叔痤为中庶子。公叔痤知其贤，未及进。会痤病，魏惠王亲往问病，曰："公叔病有如不可讳，将奈社稷何？"公叔曰："痤之中庶子公孙鞅，年虽少，有奇才，愿王举国而听之。"王嘿然。王且去，痤屏人言曰："王即不听用鞅，必杀之，无令出境。"王许诺而去。公叔痤召鞅谢曰："今者王问可以为相者，我言若，王色不许我。我方先君后臣，因谓王即弗用鞅，当杀之。王许我。汝可疾去矣，且见禽。"鞅曰："彼王不能用君之言任臣，又安能用君之言杀臣乎？"卒不去。惠王既去，而谓左右曰："公叔病甚，悲乎，欲令寡人以国听公孙鞅也，岂不悖哉！"

公叔既死，公孙鞅闻秦孝公下令国中求贤者，将修缪公之业，东复侵地，乃遂西入秦，因孝公宠臣景监以求见孝公。孝公既见卫鞅，语事良久，孝公时时睡，弗听。罢而孝公怒景监曰："子之客妄人耳，安足用邪！"景监以让卫鞅。卫鞅曰："吾说公以帝道，其志不开悟矣。"后五日，复求见鞅。鞅复见孝公，益愈，然而未中旨。罢而孝公复让景监，景监亦让鞅。鞅曰："吾说公以王道而未入也。请复见鞅。"鞅复见孝公，孝公善之而未用也。罢而去。孝公谓景监曰："汝客善，可与语矣。"鞅曰："吾说公以霸道，其意欲用之矣。诚复见我，我知之矣。"卫鞅复见孝公。公与语，不自知膝之前于席也。语数日不厌。景监曰："子何以中吾君？吾君之欢甚也。"鞅曰："吾说君以帝王之道比三代，而君曰：'久远，吾不能待。且贤君者，各及其身显名天下，安能邑邑待数十百年以成帝王乎？'故吾以强国之术说君，君大说之耳。然亦难以比德于殷周矣。”

【译文】

商君是卫国宫室的庶出公子，名鞅，姓公孙，他的祖先原本姓姬。商鞅年少时喜好刑名之学，侍奉魏国相国公叔痤当中庶子。公叔痤知道他有才干，还没有来得及向魏王进荐。适遇公叔痤病重，魏惠王亲自前往探望病情，说："您的病倘若有三长两短，国家将怎么办？"公叔痤说："我的中庶子公孙鞅，年纪虽轻，却身怀奇才，希望大王把全部国政交付给他。"魏王沉默不语。魏王将要离去，公叔痤屏退旁人而说道："大王如果不起用公孙鞅，就一定要杀掉他，别让他出国境。"魏王一口应承而离去。公叔痤召见商鞅告诉道："今日大王询问可以担任相国的人选，我说了你，看大王的表情不赞成我的意见。我理应先国君后臣子，便对大王说如果不任用公孙鞅，就该杀掉他。大王应承了我。你可以赶紧离开了，（不然，）将要被逮捕。"商鞅说："大王他既然不采纳您的话任用我，又怎么能采纳您的话杀我呢？"结果没有离去。魏惠王离开公叔痤后，便对身边的人说："公叔痤病得很重，令人悲伤啊！他想让我把国政交付给公孙鞅，岂不荒唐呀！"

公叔痤已死，公孙鞅听说秦孝公在国中下令寻求贤才，准备重建秦缪公的霸业，东方要收复被魏国侵占的土地，于是就西行进入秦国，通过秦孝公的宠臣景监来求见孝公。秦孝公立即会见卫鞅，交谈政事很长时间，孝公常常打瞌睡，没有听。谈完后孝公对景监发脾气说："你的那位来客只不过是个无知狂妄之徒罢了，哪配任用呢！"景监因此责备卫鞅。卫鞅说："我用五帝之道劝说孝公，他的心思不加理会呀。"五日之后，卫鞅又要求孝公接见自己。卫鞅又进见孝公，谈得比前次更多，然而没有中孝公的意。谈完后孝公又责备景监，景监也责备卫鞅。卫鞅说："我用三王之道劝说孝公，而他听不进。请求再一次召见我。"卫鞅再一次进见秦孝公，孝公觉得好而没有采用。谈完后卫鞅离开。孝公对景监说："你的那位来客好，可以同他交谈了。"卫鞅说："我用霸道劝说孝公，他的意思要采用了。如果再召见我，我知道该说什么了。"卫鞅果然又进见秦孝公。孝公与他交谈，不知不觉膝盖在席上直往前挪动，交谈了好几天还不满足。景监对卫鞅说："你用什么说中我国君的心意？我的国君高兴得很啊。"卫鞅说："我用帝王之道达到夏、商、周三代盛世来劝说国君，可国君说：'时间太长，我没法等待。况且贤能的君主，都在自身就扬名天下，哪里能默默无闻地等待几十年、几百年来成就帝王之业呢？'因此我就用强国之术向国君陈述，国君大为高兴。但这样就难以同殷、周的德治相比拟了。"

【评点】

我们常听人说某某学成回国了，或者是某某出国学成了。但是很少听人说某某学成出国了。就算真有这样的人，这种说法也不普遍。不信，你可以上网去搜搜，看看哪个词汇的使用频率更高。细想其中的原因，八成是国外的教育比国内好，所以还没到国外，便不能说学成。这么说，商鞅竟成了一个另类?

我们从各种历史教科书上也可以看到，商鞅被说成是“改革者的先驱”“代表进步力量的人物”，可是这样一个杰出的人物最后却被五马分尸，这一爆炸性事件简直和他的变法一样出名。

有人说他作法自毙。读过《史记·商君列传》的人都知道，司马迁对商鞅的悲惨结局并不表示同情，反而抛出一句:“卒受恶名于秦，有以也夫！”意思是商鞅有今天，都是活该啊！圣贤如太史公者，为何出此落井下石之言?

一、学成出山，魏国受挫

商鞅，卫国人，商鞅本名公孙鞅，也叫卫鞅，后来在秦国被封为商君，因而又叫商鞅。

如果把战国的开始定在公元前403年，那么，出生于约公元前390年的商鞅正好赶上了战国初期那一段兵荒马乱的年月。他虽然是一个小地方的人，但好歹父亲是卫国国君，母亲是一个没有什么正牌地位的姬妾，这样的出身，虽然是庶出，也算是一个公子哥了。

据说，商鞅从小喜欢刑名法术，便有专攻法家兼兵家的鬼谷子做他的老师。这位老师可是金字招牌，教学质量绝对过硬。他的学生当中，还有孙膑、苏秦、张仪等，都是鼎鼎有名的人物。这些人一出山，便能引领朝局变化，主导历史风云。

早年的学术积淀使商鞅满怀治国平天下的壮志豪情，学成之后，他即开始寻找“栖身之佳木”。战国初年，魏文侯任用李悝变法，一跃成为中原霸主，于是商鞅首先来到魏国，商鞅虽年少且身份卑微，但仍显示出遮掩不住的熠熠才华。

商鞅作为一个小地方出来的人，到了魏国那样一个人才济济的地方，并不能一下子给识别出来。是金子还是沙子，都还在闺中待沽。

当时，魏国的宰相公叔痤还算有眼力，识出了商鞅有奇才，就推荐他当了相府的中庶子，每有大事，必定与他一起谋划、商量。商鞅的计策没有不成功的，公叔痤非常爱惜这个人才，想把他推荐到更高的职位。

后来公叔痤得了重病，魏惠王亲自前往看望公叔痤，见公叔痤病情严重，奄奄一息，就垂着泪问："先生，您如今有病，万一有个三长两短，寡人将把国家托付给何人？"公叔痤说："臣下家中的中庶子公孙鞅，虽然年轻，但才华超群，希望你把国家交给他治理。"惠王不吱声。公叔痤又说："您如果不用公孙鞅，一定要把他杀掉，不要让他离开国境，以免被其他国家用了，成为魏国的敌人。"惠王含糊地点头答应，就离开公叔痤家。

惠王离开后，公叔痤召商鞅到床头，先向他道歉，然后对他说："我刚才对于国君是这样说的。想让国君任用你，国君不同意。我又说，如不用就杀了你。国君说行。我一向是先君后臣，所以先对国君说，然后再告诉你。你必须赶快走，否则将大祸临头！"商鞅说："国君既然不能用相国之言用臣，又怎么能用相国之言而杀臣呢？"商鞅并没有离开魏国。

离开公叔痤家，惠王叹了一口气，说："公叔痤真是病得不轻，让我把国家托付给公孙鞅，又说'不用就杀了他！'公孙鞅有什么本事？这岂不是糊涂话吗？"

不久公叔痤病逝，惠王果不用商鞅，也没有难为商鞅。

想到公叔痤对自己的信任和器重，此时的商鞅顿觉失去了依靠，满腹的才华和一腔的抱负无处施展，就这样，商鞅等得花儿都谢了，也没等到魏惠王的任用。于是，他便开始伺机跳槽。正好秦孝公贴出的一张招聘启事——求贤令，一下子吸引了他的眼球。

二、四见孝公，终被接受

秦王的求贤令诱惑性极大，挑战性也不小，正合商鞅的胃口。他便弃魏国而投秦国了。

商鞅到了秦国之后，打听到侍臣景监很得秦孝公的恩宠，于是就投到景监的门下，想通过景监拜见秦孝公。经过一段时间观察，景监发现商鞅谈吐不凡，就答应向孝公引见。

其实，商鞅也不是特别聪明的腕儿，他又是第一次面试，没有多少经验，便以为秦孝公喜欢听大话，便从三皇五帝讲起，劝说秦孝公。结果秦孝公听着听着就睡着了，这场面试基本上算砸了。

事后，秦孝公怒斥景监："你推荐的什么朋友，就知道夸夸其谈。"

景监将秦孝公的话转述给商鞅，并责备商鞅，商鞅反而高兴了："原来秦公的志向不在帝道。"

第二次见面，他又从王道仁义讲起，秦孝公的兴致比前一次好点了，但还是觉得不着边际，哈欠连天。商鞅明白了:“秦公志不在王道。”要求景监第三次引见，并保证这次一定能说服秦孝公。

于是，第三次见面，商鞅劈头就问:“当今天下四分五裂，您难道不想开疆拓土，成就霸业吗？”

秦孝公立刻精神了，他要的就是霸道！听着听着，他不由自主地向商鞅靠拢。最后，秦孝公不再矜持，激动地握住商鞅的手:“请先生教我。”

商鞅一道选择题选了三次，这一次总算选对了。他向孝公介绍了春秋五霸的治国方法，孝公听了都觉得很受用。不知不觉，两人越说越投机，竟到了彻夜长谈的地步，简直把时间老公公都丢在一边了。

第二天，秦孝公第四次召见了商鞅，请商鞅谈他强国之术的霸道。从上次的谈话，商鞅已经知道孝公对他的霸道感兴趣，这次他把他的治国之术和盘托出，从春秋时代的新政变法讲起，逐一介绍了郑国子产的新政、齐国管仲的经济统制、越国文种聚集国力的新政、鲁国宣公的初税亩新政、晋国的赐田减税、秦国简公的初租禾等主要变法改革；又讲述了战国以来魏国的李悝变法，楚国的吴起变法，与正在发生的齐国变法和韩国变法；对变法的内容、特点、嬗变及其结局，都做了鞭辟入里的解说。孝公与商鞅席地而坐，娓娓而谈，越谈越投机，越说兴致越高，不知不觉中孝公的两膝已经前移离开了座席。两人均有相见恨晚之感，居然一连谈了三天三夜而毫无倦意，此后，商鞅就留在了孝公身边。

商鞅见孝公曲曲折折，问题何在?

商鞅向景监解释道:“夏、商、周三代君主所行，是帝道、王道，由此而天下太平。我请孝公依此行事。他说:‘这种方法见效缓慢，需要几十、上百年。我等不及。’于是我改讲‘强国之术’，他非常喜欢。但是，这样做事，道德上自然要逊于三代了。”

第二节　不畏权贵，变法革新

【原文】

孝公既用卫鞅，鞅欲变法，恐天下议己。卫鞅曰:“疑行无名，疑事无功。且夫有高人之行者，固见非于世；有独知之虑者，必见敖于民。愚者暗于成事，知者见于未萌。民不可与虑始，而可与乐成。论至德者不和于俗，成大功者不谋于众。

是以圣人苟可以强国，不法其故；苟可以利民，不循其礼。”孝公曰：“善。”甘龙曰：“不然。圣人不易民而教，知者不变法而治。因民而教，不劳而成功；缘法而治者，吏习而民安之。”卫鞅曰：“龙之所言，世俗之言也。常人安于故俗，学者溺于所闻。以此两者居官守法可也，非所与论于法之外也。三代不同礼而王，五伯不同法而霸。智者作法，愚者制焉；贤者更礼，不肖者拘焉。”杜挚曰：“利不百，不变法；功不十，不易器。法古无过，循礼无邪。”卫鞅曰：“治世不一道，便国不法古。故汤武不循古而王，夏殷不易礼而亡。反古者不可非，而循礼者不足多。”孝公曰：“善。”以卫鞅为左庶长，卒定变法之令。

令民为什伍，而相牧司连坐。不告奸者腰斩，告奸者与斩敌首同赏，匿奸者与降敌同罚。民有二男以上不分异者，倍其赋。有军功者，各以率受上爵；为私斗者，各以轻重被刑大小。僇力本业，耕织致粟帛多者复其身。事末利及怠而贫者，举以为收孥。宗室非有军功论，不得为属籍。明尊卑爵秩等级，各以差次名田宅，臣妾衣服以家次。有功者显荣，无功者虽富无所芬华。

【译文】

秦孝公立即任用卫鞅，卫鞅准备变法，但秦孝公担心天下非议自己。卫鞅说：“行动迟疑不决就不会成名，做事犹豫不定就不会成功。那些有过人举动的人，本来就会被世俗所非难；有独到见识的谋划者，必定会被百姓所讥讽。愚蠢的人对已经完成的事情都感到困惑，智慧的人对没有发生的事情都能预见。百姓，不可以同他们谋划事业的创始，只可以同他们欢庆事业的成功。讲论最高道德的人不附和世俗，成就伟大功绩的人不征询民众。因此圣人如果可以强国，就不袭用成法；如果可以利民，就不遵循旧礼。”秦孝公说：“好。”甘龙说：“不对。圣人不改民俗而施教，智者不变法度而治国。依照民俗而施教，不费气力就会成功；根据成法而治国，官吏习惯而百姓平安。”卫鞅说：“甘龙所说的话，是凡夫俗子的言论。常人苟安于旧习俗，学者局限于所见所闻。用这两种人当官守法是可以的，但不是与之探讨成法之外事情的人，三代不同礼教而成就王业，五伯不同法制而建立霸业。智慧的人制定法律，愚蠢的人受制于法律；贤能的人更改礼教，无能的人拘泥旧礼。”杜挚说：“没有百倍的利益，不能改变法度；没有十倍的功效，不更换器具。效法古代没有过失，遵循旧礼没有邪恶。”卫鞅说：“治理社会不止一条道路，有利国家不必效法古代。所以商汤、周武不循古道而缔造王业，夏桀、商纣不改礼制而亡国。违反古道的不可以否定，而因循旧礼的不值得赞美。”秦孝公说：“好。”用卫鞅为左庶长，终于决定变法的命令。

下令百姓五家为伍，十家为什，相互监视，实行连坐。不告发奸恶者处以腰斩，告发奸恶者给予和斩获敌人首级相同的赏赐，藏匿奸恶者给予和投降敌人相同的惩罚。百姓家中有两个成年男子不分立门户者，加倍征收他们的口赋。有战功者，各按规定接受更高的爵位；进行私下斗殴者，各按情节轻重给予大小刑罚。努力从事农业生产，耕耘纺织送交粮食布帛多者，免除本人徭役。专事工商末利以及因懒惰而贫困者，全部将他们收捕，没入官府为奴。国君宗室中没有军功记录的，不得载入宗室名册。明确尊贵卑贱爵位俸禄等级，各按等级班次占有田地住宅，奴婢、衣着服饰也按各家的等级班次享用。有战功者显赫尊荣，没有战功者尽管富有也无处炫耀夸示。

【评点】

为了实现自己的政治理想，商鞅执着地践行变法措施，堪称我国古代历史上首位获得巨大成功的改革家和一位为改革而献出热血与生命的斗士。与同为卫人的改革家吴起相比，商鞅幸运地遇到了坚决支持他变法的秦孝公。

一、舌战群臣，力主变法

商鞅得到秦孝公的赏识，开始受到重用。

商鞅于是向秦孝公建议，在秦国实行变法。秦国贵族认为侵犯了他们的利益，坚决反对变法，弄得秦孝公犹豫不决。

一次，秦孝公召集大臣讨论变法时，商鞅说：“有独到见解，做法高明的人，总会受到世俗常人的讥笑和反对。愚笨的人在事情发生后还不知为什么，而聪明的人却能做出正确的预见。一般人不能和他去商量革新和创造，只能让他们坐享其成。做大事业的人，用不着跟一般人商量。只要能使国富民强，就不必按旧制度去办，也没有必要遵守老规矩。”秦孝公认为商鞅讲得有道理。

可是，贵族甘龙却认为商鞅讲得不对，他说：“圣贤之人是不用改变民众的习俗来推行教化的，明智的人是不改变原来的制度来治理国家的。依据旧制度治理国家，官吏熟悉，百姓安定。不按老规矩办事，天下的人就会议论纷纷。”他要秦孝公仔细考虑，不可轻举妄动。

商鞅立即反驳说：“一般的人安于现状，书呆子只会墨守成规。让这两种人做官，只能是照章办事，无所作为。三代不同礼，都成了王业；五霸不同法，也都成了霸业。聪明人立法，愚笨的人只能受法的管制；贤明人根据情况变更礼俗，不贤之人只能受礼俗的约束。”商鞅要秦孝公坚定变法的信心。

另一贵族杜挚也反对变法，他说：“没有百倍的好处，不必变法；没有十倍的功效，不用更换旧的东西。遵守旧法没有错，依照旧礼不会出偏差。”希望秦孝公维持现状，不必变法。

商鞅毫不妥协地说：“古代的制度多了，应该效法哪一种呢？时代不同了，治理国家不能只按一种办法行事。……违反古代制度的，不一定受到非议，因循旧制的也不值得赞扬。”

孝公听了商鞅滔滔不绝的雄辩，大加赞扬，并深有省悟地说：“鄙野小巷的人少见多怪，孤陋寡闻的夫子才喜欢无谓的争论。愚人高兴的，正是明智人感到可怜的；狂妄人称快的，正是贤能人所担心的。拘泥于世俗的那一套议论，我不再想听了。”于是，秦孝公支持商鞅的变法了。

通过这场舌战，以杜挚、甘龙为代表的守旧派失败了，坚定了秦孝公变法的决心。于是他任命商鞅为左庶长，变法的命令终于下达了。

二、立木为信，公布新法

商鞅在上任以后，没有马上颁行新的法律，他分析了一下秦国的形势，觉得有些事还没有办妥。

比方说，大家一开始接触到新事物的时候，总是对它怀有些许的质疑。新的法制也是如此。如果要保证变法的质量，那还不如先磨下刀，不但不误那砍柴工，反而有所助益，何乐而不为呢？更何况，民众当中，已经有明显的非暴力不合作者，这种情况下，还是先收买人心要紧啊。

于是，商鞅想出了一个妙计。其实，这招吴起早就用过，但是不如商鞅做得有名气，那就是立木为信。他们同样把一根木头竖在城南，吴起是说，谁要把这根木头推倒了，就封谁做官。

商鞅在此基础上做了一点小小的修改，他说，谁要是能把这根木头搬到城北去，就赏金十两。这个活动一公开，凑热闹的人很多，但是去搬那木头的没有一个。这就奇怪了，有谁跟钱过不去？只是他们不相信那是真的，害怕一搬便要被人耻笑。

见势头不好，商鞅继续发挥金钱的诱惑力，将赏金提到了五十两。所谓“重赏之下必有勇夫”。这回这个勇夫还真是特别，因为他勇于承担的是傻帽的头衔。只见那人愣是不顾众人的目光，抱着根木头走到了北门。这事闹得沸沸扬扬，正中商鞅下怀。这无异于炒作，而一切都是为实行新法服务的。可想而知，那领到五十两赏金的人，将成为他们的义务宣传员。这一招实在是高！花了那么一点广告费，便取得了巨大的收益，商家们可得向他学一学啊。

商鞅也随着这桩事出名了。在秦国人的心目中，他就是一个言必信，行必果的人。虽然长得不怎么讨喜，但总算能使人信服。

这下好了，商鞅在宣传成功之后，趁势推出了自己的作品，颁布了新法：

（一）编定户籍，实行“连坐”。规定五家为“伍”，十家为“什”，国家直接掌握全国的户口数，而且便于互相监督。一家犯法，其他家必须告发，不然就要一同受罚；告发人和杀敌者一样受奖，赐爵一级。

（二）奖励军功，禁止私斗。新法规定：凡有军功者，均可得到赐爵、赐地、赐官等奖赏。与奖励军功相联系，对秦的爵制加以整顿，规定了爵位的二十个等级。

（三）鼓励耕织，发展封建经济。新法规定，凡是一家有两个以上的成年男子就必须分家，否则就要加倍纳税。凡多打粮食和多织布的人，可以免除劳役和赋税；凡因经商及懒惰而贫困的，其全家则沦为官府的奴隶。

（四）制定严厉的法令。商鞅以严厉的法令来维护封建地主阶级的利益。法令制定的原则是“轻罪重刑”，即使犯了很轻的“罪”，也要处以极重的刑罚。

三、杀鸡骇猴，新法施行

新法公布之后，受到许多人的拥护，但也遭到了旧贵族的反对。

过了一年多，朝内反对的声音还是没有被压下去。百姓们也都抱怨这新法实行起来特别麻烦，大家习惯了以前的，对这新法都记不住，也懒得去学。面对这种情况，商鞅有些头疼。都说百姓懂法、知法、守法、用法才算是法治国家的标志，这回连最基本的学法，百姓都不配合。既然之前使过了利诱，不如这次来个威逼吧。

恰巧这时太子犯事了。商鞅想：“这么棘手的问题，倒是给了我一个机会。就拿太子做个案例，让众人知道新法的厉害吧。”

商鞅取消贵族“刑不上大夫”的特权，不论平民、贵族，有功则赏，有罪则罚，当时很多人都不相信。

商鞅对秦孝公说：“法之不行，自上犯之。国家的法令，人人都要遵守，如果上头的人不遵守而不受到处罚的话，下面的人对朝廷的人就不信任了。太子犯法，他的师傅应当受罚。”

于是，商鞅坚持“刑其傅公子虔，黥其师公孙贾”，即拿太子的师傅公子虔和公孙贾开刀，一个割掉了鼻子，一个在脸上刺字。这在当时是非常不容易的，正因为商鞅坚决推行新法，“信赏必罚”，一些贵族、大臣都不敢反对新法了。

商鞅的刑法虽然是歹毒了些，但是实行起来却很奏效，有了各方面的配合，商鞅的新法终于推行下去了。

变法十几年里，“秦民大悦，道不拾遗；山无盗贼，家给人足；民勇于公战，怯于私斗，乡邑大治”。公元前350年，在商鞅的主持下，秦国迁都咸阳，以郡县制划分行政区域。接着，秦国夺取魏国河西之地，迫使魏国迁都大梁。甚至，那个名义上的皇帝周天子，也要如同诸侯一样向秦国祝贺。

普天之下，秦国之外，已无强国。

第三节　收复失地，受封于商

【原文】

其明年，齐败魏兵于马陵，虏其太子申，杀将军庞涓。其明年，卫鞅说孝公曰：“秦之与魏，譬若人之有腹心疾，非魏并秦，秦即并魏。何者？魏居领阨之西，都安邑，与秦界河而独擅山东之利。利则西侵秦，病则东收地。今以君之贤圣，国赖以盛。而魏往年大破于齐，诸侯畔之，可因此时伐魏。魏不支秦，必东徙。东徙，秦据河山之固，东乡以制诸侯，此帝王之业也。”孝公以为然，使卫鞅将而伐魏。魏使公子卬将而击之。军既相距，卫鞅遗魏将公子卬书曰：“吾始与公子欢，今俱为两国将，不忍相攻，可与公子面相见，盟，乐饮而罢兵，以安秦魏。”魏公子卬以为然。会盟已，饮，而卫鞅伏甲士而袭虏魏公子卬，因攻其军，尽破之以归秦。魏惠王兵数破于齐秦，国内空，日以削，恐，乃使使割河西之地献于秦以和。而魏遂去安邑，徙都大梁。梁惠王曰：“寡人恨不用公叔痤之言也。”卫鞅既破魏还，秦封之淤、商十五邑，号为商君。

【译文】

第二年，齐军在马陵击败魏军，俘虏魏太子申，杀死将军庞涓。又过一年，卫鞅劝说秦孝公道：“秦国与魏国，就譬如人有心腹之病，（不能两全，）不是魏国吞并秦国，就是秦国吞并魏国。什么原因呢？魏国居于崇山峻岭的西面，在安邑建都，与秦国以黄河为界而独占山东的地利。情况有利就向西侵伐秦国，情况不妙就向东扩展土地。如今靠国君的贤能圣明，国家赖以强盛。而魏国去年被齐军打得大败，诸侯纷纷背离，可以乘这时机攻伐魏国。魏国抵挡不住秦军，必定向东迁移。魏东迁之后，秦国占据黄河、华山的天险，向东可以控制诸侯，这是千秋帝王之业啊。”秦孝公认为是这样，派遣卫鞅领兵攻伐魏国。魏王派公子卬领兵迎击秦军。两军已经相遇，卫鞅送信给魏军将领公子卬说：“我当初与公子相交甚好，如今同为两国之将，不忍心互相攻伐，是否可以同公子当面相见，缔结盟约，痛饮一番而后撤兵，以安定秦国和魏国。”魏公子卬认为好。两人会面订立盟约完毕，设宴对饮，可是卫鞅事先埋伏穿戴盔甲的武士袭击俘虏了魏公子卬，乘势攻击他的军队，全部打垮魏军而返回秦国。魏惠王因军队屡次败于齐国、秦国，国内十分空虚，日益衰落，非常恐慌，于是派遣使者割让河西之地奉送给秦国以求和解。而后魏惠王就离开安邑，迁都到大梁。魏惠王说：“我悔恨当初不听公叔痤的话啊。”卫鞅击败魏军归来，秦孝公封给他于、商之间的十五个邑，从此号称商君。

【评点】

不管怎么说，商鞅把秦国倒腾得确实像模像样的，秦孝公很欢喜，又给他升了一职，官位大良造。这在当时可是国内的最高官职，而且还掌握着军政大权。这次，秦国想攻打魏国，便指望商鞅帮忙。商鞅不是很会打仗的人，他怎么来赢这场战斗呢？且看商鞅的手段。

一、巧施诡计，诱杀魏公子

第二年，齐在马陵大败魏军，俘虏了魏太子申，射杀了大将庞涓，魏国国力很虚弱，这个时候，商鞅向秦孝公建议：“秦国与魏国，就好像人肚子里的病，不是魏国兼并秦国，就是秦国兼并魏国。魏国地处山岭险扼之西，与秦国一河之隔，魏国弱的时候也能独揽山东之利，强的时候可以越河向西攻占秦国。现在秦国强盛，魏国与齐国刚打了败仗，秦国趁此攻伐魏国，魏国必败东逃，秦国据山河之固，向东可以牵制诸侯，这是帝王统一天下的大业啊。”

秦孝公觉得有道理，于是授权商鞅领兵攻伐魏国。

从客观上而言，秦与魏国相邻，魏一进，则秦萎缩，秦一进，则魏萎缩，中间没有缓冲空间，两国不可能同时伸胳膊展腿，制定这个政策是必然的。然而，从感情上而言，在这项外交政策的制定中，很难说没有商鞅个人的感情色彩掺杂在里面。

有事实为证：

公元前340年商鞅带兵伐魏。魏国太子公子卬率军抵挡。为了确保在战争中取胜，商鞅竟利用自己与魏国将军公子卬的友谊，写信欺骗公子卬说，你我过去是朋友，今天各为两国之将，不忍心与朋友相见于战场，可否相会叙旧畅饮、结盟罢兵，使秦魏两国得以相安？

公子卬居然信以为真，答应前来签约。

其实，公子卬为什么会来？公子卬傻吗？我想不是，而是商鞅的信写得太感人了。为什么感人？因为商鞅曾经爱过魏国，寄希望于魏国，如今又深深地恨着魏国。所以，有那么真挚的爱，那么殷切的期望，就有那么深刻的恨，他在对公子卬进行感情欺骗的时候，才会得心应手，要感人才能骗人。可以想象，商鞅在写这封信的时候，是如何地爱恨交加，咬牙切齿：想当年，你魏王瞧不上咱，咱今天是带甲百万来灭了你，长长你的记性，让你知道什么叫真正的后悔。

我们现在无法想象两军对垒的主将可以聚在一起饮酒叙旧。如果有人跟我们说，卡扎菲应奥巴马之约去布鲁塞尔喝咖啡，我会先翻一下日历看看，那天是不是愚人节。但必须注意到，那个时候，是有一种叫作春秋大义的东西的。于是，魏公子就跑去跟商鞅“对人物”去了。

可公子卬怎么也想不到，他兴致勃勃来，却被商鞅暗中算计，在酒桌上被预先埋伏的秦兵俘获。

魏国军队便群龙无首了。

二、收复失地，封为商君

魏公子被俘，可以想见，商鞅这仗会打得多么畅快！

秦军乘魏军不备，发起全面进攻。失去将领的魏卒溃不成军，一退再退。魏惠王还没有从刚被齐国打败的惊恐之中缓过神来，又被秦军打得落花流水，国空乏力，无抵抗之军，万般无奈，只能割地求和了。为换公子卬，被逼迁都，魏国将河西之地的黄河两岸割让给秦国，迁都城至大梁（即河南省开封市），改国号为梁。

魏惠王心里那叫一个后悔呀：当初真该听公叔痤之言杀掉商鞅啊！悔之晚矣，可惜世上没有卖后悔药的。

这次的秦魏之战，商鞅使秦国打出了威风，秦国大胜，从魏国夺取了大片的土地，秦孝公雪洗了祖上大耻，无比高兴，亲自出来迎接商鞅，并把商、于（陕西商县到河南内乡县之间）地区十五个邑封给商鞅，赐给他一个称号叫“商君”，商鞅的级别也成为二十级中最高的彻侯。

这时候的商鞅，绝非刚入秦的穷小子啦，他已经是大良造了，大良造是秦国的丞相。也就是说，在事业上他获得了非常大的成功。同时，他的变法确实行之有效，秦国国力早已今非昔比。他自己也摇身一变，成了十五邑的商君。用我们比较熟的词来形容就是：位极人臣，功高盖主。据说孝公甚至曾表示要传位给他，只是后来被他拒绝了。

巨大的荣誉与权力让商鞅权倾朝野，达到了人生的巅峰。

第四节　作法自毙，悲赴黄泉

【原文】

后五月而秦孝公卒，太子立。公子虔之徒告商君欲反，发吏捕商君。商君亡至关下，欲舍客舍。客人不知其是商君也，曰："商君之法，舍人无验者坐之。"商君喟然叹曰："嗟乎，为法之敝一至此哉！"去之魏。魏人怨其欺公子卬而破魏师，弗受。商君欲之他国。魏人曰："商君，秦之贼。秦强而贼入魏，弗归，不可。"遂内秦。商君既复入秦，走商邑，与其徒属发邑兵北出击郑。秦发兵攻商君，杀之于郑黾池。秦惠王车裂商君以徇，曰："莫如商鞅反者！"遂灭商君之家。

【译文】

五个月后秦孝公去世，太子即位。公子虔一帮人告发商君要谋反，国君就派出官吏逮捕商君。商君逃亡到边关之下，打算住客栈。客栈的人不知他是商君，说："商君的法令：留宿没有通行证件的人要判罪。"商君喟然叹息道："唉，制定法令的弊端竟然到了这种地步！"离开秦国前往魏国，魏人怨恨他欺骗公子卬而大败魏军，拒绝接纳。魏国有人说："商君，是秦国的盗贼。秦国强大而他的盗贼进入魏国，不遣返，是不可以的。"于是将商君送回秦国。商君再次进入秦国，便直奔封地商邑，与其党徒调动邑中军队往北攻击郑。秦王派兵攻打商君，在郑黾池杀死他。秦惠王车裂商君尸体而示众，说："不许再有像商鞅这样的造反者！"于是又诛灭商君的家族。

【评点】

商鞅拜将入相封侯，好不风光，人生达到了巅峰状态，无人能比。但在这个过程中，商鞅害死了许多人，也得罪了许多人，这为他日后的生活埋下了隐患。再加上，他依靠的是秦孝公这棵大树，秦孝公一死，商鞅的好日子就到头了，这么一位变法大家，他的人生结局怎样呢？

一、苛急激进，不留后路

商鞅相秦期间，因执法较严引起秦贵族的怨恨。

他在法令的推行上毫不手软，不给人一点回旋的余地。变法之初，很多百姓不解；后来新法实行，这些百姓又夸奖新法便利。结果商鞅毫不领情，说这些百姓全是搅乱教化之人，下令将他们全部迁徙到边疆去。在他眼里，法令只能执行，不需要理解，更不能议论和更改。

而在与秦国尊贵高管的争斗中，商鞅更是不留后手。第一次变法时，由于太子犯法，商鞅便杀鸡骇猴，处罚了太子的师傅公子虔，还将另一位老师公孙贾处以墨刑（脸上刺字）。而第二次变法时，商鞅为树立权威，又把八年杜门不出的公子虔拉出来割了鼻子。

都说天无绝人之路，上天还是派了一个赵良去提醒他离开秦国。

名士赵良劝商鞅急流勇退，归还孝公赏赐的十五座都邑，到乡野躬耕劳作。赵良还直言不讳：你的变法招致积怨太多，四面树敌，“你如果还想延年益寿的话，那就趁早把封地还给秦国，自己到偏远的地方去隐居吧。如果你还是贪恋封地的富有，独揽秦国的朝政，秦国想要杀你的人一定不少，你再不离开，丧身之日就要到来了”。

事实上，商鞅本人对此也很早就有着清醒的认识，并做好了思想准备。商鞅每次外出前，都要“后车十数，从车载甲，多力而骈胁者为骖乘，持矛而操闟戟者旁车而趋”，在严密护卫下方才出行。

而为了确保变法措施的持续贯彻，商鞅不肯听从赵良的好意，依然坚持同反对变法势力做不屈的斗争，置个人生死于不顾。一心改革的商鞅“法令至行，公平无私，罚不讳强大，赏不私亲近”（《战国策·秦策一》），完全不给自己留退路，这无疑为他后来的人生悲剧埋下了伏笔。

二、作法自毙，无处逃生

就在赵良劝说商鞅五个月之后，秦孝公驾崩。

秦孝公这棵大树一倒，商鞅便失去了荫庇，他的厄运开始了。

孝公死，太子继位。早年被商鞅割去鼻子的公子虔，开始向商鞅复仇，商鞅被举告以谋反之罪。

昔日一人之下，万人之上的商鞅，开始了落魄的流亡之旅……

潜逃至关下，晚上借宿时，却被拒之门外。旅店的人很客气地告诉商鞅："这是商君颁布的法令，如果收留那些身份不明的来客，我全家都会被连坐的。"商鞅站在旅店紧闭的门外，叹气说道："变法的弊端，竟然会到了这种地步！"

——这是很好玩的一幕历史情景剧，我们看到，商鞅自己把自己关在了门外。

商鞅接着进行他的流亡行程，来到了魏国，魏国念恨着商鞅当初骗俘公子卬的仇，坚决不接纳他。对不起，捡到东西要交公，见到失物要还主，魏国人把商鞅很礼貌地逼退回秦国。

——这又是很好玩的一幕历史情景剧，我们看到，商鞅自己把自己赶出了魏国。

我们不妨架空历史想象一下，此刻的商鞅对魏国秦国而言，意味着什么？

首先，他不再是一个穷小子，他的才能在秦国得到最充分的展示，魏国如果不计前嫌重用他，秦国的今天可能就是魏国的明天。

其次，商鞅在秦国主政数十年，掌握了秦国多少资料、情报和机密？如果带着这些投身到魏国，后果如何？还用仔细想吗？

可惜的是，魏国人用全国的力量来记住商鞅对他们的伤害："魏人怨其欺公子卬而破魏师，弗受。"他们拒绝了这么一个送上门来的强国机会。

商鞅与魏国互相伤害，到了无法原谅的地步。这是个不会变通的国家，不会变通，就难以强大。

商鞅走投无路，回到了自己的封地，做了最后的拼死一搏，商鞅发商、于十五邑兵，连同其私徒属，约七八万人，北进击郑，但却被那支由他倾力打造的虎狼之师——秦军，一击即溃，寡不敌众，兵败被诛于渑池。

——读到这里，我才又遇到了我所认为的那个商鞅。商鞅的人生，就应该是只有两个终极的人生：若成功，应是活得大富大贵；若失败，必是死无葬身之地！

商鞅的故事，却并非就此结束。最精彩华丽、血腥骇人的结尾部分，在商鞅死后上演——

三、五马分尸，悲赴黄泉

商鞅被诛后，秦惠王觉得还不够解气，把商鞅五马分尸以示众，并把他的全家都杀了。

《史记》载，秦惠王车裂商君以徇，曰："莫如商鞅反者！遂灭商君之家。"

车裂，古代的一种酷刑，又称轘刑、辗裂，民间俗称"五马分尸"。

此刑的执行之法：将受刑人的头与四肢，分系于五车之上，后以五马驾车，同时驱马，使之疾奔，将受刑人躯肢撕裂为六块……

让我们一起臆造一下，商鞅被行车裂之刑的情景吧——

清晨，最好是下过了一点小雨，地面湿湿的，空气湿润，因为据说血腥气味，在湿润的空气里会被传得很远……

城里的百姓，一大早就来到了行刑的广场，最有利的观刑地位已经被强壮的男子们占去了，孩子们爬上屋顶或者远处高高的树上……

商鞅的尸体被拖了上来，扔在了地下，五驾马车已经备好，马儿们昨夜定是得到了最好的关照，一匹匹神采飞扬，扬首奋蹄，跃跃欲试……

人们期待已久的一刻，终于到来了！所有人都屏住了呼吸，但一切发生得实在太快了，快得让人有些不能相信，继而有些失望了起来。

仅仅就是一眨眼的工夫，五驾马车就分别向着五个不同的方向，如箭一样地射了出去！

它们各自拖着商鞅躯体的某一部位，越奔越快，越奔越远……

商鞅留在原地的主躯干，从此与他的头颅和四肢，永远地迷失在了这样的清晨之后。

《秦本纪》好像说的是直接车裂，咬牙切齿的复仇者们杀了商鞅全家，包括白发苍苍的老母。到此时，商鞅又把自己的生命、全家族的生命奉献给秦国了。其罪名真是极具黑色幽默："莫如商君反者！"一个把良心生命都献了出来的忠心耿耿的人，最后却得到了"反叛"的罪名！不知商鞅在目睹自己白发苍苍的老母血溅屠刀的时候，这个力倡大公无私的人，是何样的想法？

就这样，一代法家名师，一个竭心尽力变法强国的商鞅，永远地消失了！读到这儿，心忍不住疼痛，一生勤勉如此，结局却这等惨烈，情何以堪？

四、其政不息，称雄列国

商鞅变法已经深入人心，正如华人作家柏杨所说：“它能把一个侏儒变成一个巨人，把一个没落的民族变成一个蓬勃奋发的民族，把一个弱小的国家变成一个强大的国家。”

首先，由于变法的效果极好，一些原来的反对派也过来说变法的好处。因此，可以说，当时变法已经取得绝大部分人的认可。

其次，商鞅之死并不是由于他的新法，他的法令几乎被原封不动继承下来。这说明新任国君需要他的法，但恨他的人，为了巩固自己的地位，必须给原有权贵一个交代。

秦国的改革也并未停止，封建制继续发展，并不断地得到加强。

因此，商鞅自己虽因变法而死，但死后法制并未被废除，新法得以沿用。有一些想复辟的人也未能将新法推翻，新法也为秦始皇统一中国奠定了基础。

“身败名裂”是中国人骂人最狠的话，但商鞅好像身虽败而名不裂！

商鞅的悲剧充满了历史的浓重感和宿命感。他执掌秦国朝政十九年，这才有了繁华富庶、气势如虹的强秦；才有了始皇帝“奋六世之余烈，振长策而御宇内，吞二周而亡诸侯，履至尊而制六合”的统一大业；才有了历代王朝沿用的秦汉制度、霸道王道并存的治国传统。而他死于自己制定的法律下，也是以生命维护了变法的尊严。

一千多年过去后，又有一位力排众议，走在时代风口浪尖的改革家王安石，在月色朦胧、清风拂面的夜晚，在隐隐半山掩映的书斋中，面对商君一生事迹，泪湿衣衫，挥笔写下诗句：

自古驱民在信诚，一言为重百金轻。
今人未可非商鞅，商鞅能令政必行。

商鞅以他的变法，开了秦扫六合的先声。

卷十五 《史记·扁鹊列传》

第一节　神医扁鹊出道奇

【原文】

扁鹊者，勃海郡郑人也，姓秦氏，名越人。少时为人舍长。舍客长桑君过，扁鹊独奇之，常谨遇之。长桑君亦知扁鹊非常人也。出入十馀年，乃呼扁鹊私坐，间与语曰："我有禁方，年老，欲传与公，公毋泄。"扁鹊曰："敬诺。"乃出其怀中药予扁鹊："饮是以上池之水，三十日当知物矣。"乃悉取其禁方书尽与扁鹊。忽然不见，殆非人也。扁鹊以其言饮药三十日，视见垣一方人。以此视病，尽见五藏症结，特以诊脉为名耳。为医或在齐，或在赵。在赵者名扁鹊。

【译文】

扁鹊是渤海郡郑人，姓秦，名叫越人。年轻时做别人客馆的主管人。客馆的客人长桑君来到，扁鹊唯独认为他不寻常，常常恭敬地接待他。长桑君也了解扁鹊不是一般人。往来十多年后，长桑君才招呼扁鹊避开众人而坐，悄悄地跟他说道："我有秘方，我年纪老了，想传授给您，您不要泄露。"扁鹊恭敬地回答说："是。"长桑君于是拿出他怀中的药物给扁鹊，说："用没有沾到地面的水饮服这种药物三十天，就能洞察各种事物了。"于是全部拿出他的秘方书，都给了扁鹊。长桑君忽然不见了，大概他不是普通的人吧。扁鹊按照他的话服药三十天后，就能看到隔墙另一边的人。凭借这种功能诊察疾病，完全洞察到五脏疾病的聚结处，只是把诊脉当作名义罢了。行医有时在齐国，有时在赵国。在赵国时人们尊称他叫扁鹊。

【评点】

扁鹊是我国中医理论的奠基者，他以自己的实践首创了中医“望、闻、问、切”的“四诊法”，扁鹊的一生，留下了许多传奇故事，他是中国古代第一个进入正史的医生。

但是，这样一位在中国医学史上地位极其重要的名医，却留给后人太多的谜团，比如，他真名叫什么？他到底是什么时代的人？他妙手回春的奥妙又究竟在哪里呢？

一、神医扁鹊，出道神奇

司马迁告诉我们：“扁鹊者，勃海郡郑人也，姓秦氏，名越人。”

那也就是说，第一，扁鹊的家乡，是渤海郡郑。郑在哪儿啊？在河北的任丘一带。第二，又出来第二个名字，叫作秦越人。就是说扁鹊也就是秦越人。

这还不算完，在《史记正义》里面还有一说，扁鹊是“家于卢国”，卢国在哪儿啊？也是在齐国的渤海，现在山东的长清一带。所以，他又叫卢医。

所以，我们看到扁鹊有三个名字：第一，扁鹊；第二，秦越人；第三，卢医。这究竟是怎么回事呢？

现在大家一致的看法是，扁鹊是上古时期一位传说中的医生，这个人到处行医，治病救人，人们非常尊敬他。因为他来了以后，热心给人治病，把人们的病都治好了，所以人们就把这个医生比作一只带来喜悦的喜鹊。由此可知扁鹊是一个传说的人物。而秦越人，应该说是确有其人，他就是《史记》上说的，在渤海郡郑的一个大夫。而卢医呢？这是指他出生的地方，在卢国。

这样一看，这三个名字当中，秦越人是确有其人的，而扁鹊呢？正是由于他到处行医，受到尊敬，人们就把医术高超的人叫作扁鹊。于是，秦越人也被称为扁鹊。有人认为，扁鹊就是古代医术高超者的一个通用的名词。

到现在，我们可以说，扁鹊原来是个神话人物，但是由于他和秦越人合为一体，就成为一个非常令人可信的人物了。

扁鹊究竟是什么时代的人？有关他生活年代的记载又模糊又混乱。《史记》未记载他生活的时代，《战国策》记载的扁鹊见秦武公，大约在公元前 309 年，这是他看的最后一个病人。如此一算，扁鹊的活动时间范围在三百多年之间，这显然太离谱了，人不可能活这么大岁数。所以，人们就很难断定，扁鹊究竟是什么时代的人。历史上未能确定具体时间，一般笼统地说他是“春秋战国”时期的人。

扁鹊的医术怎么来的？

在《史记·扁鹊列传》中，司马迁一开始就讲述了一个神奇的故事：

扁鹊年轻的时候在家乡做过舍长，即旅店的主人。当时在他的旅舍里有一位长住的旅客长桑君，扁鹊通过观察，认为长桑君是一个奇人；而长桑君也知道扁鹊不是普通的人。他俩过往甚密，感情融洽。有一天，长桑君就把扁鹊叫到跟前，对扁鹊说：“我现在老了，但是我有一个禁方（秘方），想传给你，希望你不要泄露出去。”扁鹊赶忙点头，说：“没问题，您放心。”于是长桑君从怀里掏出了一服药，对扁鹊说：“你要用上池之水吃这种药。”上池之水是天上落下来的，没有落到地上的露水。长桑君还说：“你用这种水把药送下去，三十天后你就能知晓许多事。”话说完，长桑君突然间就不见了，扁鹊觉得他更加神奇了。

扁鹊按照长桑君说的方法，以上池之水服药一个月。果然奇迹出现了！《史记》说“视见垣一方人”，意思是扁鹊突然看到了墙另一边的人。于是，他就用这个办法来治病，能看到病人五脏内所有的病症，只是表面上还在为病人切脉。

这个故事非常神奇，令人不可思议，能说扁鹊有特异功能吗？不少人对此持否定态度，认为是无稽之谈。其实，《史记》所记属于医学之外的文化传奇，不能作为评判科学的依据，只能反映了扁鹊医生在人们心中的地位。

二、刻苦学艺，练就本事

任何精湛的技艺，都来源于刻苦学习，绝没有先天神授之说，扁鹊也不例外。

扁鹊医术高明，我以为，应该是他少时拜师民间老医生长桑君，精通长桑君诊病的方法和治病的技术后，在不停的治病实践中，他又把所学内容丰富提高，最终成为一代名医，成为先秦时期医家的杰出代表。

有故事为证：

扁鹊周游列国，一路上治愈了许多百姓疑难杂症，扁鹊的名声越传越远。直到有一天，他来到了赵国的都城邯郸。在扁鹊正歇脚喝茶的客栈里，来了一个面黄肌瘦，满目愁容的中年病汉。病汉看到了扁鹊行医所用的旗子，上书“医者扁鹊”，他也听说过扁鹊的大名，便立即跪倒在扁鹊脚下，哭诉自己患病之后遍寻名医，散尽家财，病情还是越来越重，现在已经到了走投无路的田地，央求扁鹊能够救救他。

扁鹊扶他起身，好言相劝，答应帮他看病。在为病汉诊脉之后，扁鹊告诉他，你的病已经侵犯内脏，到了无药可医的地步，最多你还可以再撑一个月，我扁鹊已是无能为力了，你还是回去准备后事去吧。病汉听扁鹊这么说，非常伤心，但也没有办法，连名医扁鹊都没办法，自己也就只好认命了。

不想病汉在回家的路上，被一个农夫打扮的老汉叫住。老汉说你的病已经非常严重了，我有一个死马当活马医的办法或许可以救你的性命，病汉听过老汉的办法，满怀希望地回家去了。

过了半年，当扁鹊再次来到赵国邯郸的时候，那个曾经的病汉非常健康地来到扁鹊面前，扁鹊大惊，问他怎么非但没有死，反而恢复了健康呢。

病汉告诉扁鹊他遇到了一个老汉，老汉告知他其他东西不能吃，只可以吃白梨，并且要吃三个月。他按照老汉的叮嘱只吃白梨，挺了三个月，后来奇迹终于出现了，他的病完全好了。

扁鹊听后，半晌没说话。等到病汉要走的时候，扁鹊问他怎样才可以找到老汉，病汉告诉他为了感激老汉的救命之恩，他已经找到了老汉的住处。

扁鹊立刻动身寻找老汉，按照病汉所指的地方，找到了老汉。扁鹊没有报上真名，谎称自己是个普通人，听了病汉的诉说，非常仰慕老汉的医术，特地诚心诚意来拜师学艺。经历了很多考验，老汉觉得扁鹊是为了真心学艺，并且感到扁鹊非常聪明，是个可塑之材，于是收下了扁鹊。

经过了五年的刻苦研学，一天，老汉对扁鹊说：“你可以下山悬壶济世了。”

扁鹊表示自己的医术还不成熟，怕难以完成师命。老汉哈哈大笑，自信地说：“你的医术比那个徒有虚名的名医扁鹊要强得多了。”

扁鹊很是羞愧，一五一十告诉了老汉自己就是扁鹊。至今，扁鹊虚心求艺的故事还被广为流传，教育后人。

第二节　切脉奇诊赵简子

【原文】

当晋昭公时，诸大夫强而公族弱，赵简子为大夫，专国事。简子疾，五日不知人，大夫皆惧，于是召扁鹊。扁鹊入视病，出，董安于问扁鹊，扁鹊曰：“血脉治也，而何怪！昔秦穆公尝如此，七日而寤。寤之日，告公孙支与子舆曰：‘我之帝所甚乐。吾所以久者，适有所学也。帝告我：“晋国且大乱，五世不安。其后将霸，未老而死。霸者之子且令而国男女无别。”’公孙支书而藏之，秦策于是出。夫献公之乱，文公之霸，而襄公败秦师于殽而归纵淫，此子之所闻。今主君之病与之同，不出三日必间，间必有言也。”

居二日半，简子寤，语诸大夫曰：“我之帝所甚乐，与百神游于钧天，广乐九奏万舞，不类三代之乐，其声动心。有一熊欲援我，帝命我射之，中熊，熊死。有罴来，我又射之，中罴，罴死。帝甚喜，赐我二笥，皆有副。吾见儿在帝侧，帝属我一翟犬，曰：‘及而子之壮也以赐之。’帝告我：‘晋国且世衰，七世而亡。嬴姓将大败周人于范魁之西，而亦不能有也。’”董安于受言，书而藏之。以扁鹊言告简子，简子赐扁鹊田四万亩。

【译文】

在晋昭公的时候，众多大夫的势力强盛而国君的力量衰弱，赵简子是大夫，却独掌国事。赵简子病了，五天不省人事，大夫们都很忧惧，于是召来扁鹊。扁鹊入室诊视病后走出，大夫董安于向扁鹊询问病情，扁鹊说：“他的血脉正常，你们何必惊怪！从前秦穆公曾出现这种情形，昏迷了七天才苏醒。醒来的当天，告诉公孙支和子舆说：‘我到天帝那里后非常快乐。我所以去那么长时间，正好碰上天帝要指教我。天帝告诉我“晋国将要大乱，会五代不安定。之后将有人成为霸主，称霸不久他就会死去。霸主的儿子将使你的国家男女淫乱”。’公孙支把这些话记下收藏起来，后来秦国的史书才记载了此事。晋献公的混乱，晋文公的称霸，及晋襄公打败秦军在殽山后放纵淫乱，这些都是你所闻知的。现在你们主君的病和他相同，不出三天就会痊愈，痊愈后必定也会说一些话。”

过了两天半，赵简子苏醒了，告诉众大夫说：“我到天帝那儿非常快乐，与百神游玩在天的中央，那里各种乐器奏着许多乐曲，跳着各种各样的舞蹈，不像上古三代时的乐舞，乐声动人心魄。有一只熊要抓我，天帝命令我射杀它，射中了熊，熊死了。有一只罴走过来，我又射它，又射中了，罴也死了。天帝非常高兴，赏赐我两个竹笥，里边都装有首饰。我看见我的儿子在天帝的身边，天帝把一只翟犬托付给我，并说：‘等到你的儿子长大成人时赐给他。’天帝告诉我说：‘晋国将会一代一代地衰微下去，过了七代就会灭亡。秦国人将在范魁的西边打败周人，但他们也不能拥有他的政权。’”董安于听了这些话后，记录并收藏起来。人们把扁鹊说过的话告诉赵简子，赵简子赐给扁鹊田地四万亩。

【评点】

中国古代的医学家，早就发现了人体血脉的这种跳动和心脏是同步的。在人们长期的实践基础上，切脉就逐渐走上了科学之路，而在这个过程中，扁鹊是第一人。

司马迁这样说："至今天下言脉者，由扁鹊也。"天下谈论诊脉这个事，是从扁鹊开始的。扁鹊行医，他的切脉是非常准的。

晋国大夫赵简子，又名赵鞅，掌管着晋国的军政大权。有一次，赵简子突然昏倒，卧床昏迷不醒，汤水难进。恰逢扁鹊行医来到晋国，被赵简子家臣董安于请至赵宅诊治。扁鹊来到赵简子的病榻前，屏息端坐，轻轻掀起赵简子的被角，摸准他的寸口，就切起脉象来，接着又仔细察看了他的面部神色，又翻开眼帘端详一番，然后俯耳细听了他的呼吸，向家人询问了他发病的经过和患病后的症状。一会儿，扁鹊便从容不迫地站起身来，拱手环视众人，说道："诸位不必担忧。简子大夫得的这病，叫血脉症，系劳累过度引起，以前秦穆公就得过这病，曾经七天七夜卧在床上，不省人事。后来自己慢慢苏醒过来，告诉身边的人说他到玉皇大帝那里去了一趟云云。现在，简子大夫得的病，和过去秦穆公得的病相同。你们不要给他乱吃药，也不要求神弄鬼，那都无济于事。让他静静地躺着，现在已经第五天了，过不了三天，他一定会自己醒过来，醒后也会说一些见到玉皇大帝之类的稀奇古怪的事。"

果然，两天半以后，赵简子长长地嘘了一口气，自己慢慢地苏醒了过来。他喝了一碗人参莲子汤后，顿觉神气清爽，对病榻周围的人说："我刚才到了玉皇大帝那儿，可真快活呀！和神仙们一道游览天庭，观仙女载歌载舞。真是不同凡响。我还射死了两头熊，玉皇大帝赏赐予我一头犬。"赵简子绘声绘色地描述病中的梦呓，和扁鹊断言的症状一模一样。董安于和赵夫人便把扁鹊诊病的经过告诉了赵简子。赵简子佩服扁鹊临危知吉、奇诊如神的本领，命左右取重金锦缎赏赐，扁鹊不受，后来赵简子将属于晋国管辖、扁鹊经常采药的古蓬山一带四万亩土地，赐给了扁鹊。这四万亩赏地，虽多是荒山野林，却有取之不尽的药材，扁鹊也就受领了。

据说，扁鹊也曾经用传统的切脉方法，顺着身体的血脉摸，后来他才发明了寸口诊法，既简便又准确。正是从这个角度讲，司马迁说"今天下言脉者，由扁鹊也"。所以这是扁鹊的一大贡献。

第三节　起死回生虢太子

【原文】

其后扁鹊过虢。虢太子死，扁鹊至虢宫门下，问中庶子喜方者曰:“太子何病，国中治穰过于众事？”中庶子曰:“太子病血气不时，交错而不得泄，暴发于外，则为中害。精神不能止邪气，邪气畜积而不得泄，是以阳缓而阴急，故暴蹷而死。”扁鹊曰:“其死何如时？”曰:“鸡鸣至今。”曰:“收乎？”曰:“未也，其死未能半日也。”“言臣齐勃海秦越人也，家在于郑，未尝得望精光侍谒于前也。闻太子不幸而死，臣能生之。”中庶子曰:“先生得无诞之乎？何以言太子可生也！臣闻上古之时，医有俞跗，治病不以汤液醴洒，镵石挢引，案扤毒熨，一拨见病之应，因五藏之输，乃割皮解肌，诀脉结筋，搦髓脑，揲荒爪幕，湔浣肠胃，漱涤五藏，练精易形。先生之方能若是，则太子可生也；不能若是而欲生之，曾不可以告咳婴之儿。”终日，扁鹊仰天叹曰:“夫子之为方也，若以管窥天，以郄视文。越人之为方也，不待切脉望色听声写形，言病之所在。闻病之阳，论得其阴；闻病之阴，论得其阳。病应见于大表，不出千里，决者至众，不可曲止也。子以吾言为不诚，试入诊太子，当闻其耳鸣而鼻张，循其两股以至于阴，当尚温也。”

【译文】

后来扁鹊路经虢国。正碰上虢太子死去，扁鹊来到虢国王宫门前，问一位喜好医术的中庶子说:“太子有什么病，为什么全国举行除邪去病的祭祀超过了其他许多事？”中庶子说:“太子的病是血气运行没有规律，阴阳交错而不能疏泄，猛烈地爆发在体表，就造成内脏受伤害。人体的正气不能制止邪气，邪气蓄积而不能疏泄，因此阳脉弛缓阴脉急迫，所以突然昏倒而死。”扁鹊问:“他什么时候死的？”中庶子回答:“从鸡鸣到现在。”又问:“收殓了吗？”回答说:“还没有，他死还不到半天呢。”“请禀告虢君说，我是渤海郡的秦越人，家在郑地，未能仰望君王的神采而拜见侍奉在他的面前。听说太子死了，我能使他复活。”中庶子说:“先生该不是胡说吧？怎么说太子可以复活呢！我听说上古的时候，有个叫俞跗的医生，治病不用汤剂、药酒、镵针、砭石、导引、按摩、药熨等办法，一解开衣服诊视就知道疾病的所在，顺着五脏的腧穴，然后割开皮肤剖开肌肉，疏通经脉，结扎筋腱，按治脑髓，触动膏肓，疏理横膈膜，清洗肠胃，洗涤五脏，修炼精气，改变神情气色。先生的医术能如此，那么太子就能再生了；不能做到如此，却想要使他再生，简直不能用这样的话欺骗刚会笑的孩子。”过了好久，扁鹊才仰望天空叹息说：“您说的那些治疗方法，就像从竹管中看天，从缝隙中看花纹一样。我用的治疗方法，不需给病人切脉、察看脸色、听声音、观察病人的体态神情，就能说出病因在什么地方。知道疾病外在的表现就能推知内有的原因；知道疾病内在的原因就能推知外在的表现。人体内有病会从体表反映出来，据此就可诊断千里之外的病人，我决断的方法很多，不能只停留在一个角度看问题。你如果认为我说的不真实可靠，你试着进去诊视太子，应会听到他耳有鸣响，看到鼻翕动，顺着两腿摸到阴部，那里应该还是温热的。”

【评点】

扁鹊云游各国，为君侯看病，也为百姓除疾，名扬天下。他的技术十分全面，无所不通。有一个故事，可以说全方位地展示了扁鹊的医疗技术。

有一次，扁鹊带着几个学生路过虢国，虢国是西周分封的一个诸侯国。在虢国，他们听到大街小巷都传：咱们国王的太子死了！人们都感觉到很惊讶。

扁鹊不了解真情，一边走一边问。走到王宫门前，遇到一个中庶子，中庶子是王宫的侍卫大臣，就是国王身边的人，扁鹊问道：“虢太子是怎么死的？”

中庶子道：“太子鸡鸣起床后到宫院习练刀枪，突然栽倒在地，不治身亡。”扁鹊听罢，沉思良久。

算算自鸡鸣至正午，不过三四个时辰，于是急问道：“可曾收殓？”回答：“尚未。”

扁鹊觉得更有希望，就很郑重地对中庶子说：“请禀告你们的国君，我是齐国渤海的秦越人，以行医为业，未曾拜见过贵国大王，也没有给大王效过力，请你立即禀报大王，就说我能使太子复活！”

中庶子知道秦越人很有名望，但不相信他能把死去的人救活，以为他说大话，不以为然，说道：“先生该不是胡说吧？太子已死，怎么可能复活呢！”

接着中庶子谈起上古名医俞跗，说他医术如何高超：“俞跗可以顺着五脏的腧穴，然后割开皮肤，剖开肌肉，疏通经脉，结扎筋腱，按治脑髓，触动膏肓，疏理横膈膜，清洗肠胃，洗涤五脏，修炼精气，改变神情气色。先生的医术如能像俞跗那样高明，那么太子就能再生了；不能做到如此，就别用这样的话欺骗刚会笑的孩子。”

扁鹊尽管对中庶子的话很反感，但并没有着急，只是感慨地说道：“您说的那些治疗方法，就像从竹管中看天，从缝隙中看花纹一样小而不全。我行医多年，像太子这样的病人见得多了。只要知道体表的病，就能推断内脏的病；只要知道疾病内在的原因就能推知外在的表现。我决断的方法很多，不会只停留在一个角度看问题。你如果认为我说的不真实，你现在就进宫去看看太子，你会看到他耳朵还有听觉，鼻翼还在微微张动，顺着他的两条腿往上摸，还会感觉温热没有消失。”

中庶子急返宫内，来到停放太子的尸床前，听耳看鼻摸大腿，果然同扁鹊所说一模一样，方知神医降世！立即跑到国王和王后面前，将情况一一禀告。虢君化悲为喜，亲至宫门，迎接扁鹊进宫为太子诊治。

扁鹊为太子切脉后，断定太子并没有死，他说：“我认为太子的病是‘尸厥（假死，类似休克）’，此刻他正处于昏迷状态，手脚冰凉，脉搏微弱，乍看就像死了一样，其实并没有死。懂得五脏六腑道理的就可以治好这个病。”

国君听了大为折服，马上请扁鹊进太子的房间治病。扁鹊来到太子面前，仔细观察太子的气色，给他切了脉，然后，又解开太子的衣带，摸了摸太子的胸口。

他叫弟子子阳磨好针具，然后在太子头顶中央凹陷处的百会穴位上扎了针。过了一会儿，太子果然苏醒了。扁鹊又赶忙调和了两种药，让弟子子豹用它在太子腋下熨烫，经过这样的治疗，太子终于完全清醒了，居然能坐起来了。扁鹊又留下药，要太子按时服药，二十多天以后，太子身体完全恢复健康。

扁鹊使太子起死回生的消息迅速传开，人们奔走相告，见到扁鹊的人都对他赞不绝口。扁鹊只是笑笑，说：“我秦越人并没有起死回生的本领，太子本来得的就不是死症，他是可以活下去的，我只不过帮助他重新坐起来而已。”

从史书所记载的扁鹊治病案例中，可以看出，望、闻、问、切，在治疗虢国太子的过程中展示得淋漓尽致。扁鹊之后，中医确立了这种诊断方法。

第四节　一代名医，被害而死

【原文】

扁鹊名闻天下。过邯郸，闻贵妇人，即为带下医；过雒阳，闻周人爱老人，即为耳目痹医；来入咸阳，闻秦人爱小儿，即为小儿医：随俗为变。秦太医令李醯自知伎不如扁鹊也，使人刺杀之。至今天下言脉者，由扁鹊也。

【译文】

扁鹊的声名在天下传遍。扁鹊到达邯郸，听说那里的人尊重妇女，就做妇科医生;到达洛阳，听说洛阳一带的人敬爱老年人，就做治疗耳目痹症的老年科医生；来到咸阳，听说秦国人疼爱小儿，就做小儿科医生。总之，随着各地疾病不同来改变行医科别。秦国太医令李醯知道自己医技不如扁鹊，派人刺杀了扁鹊。直到现在天下谈论脉学的人，都遵循扁鹊的脉法。

【评点】

扁鹊云游各国，一生行医，为无数患者解除了痛苦，被称为能起死回生的神医，却最终命丧贼人之手，他的传奇人生在秦国咸阳画上了句号。

一、医术高超，遭忌被害

扁鹊不满足于一技一法，而是根据客观实际需要，精通一科，兼通数科，做到一专多能。比如，他到赵国都城邯郸，看到当地妇女患病较多，就在妇科病方面下功夫，当了“带下医”，治好了许多妇女的多年疾病；他到东周都城洛阳，看见当地许多老年人，患了视听力衰退的疾病，就着眼于五官科疾病的研究，当了“耳目痹医”，治好了许多老人的五官病，使不少老人从耳聋眼花中恢复了健康；他到了秦国首都咸阳，看到当地儿童得病的很多，就研究儿童发病的原因，当了“小儿医”，治好了许多儿童的多发病。由此可见，扁鹊不仅精通内科，还兼通儿科、妇产科、五官科，甚至外科；他在诊断上，不仅精通“切脉”，而且善于“望色、听声、写形”；在治法上，不仅精通针灸，还善于用砭石、熨帖、按摩、手术、汤药等。真可谓一位多面手的民间医生。

据《战国策》记载，扁鹊在秦国时，秦武王（公元前 310—前 307 年）请扁鹊看病。扁鹊认为秦武王的身体没有大问题，建议及早医治。

秦武王的病在耳朵前面，眼睛下面。这时秦武王左右近臣却说扁鹊坏话，他们说让扁鹊治疗未必能治好，弄不好反而会使耳朵听不清，眼睛看不明呢。

秦武王把这话告诉了扁鹊，说不吃扁鹊开的药。

扁鹊听了非常生气，把治病的砭石（针）一丢，说:“君王同懂医术的人商量治病，又同不懂医道的人一道讨论，干扰治疗，就凭这一点，就可以了解到秦国的内政，你与有知识的人共事可以得天下，治天下，与无知之辈同谋，将会失去天下。从今天这件事可以推知秦国的事，如果再这样下去，君王随时都有亡国的危险！”

秦武王听了只好让扁鹊治病。结果太医令李醯治不好的病，到了扁鹊手里，却化险为夷。在这场技术高低的较量上，扁鹊彻底战胜了李醯。李醯自知“不如扁鹊”，就产生忌妒之心，使人暗下毒手，就在扁鹊离开咸阳东归的路上，李醯派人刺杀了扁鹊。

一代名医死于非命，令人叹息！

虢太子千方百计把扁鹊的头颅从秦国找回，葬在邢台内丘的蓬山，并立庙祭祀，由此这个山村便更名为“神头”，现在神头村是河北省历史文化名村。

二、中医之祖，百姓不忘

扁鹊年轻时虚心好学，刻苦钻研医术，他把积累的医疗经验，用于平民百姓，周游列国，到各地行医，为民解除痛苦。

扁鹊是中国传统医学的鼻祖，中医理论的奠基人。扁鹊在诊视疾病中，已经应用了中医全面的诊断技术，即后来中医总结的四诊：望诊、闻诊、问诊和切诊，当时扁鹊称它们为望色、听声、写形和切脉。这些诊断技术，充分地体现在史书所记载的他的一些治病的案例中。

有一次，扁鹊来到了齐国，桓公知道他声望很大，便宴请扁鹊，他见到桓公以后说：“君王有病，就在肌肤之间，不治会加重的。”桓公不相信，还很不高兴。十天后，扁鹊再去见他，说道：“大王的病已到了血脉，不治会加深的。”桓公仍不信，而且更加不悦了。又过了十天，扁鹊又见到桓公时说：“病已到肠胃，不治会更重。”桓公十分生气，他并不喜欢别人说他有病。十天又过去了，这次，扁鹊一见到桓公，就赶快避开了，桓公十分纳闷，就派人去问，扁鹊说：“病在肌肤之间时，可用熨药治愈；在血脉，可用针刺、砭石的方法达到治疗效果；在肠胃里时，借助酒的力量也能达到；可病到了骨髓，就无法治疗了，现在大王的病已在骨髓，我无能为力了。”果然，五天后，桓公身患重病，忙派人去找扁鹊，而他已经走了。不久，桓公就这样死了。

可见，扁鹊的望诊技术出神入化，真是“望而知之谓之神”的神医了。

扁鹊用一生的时间，认真总结前人和民间经验，结合自己的医疗实践，在诊断、病理、治法上对祖国医学做出了卓越的贡献。扁鹊的医学经验，对我国医学发展有较大影响。因此，医学界历来把扁鹊尊为我国古代医学的祖师，说他是“中国的医圣”“古代医学的奠基者”。

扁鹊不仅医术高明，医德也特别高尚，一生致力于为百姓解除痛苦，深受百姓爱戴。当听说扁鹊被害后，老百姓自然十分痛恨暗害扁鹊的家伙，当他们知道李醯是暗害扁鹊的主谋以后，十分愤怒。一天，李醯驾车出门，愤怒的人们把他包围起来，要不是李醯的卫兵们的保护，这个卑鄙无耻、阴险毒辣的杀人犯，准会被大家打死的。

扁鹊虽然被暗害了，但人民群众永远怀念着他。他在医学上的贡献，随着历史的发展，一天比一天得到发扬光大。

扁鹊一生四海行医，足迹遍布大半中国。因此，在很多地方都有扁鹊墓。很多可能是衣冠冢，这也说明了历代民众对他的怀念。

相传扁鹊是四月二十八日诞生的，人们在他的家乡建造起“药王庙”，专门供奉他。每年四月二十八日这天，大家都举行盛大的纪念仪式，同时，也祈求他保佑人们无病无痛、延年益寿。

我们可以给扁鹊做一个总结：扁鹊是我国古代著名的医生，他满腔热情，治病救人，后来人们崇拜他，尊敬他，热爱他，于是就在他身上不断添加了许多传说的神奇的故事。扁鹊对祖国医学发展的贡献是不可磨灭的，永远不会为人民所忘记。

卷十六 《史记·游侠列传》

第一节　朱家：救人危难，不图回报

【原文】

鲁朱家者，与高祖同时。鲁人皆以儒教，而朱家用侠闻。所藏活豪士以百数，其馀庸人不可胜言。然终不伐其能，歆其德，诸所尝施，唯恐见之。振人不赡，先从贫贱始。家无馀财，衣不完采，食不重味，乘不过軥牛。专趋人之急，甚己之私。既阴脱季布将军之厄，及布尊贵，终身不见也。自关以东，莫不延颈愿交焉。

【译文】

鲁国人朱家，与高祖生活在同一个时期。鲁国人都以儒教著称，而朱家以侠义闻名。他所隐藏和救活的名人豪杰就有几百人，其余的平常人更数不过来了。但他始终不夸耀自己的才能，不自我欣赏他对别人的恩德，那些他曾经给予过施舍的人，他唯恐再见到他们。他救济人家的困难，先从贫贱的人开始。他家中没有多余的钱财，衣服破旧，每顿饭只吃一样菜，乘坐的不过是辆牛车。他专为旁人的危急之事奔走，比办自己的私事还着急。他曾暗中使季布将军摆脱了被杀的厄运，待到季布将军地位尊贵之后，他却终身不肯与季布将军见面。从函谷到关东，人们没有不伸长脖子盼望与他结交的。

【评点】

在中国古代史上，游侠，作为一个独特的社会群体，总是遐想与毁誉的来源。

他们个性独特，传播自由精神，这种个性魅力穿越千年时空，至今动人心魄。

“十步杀一人，千里不留行。事了拂衣去，深藏身与名。”李白的《侠客行》写的就是侠客的生活。然而，在游侠事迹背后，有怎样的历史情境与社会心理？当他们消隐于庙堂与江湖之间时，穿行在古代法律与社会秩序空隙中的游侠，演绎了一场场怎样动人心魄的历史文化图景呢？

也许，司马迁的《游侠列传》能让我们了解游侠的一些特点。《史记·游侠列传》只记载了三位侠客，而且都是汉朝人，他们是朱家、剧孟和郭解。

首先说说朱家。

朱家，鲁国人，大约与高祖同时，因任侠闻名于鲁及关东一带。

朱家的生活简朴，“衣不完采，食不重味”，出门只乘一牛之车。可是他救济别人却很慷慨，平时专好打抱不平，替人家解难，十分认真，往往不避个人安危。人们都乐意与他交往。

楚汉相争的时候，项羽手下的大将季布，曾经多次围困汉王刘邦。刘邦坐天下后，就悬赏千金捉拿季布。布告上说，谁胆敢藏匿季布，罪及三族。

季布先是跑到了一个姓周的人家，这个人家就把季布打扮成罪犯，藏在一辆大车中，送到朱家家里。而朱家知道这个罪犯是季布，他就把季布当成奴隶买进来了，然后放到农庄里，对自己的儿子说：“田事听此奴，必与同食。”什么意思？就是种田的事，要听这个奴隶的，吃饭的时候你要跟他一起吃。

朱家随后驾车去洛阳，他找到了汝阳侯滕公，问季布究竟犯了什么大罪，致使刘邦下重赏捉拿？

滕公说：“季布数为项羽围上，上怨之，所以非要捉住他。”

朱家又问：“您看季布这个人怎么样？”

回答说：“贤者。”

朱家于是说：“臣各为其主用。季布是项羽的大将，为项羽围困汉王，这是他的职责呀。难道项氏的臣都要杀了吗？今天陛下刚刚得天下，就以个人恩怨购求一人，这样做，何示天下之不广？况且像季布这样的贤能之士，汉求之急，只会逼他北走胡或南入越。‘夫忌壮士以资敌国’，当年伍子胥鞭荆平王之墓的事迹不就是这样吗？你何不向陛下进谏？”

滕公深知朱家的为人，又觉得朱家说得有理，便答应了他的请求。

朱家一席话很有见地，他指出了刘邦诛杀仇怨将会引起的后患。

后来，刘邦赦免了季布，拜为郎中，相当于刘邦的护卫队队长。

季布尊贵后，朱家再也不见季布了，而是更加自持谨慎。由此可见，他确实是一个高洁至义之士。所以在当时的关东，一些豪侠人士莫不伸长脖子想跟他交好。

朱家的主要事迹一是藏亡纳死，即救人性命；一是救济困乏，为人排忧解难。朱家救人于危难之中的不仅季布一人，他藏活的豪士有百数，其他各类人物不可胜言。不过他从不夸耀，也不在乎别人是否感恩于他，他的事迹为后人所传颂。

第二节　剧孟：朦胧朴实的侠士

【原文】

楚田仲以侠闻，喜剑，父事朱家，自以为行弗及。田仲已死，而雒阳有剧孟。周人以商贾为资，而剧孟以任侠显诸侯。吴楚反时，条侯为太尉，乘传车将至河南，得剧孟，喜曰："吴楚举大事而不求孟，吾知其无能为已矣。"天下骚动，宰相得之若得一敌国云。剧孟行大类朱家，而好博，多少年之戏。然剧孟母死，自远方送丧盖千乘。及剧孟死，家无馀十金之财。而符离人王孟亦以侠称江淮之间。

【译文】

楚地的田仲因为是侠客而闻名，他喜欢剑术，像服侍父亲那样对待朱家，他认为自己的操行赶不上朱家。田仲死后，洛阳出了个剧孟。洛阳人靠经商为生，而剧孟因为行侠显名于诸侯。吴、楚七国叛乱时，条侯周亚夫当太尉，乘坐着驿站的车子，将到洛阳时得到剧孟，高兴地说："吴、楚七国发动叛乱而不求剧孟相助，我知道他们是无所作为的。"天下动乱，太尉得到他就像得到了一个相等的国家一样。剧孟的行为大致类似朱家，却喜欢博棋，他所做的多半是少年人的游戏。但是剧孟的母亲死了，从远方来送丧的，大概有上千辆车子。等到剧孟死时，家中连十金的钱财也没有。这时符离人王孟也因为行侠闻名于长江和淮河之间。

【评点】

剧孟是我国史传中有确切记载的，朴实但是又保持相对朦胧性的一位游侠，具体事迹不详。

朱家死后，剧孟就成为当时有名的游侠。剧孟，洛阳人，字不详，生卒年也不详。文、景帝时，他以"任侠"传名于世。他从来都是特立独行，与众不同的。

传说朱家仗义疏财、名扬遐迩，太史公《游侠列传》则云“剧孟行大类朱家”（剧孟的操行和朱家很类似），对他人施与，却怕受施舍的人知道，赈济身边人的时候，先从最贫贱的开始，专门急人所急，甚己之私。

他喜欢博棋，多半是少年人的游戏。但是剧孟的母亲死了，从远方来送丧的，大概有上千辆车子。大家可以想象一下，如果当时的一辆车子相当于现在的一辆轿车的话，参加葬礼的有一千辆车子，那绝对是个奇观。等到剧孟死时，家中连十金的钱财也没有。不难看出，剧孟为人，不仅骁勇好斗、仁义潇洒，而且秉持“事了拂衣去，深藏身与名”的原则。正应“其言必信，其行必果，已诺必诚，不爱其躯，赴士之厄困……不矜其能，不伐其德”的褒奖。

剧孟的事迹记载得并不详细。公元前154年，吴王濞纠合楚王戊、赵王遂、济南王辟光、淄川王贤、胶西王昂、胶东王雄渠，聚兵谋反，史称“七王之乱”。景帝于是命令条侯周亚夫率三十六路大军，会师于荥阳，前往打击叛军。《史记》中说他帮助周亚夫平定了“七国之乱”。至于究竟帮了什么样的忙，司马迁没有说，只是侧面说周亚夫得了剧孟后，十分高兴。他大喜道：“吴、楚举大事而不求剧孟，吾知其无能为已。”得到一个剧孟就如同得到一个诸侯国的兵力，吴楚七国不求剧孟相助，就可以想见他们必然失败的结局。天下骚动，周亚夫得剧孟如得一敌国，足见剧孟的势力之大，对当时形势的发展有举足轻重的作用。为此，剧孟的事迹虽流传不多，司马迁还是郑重地为他立了传，可见剧孟的巨大影响。

第三节　郭解：名声最大的游侠

【原文】

郭解，轵人也，字翁伯，善相人者许负外孙也。解父以任侠，孝文时诛死。解为人短小精悍，不饮酒。少时阴贼，慨不快意，身所杀甚众。以躯借交报仇，藏命作奸剽攻，休乃铸钱掘冢，固不可胜数。适有天幸，窘急常得脱，若遇赦。及解年长，更折节为俭，以德报怨，厚施而薄望。然其自喜为侠益甚。既已振人之命，不矜其功，其阴贼著于心，卒发于睚眦如故云。而少年慕其行，亦辄为报仇，不使知也。解姊子负解之势，与人饮，使之嚼。非其任，强必灌之。人怒，拔刀刺杀解姊子，亡去。解姊怒曰：“以翁伯之义，人杀吾子，贼不得。”弃其尸于道，弗葬，欲以辱解。解使人微知贼处。贼窘自归，具以实告解。解曰：“公杀之固当，吾儿不直。”遂去其贼，罪其姊子，乃收而葬之。诸公闻之，皆多解之义，益附焉。

【译文】

郭解，是轵县人，字翁伯，是擅长观察人的面相断定人的吉凶的许负的外孙。郭解的父亲因为行侠，在孝文时期被杀死。郭解是个短小精悍的人，不喝酒。小的时候内心狠毒，稍有不快，就亲手杀死了很多人。他不惜牺牲生命去替朋友报仇，隐藏亡命之徒，做奸邪之事没有停止过，还私铸钱币，偷坟盗墓，本来就数不胜数。幸好正好有上天的帮助，窘迫危急的时候常常能得以脱身，有时能遇到赦免。到了郭解长大后，就改变行为，检点自己，用恩惠报答怨恨自己的人，施舍别人很多而少望别人报答自己。但他自己喜欢行侠的思想越来越强烈。已经救了别人的生命，却不自夸功劳，但其内心仍然残忍狠毒，为小事突然怨怒行凶的事依然如故。当时的年轻人仰慕他的行为，也常常为他报仇，不让他知道。郭解姐姐的儿子倚仗郭解的势力，同别人喝酒，让人家干杯。那人喝不了，他却强行灌酒。那人发怒，拔刀杀死了郭解姐姐的儿子，就逃跑了。郭解姐姐发怒说道：“以弟弟翁伯的义气，人家杀了我的儿子，凶手却捉不到。”于是她把儿子的尸体丢弃在道上，不埋葬，想以此羞辱郭解。郭解派人暗中探知凶手的去处。凶手窘迫，自动回来把真实情况告诉了郭解。郭解说：“你杀了他本来应该，是我的孩子无理。”于是他放走了那个凶手，把罪责归于姐姐的儿子，并收尸埋葬了他。人们听到这消息，都称赞郭解的道义行为，更加依附于他。

【评点】

司马迁说：我看郭解这个人，貌不惊人，语不足采，然天下贤与不贤，知与不知，都倾慕他的名声，言侠者都称引郭解。俗话说，以貌荣名，貌有衰老之日，以誉荣名，岂有尽乎？

郭解为何有这么大的魅力呢？

一、年少作恶，恣意杀人

郭解，字翁伯，河内轵（今河南济源南）人，汉代擅长相面的许负的外孙。其父亲因为行侠，孝文帝时被杀。

说起来，位于济源市南五公里的轵地，虽然地方不大，还是出了不少名人。

挖眼屠肠的刺客聂政是轵人，侠客的典范郭解也是轵人。

地域对一个人的影响作用是不可低估的。湘潭的毛泽东就说自己最佩服的近人是湘乡的曾国藩。而郭解的成长也不可避免地摆脱不了聂政的影子。聂政为了朋友严仲子孤身一人杀了韩国的宰相侠累。为了不牵连别人，居然挖出眼珠，扯出肠子，划了自己一个面目全非才死掉。这种人，在轵人眼里就是义薄云天的大侠，在年轻的郭解眼中那就是周杰伦。

郭解长得短小精悍，不爱喝酒，估计是怕酒后误事，没杀成人反而被人所杀。

郭解年轻的时候是一个纯粹的暴力主义者，干尽了坏事，只要惹着他一点，哪怕是一个眼神不对，就暴起杀人。至于大规模的械斗、造假币、盗墓，更是家常便饭。郭解的运气一直不错，被官府缉拿的时候，往往能在千钧一发的时刻逃脱，更给他罩上了一层传奇色彩。

郭解小时候学偶像学得不到家，聂政十步杀一人。郭解一时愤慨也杀人，且杀的人很多。朱家藏匿全国通缉犯季布，郭解也藏匿亡命徒和盗窃抢劫犯，甚至私铸钱币，盗挖坟墓。剧孟交游天下豪杰，郭解也广交亡命徒，为了所谓的朋友可以牺牲自己。他的不法活动数也数不清，但每次都侥幸逃脱法律的制裁，碰到全国大赦。

二、以德报怨，行侠仗义

不知道是不是像武侠小说描写的那样碰到了世外高人，被人在武艺和人生观方面都上了一课，郭解居然改邪归正了。

年长之后的郭解，突然变成了另外一个人，变成了一个富有正义感的游侠，时时检点自己，以德报怨，替人做事不求回报。

有一件事最能说明郭解的这种变化。

郭解的外甥仗着郭解的名头到处为非作歹，有一次跟人喝酒，对方明明酒量很浅，该外甥非得逼着对方不停地喝，不喝就硬灌。对方也不是好惹的主儿，刚开始的时候，看着郭解的面子让该外甥三分，后来实在忍无可忍，拔刀杀了该外甥。酒醒之后，一想郭解惹不起啊，于是连夜逃亡。

郭解的姐姐到处找不到凶手，便迁怒于郭解，说："你的名头这么响亮，人家杀了你的外甥，你居然找不到凶手！"为了进一步羞辱郭解，激怒郭解，该姐姐竟然把亲生儿子的尸体扔到路上，暴尸于光天化日之下，意思就是:郭解你看着办吧，看看丢的是谁的人。

在这样的压力之下，郭解只好发布了通缉令。杀人凶手自知无法继续躲藏，于是来向郭解自首，把事情的前因后果详详细细地告诉了郭解。郭解一听大怒："杀得好！应该杀！我外甥原来是这样一个浑蛋！”郭解放走了凶手，回过头来亲自操持外甥的丧事。

从这件事可以看出，郭解不再像年轻时那样不问青红皂白地乱杀一气了，在他看来，那根本就是不入流的游侠。现在的郭解成熟了，义字当头，明辨是非，慢慢成长为一代大侠。

这件事情以后，大家看见郭解如此公正，都很敬重他，依附他的人也越来越多了。

因为名声响亮，郭解不管到哪儿，人们都非常尊敬他，也可以说是害怕他。可是有一次，有个人居然叉开腿坐着，傲慢地看着郭解从眼前走过。郭解的朋友看不过去了，想杀了这个傲慢之徒。郭解赶忙制止说：“我在这儿住了这么多年，居然不被人尊重，肯定是因为我自己的道德修养还不够，那个人有什么罪呢！”郭解私下嘱咐相熟的尉史：“我很关心这个人，轮到他服劳役的时候，请你多多关照，免了他吧。”有了郭解的这句话，每次服劳役的时候，官吏都不去骚扰那个人。那人很奇怪，私下里打听，原来是郭解在暗中庇护他，于是惭愧至极，上门向郭解负荆请罪。

郭解为人谦和，像所有的黑社会老大一样，从来不和官府发生正面冲突，而且出入县衙门的时候不敢乘车，以示恭敬。即使到别的郡国替人办事，能办成的事情一定把它办成，不能办成的也要尽量让双方都满意，然后才敢上致谢的筵席。

洛阳有两个结仇并互相寻仇的人，当地的黑白两道调解了无数次也调解不了，有人请郭解出面。郭解选择了一个深夜去见仇家，仇家看在郭解的面子上勉强同意和解。郭解就对仇家说：“听说很多人都调解不成，你现在给我面子，但我不能越俎代庖，让他们没法做人啊。请你在我走了之后，再让他们来调解，你再给我一个面子，就听从了他们的话吧。”于是郭解连致谢的酒席也不吃了，连夜撤离，不让人听到一点风声。

郭解处世恭俭，在本县从不乘车，到邻郡为人请求事，也是能办则出，不能为则不为，从不为难人家。因此，诸公争相为用，亡命者多归郭解，而邑中少年及旁近县贤豪，也经常把大车送到郭解家，以备投奔郭解的人来使用。

第四节　郭解：名声所累遭杀害

【原文】

解入关，关中贤豪知与不知，闻其声，争交欢解。解为人短小，不饮酒，出未尝有骑。已又杀杨季主。杨季主家上书，人又杀之阙下。上闻，乃下吏捕解。解亡，置其母家室夏阳，身至临晋。临晋籍少公素不知解，解冒，因求出关。籍少公已出解，解转入太原，所过辄告主人家。吏逐之，迹至籍少公。少公自杀，口绝。久之，乃得解。穷治所犯，为解所杀，皆在赦前。轵有儒生侍使者坐，客誉郭解，生曰："郭解专以奸犯公法，何谓贤！"解客闻，杀此生，断其舌。吏以此责解，解实不知杀者。杀者亦竟绝，莫知为谁。吏奏解无罪。御史大夫公孙弘议曰："解布衣为任侠行权，以睚眦杀人，解虽弗知，此罪甚于解杀之。当大逆无道。"遂族郭解翁伯。

【译文】

郭解迁移到函谷关，关中的贤人豪杰无论从前是否知道郭解，如今听到他的名声，都争着与郭解结为好朋友。郭解个子矮，不喝酒，出门不骑马。后来又杀死杨季主。杨季主的家人上书告状，有人又把告状的人在京城中给杀了。皇上听到这消息，就向官吏下令捕捉郭解。郭解逃跑，把他的母亲安置在夏阳，自己逃到临晋。临晋籍少公平素不认识郭解，郭解冒昧会见他，顺便要求他帮助出关。籍少公把郭解送出关后，郭解转移到太原，他所到之处，常常把自己的情况告诉留他食宿的人家。官吏追逐郭解，追踪到籍少公家里。籍少公无奈自杀，口供断绝了。过了很久，官府才捕到郭解，并彻底深究他的犯法罪行，发现一些人被郭解所杀的事，都发生在赦令公布之前。一次，轵县有个儒生陪同前来查办郭解案件的使者闲坐，郭解门客称赞郭解，他说："郭解专爱做奸邪犯法的事，怎能说他是贤人呢？"郭解门客听到这话，就杀了这个儒生，割下他的舌头。官吏以此责问郭解，令他交出凶手，而郭解确实不知道杀人的是谁。杀人的人始终没查出来，不知道是谁。官吏向皇上报告，说郭解无罪。御史大夫公孙弘议论道："郭解以平民身份行侠，作威作福，因为小事而杀人。郭解自己虽然不知道，这个罪过比他自己杀人还严重。判处郭解大逆不道的罪。"于是就诛杀了郭解的家族。

【评点】

郭解是汉朝最著名的游侠，他一生并没有干什么恶贯满盈的坏事，所有的"坏事"都是郭解的门客或者是仰慕他的名声的勇士干的，这就是郭解的一"奇"，奇在仅仅依赖不能当饭吃不能当钱花的名声就能让人为他亡命。

用金庸小说中的人物来比拟，郭解就是金面佛苗人凤，替郭解杀人的那些人就是一夜奔波三百里取苗人凤仇人首级的胡一刀。

而为那些罪恶买单的，却是郭解自己，身死族灭，或许是他游侠的宿命？

一、迁居茂陵，亡命天涯

为了充实京师，汉武帝下令关中地区资财超过三百万的富户迁往茂陵居住，郭解虽然并没有达到这个标准，但是，一方面，主持此次迁移的向汉武帝建议的迁移对象，不仅包括富户商贾，而且还有那些需要加强控制的豪杰巨侠，另一方面，负责此事的杨县掾也想趁此机会将郭解这个令县吏们头疼的不安定因素送出轵县，郭解于是也被列入了迁移名单。

大将军卫青知道郭解的名声，替他向汉武帝求情："郭解家里很穷，不符合迁移的标准。"汉武帝白了卫青一眼，说："一个百姓的权势竟能使将军替他说话，这就可见他家不穷。"说这话的时候汉武帝肯定在心里责怪卫青不懂政治，其实他要打击的就是郭解这种游侠，怎么会允许他不迁移呢。

郭解终于被迁移到了关中，为他送行的豪客们送给他的礼金就达一千余万，超过了迁移标准的好几倍。

当地主张迁徙郭解的官吏是县掾，他是杨季主的儿子，郭解哥哥的儿子为了报复，砍了杨县掾的头，杨家遂和郭家结了仇。

郭解入了关以后，关中的豪杰听说郭大侠来了，都争着要与郭解结为好朋友。这时，有人又杀了杨县掾的爸爸杨季主。杨季主的家人去朝廷告状，居然在宫门外又被人杀了。事情越来越无法控制了，汉武帝都知道这事了，就下令逮捕郭解。

郭解将老母安置在夏阳后，孤身来到临晋。

面对天下英雄仰慕的郭解，素昧平生的临晋大侠籍少公帮助他出关，逃亡到了太原，当追踪而来的官吏找到籍少公时，籍少公慨然自尽。

二、侠义天下，族灭满门

出关之后，郭解继续逃亡到太原。一路之上，郭解都把自己的行踪告诉收留或者帮助他的主人家，免得人家受牵累。官府追踪到籍少公，籍少公自杀，线索就断了。过了很长时间，终于抓到了郭解。抓到郭解后，官府却发现没有办法定他的罪，因为他杀人的事情，都在朝廷大赦之前。大赦以后，郭解确实是个五好公民。

这时在轵县，有位儒生和郭解的粉丝闲坐聊天，郭解的粉丝称赞郭解，那位儒生却不屑地说："郭解干的都是作奸犯科的坏事，怎能称得上贤士！"郭解的粉丝哪里听得这样的话，拔刀杀了儒生，割了他那条惹是生非的舌头。

杀人凶手跑了，主管的官吏以此事给郭解定罪，可是郭解根本不知道这件事，更无法和警方合作，提供有价值的线索。于是官吏奏呈郭解无罪。汉武帝的亲信大臣、御史大夫公孙弘却上奏说："郭解一介布衣，却任侠行权，睚眦必报。他虽然不知道这件事，但他的名声都能杀人，此罪甚至比他自己杀人还要严重。应当判他大逆不道之罪。"

于是一代大侠郭解被汉武帝下令灭族。谦虚的游侠郭解的人生之路到此戛然而止，而且被灭族。一代大侠，最终悲惨收场。

郭解是最后的游侠，他可能死也不明白为什么继自己的父亲做游侠被杀之后，自己继承父亲的遗志做游侠还是要被杀，甚至灭族。

实际原因是汉武帝要铲除有势力的游侠集团，郭解的名气很大，交往面很广，很多人佩服他、愿意听从他，在社会上是一股很大的势力，自然在被铲除的名单之内。

其实，郭解的错误，就是他一直建立维护游侠名声，社会影响力太大了。

游侠，本来就是任性使气，个人主义空前膨胀的表现。他们无视法律，睚眦必报，对社会的安定团结是个很大的破坏。一般的游侠杀几个人也就罢了，但郭解收买人心，聚集了一股与当权者对立的势力，我们现在叫黑社会。这股势力不但当地的地方政权管不了，连中央政府的高级干部都成了他的粉丝。人们畏惧郭解超过了这个国家，这些行为严重损害了政府的公信力，破坏了政府的形象，威胁了政府的统治。所以，在任何时候，郭解这样的游侠都是政府打击的对象。

司马迁认为游侠讲义气，守信用，在社会动荡的时候游侠袖子一卷，能起到一些作用。但和平社会是不允许出现不稳定因素的。汉武帝看到了郭解的破坏力，将他灭族，杀一儆百。

汉武帝宣传儒家，加强思想统治，提倡仁、义、礼、克己修身等自我约束、追求和谐的社会观念，是不可能让游侠这种重义轻生的价值观发芽的。

除了游侠的社会性，郭解本身也存在性格缺陷。不能控制自己和自己的手下持续不断地为非作歹，在事情没有变严重的时候，不肯放低姿态主动认错投案，反而借助自己的社会影响逃亡，在以汉武帝为首的当权者看来，郭解就是一个终身与政府作对的恐怖分子头目。